普通高校"十二五"规划教材
工商管理系列

零售业态管理

孟利锋　刘元元　翟学智　编

清华大学出版社
北　京

内 容 简 介

本书主要从业态管理的核心思想出发,介绍了零售业态管理的相关理念和实践。全书分为三部分共九章:第一部分为业态概述和主要业态介绍;第二部分从业态发展的角度介绍了零售业态的组织形式并分析了顾客需求;第三部分从零售业务角度分别介绍了商店选址、采购与物流、商品管理、卖场管理与陈列以及服务管理等相关内容。

本书可作为高等院校工商管理专业本、专科学生的教学用书,也可供工商界相关人员作为培训或参考教材。

图书在版编目(CIP)数据

零售业态管理/孟利锋,刘元元,翟学智编. —北京:清华大学出版社,2013(2020.2重印)
(普通高校"十二五"规划教材·工商管理系列)
ISBN 978-7-302-32962-6

Ⅰ. ①零… Ⅱ. ①孟… ②刘… ③翟… Ⅲ. ①零售企业－企业管理－高等学校－教材
Ⅳ. ①F713.32

中国版本图书馆 CIP 数据核字(2013)第 146093 号

责任编辑:张　伟
封面设计:汉风唐韵
责任校对:宋玉莲
责任印制:沈　露

出版发行:清华大学出版社
　　　　网　　　址:http://www.tup.com.cn, http://www.wqbook.com
　　　　地　　　址:北京清华大学学研大厦 A 座　　　　　　邮　　编:100084
　　　　社 总 机:010-62770175　　　　　　　　　　　　　邮　　购:010-62786544
　　　　投稿与读者服务:010-62776969,c-service@tup.tsinghua.edu.cn
　　　　质量反馈:010-62772015,zhiliang@tup.tsinghua.edu.cn
印　装　者:北京九州迅驰传媒文化有限公司
经　　销:全国新华书店
开　　本:185mm×230mm　　　　印　张:20.75　　　　字　　数:438 千字
版　　次:2013 年 8 月第 1 版　　　　　　　　　　　印　　次:2020 年 2 月第 5 次印刷
定　　价:39.00 元

产品编号:052612-01

前　言

　　在买方市场条件下,零售企业都要面临这样几个问题:为谁经营?经营什么?怎样经营?所有这些问题都需要围绕消费者和消费者的需求来回答。在全面进入研究消费者需求的时代,零售企业能否适应消费需求的变化,对其生死存亡具有重要意义。零售业态就是零售企业为满足不同消费需求而形成的不同经营方式,消费者需求则通过业态的多样化得以体现和满足。各种新兴业态如超市、百货商店、专业店、便利店、网络商店等不断涌现,一方面表现出零售业的蓬勃发展;另一方面也说明我国零售业进入了多业态并存、多层次竞争的开放式发展阶段。业态的发展与演变,也使众多经营者从理念到实践产生了根本性变革,商业经营全面进入了业态管理阶段。

　　零售企业为适应顾客需求变化,不断调整自己的经营结构和经营要素,使得零售形式和内涵不断创新。业态正是零售企业适应日趋激烈的市场竞争的产物,体现了物竞其类、适者生存的法则。在这样的背景下,从业态管理的角度撰写一本零售管理教材,主要是为了突出消费者需求研究的重要性,同时也希望引起对零售经营形式进行创新的思考。

　　本书结构一共分为九章。第一章是业态管理概述;第二章是主要零售业态介绍;第三章是业态的组织形式:连锁经营;第四章是顾客需求与市场定位;第五章是店铺选址及商业网点的规划;第六章是零售采购与物流;第七章是商品管理;第八章是卖场管理与商品陈列;第九章是零售服务管理。

　　本书的特色主要体现在以下几方面:一是内容上力求丰富,表达上力求简洁,并通过大量的案例与资料帮助读者理解,拓宽阅读;二是精简理论,强调实践,在每章之后增加"零售创业实践"环节,更加注重与商业实践的结合;三是注重形式上的灵活性,内容安排模块化,每章设置"案例"、"讨论专题"、"专题链接"、"阅读链接"、"术语链接"等形式,运用图表加以说明,使各部分内容更加清晰易读;四是注重启发性,相关内容的选择与商业前沿和热点问题结合起来,并通过讨论、分析等形式展现,具有启发意义,注重思考能力的培养。

　　本书的大纲由几位参编人员多次修改、讨论确定。全书的统稿、定稿由孟利锋负责,具体分工为:第一章至第五章由刘元元编写;第七章和第八章由孟利锋编写;第六章和第九章由翟学智编写。

　　另外,研究生王一前、聂天勇、汪满意在搜集整理资料、文字校对等方面付出了辛苦的劳动。编写过程中也得到了多位同事和朋友的支持与帮助,为我们提供了许多宝贵的素材和建议;书中参考、借鉴了一些学者的研究成果及网络资料,他们的贡献为本书的编写成稿奠定了良好的基础,在此一并对他们表示衷心的感谢。

由于学识、能力有限,本书的错误和缺陷在所难免,恳请各位专家、读者不吝指教。

编　者

2013 年 5 月 1 日

目 录

第 一 章

零售业态概述

【学习目标】

- 了解流通的概念和功能；
- 理解流通变革的表现及零售支配性地位的提高；
- 掌握零售及相关概念；
- 思考零售职业的类型和要求；
- 掌握零售业态的概念、类型、影响因素和选择方法；
- 掌握零售业态演变相关理论，了解四次零售变革的意义。

导入案例

零售业的新时代

2012 年"光棍节"，淘宝网的销售额达到 191 亿。在当天的交易中，淘宝、支付宝、天猫协同作战，甚至导致几家银行系统瘫痪，如此现实告诉我们互联网势不可当。进入 2013 年，传统零售业还继续在低迷中前行。据中华全国商业信息中心最新发布的数据显示，2013 年春节"黄金周"，百家零售企业零售额增长 14.4％，与 2012 年增速同比下降 1.3 个百分点，仅高于金融危机影响下的 2009 年春节，创近四年来的新低。

暨南大学陈海权指出，"改革开放以来，中国零售业演绎出独特的发展轨迹：在与国外零售企业的碰撞和交汇中，伴随着新的理念和业态的引入和推广，中国零售业进行着一次又一次的创新，中国用了 10 余年的时间走过了日本 50 年、美国 100 年的路程。"中国零售业有以下两个比较明显的发展特征：一是各种新型业态同时出现，没有明显的时间阶段性；二是大部分零售业态都是模仿外国或者国外引进的，缺乏开发适合国情的业态。由此我们可以看到当前中国零售企业面临的最大问题是复制过多，自主创新过少，自主创新能力的缺失严重影响了零售企业的可持续发展。与传统零售业的颓势形成鲜明对比的是

"网购"的狂飙突进。

2007 年至今,网络零售业态已在近两次经济衰退期内实现了对传统业态的超越,成为目前中国零售业的领导业态。2012 年,中国网络购物实现两大突破:市场交易规模超过 1 万亿元;网购交易额占社会消费品零售总额的比重超过 5%,这一增长趋势在 2013 年有增无减。淘宝网数据显示,春节 7 天,淘宝网与天猫的总成交额比去年同期高出 97.2%。由技术进步支持的中国网络零售业的兴起,实质上打破了传统零售业对消费者接触渠道的垄断,消费者可选商品种类和数量呈爆发性增长,这直接导致网络零售业的销售规模在短期内迅速膨胀。

资料来源:传统百货踏入"无电不商"时代[N].中国服饰报,2013-03-08(A09).

1.1 流通与零售

1.1.1 流通的概念与功能

流通伴随商品经济产生,既是一种经济现象,也是一种社会现象。由于生产与消费之间存在诸多间隔,如时间间隔、空间间隔和社会间隔等,流通成为沟通产需不可缺少的基本活动,同时也是人类重要的实践活动之一。对流通的概念可以从宏观和微观两个角度进行理解。

1. 流通的概念

术语链接: "流通"是沟通产需的桥梁,宏观角度的流通是指商品从生产者向消费者流动的过程,它执行着完成整个商品经济循环过程的基本职能。流通的基本任务是通过交换实现商品所有权的转移,将生产者与消费者联系起来,沟通产需,使交换过程得以实现。这是从社会经济层面分析入手,重点研究流通在克服商品生产与商品消费分离中的作用。微观角度的流通是从企业经营的层面把握商品和服务的资源问题,它立足于个别企业的立场,服从于企业经营管理的要求。

在商品经济条件下,流通是社会再生产过程的重要组成部分。从宏观上看,流通是描述商品周转和资本运动过程与现象的一个概念,是跨越个别的、企业的概念,将社会与再生产过程有效连接起来。但商品流通必须借助一定的通路和渠道,流通渠道是由参与商品流通过程的组织或个人组成的(统称流通机构),他们介入流通过程,履行商品集中、平衡和扩散等流通职能,对流通活动产生直接的作用,这是微观流通所承担的职能和行为,也就是所谓的商业问题。因此,微观流通就是指作为流通媒介的批发商、零售商等流通机构发挥的作用、承担的职能和发生的行为。

为了更好地理解流通的概念,将以下几个相关概念一起进行比较。

（1）交换。关于流通与交换的关系，马克思认为"流通本身只是交换的一定要素"。流通并不等同于交换，只是交换的部分内容，交换既包括劳动的交换，也包括劳动成果的交换，劳动的交换属于生产活动，劳动成果中商品的交换才属于流通。

（2）交易。交易一般理解为"买卖"，即市场交易，同商品交换意义相近。

（3）商业或贸易业。商业指专门从事商品交换活动，以盈利为目的的独立的经济部门（或行业）。狭义的商业指专门从事"转售"（商品交换）活动的盈利性事业，基本等同贸易的概念，贸易也是指对商品的一种"转售"行为，包括国内贸易与国际贸易。

（4）商业企业。商业企业指专门从事商品流通或提供服务性活动的营利性经济组织。

（5）商务。商务指以盈利为目的的微观经济主体，出售和购买经济资源及为此而服务的各种活动的总称。商务具备以下四个特征：主体是以盈利为目的的微观经济主体；客体是可供买卖的所有经济资源；实质是通过买卖方式实现商品所有权的转移；范围包括买卖资源及相关服务。

（6）营销。当从企业角度出发时，流通又称为营销或企业营销。虽然流通与营销关系十分紧密，但两者还是存在不少区别。营销仍然是指微观组织从发现甚至创造市场需求开始，并通过产品、价格、渠道、促销，以及与顾客和环境相关的各种活动，以最终完成商品或服务从生产领域到消费领域的转移。可见，营销的概念不仅包括定价、渠道选择、促销等流通行为，而且还包括发现甚至创造市场需求、对商品或服务的创意与设计、与顾客及环境的互动等活动，但它的本质仍然是指微观组织如何将商品或服务由生产领域向消费领域的转移问题，即微观组织的流通问题。

（7）分销。流通与分销的相同之处在于，两者都指的是商品或产品的流动过程；不同之处在于，前者是从全社会角度来看的商品或产品的流动过程；而后者却是从企业，特别是从制造商的角度来看的商品或产品的流动过程。也就是说，流通是具有宏观意义的概念，而分销则是具有微观意义的概念。同样是商品由生产领域到消费领域的转移问题，对制造商而言，是分销问题；而对全社会来说，则是流通问题。

2. 流通的实现

要完成从生产到消费的整个流通过程，需要商流、物流和信息流三种流的共同作用，如图 1-1 所示。商流是指商品所有权之间的转移过程；物流是指商品实体的移动；信息流是指商品从生产者到消费者之间信息的传播与流动，三者之间既有联系又有区别。三者都是从生产者到消费者的流动，具有相同的出发点和归宿，都属于流通领域，是商品流通的不同形式，在功能上互相补充。商流是目的，物流和信息流是手段和方法，互为前提和基础。从发生先后和路径上看，一般先发生商流后发生物流，在商流完成后再进行物流，

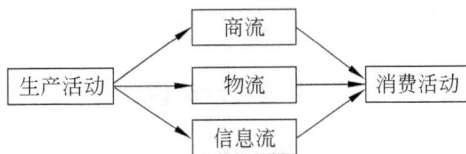

图 1-1 流通的实现

但特殊情况下,没有物流的商流和没有商流的物流都是可能存在的,而信息流贯通于整个流通过程中;从传递的内容上看,信息流和商流是一种非实物化的传递方式,而物流转移的则是实物化的物质。

3. 流通价值的表现

流通受到社会、经济和技术等多方面因素的影响,流通活动在不同的时期具有不同的表现,承担着不同的功能。流通价值的表现形态是多种多样的,主要表现为以下几种,如表 1-1 所示。

表 1-1　流通价值表现形式

价值形态	表　现　形　式
经济价值	流通企业的销售收入、税收、利润,安置劳动力等
时间价值	缩短流通时间、便利的购物条件,节约消费者时间
卖场价值	卖场的大型化和普及化成为社会基础设施的组成部分,商业地产、土地升值,卖场设施的增值能力及利润的增加
关系价值	连锁化经营、虚拟商店、战略同盟、网络化经营
生产价值	流通系统的"工业化"特征,大型零售商加工和开发能力,自有品牌等
知识价值	流通知识、商品知识、把握流通规律,增加消费认知和社会经验

在传统的流通过程中,流通价值是从转卖活动中产生的。但是,传统转卖活动与现代转卖活动有本质区别,因此传统流通价值的来源与现代流通价值的来源有重要区别。传统转卖活动是在商品供不应求的条件下进行的,流通企业只是生产企业的销售商,负责将产品销售给需求者,转卖的目的、方式等都依赖于生产商。在这种情况下,流通价值直接来源于生产价值,它取决于生产结构、产品品种和生产企业的经营战略。现代转卖活动是在商品供过于求的条件下展开,转卖的原因是客户有需求,客户的购买规模、购买方式、购买指向决定着流通企业的转卖活动,流通价值是客户价值带来的。因此,企业的价值等于其客户关系价值的总和,而这一总和只能通过获得、发展以及抱有有利可图的客户关系来实现。

在需求拉动型经济下,流通价值取决于客户的购买数额。客户购买量的大小是决定流通价值的主要因素,分析流通价值的来源需研究客户价值。客户价值的精确定位决定了相关流通价值的表现。因此,现代流通价值的根本来源是客户价值。

1.1.2　流通变革及零售地位变迁

1. 流通变革的表现

由于流通系统处在市场的最前沿,流通系统的发展受到社会、经济、文化和市场环境的影响,这就决定着流通系统的变革是频繁和敏锐的。由于生产力的发展、信息技术带来的消费者需求的转变,流通业也发生了巨大变化,主要表现在以下几方面。

（1）向零售商支配型转变

随着市场结构的变化,厂家支配型流通体制出现了动摇,厂家对流通体系的介入和控制呈现弱化的势头。主要是因为随着社会分工的细密,企业经营思想发生了显著变化,认为应该将销售渠道管理分离出去,如果持续地进行大幅度的管理可能导致成本的大量支出,降低公司业绩;企业更加注重技术创新,把大部分精力放到技术开发和产品研发上,对核心竞争力的认识增强。此外,随着大规模消费向个性消费的转变,零售商通过连锁、集中采购等形式,经营规模不断扩大,市场独立能力大大增强,厂家对此难以管理。因此,零售商获得了流通体制的支配权,现代流通体制以大型零售商为主体的格局已初步形成。

（2）向业态管理模式转变

传统流通企业经营活动的核心是购销活动,但近年来购销差价以及由此决定的商业利润已经大幅度减少了,流通企业运营模式也从购销管理模式中摆脱出来。目前,购销差价在发达国家的商业利润率已经降到5%以下,甚至达到1%以下。导致购销利润下降的主要原因有:①流通环节的简化使得流通渠道累加的差价和利润减少;②消费者购买力低下使得零售价格大幅度下降,对流通企业的利润空间产生打压力量;③竞争加剧使得流通企业加大了促销宣传、特色销售和客户服务的力度,由此增加了流通成本,对利润产生不利影响。因此,流通企业需要探索适应新形势的流通运营模式,以消费者需求为核心的业态管理将成为一种新兴的流通管理模式。

（3）向短渠道和网络型发展

传统流通渠道不仅环节过多,路线过长,而且重视垂直关系。长型流通渠道存在管理、成本、物流、库存信息等方面的诸多弊病,从商品流通过程的上下关系看,各类流通机构在产业序列上形成了垂直关系,生产、流通、消费的界限被划分得十分明确。垂直性流通存在不少问题,比如强化了长型渠道、只重视上下关系、受到产业序列的制约等。因此,流通变革在渠道方面要求简化流通环节,缩短流通渠道。

近年来,由于合作竞争和网络思想的发展,流通视线开始超越单纯的上下关系,向水平关系转变,同类流通机构的水平联盟不断产生。比如,地理上接近的零售商过去视对方为竞争对手,业务往来很少,现在则可以在市场开发、共同配送等方面广泛合作。生产、流通和消费出现了相互渗透、相互融合的趋向。

（4）零售业首当其冲

零售业在现代流通体系中占有重要地位,是最活跃的流通主体。在历次流通革命中,零售业均扮演着重要角色,往往是流通革命的开创者。零售业积极倡导和参与流通革命有其必然性:首先,零售业处在市场最前线,距离消费者最近,必须时刻应对市场的变化;

其次,零售业处在流通的末梢,零售商对长流通体系中的低效率体会最深,要求改革的心情最迫切;第三,零售业无论在规模、设施和能力等方面均有一定的优势,具备发起流通革命的能量;最后,零售业内部的竞争要激烈得多,为了冲破竞争,部分零售商会率先起来"革命"。

2. 零售地位的提升

传统观念认为,在整个商业流通过程中,零售业处于销售链的下游,只是被动接受制造商提供的产品,并受到制造商的种种限制。但纵观近年来世界零售业的发展,一个明显的趋势就是零售企业对市场的控制能力正逐步增强。零售环节的地位与作用正逐步演变成为商品流通渠道的"中心环节"或者"核心环节",出现这种现象的原因主要有以下几个。

(1)居民收入和生活水平提高

居民收入和生活水平的提高,必然对商品范围、数量、质量、结构、服务等方面不断产生更高的要求,这就有效地促进了我国零售企业在数量、业态、规模等方面的繁荣与快速发展,并且不断地造就许多大型、特大型各类零售企业的形成。零售企业经营规模与销售能力的不断提升,必然吸引生产商采取甩开批发环节直接面对零售环节的批量销售方式,对原批发环节主导零售环节的传统关系与格局产生强有力的冲击,使许多大型零售企业反而成为整个商品流通过程的主导与核心环节。

(2)连锁企业的快速发展

自20世纪末开始,我国连锁企业的发展速度加快。由于连锁经营企业零售网点多,销售规模大,便采取了向厂商直接进行规模化采购,再由连锁企业自行配送与销售的购销与物流方式。这种方式排挤了传统批零环节的作用与功能,形成了以大型连锁经营企业为核心环节的新的商品流通渠道关系。

(3)消费者购买行为的变化

由于科学技术的进步和社会的发展,消费者购买行为变得更为多样化和个性化,主动性也大大加强。因此,制造商对消费者消费需求的把握难度加大,而最接近消费者的零售业则相对较为容易掌握消费者瞬息万变的需求变动情况,并且零售业掌握的信息比制造商所掌握的更准确、更及时。这样,零售商对市场的把握和控制更显有力,在一定程度上决定着制造商的命运,电子商务、网上购物、邮购、直销等方式的兴起更说明了这一点。2012年胡润排行榜上,零售行业有9个品牌上榜,其中网络零售品牌就有5个,如表1-2所示。

表 1-2　零售行业品牌价值排名

排名	名　称	品牌价值/亿元	占市值比例/%
1	淘宝网	270	60
2	苏宁电器	125	18

续表

排名	名　　称	品牌价值/亿元	占市值比例/%
3	京东商城	120	40
4	国美电器	56	17
5	天猫	35	35
6	九州通	16	10
7	永辉	16	7
8	当当	11	28
9	凡客诚品	11	25

资料来源：2012胡润排行榜。

1.1.3　零售、零售业与零售职业

1. 什么是零售

> **术语链接**：零售指的是向最终消费者(个人或社会集团)出售消费品及相关服务，以供其最终消费之用的全部活动。

零售的定义包括了以下几点核心内容。

① 零售活动不仅向最终消费者出售商品，同时也提供相关服务。零售活动常常在商品出售的同时伴随提供各种服务，如送货、维修、安装等，多数情形下，顾客在购买商品时，也买到某些相关服务。

② 零售活动不一定非在零售店铺中进行，也可以利用一些使顾客便利的设施及方式，如上门推销、邮购、自动售货机、网络销售等，无论商品以何种方式出售或在何地出售，都不会改变零售的实质。

③ 零售的顾客不限于个别的消费者，非生产性购买的社会集团也可能是零售顾客。如公司购买办公用品，以供员工办公使用；学校订购鲜花，以供其会议室或宴会使用。所以，零售活动提供者在寻求顾客时，不可忽视团体对象。在我国，社会集团购买的零售额平均达10%左右。

零售商是向消费者出售产品和服务以供个人或家庭使用的企业。在连接制造商和消费者之间的分销渠道中，零售商是最后一个环节。零售商从事商业活动的功能主要包括：①提供多种多样的商品和服务；②保持库存，即保留一定的存货使消费者需要时可以买到所需产品；③增加商品与服务的价值，零售商提供商品分类、商品信息、进行分拣、拆售，提供服务，保持物流和库存，这一切都增加了消费者所购买的商品或服务的价值。

认识零售的含义和零售商活动的特点和功能，对于从事零售的相关职业，采取合理的经营策略具有重要意义。

2．现代零售业及其特征

> **术语链接**：零售业是指以向最终消费者(包括个人和社会集团)提供所需商品及其附带服务为主的行业。

零售业是反映一个国家和地区经济运行状况的晴雨表,零售业的每一次变革和进步,都带来了人们生活质量的提高,甚至引发了一种新的生活方式。国民经济是否协调发展,社会与经济结构是否合理,首先体现在流通领域,特别是消费品市场上。零售业又是一个国家和地区的主要就业渠道,由于零售业对劳动就业的突出贡献,很多国家甚至把扶持、发展零售业作为解决就业问题的一项经济政策。随着科学技术的进步和社会经济的发展,市场的供给愈充足,人们的生活水平愈高,需求的差异性就越大。消费需求的多元化为市场的进一步细分创造了条件,使得现代零售业呈现出与以往历史阶段不同的特征。

（1）高投资和高科技相结合

传统零售业是劳动密集型行业,现代零售业虽然仍需依靠大量的人员服务来完成商品交易过程,但超市、便利店等现代零售业态由于广泛应用现代技术和新的销售方式,服务人员数量已大幅减少,而且现代通信技术、网络技术、条码技术、物流技术、空间设计技术等都成为现代零售业发展的重要因素。现在,零售商们都运用最先进的计算机和各种通信技术对变化中的消费需求迅速作出反应。

（2）面临高度和多维竞争

零售业是个高度竞争的行业,从目前的竞争格局看,主要表现为以下几点。一是新进入者增多,如地产、制造或快递行业纷纷尝试零售经营。万达声称要把万达百货做到中国第一;娃哈哈2010年就声称将用3～5年在河南的地县市建100个大型购物中心,2012年正式成立了娃哈哈商业股份有限公司;顺丰快递也试水零售业,开始尝试便利店和电子商城。二是新老业态之间的替代性竞争。这种竞争中新业态往往占据优势地位,但传统业态延续时间长,对日常消费的影响比较大,所以零售业的替代是一个漫长的过程。如超市的出现带来了全新的购物方式,但集市也不会一夜消失。三是同类业态之间的竞争,由于不同业态的竞争结构不同,各种业态中的企业所受到的同业竞争程度也不一样。如超市的同业竞争主要集中在大卖场,而便利店主要是企业之间的规模之争,这类竞争的关键是企业的核心竞争力。

（3）服务是关键因素

零售企业已经不仅是连接产品与消费者的一个商业场所,更重要的是它要承担一种为顾客提供增值服务的责任,是为消费者提供全方位的服务。从某种意义上讲,零售就是服务,服务创造价值。服务工作管理到位,就是企业形象塑造、无形资产的增值。只有视顾客为上帝,顾客才会反过来将商场视为自己的家,有了家的感觉,双方才会在"双赢"中各自获益。

（4）多种业态共存

一个国家由于生产力发展水平不平衡,社会经济差距必然存在,与此相关的供与求的状况便有所不同,表现为商品丰富程度,人们的生活质量、生活需求数量、购买消费方式等方面的差异性。为了满足这些不同层次、各具特色的社会需求,零售业的多种业态应运而生,各种业态满足不同顾客群的认可和支持,出现了多种业态并存、大中小型企业同时发展、综合与专业兼顾的零售局面。

3.进入零售行业

很多人可能认为零售业是个门槛很低的行业,但对于现代零售业来说,这是一个高投资与高科技相结合的产业。零售商需要运用最先进的计算机和各种通信技术对变化中的消费需求迅速作出反应,需要具备敏锐的发现商机的能力,同时也需要具备一个管理者的沟通组织协调的能力。管理一个零售商店需要的人才、思考的问题、扮演的角色是多种多样的,如表1-3所示。

表1-3 管理零售商店情况一览表

需要的人员	处理的问题	扮演的角色
经济学家 时尚专家 营销经理 会计师 人事经理 物流经理 财务分析师 信息分析师 服务人员 ……	向哪些人提供服务; 提供什么样的产品或服务; 商店选址在什么地方; 如何确定价格水平; 提供什么样的服务水平; 商店如何布置; 怎样培训和激励员工; 竞争对手情况如何; 如何利用网络; ……	担任经济学家,提前预测未来的销售额和需求; 担任时尚专家,预测消费者心理和行为; 担任营销专家,处理定价、促销及渠道等问题; 担任财务专家,减低费用,确定利润底线; 担任人事专家,雇佣、培训及激励员工等; 担任技术专家,了解最新技术的动态; 担任物流专家,使商品能迅速流转; ……

因此,从事零售业就像一个"主厨"一样,将所有配料做成一道大餐。在零售职业发展的道路上,需要全面的能力和素质,需要处理很多复杂问题。错综复杂的商品、形形色色的服务及各种问题的组合会形成无数的商业模式,因此,零售职业比其他职业更能获得直接的机会和挑战,并带来无限的发展空间。

讨论专题:
① 选择零售作为职业通常考虑的问题有哪些?（薪水、事业发展、区域流动性、社会地位、个人能力……）
② 作为零售管理者,要取得成功需要具备哪些条件?（努力、分析能力、决断力、灵活性、主动性、领导和组织能力、承受压力、热情……）

1.2　零售业态与业态选择

1.2.1　什么是零售业态

1．零售业态概念

"业态"一词源于日本，早期日本许多学者分别从不同角度对业态进行了定义，具有代表性的几个定义归纳如下。

① 从"战略体系"角度，指零售经营者关于具体零售经营场所（店铺）的经营战略的综合，即零售经营者要以某一目标市场为对象进行选址、店铺规模及销售方法的决策，从而形成零售店铺的形态。（铃木安昭）

② 从"经营形态"角度定义，指具有相同经营方式和相同经营技术、方法的零售商业机构的集合。具体包括百货店、超市、便利店等。（向山雅夫）

③ 从狭义角度和广义角度，狭义指为消费者提供各种零售服务的店铺或销售层面上的营销要素组合形式，如商品、价格、店铺等组合形式；广义则包括了狭义业态之外的运营组织、所有制形式、经营形态和企业形态等。（兼村荣哲）

④ 从"消费者需求"角度，指与消费者的购买习惯变化相适应的零售经营者的经营形态。（日本零售商业协会）

我国对业态的研究落后于实践，在概念上尚不统一，但多是从经营形态或者经营要素方面来进行定义，本书采用国家商务部2004年颁布的《零售业态分类》标准中的定义。

> **术语链接**：零售业态指为满足不同的消费需求进行相应的要素组合而形成不同的经营形态。在理解这一概念时，注意两个方面的含义：一是业态是以分析、研究如何满足消费者需求而展开的，这是目的和出发点；二是不同业态体现了不同的经营形态，主要通过具体的经营要素，如选址、商品策略、价格、服务等的组合表现出不同类型，用以满足消费者的不同需求。

2．业态与业种

由于消费者市场的复杂多样性，销售商品的形式也必然是多样的，对于业态和业种的关系，有必要加以区分。

所谓业种，指零售企业的经营对象是什么，即出售什么商品。这种划分方法往往是先确定经营的商品，然后再考虑经营的方式，面对的是所有顾客。我国对零售业种的划分可分为八大类：①食品、饮料、烟草零售业；②日用百货零售业；③纺织品、服装和鞋帽零售业；④日用杂品零售业；⑤五金、交电、化工零售业；⑥药品及医疗器械零售业；⑦图书报刊零售业；⑧其他零售业（包括家具零售业、汽车、摩托车及其零配件零售业、计算机及软件、办公设备零售业等）。

传统的商业企业类型的划分是按照业种进行企业的分类和定位的，这也是商业统计的主要依据；现代商业企业类型的划分是按业态进行企业的分类和定位。两者的区别如表 1-4 所示。

表 1-4 业态和业种的区别

不同点	业 态	业 种
目的	满足目标顾客的需求	推销自己所经营的商品
核心	以顾客为核心	以商品为核心
经营重点	强调怎么卖	强调卖什么

从业种到业态的转变过程，代表了零售企业的发展方向，是企业从传统的以自我为中心模式向以消费者为中心的、具有满足多样化需求的、多功能的业态店的模式转换，也是现代生产和经营发展的一个重要标志。

【专题链接】

了解"批发业态"

批发与零售是构成流通产业的两个重要环节，共同承担着分销上游产业产品、满足居民生活和企业生产需求的产业分工任务。改革开放三十多年来，尤其是近十年来，批发产业的企业数量、经营规模、市场覆盖等快速发展，批发企业的类型和经营方式也产生了深刻的变化。

从广义的"业态"概念看，指企业的经营和销售方式，那么对于批发企业来说也存在业态的说法，只是现代业态管理的研究侧重于对消费者需求的分析，相对于零售而言，批发的形态变化相对稳定。因此，对批发业态的研究较少。已有的对批发业态的研究主要集中在三个方面：一是对特定类型批发业态的研究，如农产品批发市场、大型专业批发市场等；二是关于批发业态类型的研究，提出了不同的批发类型；三是关于批发业态创新的研究，提出批零一体、综合化和多功能化等方向。对于商业企业经营来说，了解批发业态的划分和类型对于全面认识流通和分析流通问题有较大的帮助。

目前，我国在实践中执行的唯一的批发业态分类标准是《国民经济行业分类与代码》（GB/T 4654—2002），使用这一分类方法的主要是统计部门，而作为行业管理部门的商务部或各级商业管理部门迄今尚未提出批发业的分类标准。但实践中的分类方法主要有以下几种。

① 按经营商品的类别划分：一种是分为生产资料批发和消费品批发；一种是分为工业品批发和农产品批发。

② 按销售商品的所有权划分为经销商和代理商。

③ 按实体商品交割时间划分为现货批发商和期货批发商。

④ 按业务经营所依托空间的差异,分为实体批发商和网络批发商。

⑤ 按在营销渠道中的位置和市场范围分为大区经销商、区域经销商、城市分销商及作业区分销商等。

⑥ 按地域特点分为产地批发商、中转批发商和销地批发商。

⑦ 按经营范围分为综合批发商、专业批发商。

⑧ 按隶属关系分为独立批发商、依附批发商、附属批发商。

资料来源:张永,邹平媛,傅磊.中国批发业态研究:划分标准与类型[J].北京工商大学学报,2011,6(26):11-13.

1.2.2 零售业态发展的影响因素

零售业态的发展中,科技的发展、消费者需求的变化、竞争的力量及零售店自身经营要素的变化都起到了重要作用,这些是业态发展的动因和影响因素。

1. 科技的推动力量

科技进步推动了生产方式的变革,商品流通领域必须适应生产方式的发展而变革,如超市、仓储式大卖场、网上商店都是适应了生产和生活方式的变化而诞生的,目前的供应链运作模式、零库存、信息化和标准化的物流配送系统等都进一步推动了业态的演化。近代零售业的多次变革,每一次都能找到技术力量推动的影子,它是伴随着同期技术革命所引发的产业革命而诞生的孪生兄弟。尤其是信息时代,网络技术在社会、经济各个领域的广泛运用,电子商务的兴起,推动传统零售企业从管理观念、管理模式、组织结构到作业流程发生相应的变革。

2. 需求变化的拉动作用

在从卖方市场向买方市场转化的过程中,消费者逐渐成为控制市场的主导力量,信息技术的发展使得消费者的个性化和多样化需求得到充分满足,如果零售商不相应地调整经营方式,则制造商极有可能越过中间商直接向消费者提供商品和服务。满足消费者需求,是生产和流通的最终目的,新的业态出现和创新都是更好地满足了消费者的需求,如便利店、专卖店等的出现就是满足了消费者追求便捷、个性化的需求。

3. 竞争的引力法则

竞争对创新的影响是非常显著的,零售业多方面、全方位的竞争使零售企业从根本上考虑和建立满足消费者需求的新的经营理念,也促成了业态的演化。如随着竞争的激烈,出现了一系列新的业态形式,动摇了传统百货店的地位;竞争还促进了业态的国际转移,跨国零售集团的进入,以更先进的管理方式提供更优质的顾客服务,这些都迫使零售商为赢得生存空间而进行全方位的变革与创新。

4．经营因素的自我调整

经济发展进程中零售业自身发展规律所引发的内部结构调整，说明商品流通系统通过自身的发展变革，能够在大量生产与多样化消费之间，通过创造新的组织形式，充分发挥协调生产与消费的功能。零售业自身的经营要素包括了商品种类、价格水平、服务项目和水平、购买的便利性、商品质量、经营方式等，这些因素的革新和组合，促进了业态的发展。如拓展商品品种和服务，在高价格的水平开展竞争，就会产生专业店和百货店；如果以经营日用杂货、食品等商品为主，减少服务、降低毛利、在一个较低价格水平上竞争，则形成超级市场、折扣商店、量贩店等生态形式。

5．供应链和物流的辅助作用

供应链的实质是上下游之间、企业之间、企业内部各部门之间以及各环节之间的分工合作。零售供应链的重要作用表现在：①建立长期有效的供零关系，互惠互利；②确保及时供货，保证货源；③保证零售商和供应商及时沟通信息；④保证零售企业内部供应链（如配送中心与门店、总部与门店）之间的协调。物流是零售业成功的重要要素，在电子零售时代，商流与物流的分离越来越普遍，如何使客户端能够快捷、低成本地将物流和商流融合才是问题的关键。如果零售企业、供应商、生产企业的物流系统各行其道，车辆、货架、条码等资源无法标准化、共享化，就难以降低物流成本。

【阅读链接】

SoLoMo+O2O 将改变零售和服务业

2011年2月，美国著名IT风险投资人约翰·杜尔(John Doerr)提出一个概念——"SoLoMo"。短短数月，各种科技公司都在谈论这个新词：So——social(社交)；Lo——local(本地位置)；Mo——mobile(移动网络)，SoLoMo即"社交＋本地化＋移动"。业界相信，符合这三个单词的公司都有希望成为下一个Google或者Facebook。更早之前，摩根士丹利的分析师玛丽·米克(Mary Meeker)就预言，移动互联网将于5年内超过桌面互联网。人们用移动设备接入互联网的时间显著上升，与此相伴，"LBS"(Location based service，基于用户当时位置的服务)将会呈蒸蒸日上之势。

对于用户，仅仅记录到过哪里是不够的，更重要的是从"基于地理位置信息服务"(location based)变成"地理位置信息能扩展出什么服务"(location enhanced)。而比如My town，它利用用户的位置信息开发出了游戏，这让线上与线下的交互变得可爱又妙趣横生，而且有了意义。

· SoLoMo 商业模式演绎

从Facebook到人人网这样的"So"已经无处不在；而"Lo"则代表着以LBS为基础的各种定位和签到；"Mo"则是由智能手机带来的各种移动互联网应用。那么，三者如何关联到一起？

Social 毫无疑问是当下乃至未来的潮流，而"Lo"和"Mo"则更多的是建立在 social 的大平台下获得快速的发展。国内以人人网为例，其月度覆盖用户过亿，而每天有 30% 的用户是通过手机访问。在如此之大的用户量面前，各大手机品牌争相内置人人网手机客户端，广告宣传中间也无处不谈"社交"二字。2010 年 11 月，基于手机人人网的"人人报到"LBS 产品一经推出，数据量就突飞猛进，人人网也一跃成为国内最大的 LBS 服务提供商。"人人报到"是真正将 social、local 和 mobile 三者合一的现实化产品，也成为业界对 SoLoMo 趋势认同度的一针强心剂。

回到用户的层面，他们为什么要在人人网报到？除了利益驱动，更多的是一种社交方式。"人人报到"融合了人人网用户的真实社交关系，使得报到行为不仅仅是单纯的地理位置标注，而且促进了好友之间以地点为契机的交流。

- **商业演绎更精彩**

市场人永远是最敏锐的，他们也很快意识到 SoLoMo 趋势之下对于营销的挑战，已有的一些商业演绎更将 SoLoMo 变成现实。

所谓 O2O 就是 online to offline，也就是说将线下商务的机会与互联网结合在了一起，让互联网成为线下交易的前台。O2O 商务的关键是：在网上寻找消费者，然后将他们带到现实的商店中。它是支付模式和为店主创造客流量的一种结合（对消费者来说，也是一种"发现"机制），实现了线下的购买。这样线下服务就可以用线上来揽客，消费者可以用线上来筛选服务，成交后可以在线结算，很快达到规模；最重要的是推广效果可查，每笔交易可跟踪。随着互联网上本地化电子商务的发展，信息和实物之间、线上和线下之间的联系变得更加紧密。O2O 让电子商务网站进入一个新的阶段。李开复曾指出："你如果不知道 O2O，那么至少应该知道团购，但团购只是冰山一角，只是第一步。"

工业和信息化部部长苗圩说，截至 2012 年 11 月底，我国固定互联网宽带接入用户达到 1.74 亿户，移动电话用户突破 11 亿户，3G 用户达到 2.2 亿户。并且，以上数据仍呈快速增长趋势。在此背景下，SoLoMo＋O2O 将改变零售业和服务业。

1.2.3　选择零售业态的三种思路

业态管理模式的首要问题是确定企业的经营形态，即企业以什么样的形式出现在市场上，以什么样的形式服务客户。选择零售业态可以有三个不同的视角，即竞争的观点、企业的观点和消费者的观点。这三种视角立足点不同，考虑的重点也有所不同。

1. 考虑竞争对手的零售业态选择

按这种思路进行业态选择，主要是按照差别竞争思想进行的，避开常规业态，另辟蹊径。从竞争的观点选择流通业态可以采用市场定位的方法。该方法首先找到决定流通业态的诸因素，运用要素组合的原理，找到若干种业态形式，然后根据竞争者现有的业态情况,选择与竞争对手相反的业态。

第一步是罗列和分解影响业态的各种因素,如表 1-5 所示。影响因素的多少取决于市场竞争因素,竞争越广泛因素也越多;因素分解的深度则根据企业决策的深度来考虑,研究得越细致、越具体,分解因素就越多。

表 1-5　流通业态影响因素分解

立地	营业面积/m²	服务方式	品种/种	营业时间	商品陈列
商业中心	200	对面服务	4 000 以下	11h 以内	展示陈列
居民区	200~500	无人销售	10 000 以下	24h 营业	货架陈列
城郊	500~5 000		10 000 以上		仓储陈列
交通要道	5 000 以上				

第二步是对各种因素进行组合,筛选出一个可行的业态形式。比如表 1-6 选出四种业态形式,分别与专门商店、方便商店、百货公司和超市接近,可以为业态的选择提供思路。当然,在因素组合过程中,可能出现与基本业态形式完全不一致的情况,这就有可能成为新的业态。

表 1-6　因素组合与业态形式遴选

业态形式	因素组合
业态 I	中心地、200m²、对面销售、4 000 种、11 小时、货架陈列
业态 II	居民区、400m²、自助销售、5 000 种、24 小时、货架陈列
业态 III	中心地、5 000m²、自助销售、30 000 种、10 小时、展示陈列
业态 IV	城郊、10 000m²、自助销售、40 000 种、9 小时、仓储陈列

第三步是勾画业态定位图,采用大众化和专业化两个坐标对业态进行定位,如图 1-2 所示。象限 I 是大众化程度高、专业化程度高,具有百货商店的特性;象限 II 是大众化程度低、专业化程度高,具有专门商店的特性;象限 III 是大众化程度低、专业化程度低,具有廉价商店的特性;象限 IV 是大众化程度高,而专业化程度低,具有超级市场的特性。以该模型为标准,通过对竞争对手业态特性的调查和分析,可以将所有竞争对手的位置定义在图中各象限中,圆圈大小表示营业规模的大小。通过定位图可以了解主要竞争对手的业态特性、分布结构以及市场空白,为企业选择业态提供了直接依据。

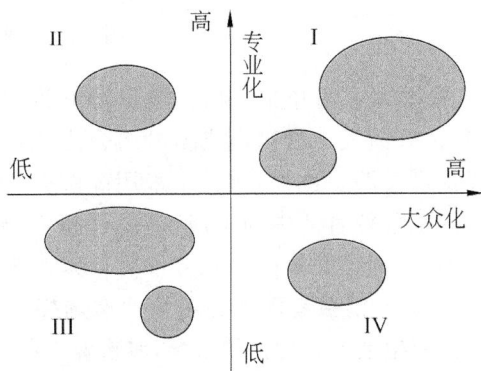

图 1-2　业态定位图

2．基于企业观点的零售业态选择

除了考虑市场竞争之外，企业还需要立足自身的特点和战略目标选择业态。众所周知，企业拥有不同的组织文化、资源状况和特长，这些因素是支撑特定业态的基础，合理的业态必须在充分发挥企业优势的基础上才能达到预期效果。

这里采用"服务性—经济性"分析框架来解决基于企业观点的业态选择问题。所谓服务性是指企业能够给消费者提供的服务水平，这里的服务是广义的，包括购物环境、经营品种、服务内容、对顾客的亲和力、信息提供、售后服务等。所谓经济性，对顾客而言是指购买成本的节约性，当然成本既包括可以计量的，也包括不可计量的（如便利性等）；对企业而言是指经济效果。企业提供的服务水平高，顾客的经济性就越高，因为服务性和经济性都是对顾客有利的，因此顾客偏好曲线是向外凸出的，如图 1-3 所示。但是对企业而言，由于存在资源和能力的有限性，服务性与经济性之间存在此消彼长的关系，要想提高服务性，企业自身的经济性就会降低；相反，降低服务水平，企业减少了投入和负担，经济性必然上升。

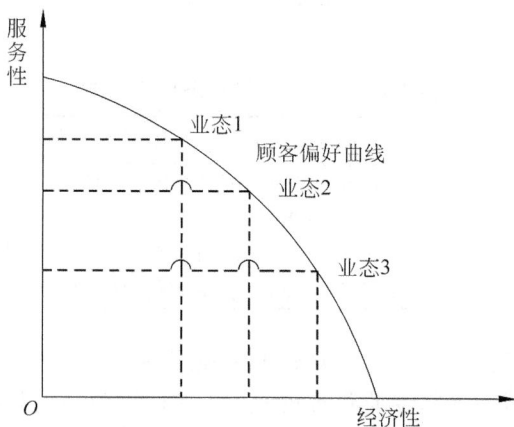

图 1-3　企业角度的分析法

根据顾客偏好曲线和企业资源状况，零售企业要合理选择服务水平与经济性的关系，在偏好曲线上可以形成多种组合方式，这些组合代表了不同类型的经营形态，为业态选择提供思路。比如，业态 1 采用高服务、低收益的策略，类似于百货商店、专门商店；业态 2 则采取两者适中的策略，类似于超市、购物中心；业态 3 采用减少服务和增加经济性的策略，类似于廉价商店和方便商店以及邮购商店等。

3．基于消费者观点的零售业态选择

按照生活方式理论的解释，零售业态的选择与消费者购买行为有直接关系。业态的本质就是坚持以消费者为导向的原则，因此基于消费者的观点选择业态是十分重要的。在不同的生活方式要求下,消费者的确存在对某些业态的偏好,这正如顾客存在品牌偏好一样。

这里利用"购买参与度—信息判断力"分析框架来分析消费者对不同业态的偏爱,从而为业态选择提供依据。所谓购买参与度是指消费者对购买过程的关心和担心程度。一般而言,顾客对购买活动的关心程度是不同的,如果关心程度高,就会调动他收集信息的热情,对经营形态(业态)选择的愿望也就越高,不会任意购买。所谓信息判断力是指在多种信息(多种业态)情况下,消费者判断哪些信息与自己需求一致的能力。采用这两个指标的含义是:消费者对流通业态的偏好取决于他对购买活动的关心程度和对营业信息的理解程度,可以解释消费者业态偏好的形成过程,分析模型如图 1-4 所示。

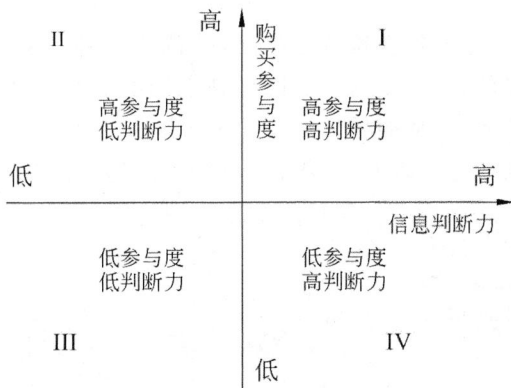

图 1-4 消费者角度分析模型

象限 I 中,消费者具有较强的购买欲望,对购买活动的关心程度很高,要求参与整个购买过程,消费者积极探索各种信息,这类消费者具有较强的信息判断能力,在对信息掌握和理解的基础上形成明确的购买偏好,按照个人偏好对不同营业形态进行排序,从而作出购买决策。与此对应的零售业态主要是各种专门商店。象限 II 中,消费者也具有较强的购买参与度,但不具有较强的信息判断力,因此对信息的获知具有一定的依赖性。对这类消费者,零售商必须加强对其的指导和帮助,必须保持必要的销售服务水平,因此比较适合面对面的业态,如百货商店等。同理,象限 III 中便利商店是首选业态。象限 IV 中消费者不会积极地收集商业信息,但是对信息的判断力较强,可能首选的业态是购物中心或大型超市。

1.3 零售业态的演变与发展

零售业态结构演变理论是 20 世纪 80 年代以前比较流行的理论,也是零售业理论中发展较早和较为完善的理论之一。零售业结构,指零售企业在所有权、组织类型、组织规模和地理范围等方面的构成,其变化能够反映一个社会零售业发展变化的基本趋势。西方学者一直在探讨零售结构演变的规律,也发展出一系列旨在解释和预测零售结构演变的理论模型。每一个理论虽然都不能完全解释零售业发展的所有规律,但至少揭示了其发展的某一方面的规律。这些理论基本上可以分成两类:循环理论和环境理论。

1.3.1 循环理论

循环理论认为,零售结构或业态以循环的形式向前发展,循环理论主要包括以下三种理论。

1. 零售转轮理论

该理论由哈佛大学麦克奈尔教授首先提出,他认为一种新的零售形式在进入市场的初始阶段,往往采取低定价、低利润的形式以提高市场占有率;在取得一定市场份额后,再改善服务设施,增加服务项目,从而导致经营成本不断增加,竞争优势减弱;于是进入衰退阶段,被后起的低经营成本竞争者取代,零售车轮继续转动,如图1-5所示。

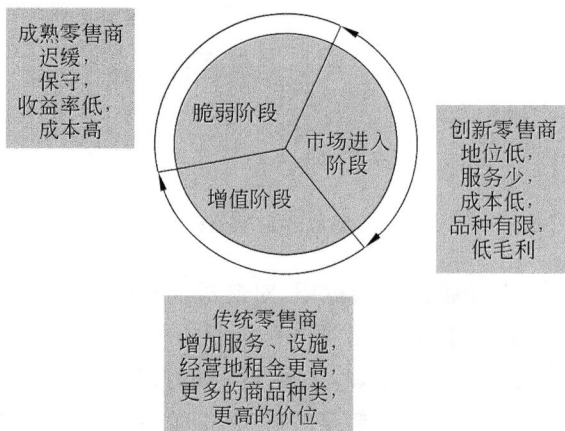

图 1-5　零售转轮理论

零售转轮理论研究的侧重点是阐述零售业中价格与投资效益的关系,认为新型组织形式的成功在于低成本的进入,站稳脚跟后就势必增大经营费用,而增大经营费用会导致另一种新型组织形式的出现。该理论提出以后,许多人以西方的专业店、百货商店和折扣商店的发展历史对其加以验证,也有人从消费趋势、竞争、经营范围等多方面对其必然性加以论证。这一理论的局限性在于把成本和价格当作决定零售组织演变的唯一变量,使复杂的经济现象过于简单化了。同时,该理论的适用范围比较宽泛,没有与零售业紧密结合起来,因为其他的生产及服务性企业同样也存在这样的规律,围绕着成本、价格及利润不断轮回。

2．零售生命周期理论

零售生命周期来源于产品生命周期的概念,最早由美国的戴韦森等人提出。该理论认为零售组织也像产品一样,有一个创新、成长和衰亡的过程,而在每一个不同的阶段,零售业态表现出不同的特征。零售生命周期理论将零售业态的发展分为四个阶段:创新阶段、加速发展阶段、成熟阶段、衰退阶段。创新阶段是新零售组织形式产生的阶段,新业态的新特点使其具有差别优势;加速发展期,新业态的市场份额和收益率显著提高,出现大批模仿者,市场竞争激烈;成熟期的市场份额相对稳定或略有下降;衰退期,另一种新的业态开始酝酿产生,市场范围明显萎缩,最终退出市场。也有人从生命周期的角度把每一种业态的生命周期分为占地、巩固、衰退或自身再革新几个阶段,如图 1-6 所示。

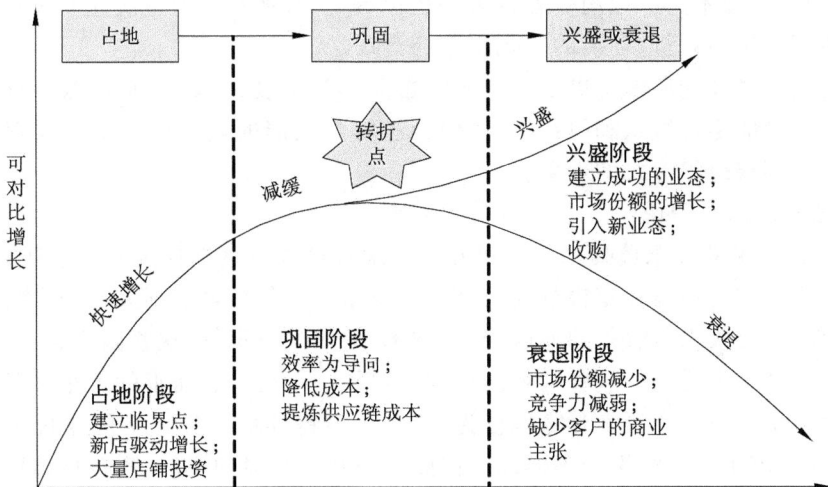

图 1-6 业态发展阶段图

运用此理论解释早期的业态如百货店取代乡村杂货店比较合适,但对于现代零售业态结构演变的解释则不够合理,尤其是现代几种业态同时存在,满足不同的目标顾客不同需求的零售现象。而且,新业态的出现可能不是对旧业态的完全取代,而是对旧业态的完善、改进甚至延续。

20 世纪 80 年代,美国的研究学者曾对十多种不同零售业态的生命周期进行过研究,发现不同零售业态处于生命周期的不同阶段,零售业态从创新期到成熟期的时间间隔有逐渐缩短的趋势。

3．零售手风琴理论

零售手风琴理论认为在零售组织形式发展过程中,存在着商品种类由综合化到专业化再到综合化的循环往复过程,像拉手风琴一样一宽一窄地交替变化。例如美国的零售业,从经营范围非常广泛的杂货店到百货店,再到更专业化的邮寄商店,一直到单一产品线的专业店,而后又发展到商业街、购物中心时期等综合化的方向。

零售手风琴理论将商品结构作为影响零售业态结构演变的决定性因素,分析的着眼点过于狭窄;而且商品组合的宽与窄只是其结构演变的一种现象,适合于描述,却不能作为原因用于解释和预测。

1.3.2 环境理论

1. 零售自然选择理论

零售自然选择理论以达尔文的"适者生存"为基础,认为零售业态的发展必须与社会环境的变化相适应。根据零售自然选择理论,每一种零售组织自出现之日起,就要面对各种环境的变化,如技术、竞争、消费者行为和法律等,只有那些能够适应这些环境变化的零售商才能生存下来,不适应环境的变化则遭到淘汰。

零售自然选择理论考虑了更多的影响零售业结构演变的因素,而且能够解释不同的环境里存在不同的零售组织和组织结构,但无法解释相同的竞争环境中同样存在不同甚至特点迥异的零售组织形式的现象。

2. 零售开放系统理论

1993 年由罗斯和克莱茵提出的零售开放系统理论以自然选择理论为基础,认为零售结构演变取决于零售环境和零售行为两个基本要素。零售环境包括人口与人口的地理分布、消费者偏好、总收入与收入的地区分布、技术、政府的政策等,这些因素企业不能控制,只能在认识的基础上适应。这些因素的总和规定了一个地区总需求的大小和某一种零售组织的生存数量。另一个要素是零售行为,给定了零售环境下各个不同零售企业各自的选择行为,它决定了零售组织的多样性。按照罗斯和克莱茵的说法,零售环境决定零售企业生存的边界,一个零售环境容纳某一种零售组织的数量是有限的,而且随着数量的增加,相同的组织之间竞争日趋激烈,就促使他们去寻找新的竞争优势,于是新一轮结构演变开始。

与其他理论比较,零售开放系统理论要复杂得多,对其验证也相应存在较多困难,然而该理论与零售结构的实际演变过程更加接近。

3. 零售辩证过程理论

零售辩证过程理论由美国的吉斯特首先提出,得到马罗尼克和沃克的支持,也被叫做正反合理论。该理论认为,零售结构的演变是不同零售组织与其对立的零售组织间相互适应、兼容的过程。任何观念就其本质而言均会导致对其自身的否定,为了抵消对方的竞争,双方会借鉴对方的优点,使自身的一部分向自己的反面转变。起初提出的观念,称之为"正",对它的否定称之为"反",其结果称之为"合",又称为"正",开始新的辩证过程。如专卖店或专业店是高价格、服务广泛、高毛利的零售业态,而折扣商店则是低价格、低毛利的零售业态,随着零售业的发展,两种特征相反的业态相互融合,形成新的零售业态,即折扣专卖店,如图 1-7 所示。

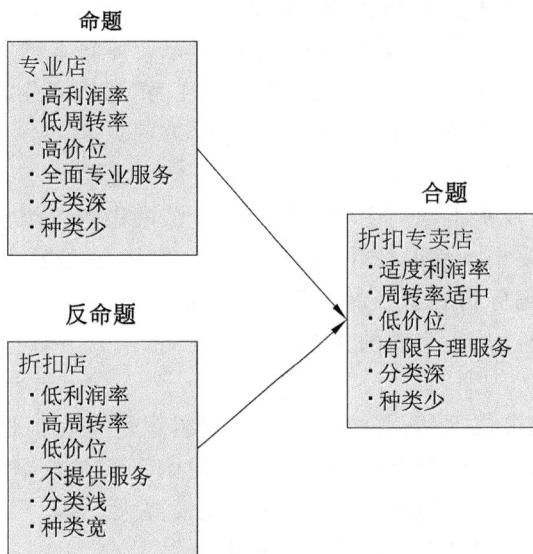

图 1-7 零售辩证过程理论举例

  这种理论的优势在于可以从一定程度上解释零售组织形式的多样化,认为多样化的结果是不同组织间相互适应、取长补短的结果。该理论的缺陷在于对一种组织形式的"反"的认定是随意的、多样的,在判定的依据及程度上没有统一的认识,同时零售组织的形式越是多样化,此理论对于预测未来的发展变化规律就越困难。

  此外,还有人应用生物学、生态学的研究方法和思想来研究具有生命周期的零售业态、零售业态生态环境及生态系统,强调环境与零售结构的相互作用,对零售结构的演变和管理有一定的启示。

  以上理论都从某一侧面对零售结构的演变过程进行了解释,存在一定的合理性,但从现实零售组织结构的发展过程看,都存在不同程度的缺陷。同时由于零售业取得的飞快发展,使零售规模、零售组织形式和零售业的发展范围都已经远远超出了零售制度演变本身的涵盖范围。零售业态越来越高级,内涵越来越宽泛等都要求不断对这些理论进行创新,并将各种理论结合起来,形成一套完整的理论体系,才能对零售业组织结构的演变做出合理的解释。

1.3.3 零售业态的四次重大变革

  自从店铺出现以来,零售业态到今天已经发生了天翻地覆的变化。零售革命是指零售业发生的新旧形式、主辅换位变化,以及内在动力的扩张与延伸。从西方零售业的发展历程看,零售业态经历了四次重大变革。

1. 第一次变革:百货商店的诞生(19世纪中叶)

这次变革使零售业开始由店铺形态进入商场形态。零售业的第一次重大变革是以具有现代意义的百货商店的诞生为标志的,学术界称之为"现代商业的第一次革命",足见其划时代的意义。百货商店的革新性主要体现在三个方面。

(1)销售方式的根本性变革

百货商店是世界商业史上第一个实行新销售方法的销售组织。与传统的小型店铺相比,这次变革产生了许多根本性的变化,如营业面积扩大、建筑富丽堂皇、经营商品增多、顾客进出自由、商品明码标价和退换制度等。尽管这些经营手法现在看来十分平常,但对当时传统零售销售来说已是一个质的飞跃。

(2)经营上的根本性变革

把商品按商品类别分成部门,并由部门来负责组织进货和销售。按不同商品和不同销售部门来经营,虽然每个部门的经营规模不大,但由于它是汇聚在一个经营体之中的,与之前的杂货店和专门店相比,这种综合经营的规模要大得多。百货商店实行综合经营也是其适应大量生产和大量消费的根本性变革内容之一。

(3)组织管理上的根本性变革

由于同时经营若干系列的商品,百货商店的规模庞大,因而其经营活动分化成相对独立的专业性部门,实行分工和合作。管理工作则是分层进行的,企业制定统一的计划和组织管理原则,然后由若干职能管理部门分头执行。因此,百货商店是在一个组织的计划和统制下,按商品系列实行分部门、分层次管理的。

2. 第二次变革:连锁商店的兴起与发展(19世纪后期)

第二次变革产生了连锁商店,这是零售业竞争的结果。这个时期,一些大商店为了取得竞争优势,纷纷扩大规模,建立了连锁零售商店;而一些小商店为了迎接大商店的挑战,以求得在市场上的一席之地,便采取"联合"的营销推广策略,实施"规模经营",以赢得价格上的优势。于是连锁商店凭借其标准化管理、专业化分工、集中化进货和简单化作业的基本特征和经营优势广泛流行开来。

3. 第三次变革:超级市场的出现(20世纪30年代后)

超级市场的问世,在某种程度上可以说是经济危机的产物。进入20世纪30年代以后,费用上升的百货商店很难适应经济大萧条的形势,于是以低成本、低利润、低价格为竞争优势的超级市场应运而生。超级市场的创新体现在以下几方面。

①开架售货方式流行。由超级市场发扬光大的自选购物方式,作为一个重要的竞争手段不仅冲击了原有的零售形态,而且影响了新型的零售业态,后来出现的折扣商店、仓储式商店、便利店等都采取了开架自选或完全的自我服务方式。②人们购物时间大大节省。超级市场实施的统一结算、关联商品陈列和一次性购齐等措施大大节省了人们商品

选购和结算的时间。③舒适的购物环境普及,使人们开始享受购物乐趣。④促进了商品包装的变革。开架自选迫使厂商进行全新的商品包装设计,展开包装、标识等方面的竞争,也使商场更整齐、美观。

4. 第四次变革：无店铺零售异军突起（20世纪90年代后）

1992年,俄克拉何马大学的罗伯特等人率先提出了无店铺零售是零售业第四次变革的观点。随着互联网的普及和信息技术的广泛使用,电子商务、网络营销、网上购物等与信息技术相联系的零售业态成为这次变革的主力军。同前面三次零售变革一样,无店铺零售也是零售组织在市场竞争中适应生产力发展水平和消费水平变化而进行变革创新的产物。之所以将其称之为第四次零售变革,是因为它颠覆了传统意义上的零售概念,具体表现在以下几方面。

① 网络技术打破了零售市场时空界限,店面选择不再重要。地理位置的重要性将大大下降,要立足市场必须更多地依靠经营管理的创新。

② 销售方式发生变化,新型业态崛起。网络商店应运而生,其具有的无可比拟的优越性将成为全球商业的主流模式并与传统有店铺商业展开全方位的竞争,而传统零售商为适应新的形势,也将引入新型经营模式和新型组织形式来改造传统经营模式,尝试在网上开展电子商务,结合网络商店的商流长处和传统商业的物流长处综合发挥最大的功效。

③ 零售商内部组织面临重组,网络技术都将代替零售商原有的一部分渠道和信息源,并对零售商的企业组织造成重大影响。如业务人员与销售人员的减少、企业组织的层次减少、企业管理的幅度增大、零售门店的数量减少,虚拟门市和虚拟部门等企业内外部虚拟组织盛行。

④ 经营费用大幅下降,零售利润进一步降低。信息时代,零售商在网络化经营中,内外交易费用都会下降,而网络上信息的公开化、透明化也使得市场竞争更趋激烈,导致零售利润将进一步降低。

1.3.4　国内外零售业的发展

国外零售业的发展,以美国、日本和英国为首的发达国家最具代表性,从这些国家的零售业发展可以广泛地了解世界范围内零售业的发展状况。

1. 美国零售业发展

美国是世界经济强国,零售业是美国最大的产业,拥有最多的企业和最多的就业人口,其发展水平在世界范围内亦是最发达的。无论是零售业的规模、组织水平,还是零售业态的创新程度和种类,美国都处于世界领先水平。表1-7是2010年全球零售商前25位的排名情况,其中,美国零售商占据近半壁江山。

表 1-7　2010 年全球前 25 位零售商情况　　　　单位：百万美元

排名	公司名称	总部	集团收入	销售额	净收入	主要业态
1	沃尔玛	美国	421 849	418 952	16 993	大型超市/购物广场/超级百货商店
2	家乐福	法国	121 519	119 642	754	大型超市/购物广场/超级百货商店
3	乐购	英国	94 244	92 171	4 131	大型超市/购物广场/超级百货商店
4	麦德龙	德国	89 311	88 931	1 243	现购自运/仓储会员店
5	克罗格	美国	82 189	82 189	1 133	普通超市
6	施瓦茨集团	德国	79 119	79 119	—	折扣商场
7	好市多	美国	77 946	76 255	1 323	现购自运/仓储会员店
8	家得宝	美国	67 997	67 997	3 338	家居商场
9	沃尔格林	美国	67 420	67 420	2 091	药店
10	阿尔迪南北商业集团	德国	67 112	67 112	—	折扣商场
11	塔吉特	美国	67 390	65 786	2 920	折扣零售店
12	Rewe 集团	德国	70 431	61 134	—	普通超市
13	CVS/Caremark 公司	美国	96 413	57 345	3 424	药店
14	7—11 集团	日本	59 338	57 055	1 402	便利店/加油站商店
15	欧尚集团	法国	56 425	55 212	985	大型超市/购物广场/超级百货商店
16	艾德卡公司	德国	57 763	54 072	—	普通超市
17	永旺集团	日本	59 069	53 458	1 064	大型超市/购物广场/超级百货商店
18	伍尔沃斯公司	澳大利亚	53 704	51 771	2 118	普通超市
19	百思买	美国	50 272	50 272	1 366	电子产品专卖店
20	劳氏公司	美国	48 815	48 815	2 010	家居商场
21	西农集团	澳大利亚	52 330	47 631	1 902	普通超市
22	西尔斯公司	美国	43 326	43 326	150	百货商场
23	勒克莱尔公司	法国	41 165	41 165	—	大型超市/购物广场/超级百货商店
24	西夫韦公司	美国	41 050	40 229	591	普通超市
25	阿霍德集团	荷兰	39 213	39 213	1 133	普通超市

（注：集团收入和净收入可能包括非零售业务业绩情况，数据不存在是由于企业合并或股份出售造成的。）
资料来源：德勤和 STORES 共同发布，2012 年 1 月。

美国零售业的发展呈现以下几个特点。

（1）行业集中度高

美国零售商规模庞大,凭借标准化运作方式、高效的物流、采购,资源整合的信息系统,取得了极大的成功,在世界零售业中占据举足轻重的地位。2011年美国零售总额达到4.7万亿美元,其中大型零售商居于支配性地位,百强销售额对美国零售总额的比值接近40%。表1-8是2011年美国零售业前20位排行榜,从表中可以看出,前20位的销售总额约占全美零售总额的25%。

表1-8 美国零售业 2011 年排行榜

排名	公司名称	在美国的销售额/千美元	销售额增长率/%	在世界范围的销售额/千美元	门店数	门店数增长率/%
1	沃尔玛	316 083 000	2.6	453 976 000	4 423	1.4
2	克罗格	85 491 000	9.1	85 491 000	3 574	−1.0
3	塔吉特	68 466 000	4.1	68 466 000	1 763	0.7
4	沃尔格林	66 330 000	8.3	68 233 000	7 651	2.6
5	好市多	64 221 000	8.9	89 054 000	425	3.2
6	家得宝	62 075 000	3.1	70 391 000	1 963	−0.2
7	CVS 保健公司	59 688 000	3.9	59 786 000	7 345	1.8
8	劳氏公司	49 282 000	2.3	50 207 000	1 712	−0.6
9	百思买	37 551 000	1.2	50 705 000	1 443	10.0
10	塞弗威	36 923 000	5.6	41 884 000	1 453	−0.7
11	麦当劳	34 172 000	5.5	85 941 000	14 087	0.5
12	西尔斯控股	33 837 000	−4.3	39 365 000	3 489	0.1
13	超价商店	29 297 000	−3.6	29 297 000	2 466	1.6
14	大众超级市场	26 967 000	7.6	26 967 000	1 198	−0.9
15	亚马逊	26 397 000	42.5	47 715 00	—	—
16	梅西百货	26 344 000	5.7	26 405 000	840	−0.8
17	来爱德	25 256 000	0.6	25 256 000	4 664	−1.1
18	皇家阿霍德	25 074 000	6.6	63 066 000	756	0.7
19	德尔海兹集团	19 230 000	2.2	29 400 000	1 650	1.4
20	柯尔百货	18 804 000	2.2	18 804 000	1 127	4.1

资料来源:美国 stores 网站,中国连锁经营协会编译。

（2）层次分明的业态是美国零售业的基础

美国在零售业态方面的创新程度位于世界前列。一百多年前,美国仅有一般用品商店和特产商店,1863年百货公司出现,不久之后邮购商店建立,20世纪20年代连锁杂货店风行;30年代超级市场问世并迅速发展;40年代末购物中心出现;50年代折扣商店流行;60年代快餐店、家庭装潢商店逐渐增长;近年来网络商店、超级商店等发展迅速。目前,美国拥有世界上最丰富的主流零售业态,极大地方便了居民生活。

(3)连锁经营构成美国零售业运营的主流

连锁经营方式首创于美国,已有近140年的历史。目前,连锁经营已成为美国现代商业零售业的主流,被广泛应用于各个行业,美国零售业销售额的绝大部分都是连锁商业创造的,而非连锁方式的店铺仅仅是一个补充。

(4)完善的信用体系是零售业的保障

美国经济是一种典型的信用经济,信用体系渗透到经济社会各个领域,在零售业领域的作用尤为明显,如信用卡消费、支付及在租车、退货等方面带来了很大的便利。完善的信用服务体系保障了交易安全,节省了交易成本,企业和消费者已经形成了自觉培育和维护自己良好信用的习惯。在这样一种商业氛围中,顾客不单享受到了快捷的服务,其受尊重的感觉也是不言而喻的。

2. 日本零售业发展

日本零售行业的发展大致可分为以下五个时期:第一个时期(1945—1959):复兴期和经济高速增长的初期;第二个时期(1960—1973):经济高速增长的鼎盛时期,出现了商社大型化、连锁超市快速发展;第三个时期(1974—1983):石油危机后的低速增长期,大型零售企业开始转向经营多元化和业态多元化;第四个时期(1984—1989):是泡沫经济的疯狂期;第五个时期(1990年至今):进入低速增长期,日本零售业进入了高度成熟时期,同时无店铺销售与电子商务得到快速发展。

日本零售业发生过两次重要的革命,一是20世纪50年代,超级市场的引进和发展,购物中心的开放以及连锁便利店的发展;二是20世纪80年代开始的"家庭中心",折扣商店的发展。日本销售商品面临的最大挑战之一是长而复杂的销售渠道结构。一般情况下,商品须经过层层的批发再经由小商店进入最终消费者,小商店的购货额几乎占日本零售总额的一半,这就使得国外零售商进入日本的成本加大,困难重重。但随着零售业的对外开放及零售业态的发展,短渠道的形式也逐渐在日本出现,如松下电器早期尝试通过与店主签约建立专卖店,可口可乐大规模布置自动售货机等。

总之,日本零售业的发展特点是:①大型百货商店发展缓慢,综合超市和连锁店超市处于调整期;②便利店成为最引人注目的零售业态,凭借其成功的市场细分和提供独具特色的服务,日本的便利店发展非常迅速且成功;③连锁经营的快速发展,出现了商品配送社会化的趋势,物流设施共同享用、物流配送共同化日益明显。

3. 英国零售业发展

在英国,零售业也是其国民经济、国民生活不可分离的重要力量,传统上,英国的零售业态以小型零售店铺为主。经过19世纪和20世纪的几次流通革命,目前基本形成了以百货公司和连锁超市这两种业态为主体的多层次、多形式、多功能适合不同消费群体需求的多元化零售业态，主要包括：大型超市、大型百货商店、大型购物中心、仓储式商店、专卖店、无店铺商店及小型店铺经营形式。零售市场上各种新型业态的出现对传统百货商店造成一定冲击，但英国百货商店却不见衰落，特别是著名的玛莎百货一直都在不断创新，并且多次引发百货业的革命性变化，其经验值得我国同行业借鉴。

英国零售业发展的主要特点有：①连锁经营是最重要方式之一。无论是在首都伦敦，还是在其他任何城市，都有 TESCO、Marks & Spencer、NEXT、Boots、Bodyshop、Superdrug 等店铺，这些不同的业态均采取了连锁经营的形式，且呈现出全球化发展趋势。②组织机构规模化。从 20 世纪 90 年代开始，英国零售企业不断扩大规模，由于零售企业发展呈巨型化、规模化，中小型企业被迫进行兼并、重组或联盟，这使一些中小零售店举步维艰。有些地区为保护中小零售商的利益而抵制像 TESCO 等大型零售商进入本地市场，但规模化的发展趋势势不可当。近几年，英国零售企业数量不断下降。在英国，营业额超过 1 000 万欧元的零售企业数量不多，但占整个零售交易市场 86% 的份额，如表 1-9 所示。

表 1-9　英国主要行业零售商介绍

行业	主要零售商	说　明
百货商店	Harrods（只有一个分店）、Allders、John、Lewis、Debenhams	立足于市中心，设施完备，能够提供门类齐全的商品
食品零售商	大型公司有 Tesco、Sainsbury's、Asda/Wal-Mart、Morrisons；还包括 Co-operative、Societies、Somerfield/Kwik Save、Marks Spencer、Waitrose、Iceland	是零售业的主要组成部分之一，价值为 10 000 亿欧元。其中一些大型企业正逐渐进入非食品行业
服装类	领头羊是 Marks Spencer、Arcadia Group；大型连锁商场有 Clarks、Shoe Zone、Shoe Studio 集团	在零售业中占据主流
网上销售	eBay、Amazon、Argos、Comet、Tesco.com 统治了英国的网上杂货店，其销售额占总量的 50%	
电视购物	QVC 是最大的公司，在美国、德国、墨西哥和日本都有分公司	

4．我国零售业的变革历程及创新

（1）我国零售业的发展及问题

经济的发展导致工业生产和消费需求的变化，从而带动零售业的发展。改革开放后，我国经济取得长足发展，工业生产得到大幅度提高，与此相对应的商品市场由原来的卖方市场向买方市场转变，消费者在购物中的主动性逐渐提高，消费习惯、消费结构等方面都发生新的变化趋势。纵观我国零售业的发展，主要经历了以下几个历史阶段，如表 1-10 所示。

表 1-10　我国零售业的发展历史阶段及特点

阶　　段	特　　征
计划经济下的零售业（1978 年以前）	全民和集体所有制的商业零售业一统天下。1978 年社会商品零售总额中,通过全民和集体所有制企业销售的零售额占到了 98%。 体制僵化,缺乏竞争,业态单一,产业资本一统天下,商业资本职能消失,零售业实际上仅是生产企业的一个销售部门
改革开放下初步发展的零售业（1978—1992 年）	逐渐摆脱传统体制的束缚,形成以公有制为主体,私营、个体为重要支柱的零售业格局。 零售行业初步发展,百货商场一统天下,管理粗放,忽视营销对市场的细分。商家实际上做的是房地产、物业管理和出租柜台等生意。一些大的传统商业企业做代销,商家很少真正承担流通过程中的风险
开放成长的零售业（1992—2000 年）	1992 年开始进行零售业对外开放试点,当时只限于六个城市和五个特区,每个城市容许试办一到两家合资零售商业企业,批发业则禁止外资进入。到 1999 年,社会消费品零售总额中,国家、集体零售额仅占社会总额的 40%。 新型零售业态如超市、连锁店出现,竞争加剧,零售业开始注重管理
高速发展的零售业（2000 年—）	经营能力和规模显著提高;各业态稳步发展,专业店发展较快;外商投资连锁企业发展较快;业态丰富、管理健全、强调营销、重视利用电子商务技术;商业资本日渐强大

　　我国零售业用了三十多年的时间走完了发达国家一百多年的历程,尤其是 2000 年以后,中国零售业更是取得了长足的发展。我们选取 3 年的数据与其他国家进行比较,如表 1-11 所示。从表中可以看出,目前我国的零售销售额和市场份额都已进入世界前列。

表 1-11　零售销售额世界前十位比较

国家排名	2003 年		2008 年			2010 年		
	零售额/百万美元	份额/%	零售额/百万美元	份额/%	增长率/%	零售额/百万美元	份额/%	增长率/%
美国	2 489	31	3 321	27	18	3 613	26	20
中国	635	8	1 421	11	17	1 730	12	21
日本	982	12	1 144	9	4	1 209	9	4
俄罗斯	148	2	505	4	8	658	5	10
法国	377	5	571	5	4	626	4	4
英国	386	5	538	4	4	599	4	4
德国	382	5	535	4	3	561	4	2
印度	180	2	383	3	4	460	3	5
意大利	277	3	378	3	2	398	3	1
加拿大	178	2	327	3	3	356	3	2
合计	6 034	75	9 312	73	66	10 210	73	73

　　注:零售额指全年零售销售额,份额指占全球零售销售额的比重,增长率指所占份额的增长率。

从零售业态细分看,各业态也呈现出百花齐放的局面,均有不同程度的增长,各业态中专业店、专卖店规模增速显著,仓储会员店单位营业面积商品销售额最高。2011年连锁零售企业(集团)中,专业店的门店数、营业面积、从业人员数和商品销售额分别占47.2%、44.4%、36.9%和60.4%,远远高于其他业态。2003—2011年,专卖店的门店数、营业面积、从业人员数和商品销售额的年均增速最快,超过连锁零售企业(集团)11.4、13.6、12.2和10.3个百分点。其他主要业态销售额增长也较为显著,如表1-12所示。

表1-12　我国主要业态销售额增长

业态	销售额/十亿元			业态	销售额/十亿元		
	2005年	2008年	2013年		2005年	2008年	2013年
现购自运	11.55	15.35	19.83E	药店	7.69	14.1	22.53E
便利店	31.62	53.9	78.88E	大卖场	124.16	197.54	365.54E
百货商店	29.59	58.99	93.09E	连锁超市	112.12	159	197.96E
折扣店	4.88	6.73	9.86E	非店铺零售	9.71	16.81	36.64E

我国零售业虽然取得了长足发展,但还存在以下问题:①业态发展参差不齐。各种新型业态同时出现、同时并存,但是各种新型业态同时出现,没有时间阶段性,存在业态间交叉、重复,定位模糊等问题,且部分业态具有明显的不足,与国际上通行的标准业态相比有较大的差距。②业态缺乏创新。大部分零售业态都是模仿外国或者国外引进的,缺乏开发适合国情的业态,"复制"过多,"自主创新"过少,自主创新能力的缺失严重影响了零售企业的可持续发展。③市场集中度较低,零售商经营规模有待提高。规模扩张不仅仅是网点资源的抢占,规模效益没有充分体现,各类经营费用居高不下,导致净利润率远远低于沃尔玛、家乐福等国际零售巨头。④在经营方面,还存在零售商业规划和网点布局混乱,缺乏与供应商真诚合作,自身定位模糊、无特色等问题。

(2)我国零售业的创新之路

零售业与人们的生活息息相关,其创新不需要惊天动地,而在乎细节。因此,零售业创新需要实时把握消费者的需求和购物行为的变化,对现有购物体验设计不断修正,更好地适应当地市场的需求,也离不开基本运营能力的保证和提升。

①业态创新。业态创新是传统零售企业突围的利刃,西方零售革命的历程已表明,不同零售业态的产生往往是与不同的生产力发展水平相适应的。因此,国外成熟业态模式未必都适合中国国情。中国零售企业绝不能一味复制照搬,而是要立足于中国国情,进行业态细分和创新,开发出适合中国国情的零售业态,这也是中国零售业未来发展的方向。

②精细化管理。我国零售企业要想获得可持续发展,进行精细化管理是关键。目前一些国内零售企业还停留在"办公自动化"水平,仍然只满足于数据汇报,很难看到真正的

智能分析。而现代零售企业要想突围,就必须依托信息化手段进行精细化的管理,包括对产品品类以及单品的精细化管理。

③ 网络零售的发展。在电子商务时代,实体零售企业要想生存发展就绝对不能忽视发展线上服务,如何实现线下与线上的有效联动发展成为众多零售企业必须面对的课题。根据中国连锁经营协会发布的《2012 传统零售商开展网络零售的研究报告》显示,截至 2012 年 6 月底,共有 59 家传统零售百强企业开展了网络零售业务,包括苏宁电器、国美电器、银泰百货、百胜餐饮集团等知名企业,经营超过 70 家网店,大多以百货业态为主。网上零售目前呈现一片欣欣向荣的景象,但是商业模式创新、供应链优化等一系列问题也亟待解决。

④ 组织创新。连锁经营的发展彻底改变了传统的商业组织模式与运作方式,追求规模经济和市场份额成为商业经营的基本目标,从而导致跨地区与国际化发展,并由此产生了本土化与属地化问题。连锁经营发展的历史已经证明:特定业态的规模化经营,其成败取决于经营定位、经营规模与营运效率。因此,战略规划就显得越来越重要,如业态定位、跨区发展与财务战略等。

【阅读链接】

全球零售业发展趋势调查

2011 年 8 月,Noesis 发布了一份《全球零售趋势》的调查报告:在这个后萧条时代,Noesis 为零售的价值下了一个新的定义:value 不等于 money。物质不一定就是有价值的,价值在于乐趣、激情、自然、挑战……跨进商店通常就是消费者漫长旅途的最后一站,消费者旅途包括:意识、搜索、购买、拥有。从过去到现在,消费者的旅途顺序没有太大变化,变化的是这个旅途过程中的信息获取方式、软件应用等。人们的购物习惯发生了很大的改变——如 3S 模式,即看(see)、选择(select)、分享(share)。现在的顾客购买商品的主要流程如图 1-8 所示。

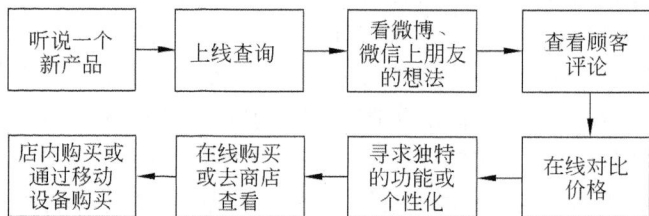

图 1-8　顾客购买商品流程图

针对不同的技术、零售商和区域,全球零售业的变化趋势表现为以下几方面。

（1）虚拟购物：Kinect Shop

新的手指识别技术允许购物者从无限制的衣架上抓取商品，能够看到不同角度的配饰搭配，而且在 Twitter 和 Facebook 上与朋友分享照片，快速征求朋友意见。新技术有以下几大优点。

① 有助于零售商吸引消费者，因为它又快又简单；

② 可以放在试衣间或者零售商店地板上；

③ 一个跟普通的树立镜差不多大的屏幕，宛如扩大版 iPad；

④ 无须脱掉衣服的情况下允许顾客尝试衣服的不同款式、颜色和尺寸；

⑤ 触摸屏技术能让顾客订购看中的衣物并在登记处领取。

不远的将来，这种购物方式也许会成为人们的主要购物方式，触摸屏、面部识别以及基于肢体的技术，能够将定向的内容和即时的价格对比直接发送给移动设备。

（2）零售必须提供：乐趣、体验、社会化

如 TacoBell（快餐连锁店）里的免费 Wi-Fi 和 TV。TacoBell 计划在 5600 个连锁店中都安装免费的 Wi-Fi 和视频屏幕（关于体育、音乐和生活），作为一个催化剂来延长顾客在店里的停留时间。很多其他的制造商也增加了互动的视频、平板游戏等来为顾客创建"目的地"以提升订单量。

（3）印度：通过 Facebook 购买杂货

Aaram Shop 最令人关注的是它的 Facebook 应用，能够让消费者通过它在 Facebook 上提供的服务进行购物。消费者在线购买杂货时使用 Aaram Shop 的服务，然后选择他们区域中比较偏爱的零售商，接着可以直接在 Aaram Shop 站点上或者通过它的 Facebook 应用完成购物。

当消费者的购物完成后，订单就会立即传送给已选的零售商，商家会及时运送商品，只有当商品已发出时消费者才会付款，对于消费者和商家来说，使用 Aaram Shop 都是免费的。

对于一些小型的有可能被大型在线竞争者淹没的本地零售商来说，这种更大、更协调的在线服务所带来的利益是很明显的。

（4）加拿大：计划实现无币化

PayPal Canada 通过 Leger Marketing 针对 1 500 名国内市民进行了一次调查，询问他们关于移动支付和数字钱包的看法。部分调查如下：一半以上称如果不再使用现金而使用其他支付方式的话，会很舒服自在。加拿大人使用 Paypal 作为他们的数字钱包，因为它比较灵活、安全和方便。

（5）Copious：社会化在线市场

产品页面要显示卖家的真实身份，并使用"社会化信号"作为一个等级，展示出是否有你认识的人是卖家的朋友、他们是否从卖家那儿买过东西。通过"社会化定价"，卖家可以有选择地给那些追随自己或分享产品的买家提供折扣。

由于社会化网络的发展,人们在购物时还多了一个"分享",随时随地在社交网站上与好友进行互动,比如使用虚拟购物镜时,及时将试穿照片发到 Facebook 上,征询朋友的意见。除了社交网站,现在人们喜爱的购物方式还有移动设备,人们不喜欢带着现金去店里消费,数字钱包、移动支付是消费者期盼的未来主流支付方式。

【相关术语】

流通(circulation);　　　　　　　零售(retail);
批发(wholesale);　　　　　　　　营销(marketing);
商流(trade flow);　　　　　　　　物流(logistics);
零售业态(retail formats);　　　　市场细分(market segmentation);
商业模式(business model);　　　　市场演进(market evolution);
信息流(information flow);　　　　零售车轮理论(wheel of retailing);
手风琴理论(accordion theory);　　生命周期理论(life cycle theory);
开放系统理论(open system theory);　自然选择理论(natural selection theory);
零售职业(retail career);　　　　　辩证过程理论(dialectical procedure theory)

【思考与讨论题】

1. 零售是什么? 为什么零售经营形态发生那么多的变化?
2. 你喜欢什么样的购物体验和经营形式,列举你认为影响零售企业经营的几个关键要素。
3. 对零售业发展可能产生影响的重大因素是什么?
4. 零售业态组织结构演变带来的启示有哪些?
5. 选择零售业态的主要思路有哪些? 如何利用有效的方法提高经营零售业的水平?
6. 谈一谈零售实践活动的重要性。
7. 零售职业都涉及哪些内容,如果你要进入该领域会做哪些准备?

【零售创业实践】

大学毕业最重要的决定是从事什么样的职业。我们都希望找到能带来益处、愉快工作并能发挥自己才能的职业。但每个职业都有优劣,因此,找到适合自己的职业必须进行分析和计划。

1. 请大家设计一份零售职业发展报告。从零售业提供的职业机会、零售管理的内容、职业要求及存在的问题进行分析。

2. 如果准备参加一家零售企业的面试,可能被问到的问题有哪些? 请列出你对这次面试所做的各项准备工作。

案例分析

我国商业中的热点问题

近几年,我国流通领域发生了一系列重大事件,其中热点问题主要包括以下几个方面。

(一)网络购物发展迅速

经调查统计,截至 2012 年 12 月,网络购物规模达到 2.42 亿,网络购物使用率提升至 42.9％,与 2011 年相比,网购用户增长 4 807 万人,增长率为 24.8％。经过 2012 年“双 11”、圣诞节等几次电商价格大战以及“12306”火车票销售网站的启动,电商网站的访问量大幅增长。同时,手机端电子商务类应用迅速扩张。在网购方面有三个值得注意的发展动向:①连锁零售商力拓网上销售。全国连锁百强企业中已有半数以上企业进入网上零售市场,本土企业积极上网的有苏宁的易购、王府井百货、利群商城等大批连锁企业。②网上商城加快自建物流体系。以京东网上商城为例,到 2010 年年底其物流体系覆盖 60~80 个城市,其中北京、上海、广州、成都四大物流中心已实现所在城市“当日达”。③网络团购出现爆发式增长。这种新的 C2B(customer to business,消费者对企业)模式,通过合作消费获得价格上的便宜,但也出现了如信用认证、服务打折等一些问题。

(二)银色市场蓄势待发

截至 2011 年年底,全国 60 岁以上老年人口达到 1.85 亿,占总人口 13.7％,达到了老龄化社会的标准。开拓银色市场,满足老年人多种商品和服务需要,不仅是生产和流通服务企业的共同社会责任,也是扩大内需的重要途径。开拓老年人的消费需求,必须把握老年人的特点,满足老年人的特殊需要,从商品供给和生活服务两个方面,“深耕”银色市场。同时银发市场具有世界性、潜在性、多层次性、服务性及包容性等特点,基于这些特点,许多敏锐的商家已经开始关注这一市场的开发。

(三)广泛关注的食品安全问题

近年来,不断曝光食品安全问题,百姓对食品安全高度关注并表现出某种焦虑。2010 年 9 月,商务部和财政部共同开展了一项旨在形成食品安全责任链条的示范工程——肉类蔬菜流通追溯体系建设试点,计划用 3 年左右的时间,在全国 36 个大中城市和部分有条件的地级市建立这样的追溯体系,之后逐渐推广到其他城市。业内人士和专家高度评价这项试点工作,认为有以下值得称道的"亮点":①选择了居民"菜篮子"中最重要的当家品种,如肉类和蔬菜。②抓住了肉类蔬菜质量安全问题的最大症结,即规模化、包装化、品牌化和加工机械化的程度比较低。③实行了系统化的配套推进方式。例如在技术模式上"统分结合",兼顾了多样性与统一性。

(四) 零售业态加快创新

近年来,我国零售业业态创新空前活跃,呈现出推陈出新,百花齐放的局面。这些创新一般都是将国家零售业态分类中某个具体业态加以细分化,衍生出各类细分形态。例如在超市业态中,出现了高端超市、社区超市、生鲜超市、21小时超市等不同的形式;在百货业态中,出现了社区百货、时尚百货、女子百货、高端百货、折扣百货等多种定位;在专业店业态上,出现了精品店、旗舰店、社区店等更细的形态划分。

我国零售业更具有创新的必要性和条件。首先,市场的差异化要求创新。商家必须以更加细分的市场定位对自己的目标客户加以追随,求新求变,错位竞争最终都会涉及业态(经营组织形式)的创新。其次,行业的发展阶段要求创新。零售业的发展要求在基本业态上,形成适合自己市场特点的系列化衍生发展模式。再次,消费的升级要求创新。如高端的零售业态开始出现。最后,零售行业的特点也提供了业态创新的源泉。零售是细节行业,面对各地不同的市场,针对同一市场不同的发展阶段,具体的流程和细节都存在因时因地调整变化的可能,任何看似"大同"的业态,往往因某些"小异"就会产生迥然不同的经营效果,从而增加零售组织形式的丰富性,使业态创新具有广阔的空间。

业内专家认为,近年来中国零售业态创新有三个特点:一是高端业态更受关注;二是非常注重实际效果;三是"一企多态、分业管理"。

(五) 车站商业将快速崛起

"十一五"期间,中国城市地铁轻轨交通取得了飞跃性的发展。根据发达国家的经验,城市地铁和轨道交通的发展会引起城市商业集聚模式的改变,关于这一点,以下几个趋势是应当及早注意。

第一,地铁轻轨的发展将改变现有城市零售商业的格局,新兴的繁荣商圈将不断出现。如以交通枢纽为中心的新兴商业集聚区,以大型住宅区车站为中心的地域商圈,小型车站为中心的邻里商圈等。第二,车站商业集聚模式和业态组合将发生变化。如车站周边将成为咖啡店、茶馆、饭店、旅馆、娱乐等多种服务行业理想的聚集地。第三,地铁与城铁的发展,为商业地产拓展出新的开发空间。第四,随着车站商业地产的蓬勃兴起以及车站巨大的客流对商铺立地的吸引力,车站商铺的投资价值将会越来越引起人们的关注。

(六) 商业营业用房成为投资热土

连锁零售商业投资商业营业用房的现象十分普遍,主要原因是物业租金上涨过快,致使自建店铺的零售商增加。这股开发热潮除了导致写字楼、公寓、住宅之下的"底商"火爆升值,还体现在全国各地如火如荼的商业街开发建设。

有以下几方面的因素推动了商业街的发展：第一,商业街是一个城市的形象名片和视觉窗口,城市建设规划对商业街愈发重视。第二,GDP(gross domestic product,国内生产总值)仍是地方政府孜孜以求的重要指标。第三,地产商和零售商的避险逐利取向。在住宅市场遇冷之际,商业地产可能成为开发商的"避风港",而且一线开发商也具备了进军商业地产的实力,已将商业地产投资作为未来的利润增长点。

(七) 流通成本居高难下

近几年来,外部因素导致的流通成本上升似乎难以遏制。以店铺租金为例,十年前一般要求每年租金递增5%,租期5~8年。而现在普遍要求租金年递增8%~10%,这也成为商业自建物业的一个原因。但毕竟自建商铺一次性投入巨大,在投资回收期内可能加重流通企业的成本。人工费用上升也很快。近些年批发零售和餐饮业平均人工成本普遍提高两三成,最低的也提高了10%以上。此外,还有税收制度不合理,导致商业服务业税负偏重;运输通道政策选择过度商业化,致使物流成本难以降低等体制性的原因。

资料来源:中国商业联合会发布2011年商业十大热点展望.

思考讨论题:

1. 在以上谈到的几大热点问题上,你最关注的是哪一件,为什么?

2. 试分析某一热点,谈一谈对该事件的看法,并讨论目前可能存在的关键问题及解决途径。

第二章

主要零售业态介绍

【学习目标】

- 了解零售业态的主要分类；
- 理解单一业态和多元化业态的发展；
- 掌握主流零售业态的概念、特点及其产生与发展；
- 掌握各零售业态的主要经营特征和竞争优势；
- 思考业态发展的问题及趋势。

导入案例

从三代人购物看 20 世纪 60 年的商业变革

从最初的供销社、合作社、百货大楼，到超市、便利店、专卖店、大型购物中心、网上商城，短短 60 多年，我国历经了发达国家零售业态 150 年的变迁。

家住上海浦东新区的 74 岁杨德明老人清楚地记得，从新中国成立一直到"大跃进"之前，中国的商业结构一直是国营商业和集体商业占据主流，私营经济和个体经济为辅，"洋火、洋油、洋布、洋伞"成了那一代人的集体记忆。接下来的 20 年，在杨德明的印象中基本上"买啥都要票，几乎涉及所有生活用品"，直到 1993 年才退出历史舞台，现在成了一种收藏品。在计划经济时期，由于商品较为短缺，有供应票也要排队，百货大楼里商品最齐全，排队的人也最多。杨德明说："30 年前最抢手的商品是手表、自行车、缝纫机和收音机。20 年前是彩电、冰箱、洗衣机这些家用电器。"当时在农村，购物范围基本锁定在供销社。

在杨德明的儿子杨国青的记忆里，百家、家乐福、易买得等大型超市于 20 世纪 90 年代中期在上海接连开设，很快就成了市民最喜欢的购物场所。后来社区便利店也如雨后春笋般涌现，让购物变得更加方便。杨国青称："现在家电连锁店几乎覆盖了市内所有商圈，选购家电很方便。小时候家里的电器只有一台收音机，现在家中电器几乎一应俱全，仅液晶电视就有 3 台。"

　　杨德明的孙女晓莉是个"80 后",她的购物范围就更广泛了。距离最近的是足不出户在家"网购";中短途购物除了在超市和商场购买日用品外,偶尔还会到 Shopping Mall、品牌折扣店选购衣物;距离再远一些是和好友飞到香港"血拼"。

　　如今,老杨对过去购物的回忆常常让孙女晓莉难以相信,居然还有有钱买不到东西的时代;而孙女的购物方式也让老杨难以理解,买卖双方不见面也能达成交易。老杨每逢周末就到附近的菜场和超市大采购,让老伴做些好吃的等孙女回来;晓莉也经常在网上买些剃须刀、保健品和地方土特产孝敬老人,最近还从网上买了一只宠物狗给老人解闷。

　　资料来源:网易财经.http://money.163.com/09/0916/09/.

2.1　零售业态分类

　　零售企业针对特定消费者的特定需求,按照一定的战略目标,有选择地运用商品经营结构、店铺位置、店铺规模、店铺形态、价格政策、销售方式、销售服务等经营手段,提供销售和服务而形成的不同经营形态。

2.1.1　零售业态的组成要素

　　从零售业态的定义可以看出,零售业态的组成要素主要包括目标顾客、商品组合、店铺位置、店铺环境、人员服务以及价格策略等,这些要素的组合变化便产生了不同的零售业态的经营特色,可以向不同消费者提供功能性、社会性、心理的、美学的以及娱乐性的功能。表 2-1 列出了零售业态主要组成要素及其维度。

表 2-1　零售业态组成要素及维度

组成要素	维　　度	组成要素	维　　度
目标顾客	① 性别(男、女) ② 年龄(儿童、青年、中年、老年) ③ 职业(白领、工薪) ④ 地域(发达、欠发达) ⑤ 收入水平(高、中、低)	环境	① 店铺规模(大、中、小) ② 店铺布局(宽敞、狭窄) ③ 商品陈列(简单、富于变化) ④ 店铺装饰(简单、豪华) ⑤ 休闲设施(有、无)
商品	① 品类数量(宽、窄) ② 某类单品数(深、浅) ③ 商品性质(食品、一般商品) ④ 商品质量(高、中、低) ⑤ 品牌归属(自有、代理、其他)	服务	① 服务范围(自有、有限、完全) ② 人员服务(理货、导购、顾问) ③ 结算方式 ④ 营业时间(8~12 小时、16 小时以上) ⑤ 顾客管理(会员制、非会员制)
店址	① 店铺区位(居民区、商业区) ② 店铺地址(独立店、购物中心) ③ 商圈范围(500 米、2 公里、5 公里) ④ 停车场(无、小、大)	价格	① 价格水平(高、中、低) ② 促销方式(打折、酬宾)

零售业态实质就是上述各种要素的组合,不同要素组合形成了不同的零售业态。如某一店铺的目标顾客是家庭主妇,经营的商品以食品和日用品为主,服务的范围为有限服务和自我服务,店铺装饰简单,价格采取低价策略,那这种店铺就是超级市场业态;另一店铺的目标顾客是小区居民,经营商品为日常便利品,营业时间为 24 小时,店铺地址在居民区,则这家店铺就是便利店业态。

2.1.2　零售业态的分类

建立一套科学合理的零售业态划分标准是对零售业进行科学化管理的基本前提。零售业态是动态的、发展的概念,分类主要依据选址、规模、商圈、有无固定营业场所、店堂设置、目标顾客、商品构成情况、定价、经营方式、服务功能等因素。零售业态的内在组合要素所呈现出的现象、形态就是它的外在表现形式。虽然世界各国在零售业态的划分上各有特点,但基本思路是一致的。下面对国内外业态分类进行比较。

1. 国外零售业态的分类

(1) 美国零售业态分类

美国将业态和业种结合在一起进行商业统计,一般将零售业分为以下几种类型:汽车及配件销售店,家具家居店,食品饮料店,建材园艺店,个人护理保健品店,加油站,服装、配饰商店,体育用品、音像店,综合性零售店,杂项类销售,店铺销售,餐饮业等。在此基础上,又具体划分出了业态。美国的零售业态是世界上最丰富的国家之一,斯坦顿(W.J.Stanton)曾提出业态分类的四个标准:店铺规模,商品组合,所有制形式,销售方式;菲利普·科特勒(P.Kotler)则提出了零售业态分类的五个标准:商品组合,价格诉求,卖场特点,店铺管理形式,店铺集合形式。

(2) 日本零售业态分类

日本的零售业态具有混合型特征,多数模仿美国零售业态又结合本国情况进行了变通。其特点是依据经营形态、商业聚集及组织形态对零售业进行详细说明:第一,以经营形态为标志,分为百货店、综合超市、食品超市、便利店、廉价店(折扣店)、专业店、居住用品中心等多种业态;第二,以商业聚集形态划分为商店街和购物中心;第三,以商业组织形态分为连锁经营型和合作经营型。

(3) 法国零售业态分类

法国零售专家 Claude Brosselin 将法国零售业分为三类:综合性商业,包括百货店、杂货店、连锁商店、消费合作社、特级市场、巨型专业商店;组合型商店,包括自愿连锁组织和零售合作社;独立型商业,包括各类独立型商店。Rves Chirouse 则分为四类:完全独立型商业,一般为小规模家庭企业;零售购买集团或零售合作社;综合性商店,包括百货商店、杂货店,连锁商店,自选型商店,消费合作社;契约型商业,包括特许经营等。

以上国家的分类方法具有一定的代表性,对深入了解零售业态内涵,进行科学划分和统计,研究零售业态的发展变化提供了可供借鉴的思路。

表2-2　有店铺零售业态分类及特点

业态	基本特点						
	选址	商圈与目标顾客	规模	商品（经营）结构	商品售卖方式	服务功能	管理信息系统
食杂店	位于居民区内或传统商业区内	辐射半径0.3千米，目标顾客以相对固定的居民为主	营业面积一般在100平方米以内	以香烟、饮料、酒、休闲食品为主	柜台式和自选式结合	营业时间12小时以上	初级或不设立
便利店	商业中心区、交通要道以及车站、医院、学校、娱乐场所、办公楼、加油站等公共活动区	商圈范围小，顾客步行5分钟内到达，目标顾客主要为单身者、年轻人。顾客多为有目的的购买。	营业面积100平方米左右，商品多品种，年均利用率高	即时食品、日用小百货为主，有即时消费性、小容量、应急性等特点，商品在3 000种左右，售价高于市场平均水平	以开架自选为主；结算在收银处统一进行	营业时间16小时以上，提供即时食品的辅助设施，开设多项服务项目	程度较高
折扣店	居民区、交通要道等租金相对便宜的地区	辐射半径2千米左右，目标顾客主要为商圈内的居民	营业面积300~500平方米	商品平均价格低于市场平均水平，自有品牌占有较大的比例	开架自选、统一结算	用工精简，为顾客提供有限的服务	一般
超市	市区商业中心、居住区	辐射半径2千米左右，目标顾客以居民为主	营业面积在6 000平方米以下	经营包装食品和日用品、生鲜食品。食品超市与综合超市商品结构不同。	自选销售、出入口分设，在收银台统一结算	营业时间12小时以上	程度较高
大型超市	市区商业中心、城郊结合部、交通要道及大型居住区	辐射半径2千米以上，目标顾客以居民、流动顾客为主	实际营业面积6 000平方米以上	大众化衣、食、日用品，一次性购齐，注重自有品牌开发	自选销售、出入口分设，在收银台统一结算	设不低于营业面积40%的停车场	程度较高
仓储式会员店	城乡接合部的交通要道	辐射半径5千米以上，目标顾客以中小零售商、餐饮店、集团购买和流动顾客为主	营业面积6 000平方米以上	以大众化为主，自有品牌相当部分，商品在4 000种左右，实行低价、批量销售	自选销售、出入口分设，在收银台统一结算	设相当的营业面积的停车场	程度较高并对顾客实行会员制管理

续表

业态	选址	商圈与目标顾客	规模	基本特点 商品(经营)结构	商品售卖方式	服务功能	管理信息系统
百货商店	市区级商业中心,历史形成的商业集聚地	目标顾客以追求时尚和品位的流动顾客为主	营业面积6 000~20 000平方米	综合性,门类齐全,以服饰、鞋类、箱包、化妆品、家庭用品、家用电器为主	采取柜台销售和开架面售相结合方式	注重服务,设餐饮、娱乐等服务项目和设施	程度较高
专业店	市区级商业中心及百货店、购物中心内	目标顾客以有目的选购某类商品的流动顾客为主	根据商品特点而定	以销售某专业类现货为主,体现专业性,深度性,品种丰富,选择余地大	采取柜台销售或开架面售方式	从业人员具有丰富的专业知识	程度较高
专卖店	市区级商业中心、专业街以及百货商店、购物中心内	目标顾客以中高档消费者和追求时尚的年轻人为主	根据商品特点而定	以销售某一品牌系列商品为主,销售量少,质优,高毛利	采取柜台销售或开架面售方式,商店陈列、照明、装潢、广告讲究	注重品牌声誉,从业人员具备丰富的专业知识,提供专业性服务	一般
家居建材商店	城乡接合部、交通要道或消费者自有房产比较高的地区	目标顾客以拥有自有房产的顾客为主	营业面积6 000平方米以上	商品以改善、建设家庭居住环境有关的装饰、装修等用品、日用杂品、技术及服务为主	采取开架自选方式	提供一站式购足和一条龙服务,停车位300个以上	较高
购物中心							
社区购物中心	市区级商业中心	商圈半径为5~10千米	建筑面积为5万平方米以内	20~40个租赁店,包括大型综合超市、专业店、专卖店、饮食服务及其他店	各个租赁店独立开展经营活动	停车位300~500个	各个租赁店使用各自的信息系统
市区购物中心	市级商业中心	商圈半径为10~20千米	建筑面积10万平方米以内	40~100个租赁店,包括百货商店、大型综合超市、各种专业店、专卖店、饮食店、杂品店以及娱乐服务设施等	各个租赁店独立开展经营活动	停车位500个以上	各个租赁店使用各自的信息系统

续表

业态	选址	商圈与目标顾客	规模	商品（经营）结构	商品售卖方式	服务功能	管理信息系统
				基 本 特 点			
城郊购物中心	城乡接合部的交通要道	商圈半径为30~50千米	建筑面积10万平方米以上	200个租赁店以上，包括百货商场，大型综合超市，各种专业店，专卖店，餐饮店，杂品店及娱乐服务设施等	各个租赁店独立开展经营活动	停车位1000个以上	各个租赁店使用各自的信息系统
工厂直销中心	一般远离市区	目标顾客多为重视品牌的有目的的购买	单个建筑面积100~200平方米	为品牌商品生产商直接设立，商品均为本企业的品牌	采用自选式售货方式	多家店共有500个以上停车位	各个租赁店使用各自的信息系统

表2-3　无店铺零售业态分类及特点

业态	目标顾客	商品（经营）结构	商品售卖方式	服务功能
		基 本 特 点		
电视购物	以电视观众为主	商品具有某种特点，与市场上同类商品相比，同质性不强	以电视作为向消费者进行商品宣传展示的渠道	送货到指定地点或自提
邮购	以地理上相隔较远的消费者为主	商品包装具有规则性，适宜储存和运输	以邮寄商品目录为主向消费者进行商品宣传展示的渠道，并取得订单	送货到指定地点
网上商店	有上网能力，追求快捷性的消费者	与市场上同类商品相比，同质性强	通过互联网进行买卖活动	送货到指定地点
自动售货亭	以流动顾客为主	以香烟和碳酸饮料为主，商品种在30种以内	由自动售货机器完成售卖活动	没有服务
电话购物	根据不同的产品特点，目标顾客不同	商品单一，以某类商品为主	主要通过电话完成销售或购买活动	送货到指定地点或自提

2．我国零售业态的分类

我国现行零售业态是根据国家质检总局、国家标准化委员会于 2004 年 10 月 1 日批准发布并正式实施的《零售业态分类标准》(GB/18106—2004)进行分类的。总体上分为有店铺零售业态和无店铺零售业态两类,共 17 种。表 2-2 和表 2-3 分别为有店铺零售业态和无店铺零售业态的分类及特点。

2.1.3 单一业态与多元化业态

1．单一业态

单一业态指零售企业选择一种零售业态进入市场参与竞争,在某一特定地区,针对某一特定顾客群集中经营某一类商品和服务。最典型代表是全球最大的连锁便利店 7-11 集团,在过去 80 多年中始终坚持单一业态。

单一业态是零售业发展的基石,它的实施在于更好、更有效地服务于某一特定的细分市场,针对不同的目标消费群体。单一业态经营要获得成功,就必须优化企业的核心业务,提升核心竞争力。纵观国际零售企业的发展历程,几乎都是从单一业态建立核心竞争优势后,才逐步进行地域扩张或多元化发展的。

2．多元业态

多元业态是指零售企业把两种或两种以上的业态按各自的功能进行有机组合,形成多元化的经营模式。多元业态经营的企业一般是大、中型连锁集团,如 2003 年 4 月成立的百联集团是国内最大的商贸流通集团,拥有遍布全国 25 个省市 7 100 余家营业网点,几乎涵盖了现有的各种主要业态,如表 2-4 所示。

表 2-4 百联旗下业态及品牌

业 态	对 应 品 牌
百货店	第一八佰伴、东方商厦、第一百货商店、永安百货、红桥友谊、时装商店
大型购物中心	百联南方、西郊、又一城、中环等购物中心
品牌折扣店	百联奥特莱斯
大型综合超市	华联吉买盛、世纪联华
超市	联华超市、华联超市
便利店	联华快客、华联罗森
专业店	第一医药(医药)、好美家(建材)等
专卖店	茂昌眼镜、乔家栅食品等

多元业态经营企业把发展战略定位在整个零售业范围之内,进行多种业态发展,以充分满足多元化的消费需求。多元业态经营不是几种业态的简单组合,而是一种高效的业态多元化战略,强调的是整体协同效应。

3．单一业态与多元业态比较

零售企业是应该选择单一业态还是多元业态经营呢？从全球的零售巨头来看，两种形式都有，但多数企业采取多元化经营形式，如表 2-5 所示。我国的情况也类似，表 2-6 为我国进入全球零售百强的四家企业，它们也都是多元业态。两种模式无优劣之分，单一业态可以做强，多元化业态可以做大。

表 2-5　2012 年度全球零售 100 强（前五位）

排名	企业名称	销售额/百万美元	进入国家数	主 营 业 态
1	沃尔玛（美国）	446 950	28	大型购物中心、大型综合超市、会员折扣店
2	家乐福（法国）	113 197	33	大型购物中心、大型综合超市、折扣店、便利店、会员制量贩店
3	乐购（英国）	101 574	13	大型综合超市、便利店、网上杂货服务
4	麦德龙（德国）	92 950	33	大型购物中心、大型综合超市、专卖店、现购自运商场（Cash & Carry）
5	克罗格（美国）	90 374	1	大型综合超市、便利店

资料来源：德勤：2012 全球 TOP100 零售商排行榜（榜单采用了 2011 年财年的销售数据），Stores 杂志，2012 年 1 月。

表 2-6　2012 年度全球零售 100 强（中国企业）

排名	企业名称	销售额/百万美元	门店数	主 营 业 态
50	屈臣氏（香港）	18 444	8 400	保健及美容产品连锁店
59	百联集团	15 930	7 100	百货商店、超市、大卖场、便利店、购物中心、折扣店
65	国美电器	14 923	1 200	家电连锁
69	苏宁电器	14 549	1 700	家电连锁

资料来源：德勤：2012 全球 TOP100 零售商排行榜（榜单采用了 2011 年财年的销售数据），Stores 杂志，2012 年 1 月。

2.2　以低价著称的大众业态——超级市场

2.2.1　认识超级市场

　　术语链接：超级市场（super market）是指采用顾客自我服务的方式，以经营日常生活必需品为主，实行薄利多销，一次结算的零售业态，普遍实行连锁经营的形式。

　　1930 年 8 月，美国人迈克尔·库仑（Michael Cullen）在美国纽约州开设了第一家超级市场——金库仑联合商店。当时，美国正处在经济大危机时期，库仑根据他几十年食品经营经验,精确设计了低价策略以及商品品种差别定价方法,并首创了自助式销售、一次性集中结算的方式。

随着时间和地区的不同,人们对超级市场概念的理解也不同。美国学者齐默尔曼1955 年在其《超级市场:一场销售革命》一书中对超级市场作了如下定义:超级市场是被高度部门化的经营食品或其他商品的零售店,完全由所有者自己经营或委托他人经营;有足够的停车场,而且年营业额不低于 25 万美元,但干货、食品、日用杂品等必须采用自助服务形式。

美国"现代营销之父"菲利普·科特勒在《营销管理》一书中对"超级市场"定义为:"一种相对规模大、低成本、高销售量、自助服务式,为满足消费者对食品、洗衣和家庭日常用品的种种需求服务的零售组织;超级市场的经营利润仅占其销售额的 1%,占其资本净值的 10%。"

20 世纪 30 年代中期以后,超级市场业态由美国逐渐传到了日本和欧洲,他们对超级市场也有不同的定义。

日本产业构造审议会界定超级市场的特征为:主要销售食品、日杂货、衣料等生活用品;主体是自我服务方式;高周转、低盈利,注重折扣销售;售货面积在 3 000 平方米以上;多数是连锁商店。

德国对超级市场的界定是:实行自我服务方式的零售店,营业面积在 400~2 500 平方米,经营日常必需的食品和部分非食品,食品部分至少占营业额的 70%。

英国对超级市场的定义为:营业面积在 2 000 平方英尺以上的自助服务商店,主要经营食品与杂货。

法国则按照售货面积划分超级市场,把面积 2 500 平方米以上,400~2 499 平方米,120~399 平方米分别称为大型超级市场、超级市场和小型超级市场。

国外对超级市场的定义较多,即使同一个国家也有不同的定义,每个定义都是根据当地当时的具体情况从某个侧面强调了超级市场的某些特征。

2.2.2 超级市场的特征及作用

从超级市场的实践及各国对其所作的定义可以看出,超级市场应满足以下主要特征。

1. 超级市场的特征

(1) 低成本、低毛利的销售策略

廉价销售是超级市场最为重要的本质特征。低价策略自超级市场创建以来就成为其营销的基本原则,主要靠控制利润的方法来保证商品的低价销售,如沃尔玛的"天天低价";又如 20 世纪 50 年代出现的"主妇之店大荣"也以廉价销售迅速风靡全日本。

(2) 以食品和日常用品为主,满足消费者一次购齐需要

超级市场以销售食品、杂货为主,这两类商品需求量稳定,在全社会商品零售总额中

占有很大比重。以美国为例,1966 年超级市场食品销售额就占到销售总额的 70% 以上;2009 年,日本超市食品销售额占销售总额的近 2/3。随着超级市场的不断发展以及人们需求的日益多元化,综合经营、满足顾客大众化、一次性购齐的需要已经成为超级市场特别是大规模超级市场的经营目标。

（3）开架售货、自助服务和集中结算的销售方式

齐默尔曼将自助服务比喻成超级市场的内脏。开架自取、自助服务的销售方式提高了劳动效率、稳定了销售质量、保护了消费者对商品的选择权,出口集中收银的方式,节约了顾客的购物时间和成本,控制了超市的经营成本,实现了商品销售的低价位优势。这种开架式售货方式塑造了顾客与店员、商品的全新关系。

（4）开阔的卖场和简洁明快的购物环境

超级市场的购物环境体现了方便舒适的特点。卖场空间开阔,通道顺畅,各国对超级市场的单体规模都有最低要求,一定的规模可以陈列较多种类的商品,使超级市场真正起到“一站式购物”的功能。店铺装修突出简洁明了的特点,商品陈列醒目,店内广告与促销富有特色,大中型超市外部周边设有停车场,与传统菜市场的购物体验形成了鲜明的对比。

（5）广泛使用电子计算机和其他现代化设备

随着商业信息化和自动化技术的发展,计算机设备、POS 系统和自动订货系统的使用能让管理人员迅速了解销售情况、库存和盈亏状况,及时保存、整理和包装商品,自动标价、计价等,提高了工作效率,扩大了销售数量。因此,现代化的设备和管理也是超级市场的重要特征之一。

2．超级市场的作用

（1）领导了整个零售业销售方式的创新

传统零售店采用柜台面对面的销售方式,能提供针对性服务,商品不易污染,但不便于消费者自主决策,自由挑选,购物过程受店员态度、业务水平影响较大,且店铺需提供较多的服务人员。超级市场产生后,通过商品的明码标价、整齐陈列,进行开架售货、自主服务和集中结算,充分地尊重了顾客对自主、自由购物的需求,在整个零售业得以迅速推广并被多种业态借鉴,成为零售销售方式的主流。

（2）推动了整个零售业管理流程的现代化

超市引入了商品的编码技术、条形码技术,采用了 EOS 系统、MIS 系统等自动化管理手段,实现了对商品购、销、存的有效控制。在其带动下,这些技术也进入其他业态中,大大提高了管理效率,使零售业走上了标准化和规模化的流通之路。

（3）带来了规模经济性

大型超市经营的商品种类日益丰富,并纷纷采用连锁经营的组织形式,充分发挥中央采购部和管理总部的功能,提高了商品销售率和库存周转率,增强了零售商的讨价还价能力,达到薄利多销。同时,超市连锁体系直接与上游环节接触,加深了对行业的渗透,同时

实现了规模经济性。超级市场对营业空间的有效利用和劳动效率的提高,也获得了一定的规模效益。

(4) 改变了人们的生活方式

超市的出现对人们的生活产生了巨大影响,不仅改变了购物方式,也提高了购物效率,顾客可以根据自己的喜好和拥有的商品进行比较,独自完成商品选择和决策,变被动购买为完全的自主决策,而且购物时间的节约也使人们拥有了更多的闲暇时间。

2.2.3　超级市场的经营

1. 超级市场的经营定位

超市业态要在竞争中脱颖而出,在消费者心中占有一席之地,需明确其定位,从目标市场定位、商品定位、价格定位和服务定位来分析。

(1) 目标市场定位

消费者购买食品及日用品是日常化的,超市正是满足了消费者这种需求。实施购买行为的消费者以家庭主妇居多,购买行为具有一定的随意性。如果是职业女性,购物多利用上下班时间或者节假日,所以一次性购物在超市销售额中占有相当大的比重。

(2) 商品定位

确定了目标顾客后,要考虑用什么样的商品满足顾客的需求,这是商品定位的工作。各类超级市场出售的商品都有大体相同的特征,即食品和大众化的日常生活用品,这些都属于快消品或便利品,消费周期短、购买频率高,单价低。超市应向商圈内居民提供日常生活所需的 80%～90% 的商品,满足其"一次购齐"的需求,因此,超市经营商品的品种应齐全,卖场应具有一定规模。

(3) 品牌定位

超市经营哪些品牌的商品决定了其在消费者中树立怎样的形象地位。要缩短消费者的购买决策过程,为企业节省一定的促销费用,就必须经营一定的区域性品牌和有一定知名度的品牌商品。

(4) 价格定位

超市商品价格定位受到多种因素的影响,如目标客户特性、商品特性和标准化程度、市场需求弹性、经营规模等,需要经营者根据具体情况决定商品的价格。如超市购物的主体是家庭主妇,她们往往比单身者更精明,有更多时间进行价格比较。因此,超市价格一般应低于其他零售业态的价格水平。

2. 我国超市经营理念的发展

(1) 向出售服务和消费者附加值过渡

谁能让消费者用最少的支出、最短的时间、最快的速度、最低的价格在最优质的服务下完成一次快乐的购物,谁就能最大化的占有市场竞争的优势。消费者对生活质量的要求越来越高,整体消费形态已从以往的物美价廉发展到个性、健康和快乐购物,享受购物的阶段。因此,单纯的商品丰满、价格比较、打折买赠、会员积分等已无法满足消费者对商家的要求和期望,经营观念应随之而变。

（2）向复合型竞争理念过渡

价格是超市竞争的主要手段,但超市商品的同质化、同价化、同步化的经营特征明显。因此,单纯的价格优势荡然无存,集合了文化、价格、服务、传播、附加值等多种因素的复合型竞争观念将随着国际超市巨头的进入而带来全新的经营理念,如发展以俱乐部为主的形式,具备多服务功能的宽泛型会员超市,以品牌铺路,文化行销,做全程服务。

（3）向业态融合发展

超市是零售业态的重要组成部分,但现代商业是崇尚资源整合、优势联动、信息共享的大经营时代。目前,超市与超市间的联合、超市与百货商场的兼容,超市与其他业态、其他经营领域的结合都体现了传统业态的重新整合,将来超市业态中也将出现"新思路"与"老卖场"融合的新形式。

> **讨论专题**：近年来,在零售百强多业态经营的企业中出现一些"百货店＋超市"模式,超级市场和百货商店这两种业态是否可以兼容？

（4）面向社区商业做连锁

面对大型超市的竞争,中小型超市唯一的出路是找准定位、错位经营、细节制胜,其核心在于"连锁就是力量"。一方面,通过人员的动态训练、商业零售技术的运用以及品牌和资本的双重运作,对现有连锁模式和销售网络进一步完善健全;另一方面,超市企业围绕社区、景点、车站、大学、医院等,尤其是社区,做好定位和规划。

（5）管理技术的创新

管理技术的创新体现了对消费者需求的满足,表现在：①后存包时代。随着电子防范系统的不断普及,以"自助存包、自主存包"为标志的"后存包时代"更好地缓解了顾客和店员之间的关系,营造了一种轻松购物的氛围。②虚实结合的售货方式。许多超市的"B2C"(business to customer)将线上和线下结合起来,适应了"网络"顾客的要求。③快速收银,节约时间。银行等金融机构介入,实现了"银企联动"、现金与卡并存并用的收银支付系统。未来可能步入全自动化的快速自助收银时代,预计有部分超市会在5～10年内实现"无人收银"。

【案例链接】

红府超市的差异化经营

红府超市隶属于安徽省徽商集团,曾是安徽超市的代名词。为应对日益残酷的竞争态势,2008年公司成立了新的管理团队,进行重新思考,精准定位,以差异化经营在大卖场夹击中求生存。目前红府超市主要经营精品超市和社区店两种业态。"精品超市"目前已开设到第三代店,在学习伊藤洋华堂、佳士购等经营理念的基础上,融入了红府人对精品超市定位的理解和创新。社区店主要打造两个核心:一是以生鲜为主,打造"整体厨房"概念;二是完善服务功能,将火车售票、代缴水电煤气费等服务项目引入社区店,更好地服务大众。红府的成功得益于其差异化经营策略。

(1)客户群差异化。考虑到各地超市业态经营比较雷同,大卖场提供的是泛大众消费。红府精品超市从中高端顾客群的定位着手,做足了有效客流和有效客单价的文章。

(2)经营模式差异化。①卖场动线的差异化:借鉴了宜家的卖场设计理念,所有的门店都是环形动线,增加顾客随机购买的机会;②色彩灯光的差异化:采用所谓的立体灯管,运用了大量的色彩来营造氛围,使卖场更加柔和、美观,亮点更加突出;③经营道具、展架的差异化:为方便顾客购买,更强化空间感,降低了货架的高度,还使用了大量的木制展架,让整个卖场更加富有特色;④商品陈列的差异化:创造了一种剧场式陈列,让商品成为货架上的角色,让货架成为舞台。

(3)商品差异化。①品项的聚焦:聚焦在生鲜商品、食品和日用百货几大类上;②商品结构优化:超市70%的中端商品+30%的高端商品(其中15%的进口商品+15%的国内高端品牌),通过品项的聚焦和价格区间选择做到有效客流管理;③品种的优选:经营进口食品、顶级商品、生鲜自制品、自有品牌开发一些稀缺、特色商品。

(4)服务差异化。提倡亲情服务,不仅仅是卖商品,更是分享快乐。如社区店要求员工喊出王大妈,李伯伯,用亲情服务顾客;要求员工通过不同的装扮提供特色化服务;卖场内到处是试吃、试饮台,便于充分与顾客互动,并推出先吃先饮再付款活动等。

2.3 传统业态的典型代表——百货商店

2.3.1 认识百货商店

> **术语链接**:百货商店(department store)是指经营包括服装、鞋帽、首饰、化妆品、装饰品、家电、家庭用品等众多种类商品的大型零售商店。它是在一个大建筑物内,根据不同商品部门设销售区,采取柜台销售和开架面售方式,注重服务功能,满足目标顾客追求生活时尚和品位需求的零售业态。

不同国家对百货商店有不同的定义。根据美国政府《零售贸易普查》的规定:百货商店至少要有25个雇员,提供包括服装和纺织品、家用纺织品和布类产品、家具和装饰品及器皿等商品的商店。科特勒认为百货商店一般要销售几条产品线的产品,尤其是服装、家具和家庭用品等,每一条产品线都作为一个独立的部门由专门采购员和营业员管理。

法国对百货商店的定义是:拥有较大的销售面积,自由进入,在一个建筑物中提供几乎所有的消费品;一般实行柜台开架售货,提供附加服务,每一个商品部都可以成为一个专业商店;销售面积至少为 2 500 平方米,至少有 10 个商品部。

德国对百货商店的定义是:供应大量产品的零售商店,主要产品是服装、纺织品、家庭用品、食品和娱乐品;销售方式有人员导购(如纺织品部)和自我服务(如食品部),销售面积超过 3 000 平方米。

此外,英国规定百货商店应设有多个商品部,营业额的实现至少要覆盖 5 大类产品,至少雇用 25 人;日本通产省对百货商店的规定是从业人员超过 50 人,销售面积至少为 1 500 平方米(大城市要超过 3 000 平方米)。

我国 2004 年实施的《零售业态分类标准》对百货商店的要求如下:

(1) 选址在市、区级商业中心或历史形成的商业集聚地;

(2) 目标顾客以追求时尚和品位的流动顾客为主;

(3) 营业面积在 6 000~20 000 平方米;

(4) 商业结构为综合性,品类齐全,以服饰、鞋类、箱包、化妆品、家庭用品、家用电器为主;

(5) 采取柜台销售和开架销售相结合的方式;

(6) 注重服务,设餐饮、娱乐等服务项目和设施;

(7) 管理信息系统应用程度较高。

百货商店自诞生以来,在世界各地保持了长久的魅力,关键在于它具有其他零售业态不具有的特质,即奢华、时尚、品质、周全,如图 2-1 所示。

2.3.2 百货商店的产生与发展

多数西方学者认为百货商店最早产生于法国巴黎,一个名叫 A. 布西哥的人在 1852 年开办了邦·马尔谢(Bon Marche)商店,这是世界上第一个实行新经营方法的百货商店。

从成立至第二次世界大战,西方百货商店经历了从成长到成熟的发展。那时的百货商店定位是综合化的,经营的商品无所不包,几乎可以买全所有的日常用品和食品等,力求满足所有人的所有需要。第二次世界大战后,西方百货商店进入了衰退期,主要原因在于超级市场、折扣商店、仓储商店、便利商店等以廉价为特征的新型业态涌现,传统百货商店的经营优势消失,迫使百货商店进行调整。一方面模仿自选购物方式,打开货架,让顾客与商品直接接触;另一方面不得不进行消肿,将适合折扣店经营的小商品,适合超市经营的食品,适合专业店经营的电器等商品放弃掉,转向重点经营毛利率较高、附加价值较大的服装品、化妆品和室内装饰品,走向了专业化发展之路。实际上,这才是百货商店真正定位的阶段。

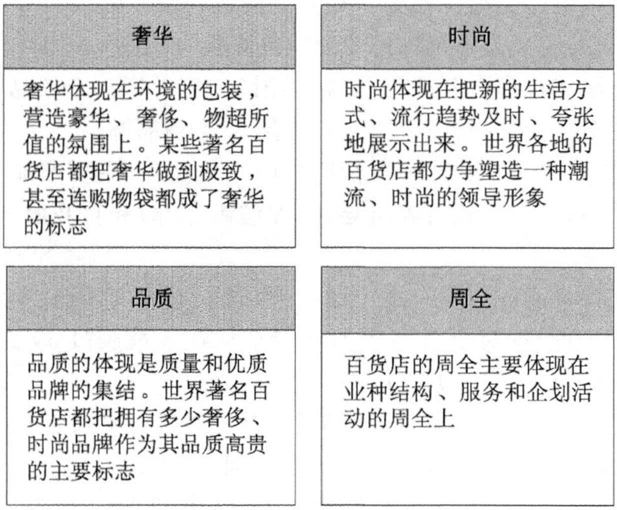

奢华	时尚
奢华体现在环境的包装，营造豪华、奢侈、物超所值的氛围上。某些著名百货店都把奢华做到极致，甚至连购物袋都成了奢华的标志	时尚体现在把新的生活方式、流行趋势及时、夸张地展示出来。世界各地的百货店都力争塑造一种潮流、时尚的领导形象
品质	周全
品质的体现是质量和优质品牌的集结。世界著名百货店都把拥有多少奢侈、时尚品牌作为其品质高贵的主要标志	百货店的周全主要体现在业种结构、服务和企划活动的周全上

图 2-1　百货商店特质

具体到每一个国家，百货商店的发展阶段时间各异。以美国零售市场为参照，其大致经历了三个阶段，如表 2-7 所示。

表 2-7　百货商店的发展阶段

发 展 阶 段	基 本 特 征
发展期(1880—1914 年)	营业额迅速增加，坚持薄利多销策略，毛利率限定在 14%～20%，经营的商品以大量日常用品为主，并开始注重殿堂布置和商品展示
成熟期(1914—1950 年)	新的业态如连锁商店、杂货店等开始出现，百货商店面临威胁，但仍保持着优势地位，其主要措施是：增加向顾客提供的服务，百货商店实行集中购买，开办各种分店和特许经营店
衰落期(1950 年以后)	百货商店间竞争激烈，其他销售形式也蚕食着百货商店的地盘，廉价商店、专业商店、超级市场发展势如破竹，使百货商店面临困境

我国第一家百货商店是俄罗斯资本家 1900 年在哈尔滨开设的秋林公司，目前仍在正常营业，是我国最古老的百货商店。我国百货商店的发展中也经历了几个明显的阶段，如表 2-8 所示。

表 2-8　我国百货商店业态的发展历程

发 展 阶 段	基 本 特 征
垄断期(新中国成立后—1979 年)	计划经济体制下中国市场中唯一的零售业态，其主要任务是"稳定物价"、"保障供给"，并不完全具备百货商店原有意义上的业态特征

续表

发 展 阶 段	基 本 特 征
发展期(1980—1990 年)	百货商店业态逐步走向规范化,传统商场进行改革,出现新兴大型豪华商场,外资商店进入;城市消费者的消费水平拉开了档次,但原有百货商场以大众消费者为主的顾客结构没有根本改变,仍然是大众消费者日常购物的去处
上升期(1990—1995 年)	百货店的高投资,高回报率使得该行业急剧膨胀,过度进入引发的无序竞争侵蚀了尚未成熟的百货行业
下降期(1996 年以后)	由于新兴业态的发展和国外大型零售商的进入,百货商店经营受到冲击,经济效益明显下降,昔日火爆的大商厦接二连三地关停并转,开始探索创新

2.3.3　百货商店的变革

自 1852 年第一家百货商店诞生以来,该业态风靡了半个多世纪。到 20 世纪 50 年代,西方传统百货商店从成熟期步入衰退期,多数企业面临经营困境。特别是 20 世纪 90 年代,一些著名的百货公司如蒙哥马利、伍尔沃斯纷纷倒闭,人们对百货商店业态的发展产生了质疑。造成传统百货商店经营困难的原因主要有以下几方面。

(1) 随着百货行业布局的饱和,百货商店之间的竞争更加激烈。

(2) 其他零售业态(如超市、便利店、廉价商店等)迅速成长起来,纷纷蚕食百货商店的市场份额。

(3) 选址在城市中心,由于人口向郊区迁移,城市交通拥挤,停车困难,人们去市中心百货商店购物的欲望逐渐降低。

(4) 对价格敏感的消费者比过去任何时候都多,他们被折扣商店所吸引。

(5) 传统百货公司在顾客市场细分方面做得不够到位,经常改变其战略方向,或其管理有时过于分散,导致它们在消费者心目中的形象过于模糊。

中国的百货商店是否与西方发达国家一样步入了衰退期,结合我国的实际情况,参与以下的讨论。

讨论专题:当今商海风起云涌,各种新兴业态迅速崛起,超市、专业店、购物中心遍地开花。面对激烈的市场竞争,一些人感慨:以百货商店为代表的传统零售业已经夕阳西下!另一些人认为:百货商店虽受到冲击,但通过改革、调整、创新,还有较大发展潜力,而且百货商店对繁荣都市等起着重要作用。你如何看待百货商店在我国的发展,是衰退期,还是成熟期?

变革是对现状的改变,在众多新兴业态的冲击下,在外部环境不断发生变化的商业环境中,百货商店的发展之路就是以客观、创新的态度在战略和战术的层面上进行逐步的、全面的变革。从长计议寻求战略上的改革,并尽量运用高科技,或者联合其他业态进行优势互补,采取差异化战略和特色经营,表 2-9 列出了百货商店的一些变革途径。

表 2-9   百货商店变革途径

战 术 层 面	战 略 层 面
① 加强主力商品 重点经营挑选性强、技术性高、附加值大、代表消费时尚、具有前瞻性的商品;品种组合上加大新、特、名商品的力度,形成系列化商品,开发自有品牌 ② 进行错位经营 找准自己的目标顾客,避免大而全;进行顾客细分,实施特色定位 ③ 突出服务特色 提供最全面的服务,注重细节,服务应做到特色化、全面化、细致化、人性化	① 尝试连锁经营 百货连锁在规模、资金投入、管理能力和市场把握方面有很高要求,应成为大型百货商场努力的方向 ② 进行业态改良和创新 借鉴超市、专卖店等特点及大型购物中心的经营特征,形成新的竞争优势 ③ 进行一店多态经营 引入有互补作用或市场前景比较好的业态,更多地吸引顾客,实现各种业态的更好发展,如"一店两态"或"一店三态"等

【案例链接】

保持生机和活力的王府井百货

随着各种新型业态在市场上的兴起和扩张,传统百货业的市场份额受到冲击,全国各大百货商店的经营与销售一度陷入困境。王府井百货作为国内百货业的龙头企业之一,在保持稳健发展的同时不断寻求突破,公司经过57年的创业、发展,现已成为国内专注于百货业态发展的最大零售集团之一,也是在上海证券交易所挂牌的上市公司。

长期以来,王府井百货在不断改革创新与实践中完成了从传统百货向现代百货的转型,实现了由地方性企业向全国性企业、由单体型企业向连锁化、规模化集团的转变。目前王府井百货在全国六大经济区域、20 个城市内开业运营或即将开业运营 30 家大型百货连锁店,构筑起以北京为中心,遍及华南、华北、华中、西南、西北、东北等重要经济区域的百货连锁网络,销售规模近 220 亿元。

秉承"人性购物、人文服务"的理念,王府井商场深受消费者的喜爱,基本在当地市场处于领导或领先地位。随着市场的变化,公司在经营业态上也不断创新完善,由百货业态向购物中心延伸,由线下向线上延伸,进一步满足消费者的需求变化。一个以"王府井百货"为共同名字的具有连锁规模的集团公司成为中国百货零售业的旗手。

2.4　个性化消费时代的新兴业态——专业店和专卖店

2.4.1　认识专业店和专卖店

> **术语链接**：专业店(specialty store)指专门经营一类商品或几种互有关联的商品，并且具备有丰富专业知识的销售人员和适当的售后服务，满足消费者对某大类商品的选择需求的零售业态。
>
> 专卖店(exclusive shop)是专门经营或授权经营某一品牌商品(制造商品牌和中间商品牌)为主的零售业态。

1．专业店和专卖店的联系与区别

将专业店和专卖店归为一类是为了统计操作上的方便，两者都体现了"专"的一面，与前两种业态相比，经营商品的种类专，目标顾客专，满足的需求也专。

一般来说，专卖店是专业店的一种特殊形式，是比专业店更专门、更细分的零售业态，专门经营品牌，适应消费者对品牌选择需求的零售业态。两者的区别表现在：

(1) 经营范围不同。专业店专门经营某种或某类商品，如时装店、鞋店、药店、书店、电器店、珠宝店等，常常集中不同品牌的同类商品；专卖店则专门经营某种品牌的系列商品，如海尔专卖店、李宁专卖店、苹果专卖店等，以品牌商品作为对象，品牌的单一性和排他性是其重要特点。

(2) 归属性质不同。专业店归属于独立的商业经营单位，目的多是获取利润；专卖店常由厂商或与厂商联系密切的公司经办，除了获利外，还有宣传推广品牌，获取广告效应的目的。

(3) 品种齐全程度不同。专业店经营同类商品的规格、品种或型号十分齐全；专卖店则只经营某一种品牌。

2．专业店和专卖店的特征

鲜明的特色是专业店或专卖店业态的主要特质，从开店的整体流程分析可以看出如下特色：

(1) 目标顾客特色

这类业态必须对商品的目标顾客进行明确的界定，即要明确他们属于哪个消费群，拥有哪些特殊的市场需求。如上海"老庙黄金"专卖店就是以富足起来的上海农民，具有追求吉祥富贵心理的顾客为目标顾客，满足他们购买黄金保值、显示富贵、盼交好运的特殊需要。

(2) 需求特色

与目标顾客相应的是需求特色，在无限大的需求中，选择有限的商品来满足顾客专门或特殊需求。因此,这些有限的商品都是严加选择、正确定价的,从各方面都能绝对地符合顾客的特别需求。

(3) 创造消费潮流的特色

专业店或专卖店因是经营某一类商品,有条件对专业市场进行跟踪研究,掌握最新商品的流行趋势,利用进货渠道的优势采购那些代表时代潮流的专用商品,通过有意识的概念营销来创造某种消费潮流,这个特征在商业引导和创造消费潮流中更具有代表性。

(4) 商品特色

专业店或专卖店在某一类商品上做到品种齐全,在某一种商品上做到款式多样、花色齐全,在某一品牌的商品上做到了系列化。与其他业态相比,它更符合消费者挑选性、专门性和特殊性的需要。

(5) 经营特色

极富个性的经营方式为这类业态的又一特色。如我国一些大中城市的"西饼"专业店里,面包是现烤的,蛋糕是现做的,这种现场制作的经营方式使其生意兴隆,这种独特的经营方式大放异彩,往往是因为其掌握了制作和出售这些商品的专有技术。

(6) 服务特色

专业店和专卖店服务特色体现在两方面:一是营业员对所售商品有丰富的专业知识;二是在专卖店日益高档化、品牌化和精品化的发展趋势中,能为顾客提供系统化的售前、售中和售后服务。如珠宝专卖店,不仅要向顾客提供黄金、钻石等专业知识,还要提供清洗、修饰及退换等服务。完善的顾问式、无顾虑服务是该业态有别于其他业态的服务特色。

专业店(专卖店)的这些特点说明它是各种零售商店中最讲究经营特色、个性细节和创造力的商店,其经营所体现的特征和优势如表 2-10 所示。

表 2-10　专业商店的特征和优势

特　征	优　势
① 选址在繁华商业区、商店街或百货店、购物中心内; ② 营业面积依商品特点而定; ③ 以著名品牌、大众品牌为主; ④ 销售体现量小、质优、高毛利; ⑤ 商店的陈列、照明、包装讲究; ⑥ 定价销售和开架面售的形式; ⑦ 注重品牌名声、从业人员专业知识丰富,并提供专业性服务	① 是品牌、形象、文化的传播窗口,有利于品牌价值的提升; ② 专卖一类产品或一个品牌,能做到专卖+优质产品+星级服务,增强了产品的终端销售能力; ③ 销售、服务一体化,可创造忠诚的顾客消费群; ④ 及时向终端经销商和消费者提供产品信息,易于收集市场和渠道信息; ⑤ 专卖店的品牌有百分之百的销售机会(店内无其他品牌),增加了产品的成交率

2.4.2　专业店和专卖店的产生与发展

1. 专业店的产生和发展

专业店有着漫长的历史,早期的店铺都具有专业商店的特征,它们常常经营一类或几类商品,一直是重要的零售业态。专业店的演变经历了独立化、分化和高档化三个阶段。

零售业的早期活动场所是集市,集市在古代罗马、希腊和中国,以及法老统治时代的埃及都存在。集市商人从事的商品经营大都是食品、手工业品,甚至仅是面包或肉类。如 12 世纪的巴黎就有肉铺街,尔后又出现了五金街、首饰街……形成了专业性市场;在中国唐朝长安城内,出现了骡马市、木头市和案板街等,这些为专业商店的产生奠定了基础。随着集市的发展,逐渐有了比较规范化的专业摊商,并按经营商品品类进行分割,但远不能称它们为专业商店。1350 年至 1450 年前后,出现的第一批店铺如面包房、肉铺、鞋铺、铁匠铺、成衣铺和其他小手工业者的作坊店铺成为专业商店的雏形。

到了 18 世纪,西方零售业的主要形式是杂货商店,常采取物物交换和赊销的形式,提供日常所需用的商品。城市和工业化的发展,使居民产生了对特定产品的选择性需求,各类专业商店应运而生。这种专业商店常常汇集各种名牌产品,质量优良,价格也较昂贵。

第二次世界大战后,专业商店向高档化方向发展。这时的专业店主要是时装店、香水店、电器店等,满足人们日常需要的商店被排斥在专业商店之外。专业店的高档化的确使其风光一时,但 20 世纪 70 年代以后,大型百货商店为了竞争也开始突出专业化,使专业商店步履艰难。因此,专业商店并不一定是高档与豪华,其根本特征在于“专”,高档常常是专而精的陪衬。

20 世纪 90 年代以来,我国专业店借助连锁经营方式取得了突破性的进展。从行业上,遍及服装、医药、护肤品、家电、通信器材等诸多行业;从组织形式上均采用连锁经营。在专业店的发展中,有两个行业的专业店增长十分迅速,一是医药专业店,一是家电专业店。随着医疗体制的改革,医药连锁店异军突起,如天津著名的敬一堂药店、老百姓大药房等发展势头十分迅猛;苏宁电器和国美电器是家电专业店最典型的代表。

2. 专卖店的产生与发展

与专业店类似,专卖店的发展也经历了独立化、专业化、成熟化三个阶段,各阶段的不同特点和当时的社会经济环境紧密相连,如表 2-11 所示。

各类不同专卖店在发达国家已存在多年。在日本,讲究生活化的专卖店颇受消费者欢迎;西方国家以健康食品为主的观念性专卖店也有稳定的市场,而一些标榜个性化、流行化的专卖店更是不胜枚举。

表 2-11　专卖店发展的三阶段

发 展 阶 段	特 征 表 现
独立化阶段(17世纪)	独立化是"行商"发展为"坐商"的结果。受商店规模、经营能力和当时商品丰富程度的限制,一般商店都只经营一类商品为主,是店主自发地"专卖"经营,而非有意识的市场细分、满足特定的消费需要
专业化阶段(19世纪上半期)	发展最为迅速的阶段,多以小店铺为主。城市居民产生了对特定产品的选择性需求,各类专业化销售产生。工业化浪潮兴起使专卖店发生分化:一部分成为满足人们日常生活的专业店;另一部分成为满足人们新潮消费的精品店
成熟化阶段(第二次世界大战之后)	业态多样化阶段,专业商品向高档化方向发展。但20世纪70年代后,大型百货商店开始突出专业化,每个商品部都可以成为一个独立的专业商店,使专卖店受到极大冲击

近年来,专卖店在我国也获得了迅速发展,主要原因为:①随着国内工业生产的高速发展,出现了一批知名度和美誉度较高的名牌商品,加上国际著名品牌的进入,各自形成了一定的忠实消费群;②消费者品牌意识逐渐提高,对假冒伪劣商品的担忧使之更相信专卖店商品;③制造商利用开设专卖店来开辟新渠道,控制营销主动权,树立品牌形象。

未来,专卖店仍会拓展攀升,特别是采取多元化经营且各具巧思的复合店,会逐渐取代传统单调而缺乏规划的商店。在观察市场潮流、消费趋势之后,你也可以开间慧眼独具的专卖店。

【阅读链接】

品类杀手商店

品类杀手(category killer)即一种大型的专业商店,提供种类较窄但是分类较细的商品门店。品类杀手通过低价提供某些产品的全部分类,将把这类商品"斩尽杀绝",致使别的零售商家很难进行销售,因此也被称为单一品类零售商。如全球最大的玩具及婴幼儿用品零售商玩具反斗城缩减产品的广度,只保留玩具类商品,并加大产品深度,供应品种繁多的玩具品项,焦点集中有限顾客,却又具规模效益。

品类杀手的杀伤力归结起来主要体现在"专业而丰富的商品种类"、"极具诱惑力的低价"、"优质的服务"和"个性化的购物"。由于品类杀手往往可以主导支配某类商品,所以能够利用强大的采购能力进行谈判获得较低的价格和优惠的条件,并在商品缺货的时候获得供应保障,其特点在于门店内部可选择品种很多,而且价格相当低,消费者从四面八方慕名而来。

2.5　体现便利特征的品种限定业态——便利店

2.5.1　认识便利店

> **术语链接**：便利店(convenience Store,CS)是一种以自选销售为主,销售小容量应急性的食品、日常生活用品和提供商品性服务,满足顾客便利性需求为主要目的零售业态。

超市的大型化与郊区化带来了诸多问题：如购物需驾车前往；卖场面积巨大,品种繁多的商品消耗了购物者大量的时间和精力；结账时"大排长龙"的等候都使得那些想购买少量商品或满足即刻所需的购物者深感不便,便利店的出现填补了这部分的空白。

1927 年美国得克萨斯州的南方公司首创便利店原型,1946 年创造了世界上第一家真正意义上的便利店"7-Eleven"。1973 年,日本伊藤洋华堂公司与美国南方公司签订特许加盟,日本第一家 7-Eleven 店开业。此后,便利店作为一种独特的零售业态在日本得到飞速发展,其特点也被发挥到极致。20 世纪 90 年代末期便利店进入中国,在经济相对发达的沿海大中城市发展较快。

从世界便利店的发展历程来看,通常被划分为两种类型：传统型(traditional)和加油站型(petroleum-based)。

传统型便利店通常位于居民住宅区、学校以及客流量大的繁华地区,营业面积在50～150 平方米不等,营业时间为 15～24 小时,服务辐射半径在 500 米左右,经营品种多为食品、饮料,以即时消费、小容量、应急性为主,80％的顾客是目的性购买,盛行于日本、中国台湾。

加油站型便利店通常指以加油站为主体开设的便利店(如 BP、ESSO),在地域广阔且汽车普及的欧美地区发展较为迅猛。早在 2000 年,美国加油站型便利店就占到行业门店总数的 75％以上。

【案例链接】

加油站便利店如何蜕变？

尽管很多行业大佬都看好便利店的市场潜力,但要想分食这块大蛋糕却并不容易。拥有"易捷"便利店的中石化曾透露,希望便利店业务能够占据总利润的半壁江山,这意味着易捷便利店将成为中石化的支柱业务。

事实上,瞄准便利店市场的中石化同行还有不少。其中,中石油旗下的"uSmile昆仑好客"以及中化道达尔便利店,都形成了一定市场规模。而且,这些加油站便利店都拥有雄厚的资本和快速布点能力。在业界看来,尽管前路光明,但加油站便利店要想成为便利店军团中一股不可忽视的力量,仅依靠"店海"战术还不够。

进入易捷便利店可以发现,店内商品品类、价格和一般便利店无异,消费者持中石化会员卡还可享受一定的折扣,自动柜员机和自助缴费终端拉卡拉也已进驻店内。除此之外,易捷便利店内还出售汽车用品、地方特产等商品。

调查显示,超过75%的受访者表示自己过去或现在认为易捷只是在加油时才会光顾的便利店,81%的人认为易捷不是自己生活中不可或缺的一部分。目前,易捷便利店的目标消费群为有车一族,潜在消费者是附近的居民。但有车一族除了满足应急需求外,很少去易捷便利店采购日常用品,附近居民也会倾向于去大卖场购物。而国外加油站便利店的客群较为固定,多为附近居民。这些居民住处距大超市较远,一般每周末购物一次,因此加油站的便利店就成为周末购物的补充消费地点。但在大超市和便利店相对较多的国内大城市,加油站便利店只能成为消费者的临时消费地点。

加油站便利店如何在商品品类上加大特色商品的比例,避免与周围的超市、便利店的竞争,真正实现蜕变是其面临的关键问题。

资料来源:娄月.加油站便利店如何实现业绩蜕变[N],北京商报,2012-8-2(4).

2.5.2　便利店的特征

便利店不同于超市,也不同于精品店,在社区的一隅、街角,巴掌大小的便利店是最贴近生活的场所。如果说超市带来了第一波消费观念革命,而无处不在的便利店又带来了第二波的消费观念革命,"Get what you forget"(买到你在超市忘记买的东西)成为美国便利店营销核心。一方面,超市的发展有其自身难以克服的障碍,既"购物的不便利";另一方面,超市的发展为便利店提供了先进的销售方式和经营管理技术。具体的说,便利店具有与超市相区别的四个"便利"特征:

(1) 距离的便利性。便利店与超市相比,选址主要在居民区、交通要道、娱乐场所、机关、团体、企事业办公区等消费者集中的地方,在距离上更靠近消费者。一般情况下,步行5~10分钟便可到达。

(2) 购物的便利性。便利店商品突出的是即时性、小容量、急需性等消费特性。与超市相比,便利店的卖场面积小(50~200平方米),商品种类少,而且商品陈列简单明了,货架比超市的要低,使顾客能在最短的时间内找到所需的商品。

(3) 时间的便利性。实行进出口统一的服务台收款方式,避免了超市结账排队的现象。据统计,顾客从进入便利店到付款结束平均只需3分钟。此外,便利店营业时间一般为16~24小时,全年无休,为消费者提供"Any Time"式的购物方式。

（4）服务的便利性。很多便利店将其塑造成社区服务中心，努力为顾客提供多层次的服务，如速递、存取款、发传真、复印、代收公用事业费、代售邮票、代订车票和飞机票、代冲胶卷等。对购物便利的追求是社会发展的大趋势，这就决定了便利店具有强大的生命力和竞争力。

> **讨论专题**：目前，我国超级市场和便利店呈现一种混合型发展态势，你认为两者是否需要业态分流？便利店在我国的发展前景如何？

2.6　功能多样化的大型业态——购物中心

2.6.1　认识购物中心

> **术语链接**：购物中心（shopping center/shopping mall）是一种复合型业态，指在一个大型建筑体（群）内，由企业有计划地开发、拥有、管理运营的各类零售业态、服务设施的集合体。

购物中心的出现给人类生活带来了巨大变化，是现代生活的重要组成部分，它适应了现代社会高效率、快节奏的需要，满足了人们购物与休闲活动相结合以及对购物环境舒适性与安全性的要求，成为名副其实的现代乐园。

1. 购物中心的特征

购物中心是一种源自美国，风行世界的零售业态形式，美国国际购物中心协会规定了购物中心的几大特征：

① 由发起者有计划地开设，实行商业型公司管理，中心内设商店管理委员会，共同开展广告宣传活动，实行统一管理。

② 内部结构由百货商店或超级市场作为核心店，以及各类专业店、专卖店等零售业态和餐饮、娱乐设施构成。

③ 服务功能齐全，集零售、餐饮、娱乐为一体，根据销售面积，设相应规模的停车场。

④ 地址一般设在商业中心区或城乡接合部的交通枢纽交汇点。

⑤ 商圈根据不同经营规模、经营商品而定。

⑥ 设施豪华、店堂典雅、宽敞明亮，实行卖场租赁制。

⑦ 目标顾客以流动顾客为主。

概括起来，购物中心的特征体现在一大、一多。"大"是指占地面积大、绿地大、停车场大、建筑规模大等；"多"是指业态、业种多、店铺多、功能多（集购物、餐饮、休闲、娱乐等于一体）。

2．购物中心的分类

目前,对购物中心的分类尚不统一,不同国家、不同分类标准形成了不同的购物中心类别。

(1) 美国购物中心学会分类

根据美国国际购物中心学会的定义,购物中心有两大类别:

① 条块状型(string centers)。这类购物中心在前面有一个大的停车场,然后以各种开放式的小路连接各个专卖店,不具备封闭的道路和大型屋顶式零售商场。

② 摩尔(mall)。摩尔购物中心的营业面积一般在 10 万平方米以上,由专业购物中心管理集团开发经营,业态、业种的复合度极其齐全(全业态、全业种/行业经营,表现出高度专业化与高度综合化并存的成熟性结构特征),行业多、店铺多、功能多,商品组合的宽度极宽(由多家不同定位的大型百货公司、超市大卖场实现)、深度极深(由无数各类品牌专卖店、专业的不同行业主题大卖场实现)。摩尔以家庭式消费为主导方向,通过设置大面积百货和超市大卖场及各类专卖店、儿童及青年游乐设施、文化广场、餐饮等,以覆盖老、中、青、幼四代不同层次类型的消费者;同时还设置各类特色店吸引国内、国际游客,满足顾客一站式购物消费和享受(包括文化、娱乐休闲、餐饮、展览、服务、旅游观光等)的特大型综合购物娱乐中心。

(2) 按规模分类

按店铺规模(如营业面积、辐射范围等)将购物中心分为四类,如表 2-12 所示。

表 2-12　按规模分类的购物中心类型及主要特征

类　型	邻里型购物中心	社区型购物中心	区域型购物中心	超级区域型购物中心
商业概念	提供便利商品或服务	提供综合商品或便利商品	综合商品或时尚商品	与区域型类似,但品类更丰富
区位特征	居民区	大型居住区附近	不限	城市边缘或郊区
典型面积/平方米	0.3 万～1.4 万	1 万～3.3 万	4 万～8 万	8＋万
主力店数量	1＋	2＋	2＋	3＋
主力店占总面积比重/%	30～50	40～60	50～70	50～70
辐射范围/千米	4.5	4.5～9	8～24	8～40
典型主力店	超市	折扣店、超市、药店、专卖店	百货公司、折扣店、服饰专卖、大众百货	百货公司、折扣店、服饰专卖、大众百货

(3) 按业态特色分类

按业态特色分类的购物中心有能量中心、奥特莱斯(Outlets)、生活休闲型和娱乐中心,其特征如表 2-13 所示。

表 2-13　按业态特色分类的购物中心类型及特征

类　型	能量中心	奥特莱斯	生活休闲型	娱乐中心
商业概念	多个主力店为核心,加少量小租户	工厂折扣店、品牌折扣店	院落式布局,高端全国连锁专卖,户外设置餐饮和娱乐	休闲娱乐与餐饮为主,常位于老城区,吸引旅游人群
区位特征	城市边缘或郊区为主	城市边缘或郊区	市区或郊区,临近中高收入社区	
典型面积/平方米	2.5万～5.5万	0.5万～3.6万	1.5万～4.5万	0.8万～2.5万
主力店数量	3+	—	0～2	
主力店占总面积比重/%	70～90	—	0～50	
辐射范围/千米	8～15	36～100	12～16	
典型主力店	品类杀手,如家居、折扣百货、仓储会员俱乐部、折价商店	厂商和品牌商的工厂店	大型高档专卖	餐饮、娱乐

2.6.2　购物中心的兴起与发展模式

1. 购物中心的兴起

购物中心的兴起,一方面是由于经济发展和社会的进步;另一方面是购物中心在传播过程中与各地实际情况相结合的结果。欧美国家的购物中心最早成型于 20 世纪 50 年代。到了 80 年代,由于城市中心人口大量外迁,市中心"空城"化使得城乡接合部的各种购物中心如雨后春笋般地出现,为新一轮商业业态的发展起到了极大的促进作用。购物中心发展分为四个阶段,如表 2-14 所示。

表 2-14　购物中心的发展阶段

阶段	第一代(雏形)	第二代(形成)	第三代(发展)	第四代(休闲游憩化)
代表	集市	社区、市区、城郊购物中心	大型购物中心	生活方式购物中心
功能	购物、娱乐及纪念活动	购物	购物主导、多种功能	休闲主导、多种功能
形式	开放空间	室内封闭空间	室内开放空间	室外自然空间
特点	人的集合	商品集合	商业集合	多业态集合

中国的购物中心起步较晚。20 世纪 80 年代末,一些城市出现了购物中心的招牌,但大多名不副实,与百货商店没什么区别。直到 20 世纪 90 年代中期,一些大城市才相继出现一批比较规范的购物中心,这些购物中心一般位于城市中心区,具有购物与娱乐等综合功能。进入 21 世纪,中国的购物中心发展迅速,各大城市纷纷将购物中心的兴建列为城

市商业发展的重点。截至2012年,世界十大购物中心有9个位于亚洲,而前两名位于中国,分别是位于东莞的华南购物中心和位于北京的金源购物中心,如表2-15所示。

表2-15　世界十大购物中心排名

排名	名　　称	所在地	可出租总面积/平方米
1	华南购物中心	中国东莞	600 153
2	金源购物中心	中国北京	557 419
3	SM City North Edsa 购物中心	菲律宾奎松市	482 878
4	1Utama 购物中心	马来西亚雪兰莪州	465 000
5	Central World 购物中心	泰国曼谷	429 500
6	Persian Gulf Complex	伊朗设拉子市	420 000
	Mid Valley Megamall	马来西亚吉隆坡	420 000
	Cehavir Mall	土耳其伊斯坦布尔	420 000
9	Dubai Mall 迪拜购物中心	阿联酋迪拜	350 244
10	西埃德蒙顿购物中心	加拿大埃德蒙顿	350 000

资料来源:www.emporis.com。

诚然,购物中心是一种新的生活方式,是经济发展的产物,也是现代商业的进步表现,但购物中心的发展一定要以当地消费需求、流动人口和交通条件等为基础,并不是越大越好。

2. 购物中心的发展模式

由于具体条件差异,不同国家在不同社会和经济发展水平下,购物中心的发展模式既有自身的特点,又彼此影响。其中大致可以分为两类:以美国为代表的郊区发展模式和以英国为代表的城市市区发展模式。

(1)城市郊区发展模式

美国、加拿大、澳大利亚和新西兰等国最初优先发展郊区购物中心。在北美国家,城市郊区拥有大量廉价土地,高速公路交通发达,汽车普及率高,城市郊区化明显。因此,购物中心以郊区中收入居住区和高速公路交叉点为立足点,因为这里人口密集,购买力强,汽车交通方便。而在澳洲,由于地广人稀,结合草原新城建设,其购物中心主要出现在新城市区或郊区空旷地上。

(2)城市市区发展模式

以英国为代表的欧洲国家出于防止城市无限膨胀的需要,通过立法保护郊区的城市绿带,因此购物中心发展之初就立足于城市市区。英国购物中心的发展速度明显超过欧洲其他地区。第一阶段主要结合城市重建和更新进行;第二阶段主要在新建商业中心区建设购物中心;第三阶段是运用封闭式购物中心大面积更新城市市区。欧洲城市的购物中心主要出现在原有城市结构中,这种城市市区发展模式相当典型。

（3）两种模式的融合

20世纪80年代以前，英国的郊区区域中心非常少，80年代以后有所改变，区域中心已经逐渐从城市市区解脱出来。继1976年布伦特·克罗斯（Brent Cross）建成开业之后，第一个真正的郊区区域购物中心于1986年在盖茨黑德（Gates Head）开业，英国开始追求这种典型完美的北美式购物中心。此时，美国却已经把开发目光转向城市市区。英国和美国这两个具有代表性的购物中心建设模式出现了相互融合的趋势。

【阅读链接】

百货商店和购物中心的"混搭风"

近年来，百货集团新开的商场都选择了"百货＋购物中心"模式。中国的百货是介于百货商场与购物中心之间的一种零售业态。它在功能上是百货公司，但在经营与营销方式上是购物中心。从表面上看，百货商场正在购物中心化，业界也提出了"购物中心时代"的到来。面对购物中心的挑战，百货业将何去何从？它在不久的未来，将会被购物中心吸纳，还是依旧屹立不倒？是不是业态真的变了？对这两种业态应该如何认识呢？

首先，从两者的特点看，百货商场的铺位有的是专卖店的形式，从空间上相对独立；部分采取柜台的方式，大部分采取开放空间内专卖区的形式，各个品牌销售区只是通过地块的划分有所区别。百货商场铺位绝大多数采取出租或按照营业额流水提成的方式，也有些采取租金和流水提成结合的方式。

购物中心经营商基本上以主力店作为购物中心重要的组成部分。里面的商铺主要采取出租的方式，有些运营商会采取按照经营流水提成的方式，或者采取租金和提成结合的方式。

从业态的形式和内容上看，两者有诸多方面的区别，如表2-16所示。

表2-16　百货商店与购物中心的比较

不同点	百货商店	购物中心
经营重点	商品组合和促销	业态组合的配置和租户管理
业态构成	在封闭环境市场内，实行统一管理的"单体楼"，为便利顾客选购提供必要服务的零售业态	多业态多业种复合，体现"一站式消费"的多功能大型商用物业，集旅游、购物、休闲、娱乐、饮食等各种商业功能于一体
城市功能	只是一个购物场所，服务特定商圈的百货商品选购者	集中众多商业资源的商业地产项目
获利方式	通过专柜销售收入的分成方式获利	通过分租物业的租金收入方式获利
商圈	比较固定的，社区型比较多一些	商圈较广，客流可以是旅游者，可以来自全国，更可以来自全市

续表

不同点	百货商店	购物中心
布局模式	以商品岛方式布局,只有有限的场内共享空间	多以数条步行街或回廊式多层布局,其共享空间通过各业态的聚集和互动,会扩展到周边环境
体验消费	只有商品销售,体验式服务项目较少	顾客体验式项目必不可少,通常有健身、运动、美容、休闲、文化等主题项目进驻

2.7 代表未来发展方向的主力业态——网络商店

2.7.1 认识网络商店

> **术语链接**:网络商店(online store/internet store),通常是指建立在第三方提供的电子商务平台上的、由商家(企业、组织或者个人)通过互联网将商品或服务信息传达给特定的用户,客户通过互联网下订单,采取一定的付款和送货方式,最终完成交易的一种电子商务形式。

1. 网络商店的特点

随着网络技术的快速发展,人们对网络的需求为网络商店提供了发展的环境和空间。与传统的店铺零售方式相比,网络商店的优势及劣势如表 2-17 所示。

表 2-17 网络零售的优势及劣势

优 势	劣 势
① 启动资本和运营成本较少,进货和发货方式灵活,所需员工少; ② 经营和购物方式灵活,不受时间和空间的限制; ③ 突破了传统购物选址的局限,摆脱商圈限制; ④ 店铺租金、库存等经营成本低,同时也减少了顾客的时间成本; ⑤ 对商品、价格等便于比较,清楚了解竞争对手情况,大小企业公平竞争; ⑥ 便于通过交易信息进行顾客需求分析和定位; ⑦ 可开展定制化、个性化、针对性的服务; ⑧ 功能强大,支付手段灵活、多样	① 商品具有较强选择性,适合规格和标准统一的商品,多是信息类和小件便于运输的商品; ② 对购物者影响力较弱,忽略了实体店购物过程的愉悦感及感官的刺激; ③ 容易进行价格比对,利润相对较小; ④ 质量难以监控,尤其是第三方物流的服务质量难以控制; ⑤ 存在购物者个人信息被扩散的危险; ⑥ 建立可靠成熟的交易体系和相互信任的市场运作方式还需时间

2. 网络商店的类型

网络呈现出多层面、多角度的特点,因此,网络商店不单指购物平台上的店铺,而是泛指通过互联网来实现销售目的的经营方式。

（1）按平台来划分

人们通过使用互联网等电子工具在全球范围内进行的商务贸易活动统称为电子商务（electronic commerce，EC），按照平台是企业或个人，网络商店可分为 B2C（business to customer）模式和 C2C（cousumer to consumer）模式。

① B2C（business to customer）指企业与消费者之间的电子商务，平台上的卖家是企业，如京东商城、当当网、苏宁易购、亚马逊、凡客诚品等都是代表性的 B2C 电子商务公司，其购物流程如图 2-2 所示。

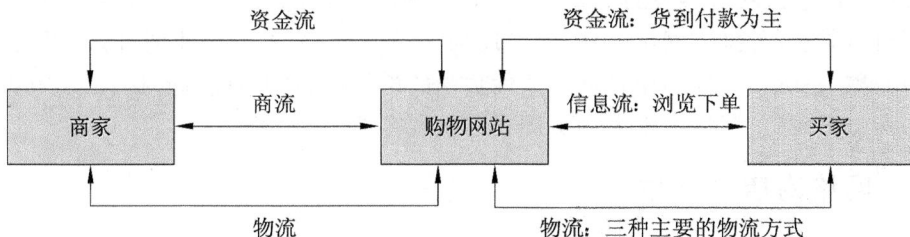

图 2-2　B2C 网络购物流程

② C2C（consumer to consumer）指消费者与消费者之间的电子商务。卖家是个人，通过一个在线交易平台使卖方自行提供商品上网展示销售，买方自行选择商品拍下付款或采用竞价方式在线完成交易。我国 C2C 主要服务商有淘宝、易趣、拍拍、有啊等，购物流程如图 2-3 所示。

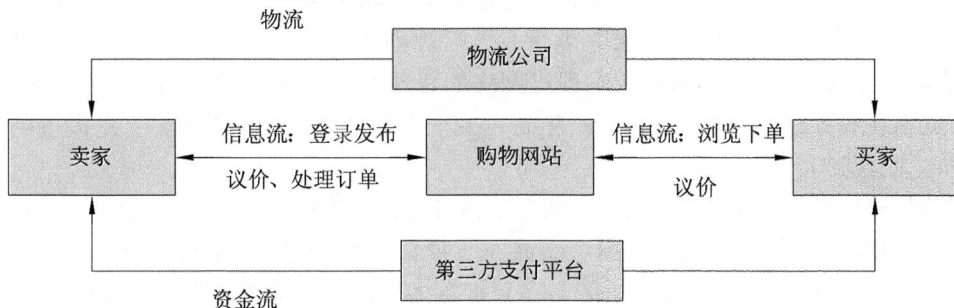

图 2-3　C2C 网络购物流程

（2）按顾客需求细分

随着网络零售市场的成熟和市场竞争的加剧，更多购物网站将注意力转移到细分化的用户需求上，出现了新型网络商店模式。

① 比较购物网站。网络中间商的一种，指使用专门设计的比较购物软件，为消费者提供网络导购、商品价格比较、销售商信誉评估等服务的网络虚拟中介组织，如聪明点、丫

丫购物搜索、有道购物搜索、大拿网等。

② 易物类购物网站。提供以物易物交易平台的网络虚拟中介组织,现阶段多停留在同城交换的简单化发展阶段,如易物优优、赶集网、58 同城等。

③ 论坛类购物网站。依托论坛的专业性和用户群体的特殊性,使群体之间互通有无的网络虚拟中介组织。由于论坛集聚了一批兴趣爱好相似的用户群,凭借用户在论坛中的声望拥有了区别于陌生用户群的特征,商品更容易销售。

网络商店以多种形式存在,而且还在不断的创新和变化。当前网络零售的具体形态有:购物平台,这是网络零售的主要形式;独立网站,卖家自己申请域名,亲自动手或委托他人进行网站设计并推广网站,是快速发展的一类形态;个人或企业博客,也得到越来越多的应用;网络社区,主要利用各种专业性很强的论坛提高知名度;即时通信工具,以年轻人居多,通过口碑宣传,逐渐扩大和巩固自己的顾客群。

2.7.2 网络商店的发展

网络商店的发展对社会经济产生了巨大影响,大规模定制生产成为现实,越来越多的人通过网络创业的形式实现就业,足不出户的商品订购成为一部分人的生活形态。

1. 国外网络零售的发展

目前,发达国家的电子商务发展十分迅速,电子商务技术已经成熟,通过网络进行交易也已经逐渐成为潮流。

美国拥有世界 3/4 以上互联网资源,在电子商务领域的应用规模远远超过其他国家。1997 年 7 月,美国政府出台了《全球电子商务框架》,既标志着美国整个系统化电子商务发展政策的形成,又展现出其谋求电子商务国际规则主导权的企图。由于网络能充分利用和节约社会资源,所以美国政府在促进网络的普及和发展上不遗余力。Forrester 调查预计,美国在线零售市场规模到 2016 年将达到 3 270 亿美元,同期在整个零售市场的份额将从 7% 增至 9%。

欧洲委员会于 1997 年发表了《欧洲电子商务设想》的文件,对欧洲在制定有关电子商务的统一政策方面产生了积极影响。欧洲在线销售总额到 2016 年将达到约 2 300 亿美元,而 2011 年这一数字约为 1 300 亿美元。日本的网络用户数量仅次于美国,1996 年日本成立了电子商务促进委员会,有 251 家公司或机构参加了该组织。

2. 我国网络商店的发展概况

我国网络商店的发展可以通过一些标志性的事件来反映,如表 2-18 所示。

网络商店发展前景广阔,吸引了更多的传统企业加入 B2C 市场,如王府井百货、沃尔玛、苏宁、好利来等,整个市场的集中度略有下降。艾瑞咨询预计,随着网络购物覆盖更广的人群,传统企业的品牌、规模优势将凸显,而纯电子商务企业急需扩充产品品类,提升交易规模,增强品牌的知名度和影响力。

表 2-18 我国网络零售事件一览

时　间	标　志　性　事　件
1999 年 8 月	易趣网正式上线,创中国 C2C 先河
1999 年 11 月	卓越和当当相继上线,掀起国内 B2C 第一波创业高潮
2002 年 3 月	eBay 注资易趣网 3000 万美元
2003 年 5 月	阿里巴巴 4.5 亿成立 C2C 网站——淘宝网
2003 年 10 月	阿里巴巴退出"支付宝",正式进军电子支付领域
2004 年 4 月	一拍网正式上线,新浪占其 33％的股权,原雅虎中国占 67％的股份
2004 年 6 月	易趣网进入与美国 eBay 平台对接整合
2004 年 8 月	通过《电子签名法》,奠定了电子商务发展的基础
2005 年 9 月	腾讯推出拍拍网,2006 年 3 月正式运营,C2C 三足鼎立局面形成
2006 年 2 月 15 日	一拍关闭,阿里巴巴集团收购一拍全部股份,原一拍用户将导入淘宝
2006 年 12 月	TOM 在线与 eBay 合资,更名为 TOM 易趣
2007 年 8 月	今日资本向京东商城投资 1 000 万美元,开启国内家电 3C 网购时代
2007 年 10 月	搜索引擎公司百度宣布进军电子商务,筹建 C2C 平台
2008 年 5 月 5 日	易趣宣布任何用户在易趣开店,都将终身免费
2008 年 6 月 18 日	百度网络交易平台正式在北京启动其在全国范围的巡回招商活动
2008 年 10 月 8 日	淘宝总裁陆兆禧对外宣布,阿里巴巴集团未来 5 年将对淘宝投资 50 亿元,并将继续沿用免费政策
2008 年 10 月 28 日	百度电子商务网站"有啊"正式上线,有望开创新的电子商务格局
2009 年	C2C 新形式的诞生,网购导购业进驻 C2C 抢占市场份额
2009 年 12 月	凡客商城正式上线,推动个性定制业发展
2010 年 1 月	京东商城完成 1.5 亿美元的融资,打破了国内 B2C 的融资纪录
2011 年 6 月 16 日	淘宝一拆为三,品牌化成为网购新趋势
2011 年	移动电子商务呈爆发式发展
2012 年 6 月 18 日	王府井百货投资 1 亿进军电商,百货业开始电子商务之路

3. 我国网络商店的发展趋势

截至 2012 年 12 月底,中国网络零售市场交易规模达 13 205 亿元,同比增长 64.7％。其中 B2C 市场交易规模达 4 792.6 亿元,较 2011 年增长 99.2％。国内最大的两家电商公司阿里巴巴和京东商城交易额比去年分别增长超 100％和 200％。以此速度,预计线上购物在 2020 年将至少达到 4.2 万亿人民币,相当于目前美、日、英、德、法各国网络零售市场的总和,占社会消费品零售总额的 10%～16% 以上。随着 3G 和宽带普及率的不断提高,我国网络商店的发展趋势表现在以下几个方面。

(1) 形成市场细分

随着网络购物的发展,会进行一些资源整合,网络商店的经营者应该依靠自身的优势商品逐渐形成市场细分。网络中的任何一个产业都不可能被一家垄断,只有通过市场细分和良性竞争实现不断完善和发展。

(2) C2C 与 B2C 逐步融合

随着网购群体素质的提高,消费者越来越追求品质、服务、速度等,B2C 平台提供的产品在质量、品牌、售后等方面比 C2C 具有竞争优势。C2C 平台开始涉及 B2C,如阿里巴巴集团通过支付宝及其他服务将 B2B 和 C2C 融合在一起。

(3) 垂直 B2C 企业谋求多元化

垂直 B2C 企业在取得一定行业地位后,倾向于寻求多元化,以扩大规模,减少对某一行业的依赖性,如京东、凡客、卓越纷纷由专注的细分领域转型多元化。

(4) 两种策略

当人们生活水平不断提高,网络购物不断成熟时,网络商店会出现两种不同的发展趋势:一种是像超市一样,走低价格路线,提供物美价廉的商品;另一种是产品高端化,金额扩大化趋势。因此,网络购物将会在这两个不同的方向拥有各自的客户群体,并且都可能会发展得很好。

(5) 传统和网络的整合

从经营模式上来说,网络购物会出现两种形式:一种是从传统经营模式加入到网络经营模式中来,通过网络的力量扩大品牌知名度,给更多的人提供产品信息并销售产品,获取利润;另一种则是通过网络商店做出自己的品牌后,再利用传统方式进行线下交易,弥补网络顾客群体相对有限的缺陷。无论哪种形式,最终都会统一于网络与传统相结合的发展模式。今后网络购物将不仅是在商品品种和价格上的竞争,还应该是在服务上,优质的服务和良好的客户关系管理将是网络商店取胜的法宝。

作为电子商务的一部分,网络商店已经随着互联网的发展快速发展起来,并呈现了良好的态势。随着我国网络环境的不断改善和网民数量及其素质的提高,会有越来越多的传统企业开展网络购物服务,中国的网络购物市场会越来越大,其潜在的经济效益无疑也是巨大的。

讨论专题:网络商店与传统店铺相比有哪些优势?网络购物是否会取代传统店铺形式的购物方式?

【相关术语】

超级市场(super market)；　　　　　百货商店(department store)；

专卖店(exclusive shop)；　　　　　　专业店(specialty store)；

便利店(convenience store)；　　　　　购物中心(shopping center/shopping mall)；

无店铺销售(non-store retailing)；　　电子商务(electronic commerce,EC)；

网络商店(online store/internet store)；奥特莱斯(outlets)

【思考与讨论题】

1. 零售业态与业种有何区别？你如何理解零售业态的概念和发展？

2. 请分析影响零售业态发展的主要因素有哪些？

3. 为什么说超级市场的出现是零售业的第三次革命，分析我国现有的大型超市存在的问题，你将提什么问题？

4. 有人说，百货商店业态已经进入了衰退期。百货商店今后需要做好以下七件事。①明确定位；②与店铺数量相比，更关注质量的增长；③培育探索顾客需求的能力；④做好 VIP 客户的跟踪和售后服务；⑤注重整合效应，提高行业的集中度；⑥构建与百货商店相适应的业态；⑦开发自有品牌。你如何看待这七种途径？

5. 分析影响便利店发展的主要问题。

6. 试分析购物中心在我国的发展现状及趋势。

7. 专卖店和专业店是最能体现个性化和创造性的业态形式，如果你要开一家专卖店，会如何规划该活动。

8. 请对网络商店和传统商店进行比较。

9. 网络商店有哪些主要的类型？对网络购物中的团购、社交网络等形式你如何看待？

【零售创业实践】

利用 5 周的时间组建网店经营团队，每个团队 5~6 人。网店建立的流程包括市场调研与分析、撰写网店商业计划书、设计网店名称与 LOGO、制作网店标识牌、组织货源、创建并经营网店，最后进行网店经营工作汇报与总结。通过组建网上店铺，培养学生的商业意识和头脑，进一步熟悉网络零售平台的使用，掌握网络零售的业务流程，进一步提高学生的网络营销能力和客户服务水平，培养学生的创业精神和团队精神。

案例分析

华润万家的"拼图游戏"

近年来,多业态经营日益成为零售业发展的主流趋势。零售企业从单纯的超市业态经营进化到目前的连锁专业店、购物中心、便利店等各种业态综合发展的状态。据中国连锁经营协会统计,连锁百强中只有 16 家企业是单业态经营的,其他都是多业态经营。

华润万家是中央直属的国有控股企业集团、世界 500 强企业华润(集团)有限公司旗下零售连锁企业集团,也是中国最具规模的零售连锁企业集团之一。华润万家一直秉承"全国发展、区域领先、多业态协同"的发展战略。华润万家近年来除了在区域上向全国广撒网之外,在业态上也力图覆盖各个层次的消费群体,细分业态品牌,不断涉入新的领域,玩起了品牌的"拼图游戏",旗下业态情况如表 2-19 所示。

表 2-19 华润万家业态一览表

超 市 类 业 态	非超市业态
欢乐颂购物中心:4 万~6 万平方米,商品 8 万种,目前在深圳有一家 Ole' 高端超市:4 000~6 000 平方米,商品 2 万种,进口商品占比 70% Blt:高端超市 Ole' 的副牌,500~1 000 平方米,2010 年的新业态 大卖场:0.8 万~1.5 万平方米,全国门店超过 300 家 便利超市:500~800 平方米,门店超过 2 500 家 生鲜超市:800~1 500 平方米,主营生鲜,目前门店十多家 VANGO 便利:30~120 平方米,分布在深圳、香港。	Voila!酒窖:主营世界各国的红酒,首家店 2010 年在香港开业 Vivo Plus:健康及美容产品店,是华润万家 2010 年的新品牌 太平洋咖啡:分布于中国内地、中国香港、新加坡、马来西亚等地 中艺:主营珠宝、翡翠、中国风格的工艺品,分布在深圳和香港 华润堂:主营保健品、补品、个人护理品等,目前店铺 50 多家

华润万家几乎每年都有创新业态出现,其首席执行官陈硕把这样的发展比作拼图游戏,而且,游戏还在继续。华润万家不是刻意表现业态花样,而是其根据市场导向和消费者需求进一步细分出来的。"消费者的需求是我们的动力,业态创新完全是牵着消费者的尾巴走,他们需要什么,我们提供什么。"华润高级总监刘岫军说。华润大卖场包括食品、日用消费品,同时开设药品、化妆品、饰品等中高档品牌商品专柜。生鲜超市以生鲜、食品为主,同时为顾客提供多项快捷、便利、亲民的服务,更使迎合了消费者的"快乐消费"心态,为消费者带来"一站式消费"和"快乐消费"双重体验。Vango24 小时便利店以快速消费品为主,简洁、时尚、24 小时服务。Ole' 超市以进口商品为主,通过全新的国际化商品组合,专业化的服务,为现代都市人描绘精致的生活细节。而高端超市 Blt 是在 Ole' 的基础上又细分的一种业态,虽同属高端定位,但 Blt 以东南亚的商品居多,客群以年轻、时尚

人士为主。

　　在扩张的过程中,许多业态都是华润万家通过并购或收购方式而得,这符合其善于资本运作的特性。比如,收购了万佳百货,就进入了百货业态;并购了苏果超市,确定了其在华东地区的发展;收购西安爱家超市、安徽永安超市,顺利进入陕西、安徽市场等。多业态经营确实有其发展的优势,可以满足不通消费层次和群体的需求。随着业态的增多,对企业规模的扩大也是利好因素。同时,由于消费群体具有动态性,多种业态便于培养消费群体对品牌的忠诚度。从更长远的角度看,多业态也有利于企业规避市场风险,提高竞争力。

　　华润万家似乎以多业态发展,欲通吃连锁业。但"通吃"远没想象的那么简单,多元化、多业态是有条件的,没有实力的企业切忌盲目追求。多元业态的发展意味着管理、经营的异常复杂化,每尝试一种新的业态,都需要一个培育周期,包括人事、财务、信息系统等,对整个华润万家的管理能力也是一个巨大的挑战。

　　资料来源:赵晓娟.华润万家的"拼图游戏"[N].中华合作时报,2011-01-07(B01).

　　思考讨论题:

　　1.你如何看待华润万家多业态协同的业态战略?体现了业态管理中的哪些经营思想?

　　2.你认为在华润万家多业态发展的过程中需要克服哪些困难?

　　3.请查找相关资料,针对华润万家中的一种业态进行深入分析。

第三章

业态组织形式：连锁经营

【学习目标】

- 理解连锁经营的概念、特征及零售连锁的本质；
- 掌握连锁经营的三种类型及各自优缺点；
- 培养对连锁经营类型的辨别能力；
- 掌握特许连锁经营的步骤和实施；
- 能够分析业态与连锁经营的关系，并通过零售企业自身特点选择连锁类型；
- 了解跨国连锁的趋势。

导入案例

马丽的"赣味居"

马丽经营着一家名为"赣味居"的江西风味餐馆，苦苦撑了三年才刚有起色。这时，一家大型快餐连锁店邀请马丽加入他们的特许经营行列。这个快餐店很出名，而且有一整套完整的培训和经营方案，如果加盟，可以省心不少。当然，特许经营意味着必须实施特许授权人的经营战略，而马丽从来都是自己当家做主，不太愿意听别人发号施令。随后，马丽悄悄考察了这家快餐公司在本市的其他几家连锁店，发现客流量和营业收入还算令人满意，而且公司会定期考察每个店的经营情况，提出指导并帮助特许被授权人解决经营上的问题。一般来说，每个店在正常情况下都能达到年毛利 50 万元甚至 100 万元的数目，这让马丽觉得相当有保障和吸引力。

是否加入快餐连锁店的特许经营，马丽很犹豫。一方面，"赣味居"坐落于一个正在不断发展的新区，人口在两年内翻了一番，此处交通状况一年比一年繁忙，已经出现了两个客流量很大的百货商场，附近小区内的居民已经开始接受并喜爱"赣味居"的江西风味菜了，经常有老顾客光临；另一方面，周围还没有这个牌子的快餐店，但是湖南、四川风味的同类菜馆却有很多家，他们的口味和"赣味居"差不多。但马丽一向觉得自己餐馆的味道独特，别人模仿不来，而且自己正在逐渐走向正轨，虽然辛苦但全是自己说了算。可是特许经营带来正规的企业形象，诱人的利润前景以及轻松的经营又让马丽非常动心，她该如何选择呢？是自主经营还是特许经营呢？

资料来源：世界经理人网站.http://www.ceconline.com/马丽的"赣味居".

3.1　了解连锁经营

连锁经营作为当今商业活动中最富活力和最具有成长潜力的经营方式，在世界各国广泛流行，成为许多国家商业经营的主流形式。我们今天常见的麦当劳、肯德基、沃尔玛、家乐福等世界著名企业，都是连锁经营的成功实践者，它们向世界展示了连锁经营的巨大魅力。

> **术语链接**：连锁经营（chain operation）是一种商业组织形式和经营制度，是指经营同类商品或服务的若干个企业，以一定的形式组成一个联合体，在核心企业（总部）的领导下进行专业化分工，并在分工基础上实施集中化管理，把独立的经营活动组合成整体的规模经营，从而实现规模效益。

3.1.1　连锁经营的本质和内涵

连锁经营的本质是将社会化大生产的分工理论运用到流通企业中，是核心竞争力和规模效益在连锁成员间的合作与共生，它使得连锁组织内的利益集团之间的关系发生结构性的变化，分工更明确，合作更密切，形成了连锁成员利益关系的良性互动，从而实现规模经济，达到共赢。

连锁经营是商业制度的创新，现已成为现代流通产业的基本组织方式，甚至改变了城镇居民的生活方式。其内涵体现在"四个统一"。

1. 企业视觉识别系统的统一

企业视觉识别系统（vision identity system，VIS）是企业识别系统的视觉符号，主要包括企业的招牌、标志、商标、标准色、标准字、装潢、外观、卖场布局、商品陈列、包装材料、员工服装等，是连锁企业的外在形象。通过视觉识别系统有组织、有计划地传递给顾客企业的形象和特色，以便促进客户产生强烈的共鸣。视觉识别系统的统一不仅有利于企业的识别，更重要的是利于获得消费者的认同，从而对企业产生深刻的印象，但仅外在形象的统一是不够的。

2. 商品和服务的统一

商品和服务的统一是指在连锁企业各门店所经营的商品都是经过总部精心策划和

挑选的,是按照消费者需求做出的最佳商品组合,并不断更新换代;所提供的服务也是统一规划的,无论到任何地方、任何一家门店,服务都是统一和规范的,从而增强顾客的忠诚度。这是连锁企业经营内容的统一,是满足同一目标顾客的营销方式的统一。

3．经营管理的统一

经营管理的统一具体表现为连锁企业在经营战略、经营策略上实行集中管理,即由总部统一规划,制定规范化的经营管理标准,并下达给各门店认真执行。各门店必须遵从总部所颁发的规章制度,一切标准化、制度化、系统化。这是企业内部管理模式的统一,是制度层面上的统一。

4．经营理念的统一

连锁企业的经营理念是该企业的经营宗旨、经营哲学、价值观念、企业定位和中长期战略的综合,是其全部经营管理活动的依据。经营理念的统一是连锁企业全体员工观念与行为的统一,是文化层面上的统一。

企业拥有了这四项"统一",就具备了连锁经营的基础。这四项"统一"在连锁经营的执行难度和层次上各有不同,难度和层次从低级到高级的顺序为企业视觉识别系统、商品和服务统一、经营管理统一、经营理念统一。

上述四个"统一"是由低向高相互衔接在一起的。只有外在形象的统一而没有服务和商品的统一,那就只有连锁企业的"形",而无连锁企业的"神";如果没有经营管理的统一,那就会虽然门面相同,但各自为政,结果是无法做到商品和服务的统一,即使有统一也是短暂的;只有经营理念的统一,才会将企业的经营战略完全贯彻下去,形成企业的长期经营特色。

3.1.2 连锁经营的特征和原则

1．连锁经营的基本特征

连锁经营的特征体现在三个方面,规模化的经营方式是其核心内容,网络化的组织形式是其前提条件,规范化的管理方式是其基本保证。

(1) 规模化的经营方式带来规模优势。表现在低价进货,集中统一采购的规模优势;合理库存、及时配送的规模优势;统一整体促销的规模优势;研究、开发、培训的规模优势及规模扩大带来的学习优势。

(2) 网络化的组织形式。连锁店的成功发展在很大限度上得益于信息和电子技术的广泛应用和连锁经营组织形式的网络化。连锁经营方式的种种"统一",恰是组织化程度提高的结果,体现了整体性、稳定性和全方位的特征。

(3) 规范化的管理。主要包括:①总部各职能部门管理权限的界定与控制、管理制度的建立和管理方法的设定；②业务环节的专业协作管理、每项业务流程的科学化管理；③门店的每个人员、每个岗位合理设定以及每个人员的作业流程的定时、定量的单纯化管理。

2.连锁经营的4S原则

连锁经营的最大特征是化繁为简，谋取规模经济效益。它通过总部与分店管理职能、专业职能的分工，连锁店的分配体系以及通畅的信息网络的建立来实现。具体来说，连锁企业经营管理须实现"四化"（4S）：标准化、专业化、简单化、独特化。

（1）标准化（standardization）

连锁经营的标准化体现在作业的标准化、商品或服务的标准化和企业整体形象的包装设计等方面，使得连锁店不仅在采购、库存等作业流程上统一，这种标准化使各连锁店均有统一形象对外获取形象利益。另外，在总部货源不足的情况下，可由总部向其他分店先行调度，互通性较大。同时，诸如设备器材、人才等也可互补，灵活运用，提高物资的使用效率。

【案例链接】

麦当劳的标准化

人们熟知的麦当劳，其全世界的餐厅都有一个金黄色"M"形的双拱门，都以红色和黄色为主；根据统计，最适合人们从口袋里掏出钱的高度是92cm，因此，麦当劳柜台设计以92cm为标准；店铺内的布局也基本一致：壁柜全部离地，装有屋顶空调系统；其厨房用具全部是标准化，如用来装袋用的"V"形薯条铲，可以大大加快薯条的装袋速度；用来煎肉的贝壳式双面煎炉可以将煎肉时间减少一半；所有薯条采用"芝加哥式"炸法，即预先炸3分钟，临时再炸2分钟，从而令薯条更香更脆；可口可乐据测在4℃时味道最甜美，于是全世界麦当劳的可口可乐温度，统一规定保持在4℃；面包厚度在17mm时，入口味道最美，于是所有的面包做17mm厚；面包中的气孔在0.5mm时最佳，于是所有面包中的气孔都为0.5mm。

（2）专业化（specialization）

连锁店的发展恰好代表了分工理论在商业领域的拓展，即将连锁经营的各个环节根据不同的经营过程分成各个业务部门，并使其固定下来。体系中每个人的职责均有专业分工，仿佛一条很长的流水线，每人只守一个位置，如连锁店的产品开发、市场调查、促销等均有专门部门负责。如此分工，达到技术共享、成本共摊的好处，同时，根据岗位特点进行岗位分工能达到人尽其才，提高效率的作用。

（3）简单化（simplification）

连锁店由于体系庞大，不论在财务、货源控制还是具体操作上都需要有一套特殊的运作系统,省去不必要的过程和手续,简化整个管理和作业的程序,去掉不必要的环节和内容,以提高效率,使"人人会做,人人能做"。如将整个连锁店的作业流程制作一个简明扼要的操作手册,就能使所有的员工依照手册规定各司其职。只要手册制作科学,任何人均能在短时间内驾轻就熟。

（4）独特化（speciality）

现代权变管理理论告诉我们:企业内部和外部环境是复杂的和不断变化的,企业要适应环境条件和形势的变化,最大限度有针对性地满足消费需求,就不能完全照搬一个业务模式,而不管这种模式在其他地方有多么成功。特别是连锁经营意味着要在不同的地区开设众多的店铺,在不同的环境下,面临不同的经济发展水平、消费心理和购买行为,就应该根据不同的环境,实施独特化策略。

3.1.3　连锁经营与传统商业经营的比较

从连锁经营的定义与内涵可以看出,连锁经营与传统商业经营方式有显著区别,具体如表 3-1 所示。

表 3-1　连锁经营与传统商业经营的区别

经营方式项目	传统商业经营	连锁经营
定义	商业企业集团下属企业独立经营模式,由总部投资扩建的分店较此种分店有较大的自主权	即公司连锁,同一资本所有、经营同类商品和服务的组织化零售企业集团
特点	分店都独立动作,没有形成统一的经营风格;偏重于差异化经营	分店必须有统一的经营风格;分店不独立,与总部具有协作关系,强调总部与分店的互动关系
经营范围	涉及诸多行业	一般以流通业和服务业为主
运作方式		需足够的资金和合适的业态,受总部约束。一般总部掌握分店的所有权,经营决策有较强自立性
发展方式	取决于企业集团的决策	扩大规模只需有市场、资金,总部须有成熟的运行模式和专有技术
法律关系	分店属总部所有	依各种模式而定

连锁经营与传统商业经营的区别,主要表现在四个方面:一是经营方式上,前者是资源整合后的规模经营,后者是灵活应变的特色经营;二是管理方式上,前者是以制度为中心的规范管理,后者是以人为中心的经验管理;三是组织形式上,前者是网络化的连锁组织,后者是传统的单体店;四是管理手段上,前者需借助现代信息技术进行精细化管理,后者是依靠手工的传统方式管理。两者各自的优缺点总结如表 3-2 所示。

表 3-2 连锁经营和传统商业经营的优缺点比较

	连 锁 经 营	传统商业经营
优势	① 资源整合,获取规模效益; ② 形象、商品、服务统一,易于维持消费者忠诚; ③ 网络化组织带来迅速扩张; ④ 采用现代管理技术,实现精细化、制度化、规范化管理,消除人为因素的影响	① 门店自主性强,主动性高,能调动管理者的积极性; ② 门店具有高度的灵活性,能随时根据消费者需求变化调整经营战略; ③ 管理层级少,沟通容易,能迅速做出决策; ④ 特色经营,能弥补市场空缺
劣势	① 门店独立性有限,缺乏灵活性,难以完全满足当地的消费市场的特殊性; ② 门店无法单独核算,盈利水平难以体现,影响员工的积极性; ③ 容易出现总部与门店沟通不足和决策延误现象	① 辐射有限,难以获得规模效益; ② 无法采用现代管理技术,仍是人工操作的粗放型管理; ③ 经验管理为主,容易受个人因素的影响; ④ 规模小,难以吸引消费者和合作者

【专题链接】

连锁经营的经济学理论分析

就经济学意义而言,连锁是在统一所有权或在统一战略决策下的批零一体化的多店铺体系。从经济学的理论角度对连锁经营进行分析,可进一步认识连锁经营的内涵和优势。

(1) 规模经济理论。规模的扩大能大幅度降低成本,连锁经营把现代大工业、大生产的组织原则应用到商品流通领域,通过采购、仓库、促销等方面的统一,通过广布网点,组合经营,分散销售扩大了群体规模,解决规模经济与消费分散性之间的矛盾,使流通的经营规模达到空前高度,有效地降低了经营成本。

(2) 专业分工理论。亚当·斯密的分工理论提出,分工有助于提高劳动生产率,在连锁经营中,所有的商业活动都具有详细而具体的分工,从总部、分店、配送中心的分工到每一个组织机构内进一步的职能分工,分工细化和深化,并通过标准化管理提高了连锁企业的运行效率。

(3) 信息经济理论。信息经济学认为,人们的决策总是基于一定量的信息做出的。信息越多、决策越准确,经济活动的效益越大。连锁企业依靠其庞大的体系,将各分店的需求信息汇总到总部,总部再反馈给厂家直接订货,增强了生产的计划性和预见性。

(4) 交易费用理论。交易费用的节约是企业与市场能否相互替代的根本原因。通过连锁经营,各个分店的进货不再是交易行为,而是企业内部的一种协作关系。在大企业的组织结构关系框架下,将外部市场交易"内部化",大大降低了交易费用,降低了连锁企业的经营成本。

3.2 连锁经营的类型

连锁经营在国际上经过 140 多年的传播与发展,目前逐渐形成了以下三种形式:直营连锁、自由连锁、特许连锁。

3.2.1 直营连锁

> **术语链接**:直营连锁(regular chain,RC),又叫正规连锁、公司连锁,即由总公司直接经营的连锁店,连锁企业总部通过吞并、兼并或独资、控股等途径,发展壮大自身实力和规模的一种形式。连锁企业的所有门店在总部的直接领导下统一经营,总部对各门店实施人、财、物及商流、物流、信息流等方面的统一管理。

1. 直营连锁的起源和发展

连锁经营的发源地是美国。在美国内战之前,连锁经营已经有了一定程度的发展。连锁商店首先出现在大零售商尚未完全建立起来的行业,如杂货业、药品业和家具业,没有进入纺织业。在地区分布上,连锁商店大多分布在小城镇和大城市的郊区,在大城市的中心和乡村地区极少。而且,在开始的时候,连锁商店几乎全是地区性的。直到第一次世界大战以前,一直没有成为美国的重要零售机构。

但是到了第一次世界大战的时候,其经营已经成为全国性的,并且马上同其他大零售商展开了激烈的竞争。20 世纪 20 年代,连锁经营已经发展到遍布各地,并且有了很高的发展效率,成为成长最快的销售商,并正在成为美国标准的大零售机构。第二次世界大战后,美国经济开始复苏,这是连锁商店迅速发展起来的转折点。

1859 年,世界公认的第一家直营连锁商店——"大西洋和太平洋茶叶公司"(Great Atlantic & Pacific Tea Co.)在美国纽约市建立了两家茶叶店,目的是集中直接购买、减少中间环节、分散销售。这种经营方式十分有效,到 1865 年,这个公司的连锁分店发展到 25 个,1880 年达到 100 个,1936 年已经扩张到 5 000 多家分店。1862 年,英国第一个连锁商店股份企业——"无酵母面包公司"在伦敦宣告成立;法国兰斯经济企业联合会于 1866 年创办了法国第一家连锁集团。连锁经营在亚洲国家出现相对较晚,最早的直营连锁店出现在第二次世界大战前的日本,于 20 世纪 60 年代日本"经济起飞"期间得到迅速发展。

2. 直营连锁的特点及优劣势

直营连锁在大型业态,经营活动比较复杂的企业比较适用,世界三大零售巨头沃尔玛、家乐福、麦德龙,瑞典零售商宜家家居都是采取了直营连锁模式。直营连锁的主要任务在于"渠道经营",实际上是一种"管理产业",其人员组织由总公司直接管理。直营连锁的组织体系一般分为 3 个层次：上层是公司总部负责整体事业的组织系统；中层是负责若干个分店的区域性管理组织和负责专项业务，下层是分店或成员店。这样的组织形式具有统一资本、集中管理、分散销售的特点，同时给直营连锁店的发展带来了影响。对直营连锁的特点、优劣势进行归纳，如表 3-3 所示。

表 3-3 直营连锁特点和优劣势

特 点	优 势	劣 势
① 资产一体化，即投资主体单一性，所有权和经营权属总部所有； ② 总部集中统一管理，经营决策权高度集中在总部，连锁店职能主要是商品销售； ③ 实行总公司统一核算； ④ 商品结构基本相同，不同地区略有调整	① 统一调动资金，统一经营战略，统一开发和运用整体性事业； ② 作为同一大型商业资本所有者拥有雄厚的实力； ③ 利于人才培养使用、新技术产品开发推广、信息和管理现代化方面，易于发挥整体优势； ④ 众多的成员店可深入消费腹地扩大销售	① 成员店自主权小，积极性、创造性和主动性受到限制； ② 需要拥有一定规模的自有资本，发展速度受到限制； ③ 大规模的直营连锁店管理系统庞杂，容易产生官僚化经营，使企业的交易成本大大提高

3.2.2 自由连锁

术语链接：自由连锁（voluntary chain，VC），又称自愿连锁，是自愿加入连锁体系，是企业之间为了共同利益结合而成的事业合作体，各成员店是独立法人，具有较高自主权，只是在部分业务范围内合作经营，以达到共享规模效益的目的。

1. 自由连锁的发展

这种商店原已存在，而非连锁总公司辅导创立，所以也称为"自愿加盟店"。多数分散在各地的零售店（偶尔也有批发商），为了使其零售店的经营现代化，一方面保存其商店的独立性；另一方面又能享有永续经营的连锁体系的优势，在大部分由其自己做主的情况下，加入连锁系统成为其体系内的一家商店。

自愿连锁在欧美国家的发展已相当成熟，有些甚至已发展成了区域化、国际化连锁组织。如 1926 年依美国特拉华法律成立的世界最早、全美最大的自愿连锁企业 IGA（国际食品杂货商联盟），是以批发商为主导型的自由连锁食品配送中心，目前已形成了遍布于全世界 48 个国家和地区、4 400 多个门店的连锁体系，年销售额高达 230 亿美元。

但自愿连锁在我国还算是一个新鲜事物。2002 年，北京大中电器有限公司和上海永乐家用电器有限公司联合其他 7 家家电连锁联盟形成的"中永通泰"，成为我国零售业自愿连锁的雏形。2002 年 12 月，洛阳大张量贩、许昌胖东来超市、信阳西亚超市和南阳万德隆量贩四家河南连锁企业在郑州成立四方联采公司，形成了区域自愿连锁联盟。2003 年

11月,山东家家悦超市有限公司、湖南步步高超市公司、宁波三江购物俱乐部公司、广西佳用商贸公司和沈阳佳美隆跳蚤市场连锁有限公司共同成立的上海家联采购联盟有限公司,是国内第一个跨省区的超市采购联盟,也是我国第一个真正意义上的自愿连锁组织,2004年,公司申请加入国际SPAR自愿连锁体系。现阶段,自愿连锁经营方式在我国远远落后于直营连锁和特许连锁,还处在引进学习和消化吸收阶段。

2．自由连锁的特点和原则

自由连锁是保留单个资本所有权的联合经营,实际可称为"思想的产业"。形成重要的"联购分销"机制要着重于二者间的沟通,以达到观念一致为首要的合作目标。对自由连锁的特点、优劣势归纳如表3-4所示。

表 3-4　自由连锁特点和优劣势

特　　点	优　　势	劣　　势
① 成员店拥有独立的所有权、经营权和核算权,各门店独立核算、人事自主安排,经营决策自主,需缴纳一定费用; ② 总部和成员店是协商和服务的关系,互助互利,达到规模经营目的; ③ 维系双方的经济纽带是协商制定的合同; ④ 商品结构基本相同,不同地区略有调整	① 成员店自主权大,利益直接,有利于调动成员店的积极性和创造性; ② 连锁系统的集中管理指导,有利于提高门店的经营水平; ③ 统一进货,统一促销,有利于各门店降低成本,享受到规模效益的好处	① 各门店独立性大,总部集中统一运作的作用受到限制。组织不够稳定,发展规模和地域有一定的局限性; ② 连接纽带不紧,凝聚力相对较弱,缺乏合作精神; ③ 过于民主,决策迟缓,相对来说竞争力受到影响

自由连锁的这些特征决定了经营中要限制加盟店的随意性,更好地发挥连锁组织的力量,实现其整体效益。因此,自由连锁经营必须遵守以下四项原则。

一是共同行动的原则。在本部全心全意对加盟店进行支援、指导的同时,加盟店必须积极与之配合,确保共同行动。

二是职能明确的原则。各自由加盟企业承担销售任务,为了追求组织商品和其他事业的共同化,以达到共享规模利益的目的,而自由连锁总部,则通过培养人才、加强物流系统、信息系统等进行战略性再投资的形式,确保连锁组织成员的利益。二者分工协作的联合,是自由连锁组织的基础。

三是调整、协调的原则。在自由连锁机构中,不排除各加盟企业彼此间的有益竞争,在尊重、重视各加盟店的经营自主权的同时,本部需尽可能地调整各店的经营,避免过度竞争带来的损失。

四是为社区服务的原则。加盟自由连锁机构的大多是分布在社区中的中小服务企业,因此"为地区居民服务"必须成为自由连锁组织基本的经营战略。

【案例链接】

自由连锁的 SPAR

1932 年,为了抵御大型直营连锁企业造成的竞争压力,荷兰中小零售业经营者们开始了集结,SPAR 正式成立。如今,SPAR 的业务遍布全球 34 个国家,拥有 1 000 多个零售商合作伙伴、1.5 万多家会员门店,2009 年营业额达 280 亿欧元(是家乐福的 1/3,沃尔玛的 1/10),并在许多国家和地区发挥着惊人的联盟效应。

SPAR 连锁总部主要履行集中进货管理、扩展组织规模、提供讯息服务、评价分店业绩这四项职能。它主要对其成员的商品来源负责,以保证为其成员寻找更好的厂商以及在同样质量下更加便宜的商品。SPAR 最擅长就是经营大卖场和社区超市,现以发展为世界最大的自愿连锁组织和最大的食品分销企业。

SPAR 成功的两大利器在于自有品牌和联合采购。SPAR 国际自有品牌涵盖数个品类、300 多种商品,在 SPAR 门店的货架上占有举足轻重地位。在欧洲市场 SPAR 有 30% 的利润来自自有品牌,在英国这个比例甚至高达 40%。通过 SPAR 成员之间的合作,大规模联合采购,更优惠的采购价格,共同分享更大利益,所以能给顾客一个更有竞争力的价格。

对于自由连锁而言,有效解决联盟内部的信任问题至关重要。SPAR 为了解决联盟内部的信任问题,将联盟零散的个体形成共同利益体,SPAR 会员之间是平均持股的关系。假设 SPAR 的一个区域市场总股本是 1 000 万股,一开始有四家会员,那么每家就平价从总股本当中各认购 50 万股,SPAR 国际也相应持有跟它们一样多的股份,余下的 750 万股就是公司持有,而每加入一个新会员,就能以平价从公司持有的股份当中认购与其他会员一样多的股数,直到全部分完。SPAR 地区分店发展到一定程度以后,会员有权认购 SPAR 国际的股份,目前欧洲的全部国家以及南非的会员已经做到了这一点,一个地区的会员间也时常互相之间交叉持股。

3.2.3　特许连锁

特许经营是连锁店形式中的最高形式,它是一种企业扩张的模式和资本运营模式,也是一种创业、投资方式,是当今及未来发展最为迅速和广泛的一种连锁经营形式。如著名的快餐企业肯德基、麦当劳多采用特许连锁,7-Eleven 便利店也采取这种形式,被著名未来学家奈斯比特称为"21 世纪的主导商业模式"。因此,本部分对特许连锁进行较为详细的阐述。

"Franchise"原本为法文,意为免于奴隶、苦役的身份(free from servitude)。英文意为特别的权利,即封建时期帝王君侯或政府赋予个人的特权。演变至今,在商业上,用来解释特许人(盟主)赋予受许人(加盟人)一种特权。

> **术语链接**：特许经营(franchise chain,FC)，又称特许加盟或加盟连锁，指特许方把自己所拥有的商标(包括服务商标)、商号、产品、品牌、专利和专有技术、成功的管理模式以及特有的经营资源等，以特许经营合同的形式授予被特许者(加盟者)，被特许者按合同规定，在特许者统一的业务模式下独立从事经营活动，并向特许者支付相应的费用。(《商业特许经营管理办法》,2004)

在特许经营中，对一些相关术语明确如下。

① 特许人(盟主、特许经营企业、总公司)：特许经营关系中授权的一方。

② 受许人：特许经营关系中被授权的一方。

③ 特许经营总部：受特许人的委托，代表特许人来建立、发展、运营和管理整个特许经营体系的机构。

④ 加盟：在特许经营关系中，受许人向特许人购买特许经营权。

⑤ 单店：特许经营体系中不可再分割的基本业务单元。可以是零售或商业服务的店铺；也可以是无店铺的、流动的、上门服务的个人或组织，还可以是一间制造工厂。它的数量和规模是考察一个特许经营体系规模及发展速度的基本指标。

⑥ 特许经营权：特许人向受许人授权内容的总和。构成特许经营权的每一项内容称为特许经营权要素。

⑦ 加盟费：受许人为获得特许经营权而向特许人支付的一次性费用。它体现了特许人所拥有的品牌价值。

⑧ 特许经营权使用费(管理费、权益金)：是指受许人在使用特许经营权过程中按一定的标准或比例向特许人定期支付的费用。它体现的是特许人向受许人提供的持续支持和指导的价值。

1. 特许经营的发展

特许连锁的发展大致可以分为四个阶段，各阶段的特征和代表性行业或企业如表 3-5 所示。

表 3-5　特许经营的发展过程

发 展 阶 段	主 要 表 现	代表行业或企业
萌芽阶段(19世纪40年代—20世纪初)	授予经销权，设置加盟店，并撰写了第一份标准的特许经营合同书。在业界被公认为是现代意义的商业特许经营的起源	胜家缝纫机公司
发展阶段(20世纪初—40年代)	集中在商品的生产、流通领域，以产品的生产/分销、商标使用权为特许经营授权的主要内容；特许模式为产品-商标特许或产品-分销特许	福特汽车、可口可乐

续表

发 展 阶 段	主 要 表 现	代表行业或企业
成熟阶段（20世纪50—70年代）	进入鼎盛时期，深入消费及商务服务等领域； 政府对特许经营的政策扶持及立法； 特许模式为经营模式特许	涉及众多行业，如快餐业、酒店业、清洁服务等行业
国际化发展阶段（20世纪80年代至今）	全球范围内的迅猛发展；借助计算机及网络、现代化大规模物流配送等高新技术和手段；快速、大规模向海外市场拓展；特许经营跨出一般的商业领域，进入到非营利组织的市场化运作	涉及各个行业，各种业态，如奥运会的特许经营项目

特许连锁起源于美国，其首创者是美国胜家缝纫机公司，被称为特许经营的鼻祖。1865年，胜家公司为推出新产品——缝纫机，率先尝试以特许经营方式建立分销网络，结果成功地打开了零售市场，使人们初步看到了特许经营的魅力。直到20世纪初，随着美国可口可乐、百事可乐以及众多汽车厂商采用这一方式扩展销售网络，这种经营模式才得到迅速发展。一直到美国麦当劳和肯德基取得巨大成功，特许经营才成为20世纪70年代以来发展最快的连锁形式，其发展速度开始超越直营连锁和自由连锁，并迅速在世界各地蔓延。

虽然兴起的时间要比美国晚六七十年，日本的连锁经营却发展的有声有色。日本最早的连锁经营企业当属1963年成立的"不二家"西式糕点咖啡店，从此日本开始抛弃传统的直营式连锁经营业态。70年代以后，日本的特许经营以零售业和饮食业为中心迅速发展起来，并形成了自己的特许经营体系。

中国香港于60年代也开始出现特许连锁经营模式，在东南亚地区属于最先起步。东江菜馆是香港饮食业尝试连锁经营的第一家企业。在零售业态方面，超级市场是最早采用连锁经营的。到了70年代，连锁经营迅速发展起来，除了饮食业和超级市场之外，其他的服务性行业及商品零售业也越来越多的采用连锁经营。中国内地，1984年8月首家以商标特许形式在北京落户的皮尔·卡丹专卖店的开业，被视为中国连锁经营的开端。1986年，天津立达集团公司创办了天津利达国际商场并在国内率先组建连锁店拉开了我国本土连锁经营的序幕。1987年，木兰集团旗下的"沈阳木兰家电连锁"可能是国内最早的家电连锁销售企业。1987年，"肯德基"首家连锁店落户中华，1990年"麦当劳"连锁店也开始在我国遍地开花。同年，东莞市糖酒集团美佳超市在虎门开设了第一家"美佳食品连锁店"，两年内连锁店增加到18家，销售额突破7 000万元，一时声名鹊起。1991年5月上海华联超市商业公司成立，成为上海连锁超市的"领头羊"。1992年9月上海华联超市公司相继成立，第二年门店数就达到11家，到1993年年底全市开设了300个超市门店和自选商场。

中国的特许经营主要起步于第三产业中的零售业、餐饮业和服务业。如今，已突破这些行业，进入到更广泛的新兴行业中，如以住房商品化、家庭劳动社会化为核心的行业；以医疗保健、教育培训、美容美发、娱乐健身、家用电器及计算机信息化产品为核心的行业；以保险、电信、通信、汽车、金融服务为核心的行业等。从竞争看也更加复杂，形成了品牌竞争、服务质量、知识产权及管理模式等全方位的竞争形式。

【阅读链接】

国际特许经营新趋势

（1）联合兼并成为特许企业扩张的新模式

特许企业通过并购，市场份额快速扩大，配置资源明显优化，采购、物流和管理成本大幅度降低，体系运转更加高效，对加盟者的支持也更有力度。同时，信息和网络技术的进步也为合并后形成的超大型企业的高效运转提供了条件。特许经营的联合兼并与石油、汽车、银行、电信等其他行业相比，最突出的问题是要处理好与加盟者的关系，即在合并的过程中，特许人除了考虑总部的利益，还必须充分维护加盟者的利益。

（2）品牌嫁接方兴未艾

品牌嫁接是指在同一店铺内或在同一经营地点开设两个或两个以上的特许品牌店。品牌嫁接最早以快餐店、便利店和加油站的合作为主。近几年，品牌嫁接活动已成为特许经营领域普遍采用的手段。合作双方的品牌吸引力和营销活动给双方带来了更多的商机，不断上扬的地价也是促使品牌嫁接的重要原因。品牌嫁接也为知名的特许品牌和刚起步的小特许商提供了快速扩张新渠道。

（3）特许企业大量导入电子商务

特许人通过使用互联网、局域网和网上采购等新技术，拥有了更经济的网络扩张手段。大部分特许企业在把网站作为招募潜在加盟者工具的同时，也加强了服务加盟者和最终消费者的功能。特许企业把目标客户分为两类：消费者和加盟者，他们通过开办电子商务网站帮助顾客购物或获取信息，同时把注意力放在加盟者这些特殊客户身上，利用互联网工具使这些小企业更有效的运转，进而更好地服务消费者。

（4）连锁经营带有明显的网络时代的特征

21世纪被称作信息和网络时代，主要有以下特征：①网络的发展极大地提高了企业的运作效率，使企业有可能创造出更大的商业效益。②速度概念发生了巨大变化，企业顺应市场作出反应的速度已经成为至关重要的因素。在网络经济社会里，企业成功的关键因素，不再是"进入市场的时机"，而是进入市场的速度。③客户主导成为时代新的规则。在网络环境下，要求企业进一步将营销模式转变为客户主导性模式，通过个性化特别是定制化服务，满足市场需要。④新的竞争格局正在形成。在网络时代，竞争的优势属于用智能主宰一切，善于创造新知识，把新智能转化为新技术和新产品的国家和企业将会在竞争中获得有利地位。

2. 特许经营的特点及优劣势

特许经营的主要特点表现在以下方面。

（1）特许经营的核心是特许经营权的转让

特许体系是通过盟主和加盟者之间签订特许经营合同而形成的，各个分店之间没有利益关系。盟主给予加盟者特许经营权并提供服务和支持，加盟商则为使用总部的商标、技术、管理经验等支付一定的费用。各个分店的人事和财务关系都是独立的，盟主无权进行干涉。特许经营权是特许人的产权，本质是一种产权交易，其中知识产权是特许经营权的核心（如图 3-1 所示）。

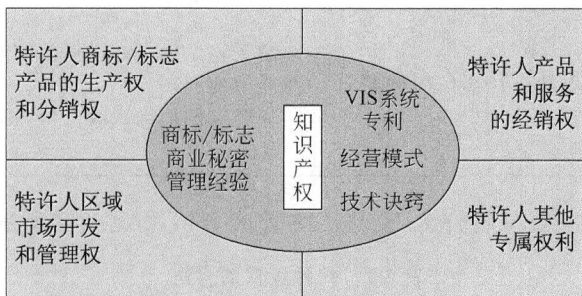

图 3-1 特许经营权结构图

（2）特许经营双方通过合同契约形成纵向关系

在特许经营中，盟主和加盟者之间是以特许经营合同为纽带形成的纵向关系，不是上下级关系，各加盟店对盟主不存在隶属关系，双方都是独立的法人，是建立在双赢基础上的合同关系，各加盟店之间也不存在横向联系。盟主的资源是特许经营权，而加盟商得到特许经营权必须自己经营，而不能把特许经营权作为投资或买卖。双方的关系、权利和义务在合同条款中有明确规定。

（3）特许经营运作的是无形资产

特许经营的业务基础是一整套经营模式或某项独立的商品、商标、专有技术等。盟主把这些东西以特许经营权组合的形式转让给加盟者，加盟者根据特许经营权独立开展经营业务，故特许经营运作的不是普通商标而是无形资产。

（4）所有权分散，经营权集中，高度标准化

特许经营中，各加盟店对自己的店铺都拥有所有权，但经营权高度集中于总部，对外形成统一形象，很重要的特点就是在经营活动中的标准化、专业化、统一化等。在商品和服务领域，总部对每个加盟连锁店实行标准化管理，一般绝不向任何加盟店下放自由经营商店的权利。在经营品种、操作程序等方面严格控制灵活性，并在促销计划、信息收集、员工培训、管理规范等经营环节，也实行高度统一。

由特许经营特征，对特许经营的优劣势进行剖析，其优势主要从特许人、受许人、社

会、消费者四方面分析,如表 3-6 所示。

表 3-6 特许经营的优势

对 特 许 人	对 受 许 人
① 市场扩张速度快; ② 低成本、低风险的市场及品牌扩张; ③ 有效利用了人力资源和激励机制; ④ 其他间接效益	① 可获得成功的品牌效益; ② 有助于提高加盟店的经营管理水平; ③ 有助提高加盟店竞争能力和规模经济; ④ 入行易,免开发,免杂务
对 社 会	对 消 费 者
① 增加就业机会; ② 优化资源配置; ③ 对规范市场秩序、建立健全社会信用体系起推动作用; ④ 促进科技创新	① 享受稳定的良好品质的商品或服务; ② 获得便利; ③ 加盟店的地缘人缘优势,提高了顾客的满意度

特许经营的劣势主要从特许人、受许人两方面分析,如表 3-7 所示。

表 3-7 特许经营的劣势

对 特 许 人	对 受 许 人
① 不一定能招募到适合的受许人; ② 管理上面临挑战,易泄露商业秘密; ③ 面临品牌风险,其声誉和形象会受个别经营不好的加盟店的影响; ④ 不容易控制和管理受许人,当发现加盟店店主不能胜任时,无法更换; ⑤ 特许经营合同限制了策略和战略调整的灵活性,在特许经营地区内企业扩展受到限制	① 投入资金,承担风险; ② 经营受合同约束,相对缺乏自主权; ③ 过分依赖特许人提供的标准化的产品和服务,相对缺乏创新; ④ 发展速度过快时,不能保证总部的后续服务是否可以跟上; ⑤ 总部出现决策错误时,加盟店会受到牵连

结合前面介绍的直营连锁和自由连锁的内容,为了正确地对连锁经营不同形式作出区分,从产权构成、管理模式、经营领域、法律关系等方面对三种经营模式进行比较,如表 3-8 所示。

表 3-8 三种连锁经营形式之间的主要区别

	直 营 连 锁	自 由 连 锁	特 许 经 营
单店产权人	只有一个,即连锁总部企业	各店各不相同	可能是总部、单店或区域加盟商、或其他组合
管理模式	总部对分店的各项事务均有决定权,分店经理仅是总部的一名雇员	依据合同;各店人事、财务独立;总部间接管理(支持、督导、服务、协调)	依据合同;各店人事和财务独立;特许人间接管理(支持、督导)

续表

	直 营 连 锁	自 由 连 锁	特 许 经 营
经营领域	一般仅限于商业和服务业	一般仅限于商业和服务业	制造业、政府、教育、文化等领域
关系	自家人的内部事务	合同：自愿联合的伙伴关系	合同双方当事人
筹资方式	只要有足够的资金、人员即可；易受资金、人员的限制	各店"自负其资"	招募独立的企业和个人，空间更大，速度更快
运作方式	只需足够的资金和合适的业务类型就可以进行	只要成员愿意连锁并符合一定的标准即可	开展的基础是一整套"特许经营权组合"
发展方式	只需做市场调查，有合适的地点、足够的资金就可以了	扩张规模上往往不太积极，可能有排外倾向	吸收独立的商人加入而扩大体系
自由度	几乎完全取决于总部的决策	可以自由退出，进入也比较容易	进入或退出特许经营体系会受到很多条件制约

3.3　特许连锁经营介绍

3.3.1　特许经营类型

1. 按特许经营权要素的不同组合分类

按照特许经营权要素包含的内容划分，可以将特许经营分为三大类型，如表 3-9 所示，其中生产特许和产品-商标特许属于分销模式特许。

表 3-9　按特许经营权内容划分特许连锁类型

	生 产 特 许	产品-商标特许	经营模式特许
定义	是指受许人投资建厂或通过 OEM 的方式使用特许人的商标、标志、专利、技术、设计和生产标准来加工或制造取得特许经营权的产品，然后向经销商或零售商出售，受许人不与产品的最终客户（消费者）直接交易	指受许人使用特许人的商标、标志和销售方法来批发或零售特许人的产品	指受许人完全按特许人设计好的单店经营模式经营。是特许经营的高级形式，也是知识和技术含量非常高的一种商业模式
适用领域	生产领域	流通领域	商品消费和流通领域
特许方	产品专利或强势品牌的拥有者（品牌公司或机构）	产品制造商	拥有比较全面的自主知识产权的企业
受许方	产品制造商	分销商（批发、零售商）	零售商、服务商
案例	可口可乐灌装生产、耐克（NIKE）运动装的生产、奥运标志产品的生产、宜家家私产品的生产等	品牌汽车特约经销店；中石油、中石化加油站；各类服装、电子产品等的特约经销店	肯德基、麦当劳、7-11 便利店、比萨饼快餐店等

2．按特许经营权授予方式分类

特许经营还可以根据特许经营权授予方式的不同分为以下四种类型。

（1）一般特许经营

这是我们最常见的形式，即特许人向受许人授予产品、商标、店名、经营模式等特许经营权，由该受许人使用这些特许经营权进行经营，并支付一定费用作代价。

（2）委托特许经营

特许人把自己的产品、商标、店名等特许经营权出售给一个代理人，授予该代理人特许经营权，允许该代理人负责某个地区的特许经营权授予，代理人可以代表特许人向他所负责地区内的加盟申请者授予特许经营权。可以说，这个代理人是中间人，他既是特许人的特许经营权使用者，又是该地区的特许经营权授予者，但他自己并不直接经营，而是采取转嫁他人的方式开发和经营。

（3）发展特许经营

这是指受许人在向特许人购买了特许经营权，同时也购买了在一个地区内再建若干家分部的特许经营权。受许人有了这个权利，一旦事业发展顺利，就可以在该地区内，根据本部经营发展的需要，再建若干家分部，而不必向特许人重新申请。

（4）复合特许经营

这是指本部将在一定区域内的独占特许经营权授予受许人，受许人在该地区内可以独自经营，也可以再次授权给下一个受许人经营业务。也就是说，该受许人既是受许人身份，同时又是这一区域内的特许人身份。受许人支付给特许人的特许费一般根据区域内的常住人口数量确定，若他再将特许经营权转让给他人，那么，原先这位受许人从他人手中收取的特许费以及年金费将按一定比例上缴给特许人。

【案例链接】

麦当劳新动力：发展式特许经营

麦当劳（中国）公司 2011 年 8 月 23 日宣布正式在中国大陆启动发展式特许经营模式。昆明诺仕达集团副总裁任剑媚女士成为麦当劳在云南省的被特许发展商，也成为中国大陆首位麦当劳被特许发展商。届此，中国成为麦当劳全球首个拥有直营餐厅、传统特许经营和发展式特许经营三种业务模式的市场。

麦当劳的发展式特许经营业务已在全球有超过 30 年的发展历史，它不同于传统的特许经营，是指在一个特定的地理范围内（如一个省），授予被特许发展商运营现有餐厅和开设新餐厅的权利。而麦当劳则按照合同在总营业额中提取一定比例作为特许经营费用。

"麦当劳认为我们在中国的业务存在巨大的发展机会，同时相信这种商业潜力在本地所有权的结构下能够得到最好的发掘。"麦当劳（中国）首席执行官曾启山先生说："我们非常高兴将麦当劳品牌委托给一位熟悉当地消费者和商业环境的中国企业家。"任剑媚女士凭借其丰富的当地餐饮零售市场经验，良好的商业信用及对麦当劳品牌的热诚成为中国大陆首位被特许经营商。她表示，"我非常期待在坚持麦当劳质量、服务、清洁和价值的原则下，继续为云南消费者提供最佳的麦当劳就餐体验。未来 5 年内，计划在云南开设20 家新店，与麦当劳一起加速在中国的发展。我相信，发展式特许经营也将给云南当地的就业和经济发展带来积极的影响，实现双赢"。

在发展式特许经营模式下，麦当劳和被特许发展商都承诺将把麦当劳品牌在当地的发展放在首位。麦当劳将提供全球一流的专业培训、供应商体系以及成熟的特许经营经验，推动麦当劳品牌在当地市场的长远发展。被特许发展商将借助对本地市场的深入了解和资源，积极投入，推动麦当劳品牌在当地市场的进一步发展。发展式特许经营作为麦当劳系统内一种成功的特许经营模式将逐步成为中国业务重要的推动力之一。

3．按特许人与受许人的身份分类

按特许人与受许人本身所处行业及其身份的不同，可将特许经营分为以下四种类型。

（1）制造商和零售商

这种类型经常被称作第一代特许经营，包括特许经营安排的一些最古老形式，是由制造商发起并提供特许经营权。汽车行业首先开发了这种形式，为了解决所面临的问题，建立了所谓的特许经营网。在石油公司和加油站之间也有同样的特许安排。

（2）制造商和批发商

制造商授权受许人在特定的区域使用它提供的某种原料进行生产成品并销售，受许人的工作就是用制造商提供的原料组织生产，然后按照制造商的要求分销最终产品。

（3）批发商与零售商

这是由一个批发商发起同时吸收大量零售店加入所形成的系统，这种业务的类型主要包括计算机商店、药店、超级市场和汽车维修业务。此类型本身与上一个类型没有太大的区别，只不过把制造商换成了批发商。

（4）零售商和零售商

这是由一个零售商发起并大量吸收零售加盟店所形成的特许系统，也是最典型的经营模式特许，7-Eleven 便利店就是这种经营模式。

3.3.2　特许连锁经营的步骤与流程

一个企业应该如何开展特许经营呢？一般成功开展特许经营可以分解为以下 7 个步骤。

1．特许经营的可行性研究

虽然特许经营是一种良好的经营模式，使很多的企业获得了巨大成功。但是，开展特许经营需要具备一定的条件，并且特许经营并不一定是企业最佳经营模式。因此，作为一个重大的决策,在开展特许经营前一定要进行可行性研究论证。

可行性研究可以从政策可行性、经济可行性、市场可行性、技术可行性等几个方面来进行论证。政策可行性,主要是企业以及打算开展特许经营的项目是否符合政策法律规定;经济可行性,主要是从经济角度来论证特许经营模式在对企业或者对项目而言是否具有相对优势;市场可行性,就是从市场角度来进行评估,该项目是否具有广阔的市场需求或者潜在市场需求,包括消费人群以及在不同区域市场的适用性;技术可行性,主要论证项目是否具有可复制性,以及总部对项目开展特许经营的支持控制能力。

2. 特许经营战略规划

特许经营对企业来说,往往是影响企业长远发展的重大决策,也牵涉企业整体资源的配置问题。特许经营战略规划主要包括:①特许经营发展战略目标的设定。比如,某美容化妆品特许经营企业的战略目标是用 5 年时间发展 5 000 家特许经营店,成为中国最大的美容化妆品连锁企业。②连锁经营模式选择,即是选择以特许经营为主还是直营连锁、特许经营混合,是选择单店特许还是区域特许,全国性市场还是区域性市场。③战略性资源配置。比如,可能涉及物流问题是自建物流体系还是借助第三方物流等。④发展的节奏。例如,必须确保特许权开发完整,达到特许加盟的标准化要求;城市发展战略应有轻有重,不能搞“大合唱”。

3. 特许经营模式设计——单店模式的设计与提炼

单店模式设计与提炼可以分为两个层次,一是单店的赢利模式,指单店作为一个利润中心是如何获得利润的;二是单店的运营模式,指一个单店的日常经营管理操作流程是怎样的。

单店模式的设计与提炼,需要遵循特许经营的“3S”原则也就是“标准化、简单化、专业化”来进行,使一个单店的运营容易被加盟者掌握,并且能体现专业化的水平。一般来说,单店模式设计或提炼的物化成果是形成一整套的“单店运营手册”,这个(套)手册是加盟商日常经营需要遵照的标准。

4. 特许加盟模式的设计

特许加盟模式的设计往往影响到特许经营体系的发展速度以及稳定性,因此,这个环节很关键。特许加盟模式主要是三个方面:一是采取什么样的特许加盟模式,是单店加盟,还是区域加盟,还是直接特许等;二是特许加盟授权的具体内容,比如商标、商号、经营模式、经营诀窍的使用,产品或服务的专营,特许授权的期限、地域限定等;三是加盟者需要缴纳的费用,比如加盟金、保证金、品牌使用费、广告基金等,如图 3-2 所示。

5. 总部运营支持管控体系设计

当单店模式和特许加盟模式完成之后,剩下的就是总部运营支持管控体系的设计。总部运营支持管控体系是特许经营运营成功和持续发展的保障系统。一般来说,需要设计的内容包括特许经营总部的组织架构、主要的业务流程、支持系统等。支持系统一般包

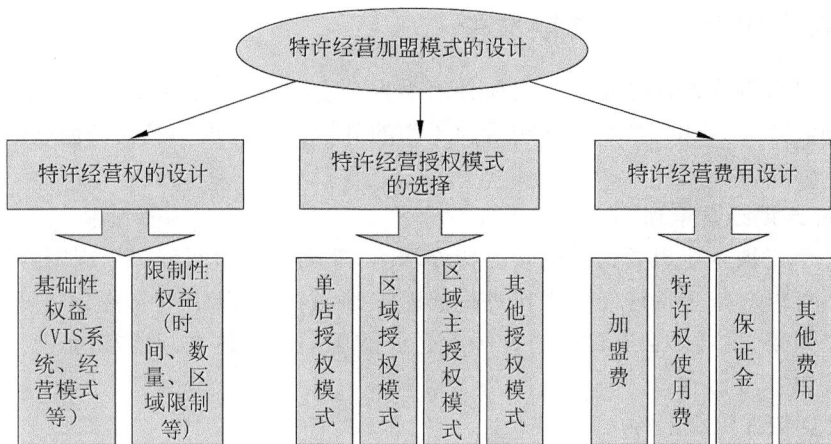

图 3-2　特许加盟模式设计内容

括品牌形象、市场营销、人员培训、产品与技术研发、物流配送、经营辅导等方面。

6. 特许经营体系的推广

当特许经营模式的设计都完成之后，就进入到特许经营项目的推广阶段。在特许经营的推广阶段，需要考虑推广的基本策略和推广的渠道策略问题，而推广的基本流程主要分为两个阶段，准备和实施阶段，如表 3-10 所示。

表 3-10　特许经营推广的活动步骤

第一阶段——准备阶段	第二阶段——实施阶段
招募信息发布及咨询 遴选加盟商 签订特许经营合同 培训加盟商 加盟店开业	招募信息发布及咨询 遴选加盟商 签订特许经营合同 培训加盟商 加盟店开业

7. 特许经营体系的运营

新的加盟店开业之后，就进入到日常运营的阶段。总部需要有专门的运营督导部门来负责对特许经营店进行日常运营管理，运营管理的重点是按照总部制订的统一化标准对加盟店进行支持、辅导、维护和监督。支持和管控的执行能力往往决定了一个特许经营体系的成败。

可见，特许经营要获得成功，需要构建完善的特许经营系统、把握其中关键的环节和细节。如果企业打算开展特许经营而缺乏相应经验，可以按照以上步骤来进行特许经营的规划，也可以通过与具有特许经营运营经验的管理咨询专家合作来使特许经营项目获得更大成功。

3.3.3　特许连锁经营的前期准备

企业在采取特许连锁经营战略之前必须做好充分准备，只有这样才能保证战略的有效实施和顺利开展，否则，必然会影响后续工作的开展。特许连锁经营的前期准备主要包括以下几个方面。

1．特许连锁经营策划

如果一个连锁企业想要构筑成功的特许网络，那么它必须制订一个周密详细的计划，作计划时就可以对整个特许经营工作进行前瞻性预测，对于其中不完善、不合理的地方进行及时必要纠正，这样才会有助于特许经营企业的版图越做越大。通常，企业所作计划包括以下主要内容。

（1）建立特许组织架构

开展特许连锁经营是一项特别繁重的工作，其总部机构是否健全会对特许业务的开展产生影响。总部在向外出售特许经营权之前，应首先对内部机构的设置及其担负的职能进行审视，以确保能满足开展特许连锁经营的需要。不同行业及企业不同发展阶段对特许机构的设置可以采取不同方式，一般来说，成熟的连锁企业加盟总部都专门设有特许事业部，其中又细分为开发部、管理督导部、培训部等。

（2）确定特许经营方式

特许经营方式关系到许多具体策略的拟定和实施，特许经营方式主要有两种：一种是区域特许，即连锁总部将某个地区的特许经营权许可给一个加盟者，再由该加盟者在该地区开设加盟店或招募加盟者；另一种是单店特许，即连锁总部直接发展一家家的结盟店。不同的特许方式有不同的特点，目前国内最常见的是单店特许，这种形式在特许事业开拓初期常被采用，但许多连锁总部在发展到一定阶段后往往开始考虑区域特许，而此时由于单店特许合约已难更改，造成工作十分被动。因此，在业务开展之前就应明确采用何种特许经营方式，从而避免走弯路。

（3）制定加盟区域战略

许多加盟店在初创时急于成长，会不加选择地授予任何地区、任何人特许经营权。但如果加盟店远在总部管理及供应能力的力所能及范围之外，便不能得到总部有力的支持和及时的货源供应而导致失败，将会影响总部特许事业日后在该地区的拓展。即使加盟店能勉强维持，也将消耗总部大量的管理力量。因此，即使是新成立的总部，也应事先确定特许经营的重点开发区域，采取递进的方式，有计划地开拓特许事业。

（4）完善加盟业务运作程序

连锁经营时，各分店的营业方式是统一的。每一个有意从事特许连锁经营的企业都必须重视使每一位加盟商进行统一的运作程序。在这方面，运作程序的科学化、简单化、系统化扮演着极为重要的角色。总部应该将经实践检验成功的经营方式和操作过程总结出来,写成详细明确的《营业指南》,以供加盟者随时参阅,方便指导加盟者有效开展工作。当然,没有一个运作系统是一成不变的,因此,修订的程序也必须十分明确,使得任何新的操作方式能立即得到有效的执行。

(5) 确定项目推广策略

当总部处于开展特许经营的初期阶段或者在一个新地区推广特许经营业务时,都需要开展一系列宣传推广活动。总部可采取的推广活动有很多种,诸如广告宣传、展销会推广和人员推广等,而每一种方式又有多种选择,如广告宣传中的媒介选择等,对于这些问题总部应事先做统筹安排,包括推广方式、推广人员、推广材料、推广费用、推广时间、推广地点等。通常,事前准备越充分,事后推广效果就会越明显。

2．完善特许合同

在特许经营中,总部与各加盟者是建立在双赢基础上的合同关系,连接纽带既特许合同,因此完善特许合同对于双方关系的建立及后续事项的解决均很重要。一般完善合同可注意以下几事项:商标、商号等的使用;合约期限;加盟总部提供服务的种类和范围;加盟店的义务;对加盟店的经营控制;加盟店的转让。

3．确定合理的加盟费用

在这一环节,总部应明确加盟费用的种类和数额,同时也要分析影响加盟费的主要因素有哪些,以便对加盟费用进行合理的规划。如果选择创业,这一步也是很关键的。如图 3-3 列举了加盟费用的种类以及影响费用的集中主要因素。

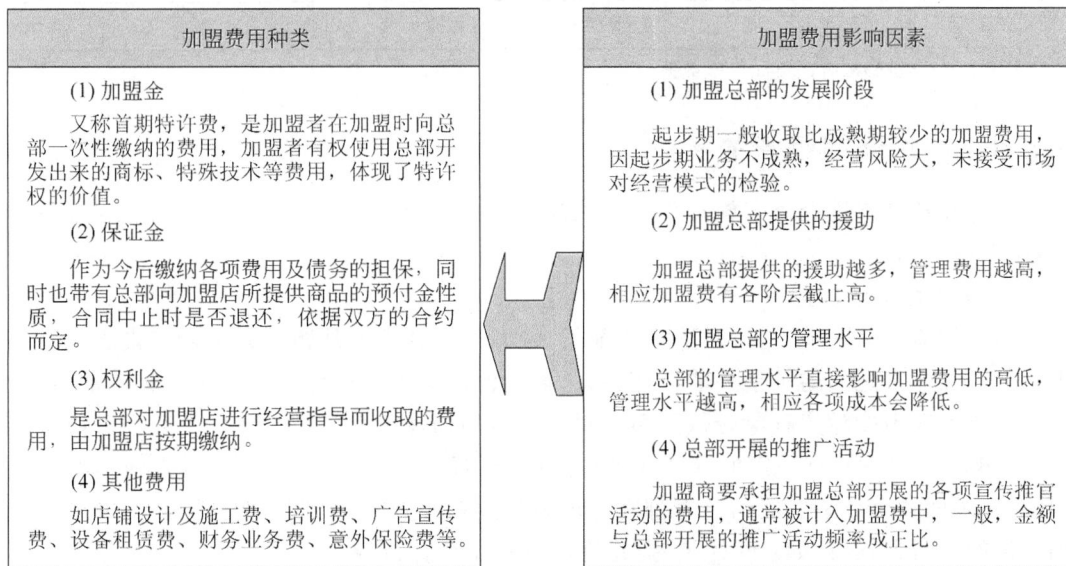

加盟费用种类	加盟费用影响因素
(1) 加盟金 　　又称首期特许费,是加盟者在加盟时向总部一次性缴纳的费用,加盟者有权使用总部开发出来的商标、特殊技术等费用,体现了特许权的价值。	(1) 加盟总部的发展阶段 　　起步期一般收取比成熟期较少的加盟费用,因起步期业务不成熟,经营风险大,未接受市场对经营模式的检验。
(2) 保证金 　　作为今后缴纳各项费用及债务的担保,同时也带有总部向加盟店所提供商品的预付金性质,合同中止时是否退还,依据双方的合约而定。	(2) 加盟总部提供的援助 　　加盟总部提供的援助越多,管理费用越高,相应加盟费有各阶层截止高。
(3) 权利金 　　是总部对加盟店进行经营指导而收取的费用,由加盟店按期缴纳。	(3) 加盟总部的管理水平 　　总部的管理水平直接影响加盟费用的高低,管理水平越高,相应各项成本会降低。
(4) 其他费用 　　如店铺设计及施工费、培训费、广告宣传费、设备租赁费、财务业务费、意外保险费等。	(4) 总部开展的推广活动 　　加盟商要承担加盟总部开展的各项宣传宣传活动的费用,通常被计入加盟费中,一般,金额与总部开展的推广活动频率成正比。

图 3-3　加盟费用种类及影响因素

　　具体到某一个具体行业或连锁企业中,加盟费用的种类和数额都是不同的,如有的行业按营业额的百分比收取,有的行业按营业面积收取。如表 3-11 是我国几家代表性快捷酒店的加盟费用情况。

表 3-11　我国十家快捷酒店加盟费用一览表

酒店品牌	加盟费	管理费	保证金	系统使用费/万元	资金要求/万元	加盟期限/年	投资回收期/年
尚客优快捷酒店	1 500 元/间	营业额 4.5%	免收	5.28	80	8	3
如家快捷酒店	50 万元＋1 500 元/间	营业额 6%	20 万元	9.5	600	8	5.5
七天快捷酒店	3 000 元/间	营业额 7%	免收	免收	500	5	4～5
汉庭快捷酒店	3 000 元/间	营业额 5%	10 万元	10.8	600	8	4.5
格林豪泰快捷酒店	3 000 元/间	营业额 5%～8%	不详	18.2	600	8	4～5
锦江之星经济型酒店	3 500 元/间	营业额 4.5%	不确定	21.2	500	8	5～6
骏怡城际酒店	1 500 元/间	营业额 4.5%	免收	7	500	10	2～3
莫泰 168 酒店	3 000 元/间	营业额 5%	20 万元	9.5	600	8	4～5
速 8 快捷酒店	100 间 30 万元,少 1 间减 100 元	营业额 5.6%	不详	不详	500	18	4～5
维也纳酒店	3 000 元/间	营业额 6%	免收	12.8	600	15	4～5

　　资料来源:各连锁酒店官网 2012 年数据。

3.3.4　特许连锁经营的实施

　　企业在特许连锁经营实施过程中应该注意一些要点,抓紧这些要点才能更好地进行管理,取得好的效果。

1. 招募合格的加盟商

　　对于加盟总部来说,特许事业是否能够成功,选择合适的加盟者是关键因素之一。因为总部与加盟者之间的关系并非雇佣关系,而是伙伴关系。总部一旦选定了某位加盟者,合同生效期间不能随意解除合伙关系。对于合格的加盟者而言应具备以下几个方面的条件:工作经验丰富和有一定的管理水平;对特许经营及本公司理念的了解;有强烈的事业心;有一定的资金或融资能力。总部在开展特许连锁经营时,通常在初期需要采取一些主动出击的加盟方式,比如:媒体招募;特许经营展览会;人员招募等。

　　总部在对招募到的加盟商进行选择时,也需考虑到总部特许事业的总体规划,有计划地控制加盟速度,毕竟相比其他两种连锁经营方式而言,特许连锁经营的一个显著特点就是可以使企业突破资金和经验不足的障碍而在短时间取得飞速发展。但高度发展会隐藏企业管理中的许多问题，不加控制解决就会造成问题不断蔓延扩大甚至公司失败。

2. 提升总部服务水平

通常情况下，如果加盟店办得出色，赢得认同，人们会认为是加盟总部办得出色，而不会把功劳归功至加盟店；如果加盟店经营成败，人们往往会认为是加盟总部经营失败。这就意味着，加盟店的经营成败，直接影响加盟总部的声誉，这已大大超过金钱和利润上的互惠范围了。基于此种情况，总部有责任提升自身对加盟者的服务水平，一般改进的方面包括：不断改进产品和业务；设计完整的培训体系，既包括开业前培训也包括开业培训和后续培训；建立科学的督导制度；提升物流信息系统效率。

连锁总部对各门店的营运控制除了提供一系列完善的经营之道与服务手册作为营运的标准外，还必须派出优秀的营业督导人员对各门店的工作进行监督与指导。具体内容包括：信息上传下达；业务核查及指导；帮助门店解决营业中的问题，不断提升业绩。

物流信息系统工作效率的高低，将直接影响到企业的经营状况。如当商品库存不足而采购又不及时，会造成加盟店缺货。这就会给加盟店带来损失：失去交易机会，造成现实损失；使顾客产生不信任感，损害企业形象，造成潜在损失。

3. 增进加盟双方沟通

加盟总部与加盟者是以互惠互利作为基础的，这就要求双方必须相互了解、相互沟通、相互交换意见。过去，一些特许经营总部以失败收场，其中一个致命问题就是加盟总部和加盟者之间缺乏了解和沟通。

建设性的积极沟通是总部与加盟者取得双赢的必需因素之一。有助于增加加盟者的归属感；可在第一时间掌握市场行情，对相应变化做出最快最有效的反应；可以互相促进业务的发展。一般而言，总部与加盟店之间的沟通交流主要有五种方式：人员直接交流；书面报告；会议交流；内部书刊；设立热线电话。

总之，总部要想把整个特许事业不断做大做强，就必须使每个加盟者都心甘情愿地与总部站在同一战线上，共同努力开拓业务。总部也应关心每一家加盟店的经营情况，把它看成是整个企业的一部分，将每一家加盟店的成功当作是自身经营运作的责任。只有这样，整个特许连锁体系才能获得持久的成功。

讨论专题：连锁经营扩张之路，是直营还是加盟？每个企业的成长路径不同，可能选择的经营方式也不同，创业之初、企业高速成长……不同阶段如何选择？不同行业，不同业态，不同的产品和服务……又将如何选择？

3.4　连锁经营与业态

3.4.1　我国连锁经营发展基本情况

　　早在 20 世纪 80 年代中期,以特许经营方式风靡世界的麦当劳、肯德基相继在中国落户,它们在给中国带来快餐新概念的同时,也带来了连锁经营的新理念。国内学者对它们进行了研究和介绍,连锁经营的概念也开始被国内企业界人士所接受。中国真正意义的本土连锁企业是与超级市场一起成长起来的。20 世纪 90 年代以来,中国零售业发生了根本变化,开始出现真正意义上的现代零售组织。1990 年年底,广东东莞虎门镇出现了国内第一家连锁超市——美佳超市,它于 1991 年迅速开了 10 多家分店。连锁超市这种开架自选的售货方式、较低的价格、面向居民区的选址以及完全统一的形象,对零售业产生了极大的影响,步其后尘者甚众。从此,连锁企业开始迅速蔓延。

　　从 1993 年开始,连锁经营从超市、快餐店开始向其他业态渗透。在这一时期,品牌专卖连锁店早在国内成功地尝试了特许经营,发展的如火如荼。经过几十年的发展,连锁经营方式,向更多行业的业态延伸。

　　不过从近十年国内连锁企业扩展的步伐中,可以看出某些连锁企业正在步入一个误区,即盲目追求企业数量的扩张,忽略了企业内涵的提升,在“做大做强”中把做大放在了首位。近十年,国内连锁企业不断传来“做大”的消息,连锁企业的发展步伐纷纷提速,也不时传来一些连锁企业因扩张太快而资金链断裂导致破产倒闭的消息。诚然,从表面上看,连锁企业的竞争优势取决于规模效益,连锁企业发展就意味着规模扩张,即所谓的规模经济。但许多连锁企业只看到了表面现象,而忽视了它们后面的决定性因素,正是这些因素决定了企业发展的快慢。事实上,企业核心竞争力在企业成长过程中才真正发挥关键作用。沃尔玛之所以获得成功,不是因为它具备现有的规模,而是因为其背后强大的超越竞争对手的核心能力,这种核心能力支撑着它不断扩张,才有了现在的规模效益。企业只有先做强,然后才可能做大。中国连锁企业的发展应着眼于内涵培养,立足于核心能力带来的竞争优势,而不是盲目追求门店数量的外延式扩张。企业只有不断培育和提升自己的核心竞争力,才能在未来的竞争中脱颖而出。

> **讨论专题**:有人列举了我国在连锁经营中存在的十大或十六大误区,如低价策略的运用、差异化经营方面、规模扩张方面无节制发展加盟店、总部大权独揽、忽视基础管理、忽略细节……你认为我国在连锁经营方面存在的最大问题是什么?

3.4.2　连锁业态选择

1. 连锁业态选择思路

业态是针对特定消费者的特定需求，按照一定的战略目标，有选择的运用商品结构、选址、服务方式等经营手段提供销售和服务的类型化经营形态。所以，连锁业态的选择应从构成业态差别的主要因素如提供商品的用途、顾客购买频率、商圈、价格等角度进行分析。以食品为例，提供每日三餐的食品业态应是超市；提供间隔一段时间购买一次食品的是高档专卖店、食品店或百货店；偶然的、一次性购买的食品多是地方特色店或礼品店经营的类型。连锁经营企业在业态选择时要考虑的是根据业态差别因素统一安排。经营大众化生活必需品的业态，由于价格较低、顾客来店频率较高，只能在小商圈生产；反之，应立足于更大的商圈和连锁空间。

各种零售业态为了不断地扩大经营规模、提高市场占有率、降低经营成本，获得规模效益，又探索出以这些零售业态为基础的，规模化的连锁经营的商业组织形式，如超市连锁、便利店连锁、专卖店连锁等，通过连锁，这些业态取得了更大的发展，也成为连锁行业的主导业态。

目前在连锁经营方面，主要出现以下几种趋势：①各业态连锁"融合化"。在零售业态竞争发展中，以经营鲜活商品、食品等为主的中型超级市场、便利店，将伴随消费者需求的改变，成为提高消费者生活质量的购物好去处，并进一步与大型综合超市和部分餐饮业形成竞争态势。另外，各种商品的大型专业店将呈现更大的发展，并与百货店形成既竞争又介入的关系。②大型业态连锁空间日益扩大。连锁经营的零售企业强强联合，跨区域、跨省间的合并、兼并等将不断出现，我国将出现真正意义上的全国性内资连锁大企业，并与外资合资企业形成更加明显的对抗局面。③各种零售业态借助电子商务的发展，以更加务实的"供应链管理"或"提供第三方平台服务"的方式进行连锁拓展，并得到进一步的发展，形成一定的竞争氛围。

2. 主要业态连锁经营状况

目前，大型综合超市、便利店等业态基本都是连锁经营；百货商店、大型购物中心等业态更多的是少数店铺的非连锁经营；而专业店、专卖店、仓储式商店则既有连锁经营，也有少数店铺经营。表 3-12 是按业态划分的连锁零售企业的基本情况，而表 3-13 中列出了2011 年连锁零售企业主要业态门店基准情况，它用 11 项指标反映了这几种业态典型店铺的效率和效益情况。

现阶段我国连锁经营零售企业中，有些采取单一的直营连锁模式，有些采取直营连锁和加盟连锁相结合的经营模式。根据零售业态不同，可将连锁方式大致分成以下四类。

表 3-12　按业态分连锁零售企业基本情况（2011 年）

业态类型	总数/个	分店总数/个	年末从业人数/万人	年末营业面积/万平方米	商品销售额/亿元	商品购进总额/亿元	统一配送商品购进额/亿元
便利店	83	13 609	7.1	109.7	226.0	186.1	109.6
折扣店	4	948	0.8	26.9	47.6	42.0	29.5
超市	408	38 554	59.0	2 190.9	3 398.2	3 051.9	2 576.7
大型超市	132	2 542	33.3	1 760.6	2 594.5	2 301.2	1 508.7
仓储会员店	6	265	5.9	234.2	795.7	515.7	343.6
百货店	94	4 826	26.5	1 722.3	3 226.8	2 663.2	1 333.0
专业店	1 354	95 680	96.3	7 142.5	22 919.3	19 784.1	16 146.1
专卖店	256	31 768	16.7	366.7	1 031.0	872.9	684.2
直销中心	4	74	0.1	0.2	2.9	1.4	1.3
其他	55	7 397	2.5	56.0	204.0	191.7	162.3
无店铺及其他零售	13	287	0.3	6.1	68.4	65.6	18.8

资料来源：中国统计年鉴 2012 数据，中国统计局网站。

表 3-13　2011 年连锁零售企业主要业态门店基准情况表

序号	项　　目		百货	大型超市	超市	便利店
1	营业面积/平方米		39 058	10 073	2 447	108
2	员工总数/人		1 344	332	83	9.3
3	正式工数/人		424	215	52	6.5
4	销售额/万元		122 388	29 630	4 530	461
5	收银机数量/台		52	39	8	1.7
6	平方米效率/万元/(平方米·年)		3.13	2.94	1.85	4.27
7	人均劳效	按总员工数/万元/(人·年)	91	89	55	49
		按正式工数/万元/(人·年)	289	138	88	71
8	客单价/元/单		385	78	62	16.4
9	毛利率/%		14.0	12.9	13.0	19.1
10	收银机配置/平方米/台		751	258	306	64
11	收银效率/元/(台·天)		64 236	20 570	15 510	7 430

资料来源：连锁经营协会网站。

(1) 大型综合超市业态连锁

大型综合超市是近年来零售业内发展最为迅速的业态之一，其连锁方式几乎都是直营方式。因为相对而言其在店面租赁、供应商管理、单店运营等方面的要求更为复杂，完整的供应链体系是其持续扩张的基本条件。但目前我国超市连锁中尚存在缺乏准确定位，运营规范性和风险抵御能力较低等问题，需进行业态创新或选择差异化经营策略。

（2）中小型超市、便利店业态连锁

其连锁方式通常采取直营和加盟相结合的方式。由于超市、便利店的可复制性非常强，但规模相对较小，而市场对店铺数量的需求却非常大。所以在直营的基础上，发展加盟也成为许多企业快速扩张的选择。不过由于货源和管理的相对独立，一些加盟店在采购和管理上存在一定的混乱，连锁企业收编加盟店的趋势正逐步显现。在所有业态类型中，便利店是最适合采用连锁经营的业态，同时也是其进行扩张，获得规模经济的必然途径，表 3-14 为我国一些主要连锁便利店的发展情况。但目前便利店连锁中普遍存在管理超市化、经营模式化、照搬国外模式、缺少服务等问题。

表 3-14　2011 年主要连锁便利店企业发展情况

序号	公司名称/品牌名称	主要分布地区	门店总数/个
1	东莞市糖酒集团美宜佳便利店有限公司	广东省	3 650
2	农工商集团便利店（好德、可的）	上海市	2 100
3	快客便利店	上海/浙江/江苏	2 104
4	苏果便利店	南京市	1 446
5	东莞市星瀚商贸有限公司	广东/湖北/云南	1 400
6	四川省互惠商业有限责任公司	四川省	1 270
7	成都红旗连锁股份有限公司	成都市/眉山市	1 129
8	陕西省太原唐久便利店	太原市/晋中市	1 106
9	浙江人本超市有限公司之上便利店	温州市	892
10	河北国大 36524 便利店	河北省	840
11	青岛利群便利店	青岛市	800
12	7-Eleven 便利店	广州/北京/上海/天津/成都	798
13	全家便利店	上海市	700*
14	喜士多（C-store）便利店	上海市	660*
15	武汉中百便利店	武汉市	584
16	山西金虎便利连锁股份有限公司	太原市	537
17	上海良友金伴便利店	上海市	525
18	上海梅林正广和便利连锁有限公司	上海市	400*
19	北京物美便利超市	北京市	392
20	天津市津工超市有限责任公司	天津市	382

资料来源：连锁经营协会网站 2012 年 5 月 7 日发布（注：其中带 * 的三家是估计数据）。

（3）专业店、大型专业店、专卖店业态连锁

众多的专业店、专卖店几乎都是靠加盟成长起来的。特许经营的连锁方式可操作性

强、方式灵活,是一种双赢的模式;对于连锁企业,无须投入太多资金就能使企业规模瞬间扩大,并可依托管理、技术、品牌的优势获得门店加盟费用或股权收入;对于加盟者,则用他人搭建的平台实现了自己的创业梦想,降低了创业和市场开拓风险。

(4)百货店和大型购物中心业态连锁

由于百货商店和大型购物中心连锁在资金投入、管理能力和市场运作能力等方面的要求都比较高,而且各地消费理念差别较大,加之百货业引领时尚的业态特色,使其连锁经营面临很大风险。所以,目前大部分百货商店和购物中心都是立足区域市场,循序渐进地扩张。但连锁百货诱人的市场前景、显著的规模效应,以及外资百货的入侵影响,百货业也在不断探索新的经营模式,加上政府的支持,相信国内百货业在未来几年必将迎来一轮连锁发展高潮。

3.4.3　连锁经营模式的适用性

通常,直营连锁、特许加盟和自由连锁三种形式或是其中两种常常并存于同一行业中,但是比例却大有不同。这主要与店铺初始投资成本、店铺运行的核心技术特点、店铺可变成本控制重点、连锁公司的盈利模式特点等要点相关。在现代经济运行过程中,三种连锁方式主要应用于的商业业态也呈现出了具体的特点,具体表现为以下几点。

1. 直营连锁适合规模较大的零售业态

直营连锁模式适合那些店铺投资额较高、店铺成本控制受总部影响较大、店铺基本上没有核心技术和专利技术,连锁公司的品牌盈利能力较差的行业。适合直营连锁的行业主要是规模较大的零售业态,诸如百货公司、大型综合超级市场、大型折扣店、购物中心、仓储式会员店、大型专业店和专卖店等零售业态。一是这些零售业态的店铺投资额较高,许多个人加盟者无力承担;二是这些零售业态的店铺运行成本都属于"总部成本"控制型;三是零售业态店铺缺乏核心技术或专利技术,难以吸引并控制加盟者;四是零售业的顾客忠诚度较低,品牌价值盈利能力差,不能为加盟店带来超额利润。总地说来,零售业的大部分业态利润低、核心技术较弱、品牌价值低,它们主要是靠总成本领先获取规模效应。

2. 自由连锁适合中小零售商

自由连锁 2000 年后才移植进入中国,发展进展缓慢,失败案例居多,国内现有的文献资料大都还停留在对其特点和运行实务的介绍上,没有用经济学、管理学的多种理论和方法对自由连锁运行机理作深刻分析。总体来说,自由连锁是一些原本分散的批发商和零售商自愿联合形成的商业组织。它通常由一个或几个独立批发商发起,以协议和合同为纽带,联合众多零售商店,组成"联购分销"性质的商业企业集团。这种商店由于是原已存在,而非加盟店的开店伊始就由连锁总公司辅导创立,或不符合"特许加盟条件",而又要借助总部成熟的连锁体系独立开设的商店。商品所有权是属于自愿连锁的店主所有,而系统运作技术及商店品牌的专有信息则归总部持有。所以,自由连锁主要是出现在零售业中,并且是零售业中的一些中小零售商,主要是便利店、中小超市、一些小型专业店(药品零售)等。

3.特许加盟适合餐饮业及培训等服务业

特许加盟是企业进行扩张的一种重要方式,能为企业节约成本和分担风险。我国的苏果超市、华联超市、苏宁电器曾经把特许加盟看作是一种有效的扩张方式而大力推行,结果遭遇失败。总体来说,特许加盟模式适合那些店铺投资额较低、店铺成本运行控制受店内操作人员影响较大、店铺具有较强的核心技术或专利、连锁公司品牌价值较大的行业。具体来说,餐饮业各业态均适合特许加盟,它们均满足上面四个条件;零售业中便利店、小型专业店和专卖店三种零售业态店铺投资额较低,店内成本控制的空间较大,注重品牌,适合特许加盟,例如服装专卖店、书店、药店、家具建材店、美容化妆用品店、宠物商店等;美容美发、洗染、培训等其他服务业也适合选择特许经营模式。

【相关术语】

独立商店(individual proprietorship);　　零售组织(retail organization);

垂直销售系统(vertical marketing system);　　连锁经营(chain operation);

直营连锁(regular chain, RC);　　自由连锁(voluntary chain, VC);

特许连锁(franchise chain, FC);　　直营店(chain store);

加盟商(franchiser);　　连锁公司(chain corporation);

总部(headquarters);　　门店(outlet);

配送中心(distribution center);　　标准化(standardization);

专业化(specialization);　　简单化(simplification)

【思考与讨论题】

1. 连锁经营的特征有哪些,为什么连锁经营能够风靡全球?

2. 对我国餐饮行业的发展进行调研和分析,说明其连锁经营的发展情况及优势。

3. 如何能保证特许连锁中加盟店的成功"克隆"?

4. 如果你要进行创业,开一家休闲服装专卖店,选择了加盟连锁的方式,请简述你将准备做哪些方面的工作。

5. 以超市、便利店、专卖店和百货商店为例,分析其连锁经营中的主要问题,并提出相关对策。

6. 如何根据零售业态的经营特征选择合适的连锁经营模式? 业态和连锁之间存在什么关系?

7. 查找资料比较一下肯德基和麦当劳在连锁形式及加盟费等方面的不同,说明对两家企业产生什么影响。

【零售创业实践】

以小组为单位(4～6人),选择一个特许经营可进入的行业进行市场调查,各小组完成以下两项内容。

(1) 完成市场分析报告(统一标题:"××行业市场分析报告")。主要内容包括行业概况、经营环境分析、顾客需求分析,竞争分析等。

(2) 根据所选择的行业进行一个连锁单店的运作模式设计(统一题目:某连锁单店的设计与构建)。内容包括:①单店的经营理念、盈利模式(客户定位、商品组合、关键经营策略等);商标、店名;单店 VIS 系统中的基本色彩及组合等。②单店的营运管理系统设计(包括管理流程、组织架构设计;盈利分析等)。

案例分析

达芙妮抛弃加盟商?

达芙妮在 9 月迎来 25 周年庆,同时,迎接它的也是一个多事之秋。9 月 17 日,在上海,达芙妮以内地第 4 000 家门店的开幕拉开 25 周年序幕。这也是达芙妮湖北加盟商将其在孝感的 4 家直营店用锁堵到第 6 天。此前的 8 月底,17 家达芙妮加盟商更是将达芙妮"告"到了上海市工商局。

加盟商认为达芙妮食言了,在签订特许经营合同时,达芙妮曾许诺"除非你(加盟商)自己不想做了,不然一直可以做下去"。现在当特许加盟合约到期时,达芙妮却宣布对一些三四线的加盟商不再续约。

毫无疑问,这让加盟商难以接受,他们认为,达芙妮有"清退加盟商"的意向,并且为了达到这种目的,采用了诸如低于加盟商供货价的促销,不续签加盟店合约,部分地区停止供货等不当行为。对于外界"去加盟化"的猜测,达芙妮公关总监黄英哲予以了否认,他的解释是:"我理解'去同盟化'就是在几年内把所有加盟店都停掉,但至少现在我们是按照双方事先签订的合同在走。"

在黄英哲看来,达芙妮做直营的渠道已有多年,这是一个既订的计划,并不存在转型期的说法。达芙妮加盟店的发展近几年坚持一个很稳定的状况,"自营渠道增加速度比较快时,可能大家觉得加盟渠道在收窄,但综合这些年看来,各方的数量对比没有太大变化"。

实际上,达芙妮在加盟和直营上的此消彼长从 2011 年已显端倪。2009 年到 2010 年,达芙妮的直营店增长率为 9.4％,加盟店的增长率高达 25.5％。但截至 2011 年年底,达芙妮直营店增幅达到 16.05％,加盟店的增幅仅为 7.21％。与之相呼应的是达芙妮在 2011 年第四季度展开品牌重塑计划等,包括更换品牌标志,采用全新的店铺设计。该公司当时即表示,2012 年将大力拓展旗下中高端品牌业务,并且要加大直营店的扩张速度,减缓加盟店增长的速度。自从达芙妮 1990 年自创品牌进入内地市场,已连续 12 年在同类产品市场销量全国第一,加盟商在其中功不可没。尤其是在 2009 年,达芙妮渠道下沉,大力拓展三四线市场,加盟模式成为最直接有效的手段。

今年上半年,达芙妮在县级城市及乡镇市场的营业额占总营业额的 62.4％,这些区域是加盟商最集中的地方。但与此同时,达芙妮的经营利润率从 2011 年的 19.6％下降至 16.8％,净利润率从 11.2％下降至 9.5％。站在达芙妮的角度看,直营店肯定要比加盟店更容易管理,它们对品牌形象的维护也好于加盟店。

资料来源:卢华磊.达芙妮抛弃加盟商[J].财经天下周刊,2012(16)：36-37.

思考讨论题:

1. 加盟模式给达芙妮品牌带来什么？ 达芙妮的加盟店与直营店数量发生改变的原因是什么？

2. 在加盟连锁中加盟双方经常会出现一些纷争和冲突,你如何看待这些矛盾,将如何解决这些冲突？

第 四 章

顾客分析与市场定位

【学习目标】

- 了解顾客需求的特征和需求类型;
- 掌握零售顾客需求的内容及购买行为特点;
- 了解顾客购买动机的类型,并能够分析影响顾客购买动机的因素;
- 理解顾客购买行为,能够分析顾客购买决策;
- 掌握零售环境因素的构成;
- 掌握选择目标市场和市场定位的方法;
- 理解市场细分、市场定位与业态选择的关系。

导入案例

Apple 的崛起和诺基亚的衰落

Apple 的崛起:在苹果的 iPod 诞生之前,还没有哪家公司能深入研究如何更好地满足顾客对数字音乐的下载、传输、存储等需求,他们只是在各自的业务领域内干着擅长的事情,完全置顾客真正需求于不顾。基于对数字音乐客户需求的敏锐观察和深刻理解,苹果公司意识到,如果建立一个平台,使顾客在该平台上能够方便、快捷地下载和传输音乐,这将是一个巨大的市场空间。于是,一种将硬件与软件相结合、便于顾客对数字音乐下载和传输的新商业模式"iPod+iTune"诞生了。这种全新的将音乐播放器与媒体库合二为一的商业模式是对传统数字音乐商业模式的彻底颠覆,以至于在 2003 年诞生的当年就创造了 10 亿美元的破纪录收入。现在苹果公司已成为全球市值最高的企业,苹果公司的成功诠释了真正满足顾客需求在商业创新过程中的巨大商业价值。

诺基亚的衰落:诺基亚今日的衰落,正是其长久以来与消费者需求渐行渐远、几乎一成不变的商业模式惹的祸。昔日诺基亚的风光,是因为当时市场供应短缺、竞争不激烈、消费者需求比较单一。随着网络经济的到来和消费趋势的不断变化,顾客对手机的认识正在发生着改变。当苹果、三星、HTC等新锐把战略重点放在满足顾客需求(更大的可触摸的屏幕、更智能的操作系统、基于互联网的人机交互模式等)服务层面并构建与之配套的商业模式时,诺基亚仍沉迷于单纯依靠售卖硬件赚钱的老套商业模式中,这与当前顾客对网络服务和交流的需求渐行渐远,最终导致了今日诺基亚的没落。

市场法则就是如此,谁抓住了顾客需求,谁就占据了主动,谁就取得了成功。

资料来源:王生金.商业模式创新:顾客需求为本[J].经济师,2012(8):10-11.

4.1 识别顾客及需求

顾客是企业零售活动的核心,零售业态是围绕消费者需求进行研究的,了解顾客需求和顾客需求特征,识别具有类似需求的群体,为市场细分提供依据,以便确定零售企业目标市场,从而进行更准确的市场定位。因此,需要解决以下几个问题。

① 顾客都需要什么?该向顾客传递什么样的价值?

② 可以帮顾客解决哪一类难题?

③ 正在满足哪些顾客的什么需求?可以提供给这些顾客哪些系列的产品和服务?

4.1.1 顾客需求

需求是指人们在一定的生活条件下,为延续和发展生命对客观事物的本能需要,这种本能通常以欲望、渴求、意愿的形式表现出来。顾客需求(customer demand)是顾客购买动机的基础和根源,是顾客一切行为的原动力。具体来说,当顾客有满足某种心理、生理等需要时,需求就随之产生,就会促使其购买商品来满足这些需求。以下从几个方面阐述需求概念。

1. 顾客需求的作用和特征

商业模式创新的最终目的是为企业创造利润,企业利润的来源是市场销量,而市场销量是建立在基于顾客需求的大量购买上的。顾客需求和商业模式创新的逻辑关系可用图4-1说明。商业创新的根本在于挖掘和满足顾客需求,这一理念说起来容易,真正执行起来却相当困难。很多企业在实施商业创新的过程中会不知不觉偏离这一主题,把满足顾客需求仅仅作为一句口号而已,最终导致创新活动的效率低,甚至夭折。商业模式创新能否成功,不仅取决于企业对顾客需求的认知和重视态度,更取决于对这一理念的执行力度。

因此,研究商业模式或零售企业的经营模式变革,首先需要对顾客需求进行深入分析。顾客需求是多样的、复杂的,但却体现出一定的趋向性和规律性,概括起来主要有以下特征,如表4-1所示。

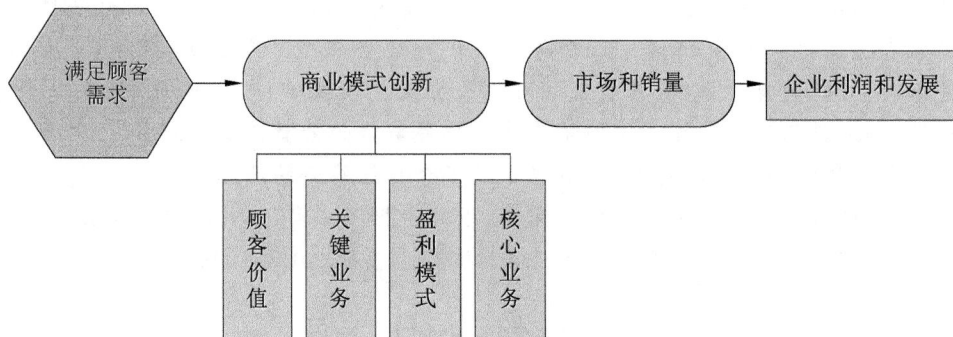

图 4-1　顾客需求与商业模式创新

表 4-1　顾客需求特征

特　征	说　明
多样性	是最基本的特征,指由于各种因素的影响,需求内容、层次、强度和数量方面千差万别,形成多种多样的消费需求
层次性	顾客需求划分为几个高低不同的需求层次,有轻重缓急之分
发展性	顾客需求的形成与发展和社会环境及自身情况紧密相关,顾客需求呈现出由低级到高级、由简单到复杂不断向前发展的趋势
周期性	某一需求消退后又出现,呈现出周期性。但周期性并不是前期需求的简单循环,而是在内容、形式上都有了进一步的发展和提高
互补性或替代性	由于商品彼此联系,相互补充或可以相互替代,因此顾客购买时会出现连带性需求或替代性需求
伸缩性	受各种内因和外因的影响,顾客需求可多可少,可强可弱,具有一定的伸缩性

2. 顾客需求的内容

尽管顾客需求的种类复杂多样,在现实消费过程中,顾客需求的内容却是基本统一的,主要概括为以下几方面。

（1）对商品基本功能的需求

商品基本功能是指商品的有用性,这是商品生产和销售的基本前提,也是消费者需求的基本内容,如汽车要能高速灵活驾驶,冰箱要能冷冻、冷藏食品,护肤品要能保护皮肤等。顾客对商品基本功能的需求具有以下几个特点:①商品的基本功能与特定的用途相一致;②商品的基本功能与顾客自身的消费条件相一致;③顾客对商品基本功能的要求呈不断提高的趋势。以汽车为例,20 世纪五六十年代的功能标准是安全、高速、灵活、省油;而 20 世纪 80 年代以后,不仅对原有功能的要求更加严格,而且要求同时具备娱乐、舒适、通信、适应流动性生活等多种功能。

（2）对商品质量性能的需求

质量性能是顾客对商品基本功能达到满意或完善程度的需求，通常以一定的技术性能指标来反映。但就消费需求而言，商品质量不是一个绝对的概念，具有相对性，如中低收入者往往会选择质量中等，能满足使用要求，但价格相对便宜的商品。

（3）对商品安全性能的需求

顾客在对食品、药品、卫生用品、家用电器、化妆品、洗涤用品等商品进行购买和使用时，往往要求所使用的商品卫生洁净、安全可靠、不危害身体健康，这就是人类追求安全的需求在消费中的体现。这一点，在我国目前尤其是食品销售中显得颇为重要。

（4）对商品消费便利的需求

消费便利的需求表现为顾客在购买和使用商品过程中对便利的要求。在购买过程中，顾客往往要求以最少的时间、最近的距离、最快的方式购买到所需商品。实践中，许多商品虽然具有良好的性能、质量，但由于操作复杂、不易掌握，或不便携带、维修困难，导致不受顾客的欢迎。

（5）对商品审美功能的需求

对美好事物的向往和追求是人类的天性，它体现在人类生活的各个方面。对商品审美功能的需求表现为顾客对商品在工艺设计、造型、色彩、装饰、整体风格等方面的需求。顾客不仅要求商品具有实用性，同时还要求商品具备较高的审美价值，即实现实用性与审美价值的和谐统一。

（6）对商品情感功能的需求

指顾客要求商品蕴含浓厚的感情色彩，能够体现个人的情绪状态，成为人际交往中沟通感情的媒介，并通过购买和使用商品获得情感的补偿、追求和寄托。有些商品，如鲜花、礼品等，能够体现某种情感，因而成为人际交往的媒介和载体，起到传递和感情交流的作用；有些商品，如毛绒玩具等，可能会被赋予独特的情感色彩以满足消费者情感需求的功能。

（7）对商品的社会象征性需求

指顾客要求商品体现和象征一定的社会意义，使购买、拥有该商品的顾客能够显示出自身的某些社会特性，如身份、地位、财富、尊严等，从而获得心理上的满足。这种提高声望和社会地位的需求在珠宝首饰、高级轿车、豪华住宅、名牌服装、名贵手表等商品的购买中表现的尤为明显。

（8）对服务的需求

随着商品的日益丰富，服务在消费需求中的地位迅速上升，顾客追求良好服务的需求也日益强烈。良好的服务可以使顾客获得尊重、情感交流、个人价值认定等多方面的心理满足。

顾客需求是复杂多变的，不同的顾客有不同的需求。业态经营的主旨是站在顾客需求的角度,采用一定的形式满足其中一种或多种需要。因此,满足不同的需求也反映了各业态的特色,表 4-2 给出了各类需求与业态之间的对应关系。

表 4-2　目标顾客的需求属性与特定业态相匹配情况表

需求属性	说　　明	业　　态
价格低廉	主要强调的是价格低廉,满足价格敏感型消费者的需求,零售商通过有效的低成本运作,树立价格领先的形象,争取日常必需品的重复购买	超级市场、大卖场、折扣店、仓储式商店、网络商店
一站式购物	主要通过广而深的商品组合,扩大店铺对商圈的辐射范围,提高顾客的购物数量,提高运营效率	购物中心、大卖场、仓储式商店
时间节约	主要通过简明的商品布局和快速收款,提高顾客的购物效率,为顾客节约时间,实现便利诉求	便利店、超级市场、网络商店
购物便利	通过附加的服务设施、服务项目和顺畅的收款服务,提高购物的便利性	百货店、便利店、超级市场
购物乐趣	通过购物环境进行改造,提高差异化的服务,以及各种富有吸引力的主题促销,提高顾客的购物乐趣	购物中心、专卖店
发现型购物	强调商品的差异化,刺激顾客的冲动性购物	大卖场、专业店、百货店、购物中心
无风险购物	提供良好的商品质量和专业的服务承诺,最大限度地降低顾客的购物风险	专业店、百货店、购物中心

资料来源:杨惠萍.商业业态知识[M].北京:高等教育出版社,2006.

【阅读链接】

商品差异化和网络推动"长尾市场"

《连线》杂志主编克里斯·安德森 2004 年首次提出了"长尾理论"(the long tail)。讲述的是这样一个故事:以前被认为是边缘化的、地下的、独立的产品现在共同占据了一块市场份额,足以与最畅销的热卖品匹敌。Google 是一个最典型的"长尾"公司,其成长历程就是把广告商和出版商的"长尾"商业化的过程。以占据了 Google 半壁江山的 AdSense 为例,它面向的客户是数以百万计的中小型网站和个人。对于普通的媒体和广告商而言,这个群体的价值微小得简直不值一提,但是 Google 通过为其提供个性化定制的广告服务,将这些数量众多的群体汇集起来,形成了非常可观的经济利润。

非热门产品构成的即是"长尾市场",这块市场往往被传统零售商忽视,或者受制于货架、仓储等空间限制而力所不能及,而互联网提供了挖掘"长尾市场"商业价值的绝好平台。一方面,在互联网上以极低成本就可以把非热门产品展示出来,而不必担心货架、仓储等空间限制;另一方面,互联网上聚集海量人气,借助搜索引擎、网络广告等工具,可以有效地将非热门产品和非热门需求匹配起来。非热门产品的销售由此变得畅销,甚至比想象的更容易,"长尾"现象的存在表明,在规模经济之外尚存在范围经济。因此,商业环境逐渐虚拟化有助于营造"长尾"。

此外,加大商品差异化是营造"长尾"的方法之一。经验表明,"长尾"商品一定要具备差异化特质。譬如,将面粉细化为全麦面粉、有机面粉、馒头面粉、饺子面粉等,以适应不同消费者的消费偏好,满足不同消费者的个人品位。商品差异化创造多层次、宽范围需求,从而形成销售"长尾"。

边际投入更小,边际利润更大,个性化生产,这些就是长尾理论的关键。零售业可借助"长尾"理论,通过内部或外部的整合,进一步延伸服务与商机。

4.1.2 零售顾客群特征

零售商面对的顾客群体不同,其需求及购买特征有较大的差别。因此,需要结合零售市场的特点,对顾客进行归类并分析每一类顾客的消费特征。

1. 按年龄阶段划分的群体

零售业中,往往按照不同的年龄对顾客进行分析。不同时代的人具有不同特点,处于相同人生阶段的人具有类似的经历,因而会产生类似的购买行为。

(1)"70后"、"80后"一代:消费市场的主流

将这两代人放在一块讨论,是因为这批人目前已成为整个消费市场的主力,在未来的十年他们仍是中国消费品市场的主流消费者,尤其是在家庭消费、房子、车等相关领域,针对这部分消费者的销售存在巨大商机。

20世纪70年代出生的群体伴随着改革开放和中国社会体制转型而成长起来,是"纯真和躁动"并存的一代人,目前成为社会的中流砥柱。他们经历过一定的困难时期,目前工作稳定,有了一定的经济基础,但思想相对保守,有一定的责任感,同时和"80后"、"90后"相比又相对节约。比如"70后"购物过程中主要考虑价格因素,首先会选择经济实惠型产品。但在消费行为上,"70后"又是传统心理与超前消费交织的矛盾一代:①他们通常会有意识的控制大手大脚的冲动而攒一些钱,而面对汽车等各种现代化高科技商品诱惑时又蠢蠢欲动,与"80后"、"90后"相比,"70后"的超前意识大打折扣,会考虑借款和贷款的偿还能力。②他们中很多人追求生活的高质量,但同时又参加很多活动,将自己置身于巨大的压力下。③他们不愿意接受父辈们"生活是为了工作"的观点,但又认识到满足他们和家庭的消费需要一定的经济基础,因此,还是要努力工作。

"80后"的成长伴随着各种社会、经济与政策等方面的变革与调整,旧的社会秩序被打破,物质的丰沛带来价值观的转变。"80后"也被赋予了一系列的关键词——"市场经济"、"独生子女"、"全球化"、"伴随着网络长大"、"多元文化与思想开放"等,被称为是"表现自我"的一代,不受传统束缚、包容性强、追求娱乐并享受生活。在消费心理和行为上,"80后"的特征是:①由于教育程度提高,喜欢新事物,思想倾向上较为高端化,在消费中

所表现出来的各种特殊行为带有浓重的情感因素影响；②在各种影响中学习，建立起新的消费观，消费心理逐渐成熟，受商家"新生活"概念的影响，生活更加品质化，也产生了对奢侈品的购买，超前消费被认可；③个性鲜明的"80后"甘愿为个性化埋单，很容易陷入"感性、冲动化"购买氛围。

"70后"、"80后"虽然都已成为消费的主力军，但消费特征上还存在一些不同，如表4-3所示。

表 4-3　"70后"、"80后"消费特征比较

"70后"	"80后"
价格敏感度高：更偏重美观大方、档次、品位，对价格关注	偏爱个性化的外观设计：敢于追求自我，个性化元素十足
责任感意识较强，购买中更多融入了父母家庭等因素	"80后"更喜欢独立空间，对自我满足感追求多
需要打"亲情营销"牌	需要充满娱乐滋味的趣味促销
是传统购物和网络购物相结合的一代，喜欢新鲜事物，又保留了传统消费习惯	对网络的依赖性较强，商品评价对"80后"购物有直接作用

（2）"90后"一代：消费市场的未来

"90后"是在国内经济进入繁荣期之后出生的一代人，他们独特的成长环境形成了与上一代人完全不同的价值观和行为方式。生活在物质相对富足、社会相对安定的年代，生活环境相对前几代要优越许多，没有经历大的波动。同时，"90后"是和互联网一起成长起来的一代，"90后"的文化，实质上就是典型的网络文化，他们身上被深深烙下了"网络时代"的痕迹——娱乐精神。与"80后"相比，在个性方面也有所不同，如表4-4所示。

表 4-4　"90后"和"80后"比较

个性特征	"80后"	"90后"
特点	张扬个性，自我	娱乐
成长环境	社会变革翻天覆地	网络发展日新月异
喜好	运动，表现自我	娱乐，愉悦自己
精神	个性自我主义	娱乐精神
表现	个性自我、追求独立、不受束缚	娱乐至上、不瞻前顾后，不叛逆
生活成就观	更有事业心	生活状态更轻松

在消费特点上，"90后"选择产品或品牌的准则不是"好"或"不好"这一理性认知，而是"喜欢"或"不喜欢"的感性态度。他们更注重消费和使用产品过程中的感受和体验，追求产品或服务与自己情感体验的一致性。"90后"在追求自我的同时，又有很强的群体主义意识。他们按照自己的偏好和社交圈分为不同的小圈子，小圈子的意见会左右他们的

消费观念。于是,QQ圈子、博客圈子、微信圈子、开心网圈子等大行其道。在这些圈子里,他们乐于分享自己的体验,也乐于接受别人的经验总结,进而作为自己消费行为的依据。此外,"90后"有着自己的消费特征——专家型消费,他们有丰富的信息来源,对所关注的品牌和产品的信息了如指掌,甚至比销售员更了解,因此,销售中突出卖点也很重要。

深入挖掘"90后"的消费特点和个性化元素,并将这些个性化元素与企业的经营密切融合,才能拥有未来的强大主流消费市场。

(3) 银发一代:消费市场不容忽视的部落

有关专家预测,到2050年,中国老龄人口将达到总人口的1/3,人口老龄化的发展趋势愈来愈快。老年人口的快速增加,特别是80岁以上的高龄老人和失能老人年均100万人的增长速度,对老年人的生活照料、康复护理、医疗保健、精神文化、社区养老服务等需求日益凸显。

老年群体的生理和心理特征决定了其特有的消费模式:①一般老年人比较节俭、喜欢储蓄,价格敏感度高,注重实际,倾向于习惯性购买,花费中"隔代消费"比重较大;②对商店或商品需要特别的关注,购买前要花很长时间浏览,购买时要求方便;③和年轻人相比,他们不喜欢变化,更喜欢投诉。表4-5对不同年龄阶段群体的需求进行了总结。

表 4-5　不同顾客群的需求和购买特征

顾客类型	需 求 特 征	购 买 特 征
青年	追求时尚 突出个性 科学消费	购买品牌商品 决策迅速 态度明朗
中年	理智性强,冲动性小 计划性强,盲目性小 注重传统,创新性小	购买过程理智化 选购商品实用化
老年	怀旧心强,品牌忠诚度高 注重实际,要求良好服务 需求结构发生变化 较强补偿性消费动机	心理惯性强 防范意识明显 自尊感强烈

近年来,随着商业环境的变化和商家的不断渲染,老年人的消费也出现了一些新的特征。如消费观念年轻化,开始关注一些新生事物;同时随着家庭角色的弱化,更加追求精神需求;对于投资、电子设备、家装等越来越与年轻人同步,有的老人也加入网购的大潮。这些变化都值得商家的关注。

2. 按收入划分的群体

我国目前分配格局呈现"金字塔"形或倒"T"形,低收入者人数偏多,而高收入群体和中等收入者人数偏少,社会成员的收入不呈现正态分布,中位数还低于平均数。高收入人群人数逐渐增加,一些中低收入群体的实际购买力却在不断下降。收入分配的变化使得零售商采取了不同的经营方式,一些开始面向高收入消费群,一些则面向中低收入人群。

(1)高收入群体

高收入群体没有明确的界定,一般指多数受过良好教育,收入较高的富裕阶层,这个群体中也存在不同的生活和行为习惯。目前国内高收入阶层出现以下消费趋势。

① 对服务消费需求上升很快,享受型消费占有重要地位,从满足生理需求到追求心理享受和精神愉悦;

② 消费需求指向教育,要求发展,包括青少年和成人;

③ 从"升级换代"到"多样选择",个性化消费更被崇尚;

④ 对信息产品/服务的消费需求增长惊人,高收入群体是信息产品的"晴雨表";

⑤ 需求从"被满足"到"被创造",商家通过引导,成功创造了需求;

⑥ 注重品质、健康,崇尚自然,愿意为商品和服务支付较高价格,要求商品和服务质量一流。

高收入人群购买力旺盛,是零售商关注的对象。通常在实际中,零售商会对高收入群体再进行进一步的细分,如表 4-6 所示。

表 4-6　高收入人群细分及描述示例

细分	描　　述	消　费　特　征
第一群体	超过 100 000 元/年收入,文化层次较高,30～45 岁; 主要由知识阶层组成,有可能兼多份职业	他们喜欢阅读,取向自我欣赏; 注重精神享受,休闲活动较为克制; 金钱大多数花在文化消费上; 思想开放但不偏激,持批判态度但抱有宽容
第二群体	100 000～300 000 元/年收入,35～40 岁; 专家类型,创业者类型,私企经营者	这部分群体成员的构成不稳定,具有强烈的危机感; 有目的性的消费; 集中在对工作有关的专业领域消费; 应酬娱乐消费可能支出较大
第三群体	300 000～1 000 000 元/年收入,35～45 岁; 主要由高级管理层人士、专业人员或创业人士组成	是社会中坚力量,有一定社会地位,收入相对较高,对现实生活的评价趋向肯定; 对自己的成就寄予很大的期望,重视金钱,愿意接受挑战,信息接受面最广泛; 由于工作、社会活动繁忙,休闲时间较少
第四群体	超过 1 000 000 的年收入,35～60 岁; 高级管理人员或专业人员居多	追求高品质消费方式,能凸显财富地位的商品; 他们大多拥有汽车,喜欢运动和股票,经常到餐馆就餐; 相对而言,他们的家庭观念较为淡薄,其对金钱的评判常是幸福的代名词; 这个群体数量不大,但购买力很强

（2）庞大的中低收入群体

中低收入的人群规模是巨大的，随着整体经济水平的提高和实际收入的增长，中低收入市场也越来越具有吸引力。一般而言，这部分顾客更加关注物美价廉，消费支出主要用于衣、食、住、行等生活所需，往往光顾如超市、仓储式商店、折扣店或价格低廉的网络商店等。这些商店有共同的要素：①购物环境不错，货架设施和灯光不太讲究，不算高档；②商品进货和分类等很可靠，多经销价格适中的国内品牌，也有零售商的自有品牌；③这些商店不断促销打折，实行低价政策。

中低收入人群消费水平低，财富积累较慢，但长期看消费潜力巨大，零售商选择合适的商品和经营形式会取得良好效果。

3．女性消费群体

从服装、食品到汽车、住房等，女性都是主要的购买决策人，并影响了购物的其他方面，任何零售商都不会忽略这一重要群体。由于女性的性别特征、多重角色和经济地位，女性在消费中表现出不同的心理和特征。如具有浓厚的感情色彩，受情感支配较大，购买动机受外界因素影响，波动性大，如广告、促销或卖场氛围等都会影响其购买决策。对女性购物特点进行归纳如表 4-7 所示。

表 4-7　女性消费者需求和购买特点

需 求 特 点	购 买 特 点
时尚需求：爱美、注重高品质生活； 感情需求：情感性、冲动购买； 实惠需求：精打细算； 炫耀需求：攀比、争强好胜、虚荣、满足自尊心需要； 健康、安全需要：对自身和家人健康的关注	注重外观和情感； 注重实用性和具体利益； 注重便利性； 具有自我意识和自尊心； 购买挑剔，选择性强； 购后遗憾感较强； 注重环境、广告、氛围等

对于女性市场，零售商越来越关注职业女性这个庞大且利润丰厚的细分市场，并在此方面作了较多的努力，如改善顾客服务、提供信息、在顾客需要的时候出现、一次性购齐、多元化的购物方式等。此外，还有一部分顾客，如高收入家庭中的女性也是一大消费主力，成为商家关注对象之一。

4．网购消费群体

随着网络购物的发展，网购群体日益庞大，与传统零售渠道不同，网购群体也表现出不同的特征。首先，从网购群体构成看，女性略高于男性；一般网民偏年轻化，整体学历偏高，但有向低学历渗透的趋势；职业方面多以企业公司人员为主，收入在 2 000～5 000 元/月之间的人群较多。这个群体的生活方式、需求和购买特点如表 4-8 所示。

表 4-8　网络购物群体需求及购买特点

生 活 方 式	需 求 特 点	购 买 特 点
网络氧气：渴望网络； 个性化：商品设计多样化； 目标导向的购物行为； 善于收集信息，同时缺乏耐心； 自助服务、并存在于社会关系和社会网络中	个性化产品的需求； 区域差异性需求； 快捷、廉价需求； 实用型需求； 品质、服务和安全可靠性需求	主动性购买； 购后满足感较强； 购买商品理智化； 注重商品的价格差异； 购买挑选余地大； 更多关注商品评价

5. 按关注内容不同划分的顾客群体

在消费过程中，不同的顾客关注的要点不同，有些人只选价格低的，有的人更看重服务，零售商往往会针对不同的顾客采取不同的服务形式和营业形态。如表 4-9 描述了几类顾客群体。

表 4-9　顾客细分群体

顾客类型	群 体 特 征	服 务 形 式
价格敏感群体	这类消费群体收入处于该地区收入水平的低处，对产品的认知度不高，对产品价格很敏感	摊位制、市场型中小零售商提供低价产品，该细分市场的企业可采取集中化成本领先战略，应着重降低物流费
服务敏感群体	这类消费群体的收入处于该地区收入水平的中高等位置，相对产品质量，他们更注重购物环境的好坏，购物体验及产品的售后服务	商场化零售店：为消费者提供舒适的购物环境，满足消费群体的消费心理，该细分市场的企业可采取集中差异化和体验式营销，针对不同的消费心理，提供不同的服务，满足不同的需求
重品牌群体	这类消费群体的收入处于该地区收入水平的中等位置，相对产品服务水平，他们更注重产品质量的好坏，对品牌有偏好，认为品牌代表生活质量	品牌专卖店：目标群体是重品牌群体，品牌忠诚度高，注重品牌的传播和品牌的公众形象。可采取高端、高价、高质、高品位的策略，有专业的导购人员，使顾客详细了解产品的性能、特点、文化内涵
多重群体	这类消费群体的收入处于该地区较高水平，对产品的质量和服务水平都非常挑剔，注重购物效率及全方位的体验	购物中心或购物综合区：由于目标群体是多重群体，其对产品的质量和服务都非常挑剔，可整体采取差异化和个性化营销策略，提供一站式全程服务和配套化全面服务

综上，商店定位首先要找到目标顾客，然后选择满足这些目标顾客的什么需要，以及如何满足目标顾客这些需要。今非昔比，消费需求和产品的丰富化，使得任何一家商店都不可能像过去那样满足所有人的所有需要，也不能满足一个人的所有需要，所以，需要多种业态同时并存以满足不同的需求。

能够自动续订的超市

互联网的出现方便了我们每一个人,我们可以利用网络做很多事情,比如上网看电影、听歌曲、看小说、打网络电话、网络购物等。在线购物网站 Alice.com,则是一个只卖日用百货的在线购物网站。

日用百货,就是我们日常用的卫生纸、洗发水、牙膏、肥皂之类的消耗型商品等,这些东西我们每天都在使用,每几周或每几个月就需要购买一次。你只要告诉 Alice.com,家庭成员中有哪些人,几个男的、几个女的、几个儿童,Alice.com 就可以帮你计算出你需要哪些日用品、用量大约是多少,然后 Alice.com 就会定期寄一大箱的各类用品(牙膏、洗衣精、卫生纸、药水等)给你。每隔一阵子还会寄封 E-mail 提醒你主动购买。

Alice.com 销售理念建立在商品自动续订这个概念上,购物流程如下。

第一步,告诉网站家庭的基本信息。

第二步,网站会计算这种情况的家庭日常需求,然后给出一张非常详细的列表,基本包括家庭生活所需。顾客根据需求确定购买的具体产品和购买频率。

每次到快需要再次购买时,Alice 会发信提醒,只需要确认一下,家庭采购问题就解决了。

资料来源:郭新梅. Alice.com 轻松选购日用品[J].互联网天地,2009.8.

4.2 顾客购买行为

零售商除了要识别顾客市场的特征和分析顾客的需求之外,最重要的是了解顾客的购买行为,即顾客为什么购买,购买什么,什么时候买,在哪儿买,如何买,以及多长时间购买一次商品和服务。

4.2.1 顾客购买动机

顾客购买动机是回答顾客购买行为中的"为什么"问题。零售商研究顾客购买动机,可以把握顾客购买行为的基本特点和基本规律,进而更好地满足顾客的需求。包括以下问题。

① 顾客为什么需求某种商品或劳务?
② 为什么从多种商品中选购了某种品牌的商品?
③ 为什么顾客对商品广告有截然不同的态度?
④ 为什么顾客经常惠顾某些零售商店?

术语链接：购买动机(purchase motivation)，指顾客有满足某些需求而促发其购买行为的愿望，它反映了顾客在生理、心理、安全、社交上的需求，顾客的购买活动是由购买动机促发的。购买动机是直接驱使消费者实行某种购买活动的一种内部动力，反映了消费者在心理、精神和感情上的需求，实质上是消费者为达到需求采取购买行为的推动力量。

1. 购买动机的组成

一般来讲，顾客购买动机由需求驱动、刺激强化和目标诱导三个要素组成。

（1）需求驱动

当顾客有了某种需求并期望得到满足时，就会产生一种内在驱动力（顾客购买动机），促使寻找能满足需求的商品或服务，并进行购买、消费活动，当消费行为产生之后，生理的或心理的需求逐渐得到满足。因此，顾客内在需求是其产生购买动机的根本原因和动力。

（2）刺激强化

顾客购买动机的形成有时还需要来自外界环境对顾客的刺激。当一个饥饿的人走在街上，路边食品店飘出诱人的香味，看到精美的食物图片都会带来一定的刺激，使其产生较强的购买欲望。

（3）目标诱导

目标诱导是指顾客在接受众多的刺激时，目标商品能够引起顾客注意，促使顾客购买行为的发生，如商品的质量、款式、包装、价格、广告宣传、营业员的介绍和服务等，均能起到目标诱发的作用。

如上所述，顾客购买动机实质上是需求驱动、刺激强化、目标诱导三种要素相互作用而形成的作用力。购买动机一旦形成，便会对顾客购买行为发挥以下的作用：①唤起行动，即购买动机驱使顾客采取某种行动。②使活动指向一定的目标，即购买动机对购买行为的驱动具有一种导向性。③使活动坚持下去，并及时调整活动的强度。在购买行为的实施过程中进行目标方向的调整，当某种动机得到满意的结果后便会停止相关的购买行为。

2. 购买动机的类型及影响因素

（1）购买动机的类型

在实际购买活动中，顾客购买商品或服务的心理活动是非常复杂的，因而形成了多种多样的购买动机，如表4-10所示。深入了解顾客的购买动机，有助于零售企业掌握顾客购买行为的内在规律性。

表4-10　消费者购买动机一览

动机	描述	解释
求实	以追求商品或服务的使用价值、实际功效为主要目的的购买动机	如计算机更大的磁盘存储空间、更快速的 PC

续表

动机	描　述	解　释
求新	追求从未感受和体验过的全新需求	如苹果公司全新的用户体验
求美	以追求商品的艺术性价值和欣赏价值为主要目的	如商品本身的造型美、色彩美，店铺的装饰美等
求名	以追求名牌商品、高档商品或仰慕某种传统商品的名望，借以显示自己的地位和身份为主要目的	如佩戴劳力士手表，购买奢侈品等
求廉	以追求商品价格的低廉，希望较少的金钱支出获得较多物质利益为主要目的	如关注促销产品、免费服务，折扣商品等
自我表现	以显示自己身份、地位、威望和财富为主要目的	重视商品的影响和象征意义，以显示其富裕的生活、特殊地位、独特的品位
好胜	以争强好胜或与他人攀比并胜过他人为主要目的	"争赢"、"摆阔"，为超越他人
惠顾性	以表示信任、感谢为主要目的的购买动机	如重复光顾某一商店，反复购买某一商品
求便	以得到快捷方便的服务为主要目的	如选择到便利店、网上购物

（2）影响购买动机的因素

影响购买动机的因素主要有以下几方面。

① 商品因素。商品是顾客需求的基础，它直接刺激顾客的感官，给其以直观印象，是影响购买动机最主要的因素。

② 顾客个人因素。包括顾客年龄、性别、文化程度、职业、经济收入、居住区域等的不同而造成顾客动机上的不同。

③ 媒介因素。指介绍或引导买卖双方发生交易的人或物。如口头介绍、商品陈列与展示以及各种形式的广告等。

④ 经营因素。指在经营上或服务中能引起顾客产生特殊感情、偏好与信任，使其习惯于到该店购买或吸引一些慕名而来购买的因素。如商店选址便利、售后迅速、服务周到、陈设美观、品种齐全、质量可靠、价格适宜和环境舒适等。

4.2.2　顾客购买行为及类型

顾客购买行为是顾客需求和购买动机在实际购买过程中的具体表现，它较之购买动机有着更加直观、具体和丰富的内容。

术语链接：顾客购买行为指顾客在购买动机的支配下，为满足顾客物质生活和精神生活的需要，用货币交换商品或服务的购买活动。顾客购买行为的形成过程十分复杂，它是多种因素综合作用的结果。

1. 顾客购买行为分析

（1）从经济学角度分析

经济学常把人的需求同效用联系起来,根据经济学"效用"理论,顾客购买商品或服务,遵循"最大效用"原则,即购买者限定货币购买最令人满意的商品或服务组合,包括商品的价格、质量、购买便捷性及服务。理性的顾客基本上是以经济实力为基础的,然而在购买过程中除了考虑经济因素外,一般还考虑其他一些因素。

（2）从社会学角度分析

在社会学家看来,人们的购买行为,除了受到经济因素的影响和制约外,还在很大程度上受到社会群体、社会环境、社会地位的影响,即顾客所处的社会地位、文化修养、相关群体都决定着他们的需求,支配着他们的购买行为。这种观点虽然有一定的道理,但是却忽视了人们的个性也影响其购买行为。

（3）从心理学角度分析

心理学家认为,顾客购买行为不是经济因素和社会因素的产物,而是生理需求和后天经验相互作用的结果,其中顾客个性心理因素和社会心理因素是购买行为过程中不可或缺的重要因素。在有关顾客购买行为研究中,最具代表性的模式是心理学"刺激—反应"模式,如图 4-2 所示。

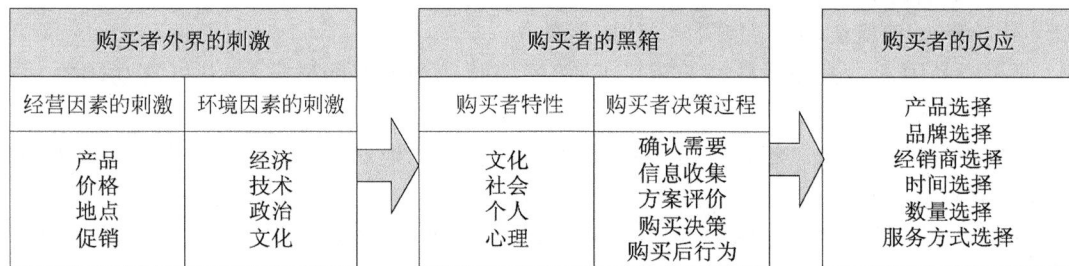

购买者外界的刺激		购买者的黑箱		购买者的反应
经营因素的刺激	环境因素的刺激	购买者特性	购买者决策过程	产品选择 品牌选择 经销商选择 时间选择 数量选择 服务方式选择
产品 价格 地点 促销	经济 技术 政治 文化	文化 社会 个人 心理	确认需要 信息收集 方案评价 购买决策 购买后行为	

图 4-2　消费者购买行为模式

2. 顾客购买行为的类型

无论是从什么角度分析顾客的购买行为,顾客复杂的心理活动都影响其实施购买的全过程,从而产生出差异的购买行为。根据顾客的购买确定性、购买态度和店内顾客特征来划分顾客的购买行为。

（1）根据购买确定性划分

① 确定型。顾客在进入零售店,发生购买行为之前,已有明确的购买目标,对所有要购买的商品的品牌、价格、性能、质量、型号、样式、颜色等都有明确而具体的要求,一般都能有目的地选择商品。

② 半确定型。购买前,已有大致的购买目标,但不能明确、清晰地提出所需商品的各

项具体要求。在购买行为实际发生时,仅需对同类商品继续进行了解、比较,实现购买目标需要经过比较长时间的考虑、评定才能完成。

③ 不确定型。顾客购买前,没有任何明确的购买目标,主要是看一看,逛一逛,一般是漫无目的地观看商品或随意地了解一些商店的情况,如果碰到合适的商品也可能采取购买行为。

（2）根据购买态度划分

① 习惯型。顾客因以往的购买经验和使用习惯,对某些商店的商品十分信任、熟悉,长期惠顾某商店,或购买某品牌的商品,产生习惯性的购买行为。这类顾客目的性很强,不受外界因素的影响,决策果断,成交迅速。

② 理智型。这类顾客的购买行为以理智为主,感情色彩较少。在购买前,往往根据自己的经验和对商品的认识了解,广泛收集商品的有关信息,经过周密的分析和思考,才慎重地做出购买决定。

③ 经济型。这类顾客选购商品多从经济观出发,对商品的价格非常敏感,往往以价格高低来评价商品,并以此作为选购标准。

④ 冲动型。这类顾客情绪波动性大,没有明确的购买计划,易受外界因素影响,凭直观感觉从速购买,选择商品考虑不周到,购买后常感到后悔。

⑤ 感情型。这类顾客容易受感情的支配并容易受到外界因素的影响,对商品和各种象征富于想象和联想,往往以商品是否符合自己感情需要确定是否购买。

⑥ 疑虑型。这类顾客善于观察细小事物,体验深而疑心大。购买商品时细致、谨慎、动作缓慢,还可能因犹豫不决而中断,购买后还会疑心上当受骗。

（3）根据店内顾客特征划分

商店内顾客类型不同,有新顾客有老顾客,也有转介的顾客等,不同的顾客购买行为表现各异,按这些特征进行分类如表 4-11 所示。

表 4-11　不同到店顾客类型购买行为分析

类型	对　产　品	对　门　店	对　服　务
老顾客	对同款产品品质变化敏感; 对新包装有疑问; 对新品有疑问,担心经常购买商品品质会下降	对商店的认可程度较高; 对特定服务员信任度高	希望得到更多的回馈; 有朋友同行时希望能给足面子; 因为熟悉,一旦服务品质差,易有落差,易流失
转介绍的顾客	了解过商品,但了解不多; 对包装等比较关注; 有一定品鉴能力,对同类商品了解较多,购买目的性较强	对该商店有一定的认可; 对第一个接待的营业员印象深刻	对该商店的服务品质空白; 希望和老顾客享受相同的待遇

续表

类 型	对 产 品	对 门 店	对 服 务
旅游（过路）顾客	对相关商品不内行； 知道商品的名气而进店； 对该类商品文化不了解，但好奇心强； 希望能有折扣	对该店营业员信任度不高； 因装修特色或为买纪念品、特产而进店	对该店服务品质空白； 担心购后携带问题； 因是外地人，有防备心理，希望得到尊重
上门顾客	随便逛逛，没有目的性； 已选定商品或专门为某商品而来，不需比较	对品牌有一定了解，但不熟知； 受广告宣传影响，购买的产品停留在单一品种上	对服务品质空白，但希望得到更好的服务
商圈内新客户	对原来商品有依赖性； 对该店商品特性、价格等有疑问	对商品不熟悉或仅限于了解	有一定抵抗心理； 对服务需求较弱或希望了解商品或品牌

4.2.3　顾客购买决策过程

顾客的购买决策过程一般分为认识需要、收集信息、品牌评估、购买决策和购后行为五个阶段，如图 4-3 所示。每一个阶段顾客都需要进行相应的决策。

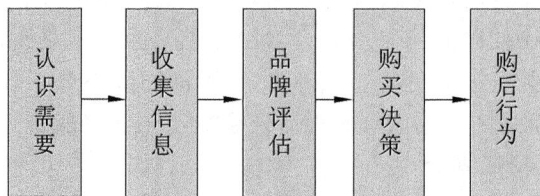

认识需要 → 收集信息 → 品牌评估 → 购买决策 → 购后行为

图 4-3　顾客购买决策过程的 5 个阶段

1. 认识需要

行为源于动机，动机源于需要，认识需要是整个购买行为过程的起点。所谓认识需要，就是顾客发现现实状况与想要达到的状况之间存在一定的差距，使顾客产生解决差距的要求。促使顾客认知需要的主要因素有：①物品的短缺。如某些商品即将用完，顾客需要考虑购买。②收入水平的变化。收入增加，意识到新的需要。③消费的潮流。④促销的力度。

因此，市场促销人员应注意识别引起顾客某些需要的环境，一方面注意了解那些与零售商的商品存在实际或潜在的有关联的驱动力；另一方面注意了解顾客对某种商品或服务的需要强度，并安排诱因，促使顾客对该商品或服务产生强烈的需要，使顾客有立即采取购买行动的行为。

2．收集信息

当顾客认识需要并形成购买动机后,便会开始进行与购买动机有关的活动,这些活动首先就是收集信息。顾客收集信息的积极性,会因需要的强度不同而有所不同。对需要感到十分迫切的顾客,会主动寻找信息;对需要强度较低的顾客,会适度寻找信息。

收集信息的方式有内部信息收集和外部信息收集两种。内部信息也称信息的经验来源,将以往信息作为当前购买决策参考的依据。外部信息收集,指顾客从外部来源获取与某一特定购买决策相关的数据和信息,主要有三种:①个人来源。包括家庭、亲友、邻居、同事、朋友、熟人等个人提供的信息。②商业来源。指通过广告、推销介绍、商品包装说明、展销会等提供有关商品或服务的信息。③公共来源。指社会公众传播的信息,如大众传播媒介、政府和消费者组织提供的信息。以上的信息来源影响是相对的,会随着商品的类别和购买者的特征变化而变化。

3．品牌评估

顾客获得需要购买的商品或服务的有关信息后,就需要对同类商品或服务的各种品牌进行评估,以此作为购买选择的依据。品牌评估包括产品属性、属性权重、品牌信念和评估模型四个方面。

① 产品属性。指产品所具有的能够满足顾客需要的特性。商品或服务在顾客心中表现为一系列基本属性的集合。如宾馆应具备安全、干净、舒适、优质服务、收费合理等服务属性。零售商应分析不同类型的顾客注重产品的哪些属性,以合理的成本满足顾客的需要。

② 属性权重。指顾客对商品或服务的产品属性赋予的重要性权数。应注意关注产品的属性权重,重视顾客认为重要的产品属性。

③ 品牌信念。指顾客对某种品牌的商品或服务优劣程度的看法。

④ 品牌评估。指顾客对不同品牌进行评价和选择的程序和方法。

4．购买决策

选择评估阶段会使顾客对选择的各个品牌的情况形成一种偏好,也可能形成某种购买意图而偏向购买他们喜好的品牌。但是,在购买意图与购买决策之间,会受到其他人的态度和未预期到的情况因素的影响,如图4-4所示。其中,其他人的态度对顾客购买决策的影响程度取决于:①他人否定态度的强度;②他人与顾客关系的密切程度;③他人权威性的大小。未预期到的因素是指因出现意外情况或意外事件而影响顾客作出购买决策的因素。购买风险大小则与顾客的购买能力、风险意识以及商品的性能和价格有着密切的联系。

5．购后行为

顾客购买之后的行为主要有两种:一是购后满意度。顾客满意度取决于顾客对商品的预期性能与商品使用中实际性能之间的对比。实际同预期的差距越大,不满意的程度

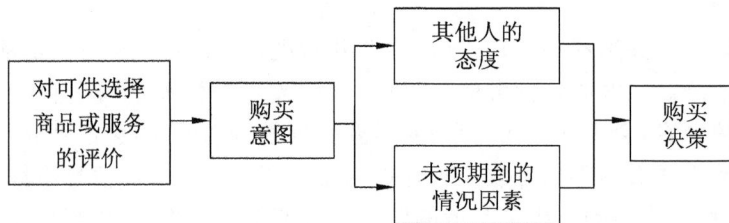

图 4-4　从商品或服务评价到购买决策的步骤

就越强。因此,零售商对商品的广告宣传需符合商品的实际性能,以使购买者感到满意。二是购后的活动。顾客购买后对商品的使用、处理情况以及重复购买行为,反映了购后的满意度,要注意分析购后行为以便找到可能发生的问题和机会的信息。

4.3　零售环境

4.3.1　零售环境因素

零售环境对零售业成长的影响是巨大的。宏观环境如社会经济环境、科学技术环境和政策环境对零售业成长的影响是方向性和整体性的;而居民收入水平、社会人口数量和结构、生活方式等状况是制约零售业成长的重要因素;竞争环境对零售业经营质量的提升和经营规模的壮大有着直接促进作用。在此主要针对社会经济环境、科学技术环境、社会文化环境、政策法律环境等因素,进行简单介绍。

零售宏观环境包括经济因素、技术因素、社会文化以及政治法律等环境因素。

1. 政治法律环境因素

政治法律因素是指对零售商的生产经营活动具有现存和潜在作用与影响的政治力量,以及对零售商的经营活动加以限制和约束的法律、法规等。这些政策和法律既可以使零售商的经营活动受到保护,也可以使零售商的活动受到限制,具体体现在以下几个方面。

(1) 对经营商品的约束

零售商出售的商品状况与消费者的利益密切相关,也与商品的来源和商标的使用有着密不可分的联系。因此,法律对零售商提供的商品质量及安全、专利、商标使用等作出了具体明确的规定。零售商不仅要按照《中华人民共和国产品质量法》、《中华人民共和国商标法》、《中华人民共和国经济合同法》、《中华人民共和国消费者权益保护法》、《中华人民共和国食品安全法》等法律、法规的要求开展经营活动,还要在商品出售前进行严格的商品检测,使检测合格的商品商家出售,同时也要对消费者提供商品质量及安全的保证。

（2）对商品价格的约束

零售商经营的商品通常是自行定价，但这并不意味着可以随意定价。零售价格与消费者的经济利益直接相关，对消费者安居乐业、社会稳定起着很大的作用，因此，国家与当地政府对零售价格在不同时期根据不同的商品会给予不同的控制。如《中华人民共和国价格法》《价格违法行为行政处罚规定》对部分商品的价格制定与管理提出了相关要求。

（3）对零售商开展促销活动的约束

零售商为向消费者出售商品而开展的促销活动也与消费者的利益密切相关，因此，国家对零售商开展促销活动也有明确的法律、法规。如《中华人民共和国广告法》《中华人民共和国反不正当竞争法》《中华人民共和国消费者权益保护法》对利用广告促进商品销售、采用公平的促销手段开展竞争、保护消费者合法权益等方面提出了约束和要求。

2．经济环境因素

经济环境是指一个国家的经济制度、经济结构、产业布局、资源状况、经济发展水平以及未来的经济走势等。对零售商影响最大的经济因素包括国民经济发展状况、消费者收入和消费者支出等。

（1）国民经济发展状况

主要包括总体经济走势、社会生存状况、社会分配状况，它们会在总体上影响和制约零售商的经营和发展。

（2）消费者收入

消费者收入是指消费者个人所能得到的所有货币收入的总和。消费者收入中的可支配收入和任意支配收入是零售研究的重点，其中可任意支配收入是影响消费者需求构成中最活跃的因素。

（3）消费者支出

如消费者收入水平对支出模式的影响、收入分配平均程度对消费者模式的影响等。

3．社会文化环境因素

（1）人口环境

人口是构成城市的基本因素，在收入水平一定的条件下，一个国家或地区人口规模的多少决定了该地区市场容量的大小。此外，零售商还要研究人口的地理分布、年龄结构、性别、家庭单位和人口数量、教育构成、职业构成等因素，以确定自己的目标市场。

（2）文化环境

文化是指一定社会经过学习获得的、用以指导消费者行为的风俗、价值观和习惯的总和，包括文化、亚文化、社会阶层等。文化对顾客购买行为有着广泛而深远的影响，使消费者需求和购买行为具有相似性、习惯性和相对稳定性的特点。其中，宗教信仰和价值观对消费者影响最大。

（3）消费习俗

消费习俗是人们在长期经济活动和社会活动中所形成的一种消费风俗习惯，是人们历代传递下来的一种消费方式。不同的消费习俗具有不同的商品需要，研究消费习俗，不但有利于组织好消费习俗用品的生产与销售，而且有利于积极正确地引导消费者健康消费。

（4）道德规范

不同的道德规范决定不同的交往行为，决定不同的家庭模式及消费模式。我国向来以"礼仪之邦"著称于世，广大消费者对人与人之间的关系和情感极为重视，个人行为往往习惯于与周围环境或他人保持一致，这种重人情、求同步的心理，在消费行为中表现为要符合大家共同认同的道德规范。

（5）审美观念

审美观念是消费者用什么样的审美观点、态度和方法对人生和外界事物进行审美活动的总称，它是一个人审美情趣和审美理想的集中表现，支配着人们审美活动的全过程。随着生活水平的提高，消费者的审美观念发生了明显的变化，追求健康美、形式美、环境美等逐渐发展成主流，这为零售商提供了广阔的发展机会和空间。

4. 科学技术环境因素

科技创新是实现零售战略成功的关键，科学技术在零售业的应用已经成为现代零售商创造竞争优势的一个重要来源。科技发展不仅带来了社会产品的极大丰富，为零售商提供了坚实的物质基础，而且还深刻影响着人们的生活方式和消费行为。从实践上看，科技对零售商的经营管理的直接影响体现在以下几个方面。

（1）创造零售新形式。如可视图文系统、家庭购物网络、电子目录商店、无线射频技术的应用等。

（2）使交易更有效率。如视频订货系统可以使顾客直接在电视柜台订货并在家等待零售商送货上门；介绍商品的可视文件，在网站上展示，大大方便了消费者了解和选择商品；高技术收款机的使用可以加快收款速度等。

（3）改善企业经营控制。如 POS、EDI 不仅减少了排队和劳动力成本、获得销售和库存的最新信息，还加强了企业与供应商的联系，从而使零售商更有效地管理库存商品、减少库存商品投资。

讨论专题：应该关注哪些社会趋势和经济趋势，它们对零售有什么影响？比如，消费者教育水平的提高、家庭结构的改变（包括婚姻状态、结婚年龄）、年龄结构的变化、工作特征的改变以及相关的经济因素如消费水平、个人收入、广泛使用的信用卡等问题对我们从事零售业带来哪些启发，以此为背景展开讨论。

4.3.2　零售环境分析

企业的核心竞争力是企业成长发展至关重要的因素,而面对复杂多样的零售服务业,了解零售周边环境竞争力和企业内部竞争力,可明确零售企业的目标市场选择和市场定位。

1. 行业环境分析

零售行业环境是对零售商影响最直接、作用最大的外部环境。零售环境分析通常采用迈克尔·波特的五力分析模型,结合零售业的具体情况,以此作为分析竞争的框架,如图 4-5 所示。

（1）现有零售商的竞争

总体上看,目前零售业的竞争异常激烈,其表现是:竞争者数量和实力的扩大加剧了竞争;价格竞争和非价格竞争形式带来的威胁;买方市场和用户转变费用低加剧了零售业招揽生意的竞争力度;大中型零售商的退出壁垒高,使得相当一部分企业继续留在行业内,加剧了行业内的竞争。

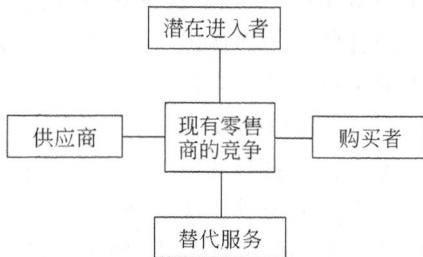

图 4-5　波特五力分析模型

（2）潜在进入者的威胁

① 规模经济。一方面,具有某些特色和某些方面优势的小规模零售商,只要其规模大小和所在区域居民消费数量相匹配,就可以在竞争中找到自己的位置,进入零售业的规模壁垒较低;另一方面,大型超市、连锁店等在采购、分销、促销等方面要有明显的规模经济,进而形成进入壁垒。

② 原始资本需求积累。新企业进入零售业的创业资本投入较少,原始资本需求壁垒较低,但要获得全国性竞争优势,则需要有较高的前期投资、运营资本和抗御风险的能力,进入壁垒高。

③ 产品差异性。零售商的产品差异性相对较小,使得其潜在进入者扩大。为克服产品同质性,零售商需通过加强宣传推广、创建自有品牌等形成新的壁垒。

④ 相对费用。零售商的经营技术比较简单,招募和培训员工比较容易,新企业进入零售业的相对费用壁垒较低。

⑤ 行政法规。零售业是劳动密集型产业,相对投资少、见效快,各级地方政府为解决劳动就业,通常支持新建零售企业,使得新企业容易进入零售业,容易越过行政法规壁垒;同时,大多数国家会通过规划、许可证或者投资限额等形式限制外国大型零售商进入本国市场。

（3）替代服务的威胁

零售商面临的替代威胁来自两方面:一是从整个零售业的角度看,零售服务的替代者是指那些提供与零售业相似的服务,在某种程度上可以替代某种类型零售企业的行业组织或个人,如饮食业、宾馆业、批发业等。而从零售业内部的细分子行业角度看,零售业除了有专营经营外,还有商品与服务的交叉经营,使消费者可以进行多方面的比较和选择,形成对原有零售业内部一些零售商的竞争压力,同时也可能为一部分零售商创造新的销售增长源泉,如零售业态的发展与更新。

（4）购买者的威胁

消费者对零售商竞争策略的影响一直处于不利的地位,但随着消费者消费能力提升、自我保护意识增强,消费者自身素质得到提高,对零售商的要求也越来越高。消费者转换卖主的费用很小,顾客获得和掌握商品与服务信息的渠道越来越广,利用买方市场中厂商争夺顾客的竞争而从中得利,大额的教育费、养老储备和医疗费等消费性支出等都对零售业形成了巨大的压力。

（5）供应商的威胁

零售业与供应者的关系是合作竞争关系。当前的趋势是零售商的力量越来越强大,改变了以往大型供应商掌握价格、品类甚至商品陈列和经销的局面。目前供应商的威胁正向两个不同的方向分化,即名牌产品的厂家力量逐步增强和一般产品的厂家力量日益弱化。如供应商的集中程度高,则其讨价还价的能力强,而零售商的集中度高,则供应商就不会轻易施加压力;供应商在产品差异性、重要性、稀缺性等方面比较弱,则其竞争压力大;零售商转移供应商的转变费用较高,则供应商讨价还价的能力增强。

2. 零售商内部条件分析

零售商的内部条件是指影响零售商生存和发展的内部因素,如企业的经营观念、管理体制与方法、经营目标与宗旨、企业精神与文化、业务流程管理水平等。

（1）零售商内部条件分析方法

零售商内部条件分析方法主要有三种:经营资源分析法、企业能力分析法和价值链分析法。经营资源分析方法用于确定零售商的资源状态,发现企业在资源方面的优势和劣势,从而找出在资源使用中所需要进行的变革,内容包括零售商现有资源及其利用情况、资源的平衡性和适应性等。企业能力是企业将资源加以统筹整合以完成其任务和目标的能力。企业能力分析法的目的在于了解零售商在基础管理能力、信息管理能力、研发能力、门店运营能力、分销与配送能力等各方面的能力,发现其能力的优势或劣势。价值链分析主要研究包括采购、营销、陈列以及其辅助作用的一系列价值创造活动共同组成的链条。价值链活动分为基本活动和辅助活动,前者是零售商经营的实质性活动,多与商品实体的流转有关,包括进货、分类整理与配送、上架陈列、促销宣传、售后服务等;后者是配合基本活动用于完成商品增值目的的活动,包括商品采购、技术开发、人力资源管理以及零售商的总体计划、财务、行政和质量管理等活动。

（2）零售竞争优势

零售竞争优势是指零售商拥有不同于竞争对手的独特能力,该能力使零售商在某一零售市场处于领先地位,能够超越竞争对手的某些方面而赢得消费者。

零售竞争优势的主要来源有以下五个方面。

① 商品。这是零售商竞争优势的核心因素和来源。零售商可以通过提高范围更广、种类更多、质量可靠、相近质量售价更低、更时尚新颖的商品和开发出独特的自有商品等方式确立自己的商品竞争优势。

② 服务。顾客进入一家店铺,除了希望购买到称心如意的商品外,还希望得到令人满意的服务。服务因素是现代市场竞争中的焦点,优质的顾客服务能培养和保持顾客忠诚。美国一家咨询公司调查发现,顾客从一家企业转向与之竞争的另一家企业的原因,10 人中有 7 人是因为服务问题。

③ 店址和购物体验。店址是零售商成功的一个关键性因素,好的店址是零售商的一笔无形资产,能为其赢得长远的优势。对消费者而言,便利性依然是其选择商家购物的重要因素,舒适的购物环境、别出心裁的购物体验也同样对顾客有较大的吸引力。

④ 低成本运作。零售商如果能以更低成本来提供与其他竞争对手同样的商品和服务,就可以利用潜在利润为零售商带来低价与物超所值或优质服务与良好形象两方面的竞争优势。

⑤ 信息管理系统。信息技术使零售商制定更有效的决策成为可能。信息管理系统正在发挥着大量数据收集和处理的功能,并且将销售点终端、中央处理系统、管理者的计算机终端甚至供应商连接起来,使得购、销、存之间形成了有效的快速反应,大大提高了商品周转率和顾客服务水平,提升了零售商的竞争力。

长远竞争优势是指零售商具有可以在市场竞争中长期保持竞争优势的能力,它往往来自于企业的核心能力。零售核心能力提供零售商在市场环境中竞争优势基础的多方面技能、互补性资产和运行机制的有效融合,是不同技术系统、管理系统以及技能的有机组合,是识别和提供竞争优势的知识体系。

3. SWOT 综合分析

SWOT 分析是对企业外部环境中存在的机会、威胁和企业内部条件的优势、劣势进行综合分析,据此对市场战略方案做出系统评价,最终制定出最佳的企业市场定位方案的方法。SWOT 中的 S 是指企业内部的优势,W 是指企业内部的劣势,O 是指企业外部的机会,T 是指企业外部的威胁。

(1) 优势与劣势分析

零售商的优势与劣势是相对与竞争对手而言,一般表现在资金、技术设备、员工素质、产品、市场成就、管理技能等方面。常见的内部优势与劣势分析要素如表 4-12 所示。判断零售商内部优势和劣势一般有两项指标:一是单项的优势与劣势,如资金是否雄厚、市场占有率如何等;二是综合的优势与劣势,如企业凝聚力等。

表 4-12   SWOT 分析的常见要素

组 成 要 素		举 例 说 明
优 势/劣 势（内部）	店铺	店铺规模、店址、设计风格、发展潜力
	采购	购买力、商品品类经验、采购技术、外部机构或网络
	产品范围	品牌的深度与广度、特色/创新产品、自有品牌的渗透
	管理营销	技术与专长、领导能力与战略眼光、组织结构、企业凝聚力、广告效果、价格政策、商品管理技术、顾客服务水平、营销研究
	员工	数量与年龄结构、适应性、技术水平、培训资源
	系统	订货/支付系统、销售节点系统、报告/沟通、退货/投诉处理流程、财务核算系统
	配送	仓库地点/容量/类型、运输系统、缺货系统、订货批次
	财务	成本结构、毛利/纯利、投资回报、运营资金、总资产
机 会/威 胁（外部）	经济变动	失业水平、财富分配、利息率、可支配收入
	社会变动	老年人口、家庭小型化、双职工家庭、生活方式改变
	消费者变化	需求、信仰与态度、企业形象、忠诚度和购物模式
	供应商	讨价还价能力、生产规模、适应性、可靠性、研发能力
	市场结构	相关的市场份额、领导/跟随者角色、寡头/垄断竞争、并购
	竞争	已有/新竞争、直接/间接竞争、竞争者的 SWOT 分析、竞争策略、竞争者可能作出的反应
	立法	竞争政策、商业法律/准则、对提供折扣的规定、广告限制

资料来源：[英]彼得·J.麦戈德瑞克.零售营销[M].斐亮等译，北京：机械工业出版社，2004.

（2）机会与威胁分析

零售商外部的机会是指环境中对自身有利的因素，如政府支持、市场需求增长势头强劲等；外部的威胁是指环境中对自身不利的因素，如新竞争对手出现、购买者和供应商的讨价还价能力增强等。常见的外部机会与威胁分析要素如表 4-12 所示。

（3）SWOT 分析

SWOT 分析方法为零售商提供了四种可供选择的战略，如图 4-6 所示。

SO 象限内区域是零售商机会与优势最理想的结合，此时，零售商拥有强大的内部优势和众多的环境机会，可以采取增长型战略。WO 象限内的业务有外部市场机会，但缺少内部条件，零售商可以采取扭转型战略，尽快改变企业内部的不利条件，从而有效地利用市场机会。WT 象限内是最不理想的内外部因素结合的状况，处于该区域的业务在其相对弱势处恰恰面临着大量的环境威胁，此时，零售商可以采取减少产品或市场的紧缩型或

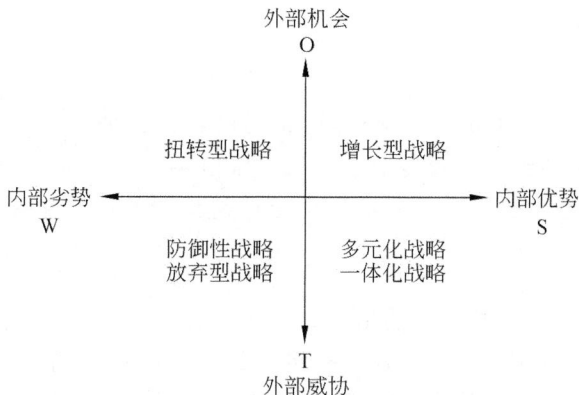

图 4-6　SWOT 分析模型

防御性战略，或是改变产品或市场的放弃型战略。ST 象限内的业务尽管在当前具有优势，但正面临着不利环境威胁，此时，零售商可以考虑多元化战略，利用现有的优势在其他产品或市场上寻找和建立机会；另外，在实力非常强大、优势十分明显的情况下，零售商也可以采用一体化战略，利用自身优势正面克服存在的障碍。

4.4　市场定位

　　面对复杂多变的市场环境，零售企业要保持长久的竞争优势需要对自身进行准确定位，且需要根据环境的变化不断调整其定位，市场定位的过程遵循了营销中市场细分、目标市场选择、市场定位的三部曲，如图 4-7 所示。

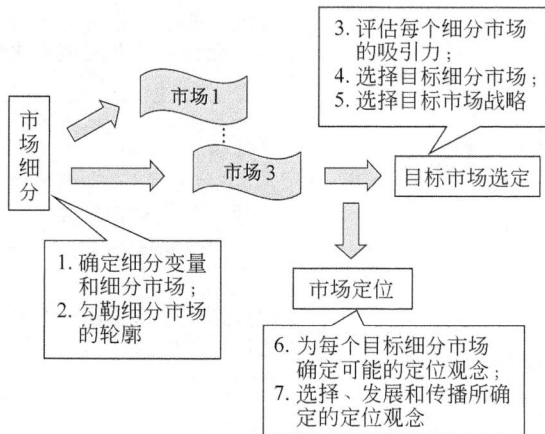

图 4-7　市场定位过程

4.4.1 市场细分

> **术语链接**：市场细分（market segmentation），指通过市场调研，依据消费者的需要和欲望、购买行为和购买习惯等方面的差异，把某一产品的市场整体划分为若干消费者群的市场分类过程。每一个细分市场都是具有类似需求倾向的消费者构成的群体。

有效的市场细分是深度挖掘和满足顾客需求的有力工具，市场就像海绵里的水，只要合理细分，总会发现新的市场机会。通过一定的细分标准将市场分割为几个差异化较大的子市场，根据每个子市场的特点和诉求，分别设计不同的商业模式。市场细分对商业创新的意义，就在于能够针对不同需求的各子市场分别设计不同的商业经营形式。人为地将消费需求划归为一，并试图用单一的商业模式满足所有的顾客需求，这样的商业经营必然是低效的。

1. 市场细分的原则

零售企业进行市场细分时可以根据细分标准组合划分许许多多的子市场，但不是所有子市场的划分都是有效的，要使市场细分有效，应该遵循以下基本原则，见图 4-8 所示。

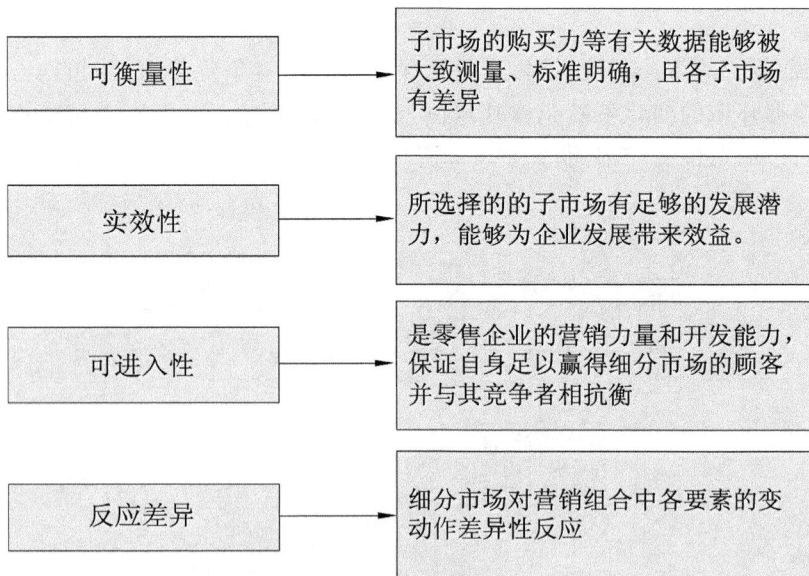

可衡量性	→	子市场的购买力等有关数据能够被大致测量、标准明确，且各子市场有差异
实效性	→	所选择的的子市场有足够的发展潜力，能够为企业发展带来效益。
可进入性	→	是零售企业的营销力量和开发能力，保证自身足以赢得细分市场的顾客并与其竞争者相抗衡
反应差异	→	细分市场对营销组合中各要素的变动作差异性反应

图 4-8 市场细分标准

2．市场细分标准

市场细分是按照一定标准进行的。这里所说的标准，是指使顾客产生需求差异的影响因素。不同业态的零售企业根据自己的营销特点，有选择地适用这些标准。一般，零售市场的细分标准概括为地理因素、人口统计因素、心理因素和行为因素四个方面，每个方面又包括一系列的细分变量，如表 4-13 所示。

表 4-13 零售市场细分标准及变量一览

细分标准	细分变量	特 点
地理因素	地理位置、城镇大小、地形、地貌、气候、交通状况、人口密集度等	比较易于辨别和分析，以其作为细分市场的依据，往往可以使细分结果比较准确可靠，即具有较强的有效性
人口统计因素	年龄、性别、职业、收入、民族、宗教、教育、家庭人口、家庭生命周期等	顾客在人口统计方面的不同与需求差异性之间的因果关系十分明显，是研究需求时常用的细分方法
心理因素	生活方式、性格、购买动机、态度、社会阶层、个性等	可能会在实际操作过程中遇到如细分因素比较模糊、子市场的价值难以衡量等问题。但心理特征明确，每个子市场的价值得到比较准确的评价，会直接影响消费者的购买行为
行为因素	购买时间、购买数量、购买频率、购买习惯（品牌忠诚度）、对服务、价格、渠道、广告的敏感程度等	这是最直观的细分标准，是反映零售企业经营效果的主要要素，有很强的操作性

对市场细分时，通常不是单独使用一个细分标准，而是采用几个细分标准，这就使市场细分组合中任何一个标准的变动，都可能形成一个新的子市场。因此，在实际中，要采用综合细分利用各种变量来辨认目标市场中的细分，零售企业在对市场进行细分时，必须进行认真的市场调查，掌握准确的市场细分标准，绝不能主观臆断。如表 4-14 是某公司对女性服装市场的细分情况，可以看出每个细分市场的特征及优点。

表 4-14 女性服装细分市场举例

标准	保 守 型	传 统 型	时 尚 型
规模	占人口的 23％，占总销售额的 16％	占人口的 38％，占总销售额的 40％	占人口的 16％，占总销售额的 24％
年龄	35～55 岁	25～49 岁	25～49 岁
价值观	保守，满足现状	传统，活跃，忙碌，独立，自信	现代，活跃，忙碌，独立，非常自信
就业状况	有工作，无职业	家庭和工作/职业为主	家庭和工作/职业为主
收入	有限的可支配收入	收入可观	收入可观

续表

标准	保守型	传统型	时尚型
价值顺序	价格、质量、流行	质量、流行、价格	流行、质量、价格
定价	预算	适中	较高
商品	基本款式，易护理质地	传统款式，质优	时尚，舒适，合体，裁剪工艺与外观，新色彩
销售方法	价格标签	组合商品，商品系列，有产品知识的销售人员	色彩突出，模特造型的主题区

【案例链接】

凡客收购初刻

凡客正式宣布以现金加换股的形式全资收购垂直电商品牌初刻，凡客6年来的首次收购意味着其将专注于服装领域重新起跑。陈年还表示，在2013年，凡客将寻求更多品牌的收购。凡客收购初刻意欲何为？

（1）专注品牌拓展：优衣库＋Zara模式探路细分市场

凡客在2012年进行了诸多调整，包括组织结构调整，人员结构优化，专注专业产品方向，集中消化库存。反思之后，陈年开始理性回归"品牌服装企业"的定位，消费者对服装的品位和需求尤其多样化和个性化，单品牌战略很难满足用户所有需求，拓展细分品牌成为必然。凡客方面表示，"凡客2 000万名用户的需求并不是凡客一个品牌可以涵盖的，我们意识到用户对时尚有着多元化的需求，我们也在摸索以更加开放的态度和方式来尽可能满足用户。"

凡客定位为大众类快时尚产品，而初刻这种目标客户集中、特色鲜明的原创服装品牌正是陈年最看重的。"此次收购能帮助凡客更好地满足女性用户对时尚度等多元化的需求。"从规模扩张到品牌细分，这或许是陈年在为凡客做的一次优衣库＋Zara模式的实验。这也是陈年最新提出的两个供应链：一个是以基本款服饰生产为主的低成本、大规模供应链；另一个则是以多款少量、快时尚风格服饰为主的快速供应链。

（2）去平台化，市场细分

天猫、京东等大型电商网站纷纷开启平台化战略，吸引了众多传统服饰品牌触网，大量分流互联网服装品牌的流量。天猫背靠财大气粗的阿里巴巴；2013年年初，京东高达7亿美元的高额融资更是让其大平台战略不差钱；苏宁这样的传统零售巨头也提出了去电器化目标，探索"店商＋电商＋零售服务商"的电商模式。经验表明，平台化让凡客这种垂直电商吃了亏，突破行业困境也成为凡客的当务之急。

如今的凡客将回到品牌常识，以库存周转和品牌溢价为核心，实现规模和利润的同时增长,而不再将重心放在电商平台的拓展上。陈年开始向传统品牌服装企业运营取经:有效控制供应链,成立数据中心以建立环形的信息反馈机制,以消费为导向,根据数据定产定量,最终让库存周转达到最快。

资料来源:李晓玉.凡客收购初刻建首个子品牌,陈年去平台化探路市场细分[N].通信信息报. 2013-03-13,A16.

4.4.2　目标市场的选择

当零售商首先对消费市场按不同"细分指标"进行市场细分之后,就勾画出了市场的轮廓,展示企业将面临的各种各样的机会,接下来的问题是,如何评价这种细分市场的机会,并确定企业行动的优先次序和重点。目标市场的选择就是在市场细分的基础上,确定本企业应该进入哪个细分市场,目标市场是业态选择的依据。

1. 目标市场的评估要素

细分市场满足了以上四个标准,仅满足了企业选择的基本条件,企业还要考虑分析评估细分市场,看它是否最适合自己,只有既能发挥企业相对优势,又能提供足够获利机会的市场,才值得占领。评估的要素有三项。

(1) 细分市场的规模和潜力

细分市场的规模要适当,即应当与企业的实力相匹配。大企业可能对小的细分市场不屑一顾,而小企业则不宜进入较大的细分市场,以避免同大企业正面冲突。理想的细分市场应当具有一定的潜力,是可以不断开发,有长远发展机会的。因此,选择目标市场时要对诸多因素进行详细的分析和调查,如表 4-15 列举了零售业选择目标市场时常分析的一些变量。

表 4-15　零售企业目标市场调查常用变量示例

变　　量		典型分类和范围
基本情况	年龄	3 岁以下,3～4 岁,5～8 岁,9～11 岁,12～15 岁,16～18 岁,19～23 岁,24～29 岁,30～39 岁,40～49 岁,50～59 岁,60 岁以上
	性别	男性,女性
	教育程度	中等教育程度,大学或相当程度,研究生
	职业	公务员,职员,学生,教师,医生,军人,个体经营者,企业管理者等
	家庭成员	1,2,3,4,≥5
	生活方式	未婚,已婚,已婚有子女,单身有子女
	收入情况	1 500 元以下,1 501～2 500 元,2 501～3 500 元,3 501～4 500 元,4 501～5 500 元,5 501～6 500 元,6 501～7 500 元,7 500 元以上

续表

变 量		典型分类和范围
行为特点	购物频次	每周 2～3 次,每周 1 次,两周 1 次,每月 1 次,从不购物
	交通方式	徒步,自行车,公交车,出租车,自驾车,其他
	平均消费金额	200 元以下,201～500 元,501～1 000 元,1 001～1 500 元,1 501～2 000 元,2 001～2 500 元,2 501～3 000 元,3 000 元以上
心理	喜欢商家原因	距离近,商品质量,商品品牌,促销力度,价格,服务,环境,时尚,营业时间,交通便利,习惯性,其他

（2）细分市场结构的吸引力

具有适当的规模和发展潜力,并不足以确定就要以这个市场为目标市场。因为你看好这个细分市场,可能也不乏虎视眈眈之辈。另外,细分市场的各种压力,也会影响到你是否决定进入这个市场。因此,要分析细分市场内存在的和可能出现的竞争对手,以便慎重决策。

（3）企业的目标和资源

评估细分市场时,应看它与企业的目标是否一致,还要考虑本企业进入该市场所需的各种资源是否配备,如人才、技术、资金、营销与管理能力等。俗话说"没有金刚钻,就别揽瓷器活"就有此意。

2．目标市场策略

企业通过评估细分市场,最终会作出以下选择。

① 集中企业的优势力量进入其中的一个细分市场,以取得市场上的优势地位,即集中性目标市场策略。

② 企业选择若干细分市场,并制定不同的营销战略,即差异化目标市场策略;

③ 决定不再细分,作为整体来开发,即无差异目标市场策略。

④ 通过市场细分,企业没有发现一个子市场是可行的,从而放弃该市场。

对已确定的三种目标市场策略进行比较,如表 4-16 所示。

表 4-16　目标市场策略比较

目标市场策略	企业资源	市场同质性	产品同质性	产品生命周期	竞争者策略	竞争者数目
无差异性策略	多	高	高	投入期	无差异	少
差异性策略	多	低	低	成长、成熟期	差异	多
集中性策略	少	低	低	衰退期	无差异	多

通常情况下,企业想开发一个全新市场是非常困难的,经过充分调查、研究在现实市场中找到适合发挥自己特长的那个市场。在进入新市场之初,竞争者较少,是事业发展的

有利时机,应立即抢先确立其地位。另外,企业在选准的目标市场上一定要保持重点,选择自己最擅长的经营要素,将其中一个或两个方面做好。如沃尔玛最优秀的是价格诚实,宜家最优秀的是热情体验,戴尔最优秀的是便利。这就为我们经营目标市场提供了很好的借鉴思路,即抓住保证该细分市场成功的关键因素,如表 4-17 所示,这也是商业模式创新的一般思路。

表 4-17　商业模式创新思路

集中点	解释	举例
资源驱动型	起源于一个组织现有的基础设施,技术特长,或合作关系的拓展,转变现有经营方式	亚马逊 Web 服务是基于亚马逊网站的零售基础设置的,为其他企业提供服务器能力和数据存储空间
产品或服务驱动型	在产品或服务方面进行改进,通过建立新的价值主张的方式来影响其他经营要素	京东商场通过自建物流中心和物联网技术,实现了"看得见的包裹"和北京等城市"211 限时达"等效果,超越了行业内的平均配送时间,这一创新帮助京东商城迅速成长
客户需求驱动型	基于客户需求、降低获取成本或提高便利性。多数的业态形式创新都是在对顾客需求变化的分析基础上形成的	如 23andMe 通过大规模定制化的 Web 资料来达成为个人客户提供个性化 DNA 测试服务,而这一服务以前是专门提供给健康专家和研究人员的
成本驱动型	由收入来源、定价机制或成本架构等驱动,同样会引起商业模式变化,或影响到其他经营要素	1958 年,施乐发明了世界上第一台 Xerox914 型复印机。针对市场定价太高的问题,施乐构建了一种新模式:以每月 95 美元的价格出租这种复印机,包括 2 000 张免费复印纸,额外购买一张复印纸需要 5 美分
多要素驱动	有多个集中点驱动,并影响到其他的经营要素	如某企业原来出售某产品转变为出租产品给顾客,这是对价值主张的潜在改变,如从一次性的销售收入变成了重复性的服务收入

4.4.3　市场定位及战略选择

1. 市场定位

零售商一旦选定了目标市场,就要在目标市场进行商品的市场定位。为什么市场定位很重要呢?①零售商业竞争非常激烈,市场定位的可变性加剧。由于零售企业市场进入障碍较少,使得零售业态的参与者在短期内迅速增加,竞争加剧则需要重新定位获得竞争优势。②零售业向来投资少,见效快,短时间内大量资本流向零售业会促使利润率趋于平均化,企业经营效益下滑,也导致竞争进一步激烈。③零售业态变化快,使得业态选择在市场定位中具有关键性地位。从理论上说,当一个行业的利润平均化之后,单个企业的超额利润只能通过经营的创新来实现。在零售商业中,经营业态的创新对经营成本和利润的影响最为显著,由此,业态选择成为企业市场定位的基础和前提。④零售商业面临的市场需求复杂且变化快,随着这些条件的变化,企业的定位也要随之变化。

> **术语链接:** 市场定位(market positioning)是指企业根据竞争者现有商品在市场上所处的位置,根据顾客对该类产品某些特征或属性的重视程度,为零售企业商品设计和塑造与众不同的个性,给人印象鲜明的形象,并通过一系列营销努力把这种个性或形象生动地传达给顾客,从而在市场上确定零售企业的准确位置。市场定位是业态选择的基础。

(1)市场定位过程

零售企业的市场定位是一项复杂系统而又细致的工作,定位之前要进行竞争对手分析,了解顾客对商品或商店的评价标准,再确定企业的地位和形象。一个完整的市场定位过程通常包括四个阶段,如图 4-9 所示。

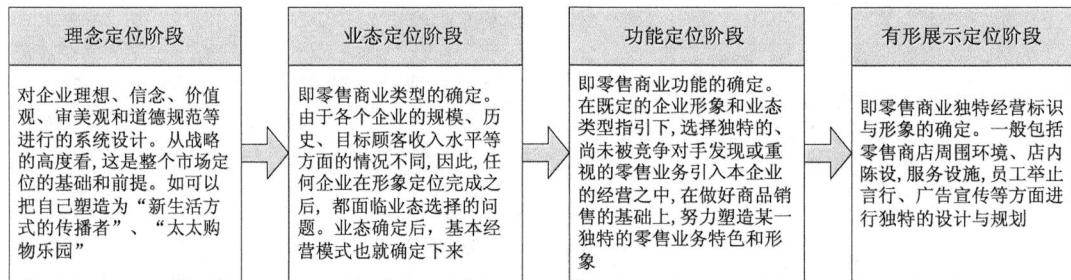

理念定位阶段	业态定位阶段	功能定位阶段	有形展示定位阶段
对企业理想、信念、价值观、审美观和道德规范等进行的系统设计。从战略的高度看,这是整个市场定位的基础和前提。如可以把自己塑造为"新生活方式的传播者""太太购物乐园"	即零售商业类型的确定。由于各个企业的规模、历史、目标顾客收入水平等方面的情况不同,因此,任何企业在形象定位完成之后,都面临业态选择的问题。业态确定后,基本经营模式也就确定下来	即零售商业功能的确定。在既定的企业形象和业态类型指引下,选择独特的、尚未被竞争对手发现或重视的零售业务引入本企业的经营之中,在做好商品销售的基础上,努力塑造某一独特的零售业务特色和形象	即零售商业独特经营标识与形象的确定。一般包括零售商店周围环境、店内陈设,服务设施,员工举止言行、广告宣传等方面进行独特的设计与规划

图 4-9 零售企业市场定位过程

上述四个阶段既是一个互相联系、互相影响的有机整体,也具有显著的层次性。理念定位处于整个定位的核心层,是定位工作的行动指南;业态定位和功能定位处于中间层,具有传递和表达理念定位结果和要求的特性;有形展示定位则处于最表层,具有展示和传播核心层和中间层定位内容和特性的作用,是直接影响顾客情绪和行为的东西。但是这种影响作用是暂时的,而真正具有持续影响力的东西仍然是核心层和中间层定位的结果。

(2)市场定位的内容

零售企业的整体形象定位是通过不同的经营要素实现的,因此,各项因素都应符合企业整体的定位,具体包括以下几方面。

① 特色定位。零售企业定位自身的经营特色,区别于其他业态或竞争对手,如规模、历史、商品或服务等。

② 利益定位。把企业定位为某一特定利益的代表,或确定自身的盈利模式。

③ 地理定位。根据业态特征及目标顾客特征确定最适合的店址。

④ 使用人定位。即把提供的一个商品定位成对某些用途或应用而言是最好的,并且是最合适的人选。

⑤ 竞争者定位。确定在竞争者中的地位,或在某一方面确立竞争地位。

⑥ 价格定位。零售业市场定位的核心内容就是根据目标市场需求的不同进行合理的价格定位,价格定位的过程也就是零售企业采用何种商品和服务组合去满足不同层次消费者的过程。

⑦ 商品类别定位。确定将产品定位在同一类别中的地位,是领先者或跟随者。

从零售业态的角度分析,对主要业态的市场定位进行分解,如表 4-18 所示。

表 4-18　主要业态市场定位

业态类型	需求特征	目标顾客	价格定位	地理定位	商品定位	特色定位
超级市场	满足便利、低价、自选、大众化适用品,使消费者一次性购买生活必须用品	以满足日常生活需求的中低收入居民为主	竞争性价格,低于平均价	大型居住区,居民区	品质中等、食品、日用品齐全,种类丰富	低价、方便
百货商店	满足对时尚、中高档商品多样化、高品质商品的选择需求	以追求时尚和品位的中高档流动顾客为主	高于平均价	商业中心、历史形成的商业集聚地	以服饰、鞋类、箱包、化妆品家庭用品、家用电器为主的品牌商品	服务
购物中心	满足餐饮、休闲、娱乐、购物、舒适服务的需求,同时满足精神方面需求	以具有一定自主性的年轻高收入顾客为主	高于平均价	大都位于大城市的商业中心区,有向郊区发展的趋势	娱乐、餐饮、休闲、购物,集多种业态、多个行业为一体	全面、购物和娱乐体验
专业(卖)店	满足对某类或某品牌商品的挑选性、专门性和特殊性的需要	以有目的选购中高档或追求时尚的流动顾客为主	竞争性价格,高于平均价	适合集中布店,方便消费者挑选	某大类商品,或某品牌商品	专业知识和服务、深度
便利店	满足方便、体现时效的小容量食品、日用小百货等应急性的需求	以追求方便快捷购物的顾客为主	高于平均价	居民区、交通枢纽	急需性、适量性、即时消费、应季性、消遣性商品	便捷
网络商店	满足对实用、方便,个性化服务的需求	以熟悉网络,时尚的年轻顾客为主	竞争性价格,低于平均价	不受地域限制	商品品种齐全,较适合方便运输的商品	方便、实用

(3) 市场定位的类型

根据零售企业在市场定位过程中所采用的差异化手段及其和竞争者的关系不同,一般可以将变化多端的定位方法归纳为以下三大类,如表 4-19 所示。

表 4-19　零售企业市场定位模式的特点和条件

定位类型	特　征	适　用　条　件
竞争性 定位	向行业领先者学习,模仿其业态,营销策略,并力争超越竞争者,使营业效果达到最佳	市场空间广阔、业态正处于介绍期,竞争者优秀但并不强大、企业自身具备强大的竞争实力与能力,大型企业最佳
补缺型 定位	将顾客急需而本地又没有的零售业态形式、经营理念引入企业经营之中。寻求业态空白,实施经营创新、竞争压力较小,但经营的风险较大	市场需求存在且充足,企业有能力经营,市场环境许可。既要考虑消费者需求,也要充分研究企业所处的市场环境和业态本身的一些内在要求,中小企业最佳
突出特色定位	在业态相同的情况下,使自身的规模、功能、服务水平、有形展示和形象等方面与众不同,建立起某种差别优势	商业非常发达,各种业态之间竞争趋于激烈,如西方百货业在经营下滑情况下纷纷走差异化道路,中小型企业最佳

　　进行市场定位是为了有效的选择零售业态,在市场定位基础上进行业态选择时要避免定位过低,定位过高,定位混乱或定位怀疑等几种错误的定位思想。市场定位应当是一个连续的过程,它不应该仅仅停留在为某种或某些商品设计和塑造个性与形象的阶段,更重要的是如何通过一系列营销活动把这种个性与形象传达给顾客。市场定位的最终目的是使零售商品的潜在顾客察觉、认同零售商为商品所塑造的形象,并培养顾客对零售商品的偏好和引发其大量或多次购买行动。因此,零售企业在实施定位的过程中,必须全面、真实地了解潜在顾客的心理、意愿、态度和行为规律,提出和实施极具针对性促销方案。只有这样才能使零售企业或商品在市场上确定自己适当的竞争地位。

【阅读链接】

<h2 style="text-align:center">中国百货商店的定位革命</h2>

　　1. 无定位时代(1900—1990 年)。从 1900 年至 20 世纪 80 年代末的 80 多年的时间里,中国百货商店没有发生本质的变化。商品短缺,谁也不愁商品卖不出,百货商店最主要的任务就是汇集商品,汇集商品越多,效益越好,无须定位,因此百货商店经营商品是多多益善,什么都卖,吃喝玩乐用住行产品无所不包,老弱病残工青妇幼用品应有尽有,到处都是"人民商场"、"大众商场"、"工农兵商场"。那时,百货商店还承担着计划供应市场的任务,因此几乎是满足所有人的所有需要。这是一个没有定位的时代。

　　2. 经营档次定位时代(1991—1995 年)。历史进入 20 世纪 90 年代初期,中国百货商店发生了第一次定位革命——经营档次革命。档次划分的标准就是进口商品与否。经历十余年经济体制改革,一批先富裕起来的人们成为"万元户",因产品的短缺和低质无法满足他们的消费需要,同时只有出国归来的人才有权利购买进口商品。此时,以赛特、燕莎为代表的,以经营进口商品为主的高档百货商店出现了,而其他传统百货商店被称为工薪族百货店或中低档百货店。

3. 经营范围定位时代(1996—2002年)。到了90年代中期,豪华百货商店的发展速度超过了人们的想象,也大大超过了人们的需求能力,传统百货店效益下降,但新建的现代百货店遇到的困难更大,迫使现代和传统百货商店都必须进行定位调整,食品、家电、自行车、五金工具、家具等都从百货商店经营目录中消失。我们可以视其为中国百货商店的第二定位革命——经营范围革命。规模较大的百货商店走上了多功能、综合化的道路;规模较小的百货商店走上了单功能、专业化的道路,重点销售服饰品、化妆品、室内装饰品等高毛利率、高附加价值的商品。与此同时,各家百货商店开始划定自己的商圈,寻找自己的目标顾客,使市场定位越来越清晰,越来越具体,越来越集中。

4. 店铺形象定位时代(2003年至今)。无论是经营档次定位的时代,还是经营范围定位的时代,都只是解决了卖什么的问题,没有从根本上解决如何卖的问题,即没有解决树立怎样的特色和形象问题,致使诸多的百货商店"千店一面",进一家店如同进百家店,恶性竞争频频出现,这就使百货商店不得不寻求相互之间的差异化,找到自己独特的生存和发展空间。这是中国百货商店未来发展必须解决的问题。

2. 战略选择

市场定位的基本出发点是竞争,是一种帮助零售企业确认竞争地位、寻找竞争策略的方法。通过定位,零售企业可以进一步明确竞争对手和竞争目标,也可以发现竞争双方各自的优势或劣势。零售企业应如何获取竞争优势呢?是通过组织自己的各种资源得来的,如图4-10所示。零售企业运用这些资源形成自己独特的竞争优势,在目标市场就有竞争力,从而表现为市场效果。

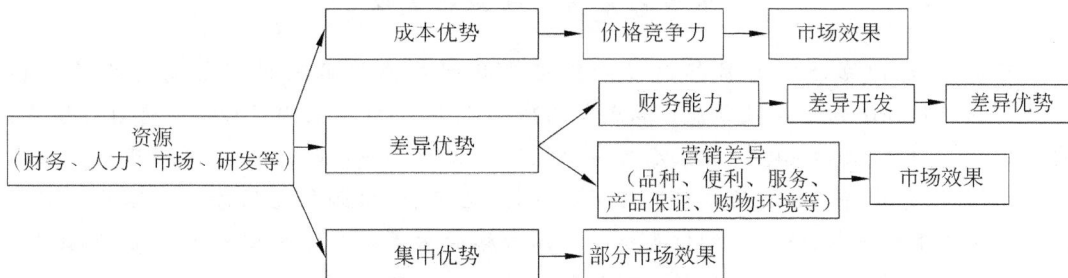

图 4-10 零售企业竞争优势来源

根据零售商市场目标、竞争优势的不同,形成了各企业不同的竞争战略,可分为:成本领先战略、差异化战略、最低成本供应商战略和集中化战略。表4-20描述了零售企业的四种常见战略选择及各自的特点及适用业态。

表 4-20　零售战略类型及其特点

类型	含　义	特　点	劣　势	典型业态
成本领先战略	通过采用一系列具体措施,以最低的成本生产或提供为顾客所接受的商品或服务	商品大众化; 成本比竞争者低; 维持经济供货价,降低运营成本	易被模仿,引发价格战; 顾客需求层次提高,原低价优势可能转变	超市 仓储会员店 折扣店
差异化战略	通过设计一套行动,生产或提供顾客认为很重要的或与众不同的商品或服务,建立起独特的竞争优势	提高顾客的认知和信赖; 增强行业进入壁垒; 增强上下游议价能力	提高服务成本,使其价格上涨; 减少差异化不敏感顾客量; 差异化易模仿	购物中心 百货商店 专卖店或专业店
集中化战略	通过设计一套行动来生产或提供商品或服务,以满足特定竞争性细分市场的需求	在特定较小领域满足顾客需求; 减少与大零售商正面竞争	经营成本高; 市场差异化减小,其原有优势可能丧失; 竞争者针对性改变,其优势也可能丧失	专卖店 便利店
最低成本战略	选择成本最低的供应商提供本企业所需的产品,或是使零售商自身成为消费者最低成本的供应商	低成本运作使其价格低于竞争对手	低成本能使其供应商提供低质商品; 须投入大量资金	购物中心 大型连锁超市

零售商结合行业环境分析和内部资源运用,使其优势发挥最大化,同时避免自身劣势,在竞争定位的基础上选择恰当的竞争战略,尽可能在排除威胁的同时发现商机。

【案例链接】

宜家家居靠战略取得成功

宜家(IKEA)家居将其目标消费者锁定为既想要高格调又付不起高价格的年轻人——他们非常乐意牺牲服务来换取成本的降低。所以,宜家采用了由消费者自行提货、自行运输、自行组装的策略。宜家准确地把握了大众的这一心理,建立了单一风格的家具用品连锁店,并获得了巨大的成功。宜家从设计、生产、运输到销售的每一个环节都不遗余力地降低生产成本,还通过细化每一种产品价格的方式适应不同需求的消费者,比如,其枕头有十几元的,也有几十元到几百元的,丰俭由人。

宜家确信其品牌内涵的精髓在于能为大多数人提供美好生活,但这种美好不只是功能的实用与外表的时尚,更在于启发家居整体布置灵感,并提供切实可行的解决方案。在宜家看来,这是 IKEA 真正的品牌内涵和竞争优势所在。

迈克尔·波特教授认为,宜家战略定位的成功就在于他满足了一个特定顾客群的全部或大部分需求。宜家采用"基于需求的定位"(满足一个特定顾客群的全部或大部分需求)来确定自己的发展战略——总成本领先战略,并获得了巨大的成功。

【相关术语】

顾客需求(customer needs);　　　　　购买动机(purchase motivation);

购买行为(buying behavior);　　　　　购买决策(purchasing decisions);

市场细分(market segmentation);　　　地理细分(geographic segmentation);

目标市场(target market);　　　　　　冲动性购买(impulse buy);

市场定位(market positioning);　　　　心理需求(psychological needs);

功能需求(function needs);　　　　　　商店忠诚度(store loyalty);

问题识别(problem recognition);　　　　购后评价(post-purchase resentment);

信息收集(information gathering);　　　人口变量(population variables)

【思考与练习题】

1. 所有零售商的目标都在于吸引顾客到自己的商店并能买到所需的东西,作为一个女性服装店的老板如何能保证让每位顾客至少买走一件衣服?

2. 对一家蛋糕店的两个不同细分市场的顾客进行分析,分别指出最能吸引目标顾客的经营要素有哪些?

3. 回忆一下你在大学期间购买电脑的动机和决策过程,是否遵循了购物决策的所有步骤。

4. 当你和同学到超市大卖场中选择一学期所需的日用品时,你是如何完成这一过程的,超市中的哪些因素影响了你的购买决策?

5. 选择你熟悉的一个地区,对其零售环境进行分析。

6. 顾客在购买了某件商品后是否购买过程就已结束,请说明理由。

7. 网上购物和传统店铺购物在顾客分析过程中有何不同?

8. 在一个家电大卖场,为一对年轻夫妇和一位退休老人分别设计一套推销方案?

9. 学校新开一家书店,通过对目标顾客需求的细分来确定商品的类别,你将如何来细分,如何定位?

【零售创业实践】

目前,你和你的几位同学讨论想毕业后自己创立一家零售企业,但选择哪个行业,哪种业态……许多问题还需进一步调查和分析,请在查阅相关资料和实地调研的基础上撰写一份简要的创业计划。内容包括以下几项。

(1) 确定顾客群体及需求,描述你要满足的顾客特征及需求特征。

(2) 分析该类顾客的购买动机及一般购买行为。

(3) 进行市场分析,对环境因素、行业发展状况、竞争对手等进行分析,说明经营的可行性。

(4) 选定你要进入的市场,并阐述盈利模式。

案例分析

星巴克独特的品牌定位与"第三空间"

100 多年前,星巴克是美国一本家喻户晓的小说里主人公的名字;1971 年,3 个美国人开始把它变成一家咖啡店的招牌;1987 年,霍华德·舒尔茨和他的律师,也就是比尔·盖茨的父亲以 380 万美元买下星巴克公司,开始了真正意义上的"星巴克之旅"。

20 世纪 90 年代中后期,星巴克登陆中国大陆市场。虽然曾经的定位是像北京、上海这样的大型城市中的高端人群,起初"曲高和寡",但最终获得了前所未有的"高歌猛进"。要准确说出星巴克在中国的店铺数量,唯一的办法就是让时间短暂停止,因为它一刻也没有放慢在中国市场的快速扩张。星巴克的成功之处,就在于它是"面对"着消费者,而不是"背对"着消费者。

(1) 独特的品牌定位

如今的中国市场的确在发生着很大的变化。以前,只要是洋品牌,或是披着洋品牌外衣的"假洋鬼子"都能够在中国市场"风光无限"地扩张。如今,更多的洋品牌出现诸多不适应症状,"轰然倒地"、"落荒而逃"的也不在少数,其关键原因就是对变化中的中国市场缺乏足够的创新、求变能力。

咖啡是历史悠久的食品。单是从产品的层面去考量,星巴克所能形成的竞争壁垒几乎没有。甚至到今天为止,不少欧洲传统咖啡文化的爱好者,对星巴克式的咖啡品尝过程依然不屑一顾。但是,在中国,星巴克征服的不仅仅是消费者的胃。

在网络社区、博客或是文学作品的随笔中,不少人记下了诸如"星巴克的下午"这样的生活片断,似乎在这个地方每天发生着可能影响人们生活质量与幸福指数的难忘故事:"我奋斗了五年,今天终于和你一样坐在星巴克里喝咖啡了!"此时的星巴克还是咖啡吗?不!它承载了一个年轻人奋斗的梦想……这种感觉不仅仅是偶然地在一个消费者心中激起涟漪,而是形成一种广泛的消费共鸣。我们不得不承认,星巴克的成功与准确的品牌定位不无关系。

（2）星巴克的"第三空间"

关于人们的生存空间，星巴克似乎很有研究。霍华德·舒尔茨曾这样表达星巴克对应的空间：人们的滞留空间分为家庭、办公室和除此以外的其他场所。第一空间是家，第二空间是办公地点。星巴克位于这两者之间，是让大家感到放松、安全的地方，是让你有归属感的地方。20世纪90年代兴起的网络浪潮也推动了星巴克"第三空间"的成长。于是星巴克在店内设置了无线上网的区域，为旅游者、商务移动办公人士提供服务。

其实不难看出，星巴克选择了一种"非家、非办公"的中间状态。舒尔茨指出，星巴克不是提供服务的咖啡公司，而是提供咖啡的服务公司。因此，作为"第三空间"的有机组成部分，音乐在星巴克已经上升到了仅次于咖啡的位置，因为星巴克的音乐已经不单单只是"咖啡伴侣"，它本身已经成了星巴克的一个很重要的商品。星巴克播放的大多数是自己开发的有自主知识产权的音乐。迷上星巴克咖啡的人很多也迷恋星巴克音乐。这些音乐正好迎合了那些时尚、新潮、追求前卫的白领阶层的需要。他们每天面临着强大的生存压力，十分需要精神安慰，星巴克的音乐正好起到了这种作用，确确实实让人感受到在消费一种文化，催醒人们内心某种也许已经快要消失的怀旧情感。

正是有了这样的品牌定位，星巴克似乎并不担心合作伙伴不能调配出可口、美味的咖啡，而是担心"不卖咖啡卖服务"的核心品牌利益不能很好地被逐利者所领会。星巴克一直认为，品牌其实是很脆弱的，只要客户有一次抱怨，就可能永远失去客户的忠诚。因此舒尔茨在星巴克反复说，品牌是一项终身事业，星巴克品牌不是被一次性授予的封号或爵位，它必须以不断地努力来保持和维护。

"我不在星巴克，就在去星巴克的路上"，传递的是一种令人羡慕的"小资生活"，而这样的生活也许有人无法天天拥有，但没有人不希望"曾经拥有"。"第三空间"，其实是人人需要的一种品牌定位。

资料来源：职业经理人俱乐部.http://www.execunet.cn/.

思考讨论题：

1. 星巴克在中国取得成功的主要原因是什么？你认为星巴克的消费市场应如何细分？

2. 星巴克的市场定位有哪些值得借鉴的经验？

第五章

店铺选址及商业网点规划

【学习目标】

- 了解商圈的定义及商圈的构成；
- 掌握商圈的基本理论，商圈要素分析和商圈类型；
- 认识店铺选址的重要性、原则和店铺选址的分析要素；
- 了解商业网点规划的原则及影响网点布局的因素；
- 掌握商业网点规划的主要内容及所需处理的各种关系。

导入案例

哈根达斯"苛刻"的店址选择

哈根达斯是风靡全球的冰淇淋品牌，1921 年由鲁本·马特斯创建于纽约，纽约时代杂志曾赋予哈根达斯"冰淇淋中的劳斯莱斯"的美名。1996 年，哈根达斯登陆中国大陆，上海首家冰淇淋甜品屋开业，风靡一时。构成一份美好食品的要素除了本身的品质外，在什么样的环境中使用、与谁共同享用、要以怎样的心情面对等问题十分重要。哈根达斯对这些问题十分重视，在专卖店的选址、装修等方面投入了很大的精力。

哈根达斯所有的门店一律设在城市最繁华的地段和高档社区，这些地方人流量大，广告效果也明显。例如在上海，哈根达斯有 22 家店铺，几乎最繁华的地段都没能逃脱哈根达斯的"慧眼"。在杭州，哈根达斯将烟雨江南的西湖美景作为专卖店的背景，中西合璧的创意成为了吸引消费者光顾的一大动力。

哈根达斯对于旗舰店的选址要求更高，会特别聘请专业的、熟悉当地生活形态的房产代理来挑选店址。虽然哈根达斯的店面一般都不大，但对所有的旗舰店都不惜重金装修，竭力营造一种轻松，悠闲，舒适，具有浓厚小资情调的氛围。顾客从进门到吃完，其间要完成的各种动作极具仪式感——一句话，不单单是要吃几个冰淇淋球的问题，关键是吃一种生活方式。

资料来源：中国时尚品牌网. http://www.chinasspp.com/news/Detail.

5.1　商　圈　分　析

店铺选址的第一步是描述和评估可供选址的商圈,在此基础上做出最佳选址,商圈一旦被选定,就应该定期对其考察。

> **术语链接**:商圈(trading area)是指经营某种产品和服务的某家或某类企业的顾客分布的地理区域。商圈分析是指店铺对其商圈的构成情况、特点、范围以及影响商圈规模变化趋势的因素进行实地调查和研究分析。

5.1.1　商圈的构成及类型

1. 商圈构成

零售店铺的商圈由主要商圈、次要商圈及边缘商圈三部分组成,如图 5-1 所示。主要商圈(primary trading area)是指最接近商店并拥有高密度顾客群的区域,一般包含这一商店顾客总数的 55%~70%,是最靠近店铺的区域。每个顾客的平均购货额也最高,很少同其他同类商店的商圈发生重叠。次要商圈一般包含这一顾客群的 15%~25%,是位于主要区外围的商圈,顾客较为分散。边缘商圈包含其余部分的顾客,这类顾客往往是分散的、次要的,不超过总顾客的 10%。日用品商店吸引不了边缘区的顾客,只有选购品或特殊商品商店才能吸引他们。实际生活中,店铺的商圈不一定都是如图 5-1 所示的同心圆模式,可以是不同的形状。

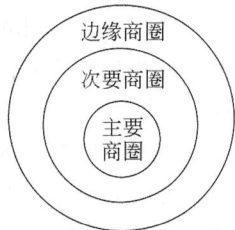

图 5-1　商圈构成

2. 影响商圈形成的因素

影响商圈形成的因素是多方面的,主要有内部因素和外部因素两大类,内部因素包括商店规模、经营商品种类、商店的经营水平和信誉、促销策略等,外部因素主要有家庭与人口因素、竞争对手位置以及交通状况等。

（1）商店规模

商店规模越大,其市场吸引力越强,就越有利于扩大其销售商圈。这是因为商店规模大,可以为顾客提供品种更齐全的选择性商品,服务项目也将随之增多,吸引顾客的范围也就越大。当然,商店的规模与其商圈的范围并不一定成比例增长,因为影响商圈范围大小的还有许多其他因素。

（2）业态的类型

不同业态有不同的消费群体,可以形成大小不同的商圈。便利店以步行 3~5 分钟作为它的服务半径,形成自己特定的供应范围;中小型超市则以社区集中的居住人口为消费对象;大型百货商场的商圈可能是区域性或全市性的,甚至可能对周围城市产生影响。因此,不同的业态和消费对象形成了不同的商圈。

（3）经营商品的种类

对于经营居民日常生活所需的食品和日用品的商店,如食品、牙膏、卫生纸等,一般商圈较小,只限于附近的几个街区,这些商店购买频率高,顾客为购买此类商品,常为求方便,不愿在比较价格或品牌上花费太多时间。而经营选择性、技术性较强,需提供售后服务的商品以及能满足特殊需要的商品,如服装、珠宝、家具、电器等,由于顾客购买此类商品时需要花费较多时间精力比较商品的实用性、品质、价格及式样之后才确认购买,甚至只认准某一个品牌,因而零售商需要以数公里或更大的半径作为其商圈范围。

（4）商店经营水平及信誉

一个经营水平高、信誉好的商店,由于具有颇高的知名度和信誉度,会吸引许多慕名而来的顾客,因而可以扩大自己的商圈。即使两家规模相同,又坐落在同一个地区、街道的商店,因其经营水平不一样,吸引力也完全不一样。如一家商店经营水平高、商品齐全、服务优良,并在消费者心中建立了良好形象,声誉较好,则其商圈范围可能比另一家商店大两三倍。

（5）促销策略

商圈规模可通过广告宣传、推销方法、服务方式、公共关系等各种促销手段扩大,如优惠酬宾、有奖销售、礼品券、各种顾客俱乐部等可能扩大商圈的边际范围。目前,各种大型百货公司和超级市场经常投入大量的广告,通过定期推出特价商品来吸引边缘商圈顾客慕名前来购买。

（6）家庭与人口因素

商店所处外部环境的人口密度、收入水平、职业构成、性别、年龄结构、家庭构成、生活习惯、消费水平以及流动人口数量与构成等对于商店商圈的形成具有决定性意义。

（7）竞争对手的位置

竞争对手的位置对商圈大小也有影响。如果两家竞争的商店相距一段路程,而潜在顾客又居于其间,则两家商店的商圈都会缩小;相反,如果同业商店相邻而设,由于零售业的"群体竞争效应",顾客会因有更多的选择机会而被吸引前来,则商圈可能因竞争而扩大。

（8）交通状况

交通地理条件也影响着商圈的大小,交通条件便利,会扩大商圈范围,反之,会缩小商圈范围。根据顾客采用的交通工具可以把商圈分为:徒步圈,指步行可以忍受的商圈半径,单程以 15 分钟为限;自行车圈,指自行车方便可及的范围,单程不超过 5 公里;机动车圈,指开车或乘车能及的范围,单程为 30 分钟左右;铁路圈、高速公路圈,指通过铁路、高速公路购物的顾客范围,属于商店的边缘商圈部分。因此,很多地理上的障碍如收费桥梁、隧道、河流、铁路,以及城市交通管理设施等通常会影响商圈的规模。

3．商圈类型

从商业区域间相互关系的角度来看,商圈的类型可以分为互补性商圈、竞争性商圈和独立性商圈。

（1）互补性商圈

商圈与商圈之间,由于地域分布不同和市场特色、市场定位不同,会产生互补前提下的效益叠加现象。商圈之间的互补性主要表现在主要商圈层的地域独占性上。在经济全球化日益发展的今天,资源和生产要素在全球范围内流动,次要商圈层和边缘商圈层都发生了深刻的变化,他们的范围将变得更加不规则和不确定,单纯的内向型的经济循环必然束缚现代商圈的发展。因此加强商圈之间的合作可以为商圈带来互利双赢的机会,扩大整个城市的商业辐射功能。

（2）竞争性商圈

每个商圈都有自己的商圈层,相邻的商圈之间,必然存在着次要商圈层和边缘商圈层的交叉重合现象。信息化时代,地域上不相邻的两个商圈也可能会在网上进行商业的竞争和交锋,这些都是竞争性的表现。对于竞争性商圈,政府应该积极引导,支持它们在一个合理的范围内进行竞争,而不是无节制的恶性竞争,导致两败俱伤。

（3）独立性商圈

两个商圈可能由于种种原因相互没有什么影响,一种原因是两个商圈分布的都是某一类特定商品的经营网点,这些商品属性并无多少关联,导致商圈彼此相互独立。例如,服装市场形成的商圈与家用电器市场形成的商圈之间影响力就很微弱。除了空间绝对距离外,交通的状况也可能导致商圈之间并无关联,许多自然和人为的地理障碍,如山脉、河流、桥梁、铁路等会截断商圈的界限,使得空间相邻的商圈相互独立。当然,商圈之间绝对没有关联是不可能的,只是这种关联性相对于商圈本身的空间扩散性来讲很微弱而已。

5.1.2　传统商圈划定方法

商圈划定方法对已开店铺和新开店铺有所不同。对于已开店铺,通过抽样调查记录、售后服务登记、顾客意见征询等途径搜集有关顾客居住地点资料,从资料统计中即可掌握店铺客流量的大小,其中哪些是固定消费群,哪些是流动顾客,根据固定消费者住址,在地图上标明,即可分析出商店的核心商圈、次级商圈和边缘商圈。

对于新开店铺来说,划定商圈主要依据当地零售市场的销售潜力。运用趋势分析,包括有关部门提供的城市规划、人口分布、住宅建设、公路建设、公共交通等方面的资料,预测未来的发展变化趋势。还可以用各种调查方法,收集有关客流和购物距离等资料进行类比和综合分析,大体测出新建商店的商圈。常见的商圈划分方法主要有以下几种。

1. 雷利法则

雷利法则是美国学者威廉·J. 雷利(W·J. Reilly)利用三年时间调查了美国 150 个城市商圈后,于 1931 年根据牛顿力学的万有引力理论提出的用以预测商圈规模的"零售引力法则",总结出都市人口与零售引力的相互关系。雷利法则以万有引力为核心,用城市人口取代物体质量,用城市之间的距离取代物体之间的距离,认为两个城市从其间某一点吸引顾客的能力与两城市的人口成正比,与两城市至该点的距离的平方成反比,如公式(5-1)所示。

$$\frac{B_a}{B_b} = \frac{P_a}{P_b} \times \left(\frac{D_b}{D_a}\right)^2 \tag{5-1}$$

式中,B_a 为城市 A 对 A、B 城市中间某地 C 处顾客的吸引力;

B_b 为城市 B 对 C 处顾客的吸引力;

P_a 为城市 A 的人口;

P_b 为城市 B 的人口;

D_a 为城市 A 与 C 处的距离;

D_b 为城市 B 与 C 处的距离。

雷利法则证实了城市人口越多、规模越大、商业越发达,当地供应的商品和服务在数量、品种、方式方面就会有较大的发展,必然吸引更多的顾客去该地区购买商品,接受商业服务,对顾客购买的吸引力就越大。具有零售中心地机能的两个城镇对位于其中间的某一城镇的零售交易的吸引力与两城镇的距离平方成反比,这是由于顾客消费还要考虑购物成本,距离越远购物成本越高,所以吸引力下降。

应注意的是,雷利法则的提出是基于以下几个假设。

① 零售交易的吸引力可以用零售额或者购物人数来衡量;

② 各地具有相同的价格水平;

③ 各地之间的交通条件相同;

④ 各地所提供商品的顾客价值相同,即指各地提供的商品在质量、服务、促销策略等方面无差异。

因此,雷利法则的局限性在于:只考虑距离,未考虑其他交通状况(如不同交通工具、交通障碍等),若以顾客前往商店所花费的交通时间来衡量会更适合;顾客的"认知距离"会受购物经验的影响,如品牌、服务态度、设施等,通常会使顾客愿意走更远的路;因消费水准的不同,人口数有时并不具代表性,如果以销售额来判断则更能反映其吸引力。

"雷利法则"是最原始、最基本的商圈理论法则,以后的众多法则均源于该法则关于零售吸引力的思想。这个法则对研究城市商圈的贡献在于:如果企业无法在投资地获得更为详尽的资料,只能通过官方资料大概了解该地人口和地理情况,那么就可以利用雷利法则对该地进行初步的吸引力判断。雷利法则运算方法简单,数据获得容易,是企业在决策早期经常使用的方法。

2. 康弗斯法则

1943—1948 年间,美国伊利诺伊大学的经济学家康弗斯(P. D. Converse)依据雷利法则,进一步研究两个都市的行商势力范围,找出两都市之间的商圈均衡点,即在两个城镇之间设立一个中介点,顾客在此中介点可能前往任何一个城镇购买,两个城镇商店对中介点居民的吸引力完全相同,这一地点到两商店的距离即是两商店吸引顾客的地理区域,其计算公式如(5-2)所示。

$$D_{AB} = \frac{d}{1 + \sqrt{\dfrac{P_B}{P_A}}} \tag{5-2}$$

式中,D_{AB}:A 城镇商圈的范围(以从 A 往 B 方向到中介点的里程衡量);

P_A:A 城镇的人口;

P_B:B 城镇的人口;

d:城镇 A 到 B 的里程距离。

假设:A 城镇人口 9 万人,B 城镇人口 1 万人,A 城镇距 B 城镇 20 公里。则根据公式(5-2)可以计算出 A,B 城镇商圈的范围如下:

$$D_{AB} = \frac{20}{1 + \sqrt{\dfrac{1}{9}}} = 15(公里)$$

$$D_{BA} = \frac{20}{1 + \sqrt{\dfrac{9}{1}}} = 5(公里)$$

则中介点与 A、B 两个城镇的相对位置如图 5-2 所示。

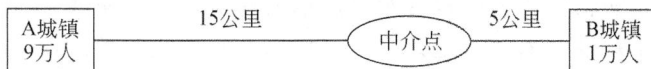

图 5-2　中介点位置图

计算结果表明,A 城镇吸引与中介点距离为 15 公里以内的顾客,B 城镇吸引与中介点距离为 5 公里以内的顾客。即中介点往 A 城镇这边的居民主要在 A 城镇购物,中介点往 B 城镇这边的居民主要在 B 城镇购物。这一结果为零售商划定 A 城镇和 B 城镇中商店的商圈范围提供了依据。

如果有各自独立的 A、B、C、D 四个城镇,每个城镇人数以及 A 城镇到其他城镇之间的距离已知,可以利用公式(5-1)计算出 A 城镇与其他三个城镇之间的中介点,将三个中介点连接起来,就可以得出 A 城镇大致的商圈范围。在此商圈内的消费者通常都愿意到 A 城镇购物,如图 5-3 所示。

康弗斯法则同样也遵循雷利法则的四个假设条件,在实际运用中也有一定的局限

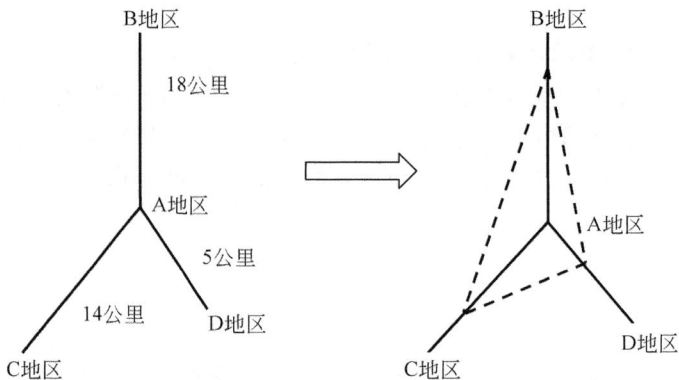

图 5-3 A 地区大致的商圈范围

性：该方法也只有在交通条件和购物环境相同的情况下才成立；只考虑了两地的里程距离，没有考虑实际的行程距离；城市人口的规模并不能完全反映城市的实际吸引力；只适用于出售日常用品的商店，不适用于出售挑选性强的高档消费品商店；如果考虑广告的影响和顾客的忠诚度影响，也会削弱该法则的有效性。

3. 赫夫法则

赫夫法则是美国加利福尼亚大学经济学者戴维·赫夫（D. L. Huff）教授于 1963 年提出的关于预测城市区域内商圈规模的模型。赫夫法则依然是引用万有引力原理，提出了购物场所各种条件对消费者的引力和消费者去购物场所感觉到的各种阻力决定了商圈规模大小的规律。与其他模型的区别在于，赫夫法则的模型中考虑到了各种条件产生的概率情况。

赫夫认为，从事购物行为的消费者对商店的心理认同是影响商店商圈大小的根本原因，商店商圈的大小规模与消费者是否选择该商店进行购物有关。通常而言，消费者更愿意去具有消费吸引力的商店购物，这些有吸引力的商场通常卖场面积大，商品可选择性强，商品品牌知名度高，促销活动具有更大的吸引力。相反，如果前往该店的距离较远，交通系统不够通畅，消费者就会比较犹豫。根据这一认识，赫夫提出其关于商店商圈规模大小的论点：即商店商圈规模大小与购物场所对消费者的吸引力成正比，与消费者去消费场所感觉的时间距离阻力成反比。商店购物场所各种因素的吸引力越大，则该商店的商圈规模也就大；消费者从出发地到该商业场所的时间越长，则该商店商圈的规模也就越小。

赫夫从消费者的立场出发，认为消费者前往某一商业设施消费的概率取决于该商业设施的营业面积、规模实力和时间三个主要要素：商业设施的营业面积大小反映了该商店商品的丰富性；商业设施的规模实力反映了该商店的品牌质量、促销活动和信誉等；从居住地到该商业设施的时间长短反映了顾客到目的地的方便性。同时，赫夫模型中还考虑到不同地区商业设备、不同性质商品的利用概率,其公式表达如(5-3)所示。

$$P_{ij} = \frac{\dfrac{S_j}{T_{ij}^{\lambda}}}{\displaystyle\sum_{j=1}^{n} \dfrac{S_j}{T_{ij}^{\lambda}}} \qquad (5\text{-}3)$$

式中,P_{ij}——i 地区的消费者在 j 商业区(或商店)购物的概率;

S_j——j 商店的规模(营业面积)或 j 商业区内某类商品总营业面积;

T_{ij}——i 地区的消费者到 j 商业区的时间距离或空间距离;

λ——消费者对时间距离或空间距离的敏感性参数,通常取 $\lambda=2$;

n——相互竞争的商店数量;

$\dfrac{S_j}{T_{ij}^{\lambda}}$——$j$ 商业区(商店)对 i 地区消费者的吸引力。

赫夫法则运用的前提假设如下。

① 消费者光顾卖场的概率会因零售店卖场面积而变化,卖场面积同时代表商品的齐全度及用途的多样化;

② 消费者会因购物动机而走进零售店卖场;

③ 消费者到某一零售店卖场购物的概率受其他竞争店的影响。竞争店越多,概率越小。

赫夫模型是国外在对零售店商圈规模调查时经常使用的一种方法,主要依据卖场引力和距离阻力这两个要素来进行分析,运用赫夫模型能求出从居住地去特定商业设施的出行概率,预测商业设施的销售额,商业集聚的集客能力,从而得知商圈结构及竞争关系会发生怎样的变化。此外,在调查大型零售店对周边商业集聚的影响力时也经常使用这一模型。

赫夫法则的最大特点是更接近于实际,它将过去以都市为单位的商圈理论具体到以商店街、百货店、超级市场为单位,综合考虑人口、距离、零售面积规模等多种因素,将各个商圈地带间的引力强弱、购物比率发展成为概率模型的理论。赫夫模型不仅是从经验推导出来的,而且表达了消费者空间行为理论的抽象化。考虑了所有潜在购物区域或期待的消费者数,这个模型考虑了营业网点的面积、顾客的购物时间、顾客对距离的敏感程度等因素,经统计可得出消费者对不同距离到目标店购物的概率。

当然,赫夫法则也有其局限性。赫夫模型中,通常用到卖场的时间距离作为阻力因素,而用卖场的面积来代替卖场的吸引力,但如果仅用卖场的面积来代替卖场引力,那相同面积的百货店、超市、商业街就具有相同的魅力,这样假设显然过于武断。模型中确定敏感性参数 λ 的值比较麻烦。如果取实际值,需花费相当多的时间和费用通过市场调查才能计算得出;由于不同地区的商业情况和消费文化各有不同,其敏感性参数也会不同,如果取固定值,则又难以正确反映实际情况。

4．实验法

实验法是通过观察或访问方式,对潜在顾客进行直接调查,搜集资料,进行分析,然后依次划定商圈的一种有效方法。具体有以下几种。

（1）实地调查

访问前往邻近其他店铺购买商品的顾客，了解顾客住址及其所购产品，以此推断店铺的商圈范围。这是唯一的面对面交谈方法，成功访问的百分比很大，还可能借此对商圈内的顾客情况进一步了解分析，但需耗费过多的人力与时间。

（2）电话访问

通过电话了解顾客住址和购买情况。这种方法获取资料快，调查成本低，但易打扰被调查者，可能会造成调查对象的反感而不易获得合作；且近来由于电话诈骗案的频繁播报，被调查者可能不易轻易透露其居住地址等信息。

（3）邮寄问卷

通过邮寄方式询问潜在顾客，用返回的资料推断开设店铺的地理区域，划定商圈。这种方法价格低廉，可广泛了解受询者的分布情况，不受时间和空间控制。缺点是回收率低，可能只有10%的回函，且花费时间较长。为克服这些缺点，可随之附上赠品来诱导回信，如奖券、优惠折扣等。

（4）提供服务

向顾客提供信用购买、售后服务时获得顾客住址及工作地点资料。这种方法资料取得容易，但有一定局限，主要适用于出售挑选性强的耐用消费品，由于我国信用购买不太普遍，故采用此方法有一定困难。

5.1.3　商圈分析的要素

商圈划定后，企业就可以根据商圈的性质、大小、及特点来确定该区域是否有设店价值。从大环境来看，商圈分析主要考虑以下几方面的因素。

1. 人口特征分析

通过对商圈区域内人口（包括居住人口、工作人口、流动人口）增长率、人口密度、收入情况、家庭特点、年龄分布、民族、学历及职业构成等方面的现状和发展趋势做调研，可以把握商圈内未来人口构成的变动倾向，并为市场细分和企业定位提供有用的第一手信息。除了通过人口普查收集人口变动信息，零售商也可以从各地的统计年报中得到一些相关信息，或者请专门的市场调研公司帮助收集相关信息。商圈分析中，特别要分析该区域有没有人口增加的趋势，因为一个人口逐渐增加的区域会带来更多的客流。

2. 经济基础和购买力分析

经济基础反映了一个地区的商业和工业结构以及居民的收入来源，也决定了商圈内的购买能力。追求稳定经营的零售商通常偏爱多元的经济结构（即拥有许多彼此关联不大的产业和金融机构），而不太过分依赖某一产业的单一经济，后者受经济周期及产品需求变动的影响较大。

商圈分析中,可以借助与商圈购买力有关的各种指数来估计其市场潜量,即所谓的购买力指数法。比较不同商圈的购买力指数,可以为发现潜在的消费市场提供依据。购买力指数计算公式如式(5-4)所示。

$$B_i = Y_i \times 0.5 + R_i \times 0.3 + P_i \times 0.2 \qquad (5-4)$$

式中,B_i:i 商圈购买力指数;

　　Y_i:i 商圈内可支配收入占区域可支配收入百分比;

　　R_i:i 商圈内零售额占区域零售额百分比;

　　P_i:i 商圈购买力人口占区域人口百分比。

上述购买力指数计算公式中的权重通常适用于多数消费品的市场销售潜量的分配;但对于高级奢侈品或廉价消费品,则需根据情况对权重作适当调整。

【例】　某区域有 A、B、C、D 四个商圈,每个商圈的可支配收入、零售额、购买力人口数据见表 5-1,请计算各商圈的购买力指数。

表 5-1　某区域各商圈购买力影响因素表

商圈	个人可支配收入/万元	零售额/万元	人口数/万人
A	52 000	20 000	26
B	156 800	104 000	84
C	95 000	54 000	57
D	68 200	42 000	33
区域	372 000	220 000	200

根据表 5-1 首先计算出各商圈的 Y_i、R_i、P_i 值(保留 1 位小数),再根据公式(5-4)计算出各商圈的购买力指数。

$$B_A = \frac{52\,000}{372\,000} \times 0.5 + \frac{20\,000}{220\,000} \times 0.3 + \frac{26}{200} \times 0.2 = 0.123$$

$$B_B = \frac{156\,800}{372\,000} \times 0.5 + \frac{104\,000}{220\,000} \times 0.3 + \frac{84}{200} \times 0.2 = 0.437$$

$$B_C = \frac{95\,000}{372\,000} \times 0.5 + \frac{54\,000}{220\,000} \times 0.3 + \frac{57}{200} \times 0.2 = 0.258$$

$$B_D = \frac{68\,200}{372\,000} \times 0.5 + \frac{42\,000}{220\,000} \times 0.3 + \frac{33}{200} \times 0.2 = 0.182$$

3．竞争状况分析

竞争状况分析是商圈分析的一个重要环节,除非零售商具有很大的竞争优势,可以忽略现有的竞争,否则,新开店铺都要面临竞争的可能。例如,一个区域的潜在图书购买力是 25 元/人年,而这个区域内已经有很多书店,它们累计销售额已经达到 24 元/人年,则新加入者的市场空间就很小了。考察一个地区的竞争状况,应着重分析以下因素:现有商店的数量、规模、新开店的发展速度、各商店的优势与劣势、近期与长远的发展趋势以及商圈饱和度。这里,重点介绍一下商圈饱和度的计算方法。

商圈饱和度是判断某个地区商业竞争激烈程度的一个指标,通过计算或测定某类商品销售的饱和度指标,可以了解某个地区同行业是过多还是不足,以决定是否选择在此地开店。通常位于饱和程度低的地区,开店的成功可能性较高度饱和区可能性要大,因而分析商圈饱和度对于新开设商店选择店址很有帮助。商圈饱和度指标(IRS)计算公式如下:

$$IRS = \frac{C \times RE}{RF} \tag{5-5}$$

式中,IRS 为某地区某类商品零售饱和指数;

    C 为某地区购买某类商品的潜在客户数量;

    RE 为某地区每一顾客该类商品平均购买额;

    RF 为某地区经营同类商品商店营业总面积。

例如,某地区购买快速消费品的潜在顾客人数是 3 000 人,每人每月平均在超市购买快速消费品 220 元,该地区现有标准超市 2 家,营业总面积 1 000 平方米,则根据上述公式,该地区零售商业中超市业态的市场饱和指数为:

$$IRS = \frac{3\,000 \times 220}{1\,000} = 660 \text{ 元/平方米}$$

一般来说,应选择饱和指数较高的商圈开店。因为饱和指数越大,这意味着改善圈内的饱和度越低;饱和指数越小,商圈的饱和度越高。

4. 基础设施状况分析

区域内的基础设施为商店的正常运作提供了基本保障。连锁经营的零售企业需要相应的物流配送系统,这与区域内交通通讯状况密切相关,有效地配送需要良好的道路和顺畅的通信系统。此外,还与区域内的软性基础设施有关,包括相关法律、法规,执法情况的完善程度等,都需要认真分析。

5.1.4 商圈理论的创新

传统商圈理论多建立在封闭式区域内,有一定的合理性,但随着社会的发展,技术的进步,信息的传播以及交通条件的改善,商圈理论也要创新。现代商圈理论认为,大型百货、大型超市、仓储式商店、专门店、专卖店等零售业态的商圈远不是以居民居住的距离来决定的,而是取决于这些业态经营所产生的诱惑力、服务水平所形成的内聚力以及业态特点所形成的特色经营的辐射力。

1. 聚焦理论

商圈的大小取决于商业业态和功能的集聚程度。商业功能越多,可以为消费者提供的消费空间越多,也能吸引更多的消费者来这里购买,不仅对当地居民产生内聚力,减少购买力外流,同时,也吸引周围的购买力,产生"盆地效应",增强辐射力,扩大商圈范围。而功能越少,消费越单一,就使消费者的购物成本(包括购物支出、购物时间等)更高,它的商圈就越小。

集聚包含两个方面的内容:一是功能的集聚,如商业广场、商业环岛,社区商业中心所形成的商圈,完全是由功能的多少决定商圈的大小。市级商业中心商圈之所以大于区级商业中心或社区商业中心,完全取决它所集聚的商业功能和合理配套。二是同业种的集聚,如商业一条街、专业市场,完全是同类商品的集聚。这种集聚标志着同类商品的品牌、规格、款式和花色的集聚,质量和功能的对比,形成均衡价格。消费者在这里不仅可以任意挑选,还可以货比三家,节省购物时间,以合适的价格买到合适的商品。同类商店、同类商品集聚越多,其商圈越大。

2. 规模理论

商圈的大小还取决于它的经营规模,集聚理论受到规模理论的制约和影响,集聚所产生的规模效应不是越多就越大,任何事物都要有个度的限制。不管是单位企业规模,还是集聚所产生的群体规模,都要以现实的购买力来支撑。特别是要以基础商圈(包括最佳的步行购物距离、骑车距离和不换乘的公共交通距离所能集聚的人口和购买力)为基础,加上购买力可能产生的流进和流出相抵来预测销售总量,除以保本销售额,就可以得出相对规模的参照数。

$$销售总量＝商圈人口×可投入的购买力$$

其中,

$$可投入的购买力＝收入水平×消费系数$$

3. 层次理论

单一业态形成单一商圈,而多业态、多商业功能的集聚形成多层次的商圈。如一般生活必需品,人们都愿意就近购买,这就形成基本商圈,而多业态集聚各有自己的消费对象和购物群体,百货店的商圈不同于专门店,超市的供应范围有别于专业店,而这些店在一个地区的集聚就构成该地区商圈的多层次。不仅要计算基本商圈的购买力水平,还要研究对次要商圈、边缘商圈的吸纳能力。

4. 碰撞理论

商业企业(包括单位和群体)所形成的商圈不是以等距离计算的,它的辐射面往往由于受到外在的阻力而改变。如受到铁路和河流阻隔,商圈可能呈现半圆形或扇形,特别是周围地区的同一业态、同一商业功能所形成的辐射力就会产生相互碰撞和抵触,一方面可能导致中间地带购买力分流,以就近购买为标准,泾渭分明,分别计算;另一方面可能产生交叉购买,相互渗透。特别是网点比较密集的城区,商圈难以以单一业态、单一商业设施计算,往往形成你中有我、我中有你的集速型商圈。

5. 开放性理论

传统的商圈基本上都是封闭式的,特别是在计划经济条件下,实行划片定点,按行政区划规定供应范围,主要生活品是封闭式供应。而在市场经济条件下,人们的消费是自主、自由的,不仅存在着消费主体的流动性和多向选择,而且存在着业态不同的特点所产生的不同吸引力,它们形成了相互交叉、重叠、多向的购买力集群,使商圈产生变异,出现块状、带状和点状的模块,向多样化发展。

讨论专题:网络商圈

今天的消费者,特别是年轻的消费者到底在哪里呢? 在社交网络中。社交网络汇聚了海量的、真实的消费人群,已经成为互联网土地上最有价值的黄金地段。有人认为,当下的零售业态商圈正在从地面向互联网过渡。每个消费者都能建立自己的微型商圈,每个消费者都有粉丝或好友团。这些消费者自动组织起来,共同主导、参与购物过程,分享购物体验和乐趣。从互联网人口经济学来看,互联网商圈不断进化,正在形成核心商圈、次级商圈、边际商圈和长尾商圈。由于社交网络的人气旺盛,社交网络将成为互联网商圈的黄金地段和核心商圈。但也有人说,网络在人们生活中产生了巨大影响,但人们并没有找到网络对于零售业发生作用的恰当方式。那么,对于网络商圈,你如何看待?

5.2 店铺选址分析

零售店店址的确定是零售企业开业前所需准备的一项重要资源,它不仅决定了零售企业可获取销售收入的高低,也体现出零售企业的市场地位和企业形象,决定着后续零售活动的开展。

5.2.1 店铺选址的重要性

影响零售商成功的因素有很多,但最重要的三个因素是什么? 西方零售大师们最经典的回答是:"Place,place,place(选址,选址,还是选址)!"零售店铺位置的选择是企业一项重要的长期投资,不仅影响店铺的发展和盈利,同时也关系到顾客购物的便利。零售企业可以随时改变价格、商品组合、服务等,但店铺的位置一旦确定就很难改变。因此,优越的店铺位置是获得其他竞争者不易模仿的竞争优势的重要途径。也许恰当的选址不能弥补零售商店经营管理的缺陷,但错误的选址却会成为零售商店发展过程中的障碍。具体来说,店铺选址的重要性主要表现为以下几点。

1. 是零售企业一项长期性的投资

购买和租赁是零售营业店铺的两种主要来源,无论哪种形式都需要大量的资金投入。一般而言,条件较差的零售地点普通租期约 5 年;条件好的购物中心或商业区的地点,通常租期至少以 10 年为期;超级市场通常要租 15~30 年;一些位于主要闹市区大街上的百货商店与大型专业商店甚至要签订为期 99 年的租约。无论是购买还是租赁店铺,还需要进行装修或改造,其投入也相当可观。所以店址的投资具有长期性、固定性等特点,关系着零售企业的发展前途,特别是一些大型零售企业,店址一经确定一般就不会轻易再变。

2. 是确定目标顾客和经营策略的重要依据

商店的地址对零售商的整个经营策略有着重要影响,它也与零售企业经营的商品、制定的价格以及采取的促销措施相关。店铺地点一经确定,商店的潜在顾客也就大致确定了,在一定程度上制约着零售企业对经营的商品、价格、促销活动的选择。因此,零售商的选址必须符合自己的营业宗旨、经营对象和目标市场。店址对零售企业经营的影响是长期的,它会决定一家商店的经营风格,也会左右商店的营销手段和策略,必须制定出适合于选定的地址的策略组合(strategy mix),包括商品的花色品种,推销宣传、价格等。

3. 是零售企业市场形象的体现

不同的零售企业以及不同的市场定位在选址上有很大差别,因为零售商所在地段反映着一家企业的形象,这是被人们所公认的事实。一个零售企业在什么地段开店,人们就会对它有什么档次的评价。一些商店为了显示其高档次的形象,不惜重金在高档地段开店就是这个道理。零售店所经营商品的品种、制定的价格,提供的服务、商场的环境气氛必须和所处地段的环境、气氛相协调。试想如果一家经营高档商品的商店选址在一个脏、乱、差的区域,对其企业形象本身也是一种损害。

4. 是影响经营效果的重要因素

零售店铺的地理位置优越,就拥有了"地利"的优势,这样才能带来更多的"客流"。在规模、商品组合、服务水平、促销手段相同的条件下,哪个店铺的客流量大,其销售效果相对也就越好,经营效率也就越高。因此,零售商进行经营效率分析、店铺绩效考核和内部管理时,必须考虑店铺位置的影响。

【案例链接】

万客隆在台湾市场的失败

万客隆从 1989 年开始进入台湾,并在初期取得了非常显著的成功,于是开始向大卖场的经营路线进行延伸,但却因为地处偏僻,定位模糊,反而流失了大量的客户群。此外,万客隆由于仓储的要求高,需要的店面面积大,加上要降低土地成本,地点以市郊或工业区为主,因此要在都会区附近找到适合的地点,是比较困难的。

万客隆进入台湾之前,曾经获得台湾经济部准许的在工业区开店的承诺,原以为只要在工业区就能开店,没想到商业买卖行为违反了当时的台湾土地使用法令,地方政府还有层层关卡对回馈的要求,使其扩张速度大大降低,一度创下七年没有新店面开张的记录,使得其他竞争对手有了迅速占领市场的机会。

同时,由于中国台湾本地零售企业的抵制,及出于保护本地零售企业的考虑,万客隆还遭到高雄县政府断电的情况,后来关闭了台北县五股及高雄的店面。台北县的中和店完工五年,原本是要做重要门店,但由于一直无法取得执照,万客隆不得不忍痛放弃。

相比之下,家乐福、大润发等大卖场业态在场地面积等方面的限制较小,只要人口高度密集的地方就可以开店,甚至附设在购物中心也可以。所以这一类零售企业得到迅速发展。经过市场不断挤压,万客隆最终选择了退出台湾市场。

5.2.2　店铺选址的原则

1. 前瞻性原则

零售商店选址是一项长期投资,关系着零售商店经营发展的前途。因此,选择时要考虑未来环境发展的变化,特别是要对竞争的态势,也就是要对所在地发展的前景做出评估,因为店址一旦选定一般就不会再改变。对于经营者来说,所选的地址应具有一定的商业发展潜力,这样才能在该地区具有竞争优势,保证在以后一定时期内有利可图。所以不仅要研究所在区域的现状,还要能正确地预测未来。

2. 便利性原则

好的店铺位置选择应考虑便利性,主要体现在两个方面:一是方便顾客购买,二是方便商家货品的运输。为了方便顾客购买,店址应选择在交通便利的地点,考察该地是否具有较密集、发达的公交汽车路线,各公交路线的停靠点能否均匀、全面的覆盖整个市区,这直接关系到消费者购物的便利程度。以食品和日用品经营为主的超级市场、便利店等则应选择在居民区附近,满足消费者就近购买的要求,且位置应方便消费者进出。此外,店铺的选址还应考虑该地交通网络是否通达,商品从运输地到零售商店是否方便。道路是否畅通不仅影响商品的质量和安全,而且影响商品的运达时间和运输费用。好的选址应有利于货品的合理运送,降低运输成本,既能保证及时组织所缺货物的供应,又要能与相邻店铺相互调剂和平衡。

3. 适应性原则

零售商店的建设要与周围的建筑环境相融合,不同的环境要求不同的建筑风格。如果考虑不周,不仅影响零售商店的开设成本,还会带来其他一系列问题,如零售商店货架通常比较高、相应的对建筑物层高的要求也比较高等。同时,零售商店投资者还要了解有关城市建设发展的有关要求,该地区的交通、市政、公共设施、住宅建设或改造项目的近期、远期规划,这些都应在选址考虑的范围内。

4. 购买力原则

一家具备优良店址的零售商店必然拥有一批稳定的目标顾客,这就要求在其商圈范围内拥有足够多的户数和人口数。对商圈内人口的消费能力进行调查,对这些区域进行进一步的细化。展示这片区域内各个居住小区的详尽人口规模和特征的调查;计算不同区域内人口的数量和密度、年龄分布、文化水平、职业分布、人均可支配收入等许多指标；了解其商圈范围内的核心商圈、次级商圈和边缘商圈内各自居民或特定目标顾客的数量和收入程度、消费特点与偏好。

5．交叉性原则

通常大型零售商店定位的商圈很大，有的甚至会覆盖整个城市，而在同一个城市往往会有相当数量的大中型零售店，这些零售店的商圈会发生交叉甚至重叠，由此引发竞争。因此，在店铺选址中，需要计算所有竞争对手的销售情况、产品线组成和单位面积销售额等情况，然后将这些数字从总的区域潜力中减去，得出未来的销售潜力。

【案例链接】

沃尔玛与家乐福的选址要求

沃尔玛和家乐福这两家世界零售巨头之所以取得成功，一个很重要的原因是他们都对选址有严格的要求。家乐福和沃尔玛都很注重店址的交通便捷性，要求机动车、非机动车都能很方便地到达，无论是现在还是未来，都是"很容易进入的地段"。一般家乐福大卖场倾向于选择在一线城市市中心的繁华商圈，而其老对手沃尔玛的很多大卖场都选择相对偏远的城郊结合部以及社区之中。同时，家乐福和沃尔玛在物业和合作方式上也有不同的要求，如表 5-2 所示。

表 5-2　家乐福和沃尔玛的选址条件

		沃 尔 玛	家 乐 福
商圈区位		临交通主干道，至少双向四车道，无明显阻隔；2 千米范围常住人口 12 万～15 万人，以收入水平较高的中青年为主；1.5 千米内无经营面积超过 5 千平方米的同类业态	交通方便（距离公交或地铁车站不超出 200 米）；3 千米内不少于 30 万人口；位于两条马路交叉口，其一为主干道；与相同业态商家距离不少于 2 千米
物业要求	面积	1 万～3 万平方米	1.5 万平方米以上，不超过三层，总建筑面积 2 万～4 万平方米
	建筑物	纵深 40～50 米以上；临街面大于 70 米	长宽比例 10∶7 或 10∶6
	层高	5 米	大于 5.5 米
	柱距	8～9 米	8～10 米
	楼板承重	800 千克/平方米以上	1 000 千克/平方米
	停车场	300 个以上顾客免费停车位，20 个以上免费货车停车位	免费提供至少 600 个机动车停车位，非机动车停车场地 2 千平方米

续表

		沃　尔　玛	家　乐　福
物业要求	相关配套	电动扶梯;电源稳定,配备完善的给排水系统,提供独立给排水接驳口并安装独立水表	自动扶梯,至少两部3吨专用运货电梯;二路进水、二路供电、煤气、排水和排污
	其他	2个主出入口;外立面广告至少3个;一定面积广场	转租租户由家乐福负责管理
合作方式		租赁期限20年或20年以上	租金较低、长期的租赁合同(一般20~30年)

资料来源:瀛商网.http://www.winshang.com/.

5.2.3　店铺位置类型的确定

零售企业需要根据自身业态和档次定位选择店铺位置,从大的方面来看,选址可以坐落在以下不同类型的区域。

1. 孤立商店

孤立商店是指单独坐落在路旁或小巷内的零售店。这类商店的邻近没有同类的其他零售店,其优点在于:无竞争者,租金低,具有灵活性,它在经营上可不遵守行业的规则,商店的位置可自行选择。规模较大的孤立商店如大卖场能安排方便的停车场,有利于开展一站购齐(one-stop shopping),使顾客在此店一次就可买到所需的各种商品。孤立商店的缺点是难于招徕新顾客;往往不能满足顾客在购货中喜欢品种丰富多样的要求;平均广告费用较高;室外照明、维修场地和清扫垃圾之类的费用只能独家承担;在多数情况下,不能租用店房而需新建。孤立商店要形成和保持一个目标市场颇不容易,而孤立的小零售店由于没有品种齐全的商品和较大的名声,很难形成一批忠实顾客。所以,通常最适合于开办孤立商店的是大零售商。

2. 城市中心商业区

中心商业区是城市最繁华的区域,有多种商店形象,不同的价格水平。除了云集全市最著名的百货商店、各种专业商店、品牌专卖店之外,还有各种服务性行业,如餐馆、宾馆、影剧院、娱乐场所等。虽然城市中心商业区的租金相对较高,但公共交通方便、商圈大、吸引力强,商店的效益一般较好。大城市通常有多个中心商业区,如上海就有南京路商业区、淮海路商业区、徐家汇商业区等;在一些较小的城市,中心商业区可能是唯一的购物区。

3. 辅助商业区

辅助商业区是在一个城市内临近于两条主要街道交叉口的商店区。一个城市一般有几个辅助商业区,每个区内至少有一家较大的百货商店,还有一些其他商店。这种商业区在人口已经增加、地区正在扩大的城市里显得越来越重要。在辅助商业区出售的商品和劳务,类型上与中央商业区相近似。不过辅助商业区的商店较小、商品的花色品种较少、商圈也较小,住得很远的顾客不会到这里来,这里主要销售大量的日常生活用品。辅助商业区主要优点是:商品花色品种较齐全,临近公共交通站和大马路,位置靠近住宅区。其主要缺点是:各店供应的商品和劳务品类不很齐全,租金较高。

4．城市居民区的商业街和商业区

城市居民区的商业街和商业区是城市商业最主要的部分,其服务对象主要是附近的居民。在这些地区开设商店是为方便居民就近购买的各种商店,各种业态都有,以便利店业态居多,主要销售零食品、日用百货、杂品等为主。在居民区开店的租金相对较低,对业态的限制较小。

5．购物中心

购物中心分为城市购物中心与郊区购物中心,其特点是由房地产开发商统一开发,对商业布局的计划性很强。位于市区的购物中心档次较高,因此经营费用和商品价格也很高;郊区购物中心虽然较偏远,但一般都交通便利,处于高速公路边上或城市轨道交通的站点。在城市交通日益拥挤、停车困难、环境污染严重、地价上升的情况下,随着私人汽车大量增加,郊区购物中心快速发展起来,其特点是容量大、业态全、设施现代化、购物环境好,能满足消费者一站购齐的要求。郊区购物中心能容纳的业态较多。

购物中心的优点是:由于认真规划使供应的商品和服务都能安排的十分周密;能够建立一个具有特色的购物中心的形象。其局限性表现为:经营灵活性不够,例如,营业时间不灵活;租金比孤立商店高,经营的商品有一定的限制;处于竞争的环境中;一般的小店会受到大型商店的控制。

【阅读链接】

购物中心选址"十不宜"

① 西晒的门面要慎选。有时候西晒店位置不错,但到了炎热的夏季,如果没有空调,顾客是不愿意冒着大汗购物的。

② 风口位置的要慎选,特别是在北方城市的冬季寒风袭人。如果店门朝风(一般朝西北方向),对顾客入店会产生麻烦。

③ 店面地面与路面不平的慎选。高低不平影响顾客进店。

④ 店面在斜坡上要慎选。斜坡影响车辆停放,不利于顾客进店购物。

⑤ 快车道旁开店要慎重。路边无法穿过,影响顾客流动。

⑥ 居民稀少的地区开店要慎重。居民区流动人口少,加之居民数量增长慢,没有固定的消费者。

⑦ 门前有障碍物的要慎选。如有的门店前有树木、建筑物等,这些障碍物有可能影

响店铺的能见度,进而影响客流。

⑧ 门店宽度相对窄者应慎重。因为门店宽度相对较窄者不易被顾客注意。

⑨ 行人匆匆的地方要慎重。因为这样的街道人们不习惯逛街,也很少有人驻足购物。

⑩ 灯光暗淡的地方要慎重。昏暗的地方影响逛街兴致,同时也说明灯光暗的街段并非繁华街区。

6. 城市交通要道和交通枢纽的商业街

城市交通要道和交通枢纽的商业区包括城市的重要街道、火车站、长途汽车站、地铁车站以及大的中转站等。这些地点人流量特别大,交通便利,商业服务业都很发达,适应于各种业态,店址选择在这些地点有很好的商机。

上述每一种店铺位置类型都有优势和不足,零售商必须针对自己业态的特点和目标顾客,权衡成本和收益进行选择,表 5-3 是不同业态的店铺位置选择。如百货商店业态适合选择在购物中心或城市的中心商业区;便利店一般选择在居民区附近;超级市场则趋向于选择在邻近的购物中心。

表 5-3　不同业态的店铺位置

业态	地区中心、居住区	城乡接合部	市级中心
便利店	√		
超市	√		
大型综合超市	√		
仓储式商店		√	
专业店			√
大型专业店		√	
专卖店			√
百货商店			√
大型购物中心			√

5.2.4　店铺选址的需求与盈亏分析

1. 零售商店选址的需求分析

（1）总体需求测量

零售商对需求测量通常要搜集人口统计资料,如性别、年龄、收入、职业、家庭规模等,以便得到确定目标市场需求的准确依据。零售商通过对一个地区上述情况的分析,可以大致地判断出这个地区潜在购买力水平,从而估计出这一地区的大致需求。但是如果商店的目标顾客群不是所有消费者,而只是高收入的消费者群,零售商还必须根据本店的目标市场的要求,注意调查高收入家庭的数量及相关需求特性。

（2）零售商店饱和指数

对于商店选址而言,除了考虑一个地区的需求水平外,也要同时考虑该地区的竞争水平。较高的需求水平可能伴随着较高的竞争水平,而较低的需求可能同时伴随的竞争水平也是很低的。要确定一个地方的潜力,零售商需要测量一定需求水平下的供给饱和程度,饱和指数可以测量在特定地区同一业态零售店每平方米的潜在需求。

（3）市场实际购买力测算

计算零售饱和指数的前提是当地顾客的购买力全部在该地区零售店实现。如果当地零售商不能满足本地区消费者的要求,消费者就会转移到其他地区的零售商那里购物,这时零售饱和指数就不能完全反应本地区的购买力了。因此,为了确切地掌握零售市场的实际购买力,需要进行另外一些测算。

一是测量当地消费者到其他地区或较远地区的商店购物的比例。这种方法可以以一个地区的常住人口花费在其他地区的货币量计算,随着本地消费者到其他地区的购物量增加,本地区的市场范围就会缩小,而其他地区零售商的市场范围就由此扩大。二是运用质量指数测量。质量指数表示一个市场质量的程度是高于平均购买力水平还是低于平均购买力水平。低于平均购买力水平,意味着大量消费者到其他地区购物,本地区的市场质量降低;高于平均购买力水平,意味着其他地区消费者到本地区购物,本地区的市场质量提高。

（4）新店营业额测算

通过对零售饱和指数和市场实际购买力计算,可以测算新店营业潜力,也就是新开商店的营业额。这种预测可以根据已知的商圈内消费者的户数、离店的远近、月商品购买支出比重及新商店在该区域内的商场占有率四个因素来估算。新开商店营业额估计值的计算过程如下。

假设某新开超级市场的商圈有三个层次:第一层次的主要商圈内居民户数为 3 000户;第二层次的次要商圈内居民户数为 5 000 户;第三层次的边缘商圈内居民户数为 8 000户。若每户居民每月去超市的平均支出为 300 元,则:

主要商圈居民支出总额为 $300 \times 3\,000 = 90$（万元）

次要商圈居民支出总额为 $300 \times 5\,000 = 150$（万元）

边缘商圈居民支出总额为 $300 \times 8\,000 = 240$（万元）

据调查得知,新开设超级市场的市场占有率在主要商圈为 40%,在次要商圈为 20%,在边缘商圈为 5%,则:

主要商圈购买力为 $90 \times 40\% = 36$（万元）

次要商圈购买力为 $150 \times 20\% = 30$（万元）

边缘商圈购买力为 $240 \times 5\% = 12$(万元)

则新开超市的月营业额估计为 $36 + 30 + 12 = 78$(万元)

2. 店铺盈亏分析

店铺选址的优劣还关系到店铺的盈亏。一家新店是否值得经营,还必须把测算出来的营业额与投资额相比较,评估出损益状况。其中,投资额包括开店前期投资和开店后的经营费用。

开店前期投资主要有以下几项。

① 设备投资,如冷冻冷藏设备、空调设备、收银系统、水电设备、车辆、后场办公设备、内仓设备、卖场陈列设备等。

② 工程投资,如内外招牌、空调、水电工程、冷冻冷藏工程、保安工程等。

③ 商业建筑和停车场费用。如果开店的物业是自己投资建造的,这笔建筑费用也要考虑在前期总投入中。

开店后的经营费用可分为固定费用和变动费用两类。固定费用是指与销售额的变动没有直接关系的费用支出,如固定人员工资、利息、福利费、折旧费、水电费、管理费等;变动费用是指随商品销售额的变动而变动的费用,如临时工、钟点工的工资、运杂费、保管费、包装费、商品损耗、借款利息、保险费、营业税等。上述各项费用要控制在多少以内无一定标准,但最基本的前提是毛利率要大于费用率。

进行盈亏平衡分析,关键是找到盈亏平衡点。盈亏平衡点是指商店收益与支出相等时的营业额,新店预期营业额若超过平衡点营业额即有盈利,若低于平衡点营业额即会亏损。盈亏平衡点的计算方法如下。

$$企业盈利 = 销售毛利 - 变动费用 - 固定费用$$
$$销售毛利 = 营业收入 - 销售成本$$

如果销售毛利>(变动费用+固定费用),则企业盈利;

如果销售毛利<(变动费用+固定费用),则企业亏损;

如果销售毛利>变动费用,企业虽然亏损,但还可以营业,因为可以收回部分固定费用。

如果销售毛利≤变动费用,则企业应停止营业。

5.2.5　店铺选址的因素分析

零售商在确定商店位置的类型以后,并对这个地段的商圈需求做了测算,接下来的任务就是具体选择一个商店的坐落场所。通常可能有好几个可供选择的场所,零售商只有在综合评价每个店址区域的往来行人、车辆交通、停车设施、竞争店情况、具体店址等因素后,才能最终确定具体的店址,如图 5-4 所示。

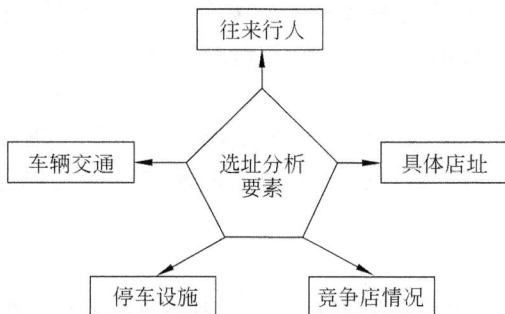

图 5-4　店铺选址的影响因素

1. 往来行人

一个地点的过往人数和类型是衡量一个商店位置和店址时最重要的因素。当各个位置的其他条件相同时,往来行人最密集的位置是最佳的。但是并不是每个走过店址的人都可能成为顾客,所以很多零售商使用有选择的计数方法,比如只对拎购货袋的行人计数。一种适当的行人往来计数应当包含以下四个要素:①按年龄、性别分开计数(一定年龄以下的儿童不应计入);②按时间分别计数,可以研究最高点、最低点以及在不同时间中不同性别的往来行人人数的变动;③通过行人访问可以使研究者核实潜在购买者的比例;④对购物旅行的地点分析可以查明顾客所光顾的或打算光顾的商店。

零售店的客流可以分为以下三类。

① 自身客流,是指那些有目的来店购买商品的顾客形成的客流,这是商店客流的基础,是商店销售收入的主要来源。

② 分享客流,指从邻近商店处的客流中获得的客流,这种客流往往产生于相互补充类商品的商店之间,或大商店与小商店之间。

③ 派生客流,是那些顺便进店购物的顾客形成的客流,这些顾客并非专门来店进行购物。在一些旅游点、交通枢纽、公共场所附近设立的商店主要利用的就是派生客流。

不同地区的客流规模虽有可能相同,但其目的、流速、滞留时间会有所不同,要做具体分析,再做出最佳选择。如在一些公共场所、车辆通行干道,虽然客流规模很大,也会顺便或临时购买一些商品,但客流的主要目的不是为了购物,同时客流速度快,滞留时间短。

2. 车辆交通

如同分析往来行人情况一样,零售商对车辆交通的统计也会做出某些调整。如有些零售商只统计开回本地的车辆,有的零售商把分道公路(中间分开的双向公路)的另一边过往的车辆除外,有很多零售商把挂着外地牌照的车辆忽略不计。除往来车辆的统计之外,零售商还应当研究车辆拥挤的程度和时间。驱车的顾客往往避开交通拥挤的地区,而到驱车时间较少和驱车较方便的地方购货。要分析交通管理状况引起的有利和不利条件,如单行道、禁止车辆通行的街道,以及与人行横道距离较远都会造成客流量在一定程度上的减少。

同样一条街道,两侧的客流规模在很多情况下会由于交通条件、日照条件、公共场所设施的影响存在很大差异。因此,店铺的开设地点应尽可能选择在客流较多的街道一侧。

3.停车设施

停车设施一般是指汽车停车场,但在一些以自行车(或摩托车)为主要交通工具的发展中国家,也包括自行车(或摩托车)的停车场。好的商店都应该具备不占街道的停车场。停车设施既包括店铺开设地点的,也包括开设地点附近的。在中心商业区,有的停车场由个别商店提供,有的由几家商店合作兴建,有的由市政府兴建。不同业态的商店对停车场的需求不相同。

4.竞争店情况

商店周围的竞争情况会对零售经营的成败产生巨大影响,因此,对商店开设地点的选择必须要分析竞争对手。一般来说,开设地点附近如果竞争对手众多,商店经营独具特色,将会吸引大量的客流,促进销售增长,增强店誉,否则与竞争对手相邻而设,将难以获得发展。

竞争店情况评价的内容有:那里有多少店?各店规模有多大?商店的数量和规模应当与所选位置的类型相一致。例如,对孤立商店感兴趣的零售商,希望附近没有其他商店;对邻里商业区感兴趣的零售商,希望坐落在一个有 10~15 家小商店的区域内;而对购物中心感兴趣的零售商,则希望找一个有 50 家以上的商店,并至少包括一两家大型骨干百货公司(以获得客流的地方)。

在研究商店位置和店址时,公司应当比较自己与邻近或附近商店的相容性。如果在既定位置(在一个非计划的商业区或规划的购物中心内)的各个商店具有互补性,相容并能相互合作,那么每家商店都将因其他商店的存在而获益,即存在亲和力。亲和力大,客流量高,则每家商店的销售额就会比这些商店彼此分散时更高。

衡量商店相容性的尺度之一是各商店顾客相互交换的程度。下面这些商店是高度相容的,它们的顾客具有高度的互换性。

- 超级市场、药品杂货店、面包房、水果蔬菜店、肉店。
- 百货公司、服装店、针织品商店、女士内衣店、鞋店、首饰店。

5.具体店址

具体店址的评价主要包括店址的可见度、方位、场地形状大小以及建筑物的情况等。

（1）可见度。是指该位置能被往来行人和车辆看到的程度。位于小巷和购物中心尽头的店址，可见度就不如位于主要公路或购物中心入口处的店址。良好的可见度能使过路人知晓一家商店的存在，并正常营业。

（2）方位。是指该商店在商业区或购物中心内的相对位置。拐角的位置可能是很理想的，因为位于两条街道的交叉处，具有"街角效应"。拐角位置的优点是：两条街道的客流和车流汇集于此，从而有更多的行人和车辆通过；橱窗陈列的面积增加；通过两个或多个入口，得以缓解人流的拥挤。位于高客流的零售位置，街角效应是最大的。

（3）场地形状大小。百货公司比妇女用品店需要更大的场地；百货公司可能需要一块方形场地，而妇女用品店则可能需要一块长方形场地。考察任何一处店址应以需要的总面积为依据，包括停车场、步行道、卖场、非销售区等。

（4）建筑物情况。当零售商购买或租下一座现成的建筑物时，需考察其大小和形状。此外，还应调查场地和房屋的状况及已使用年限，然后，对照公司的需要来衡量这些特性。

【专题链接】

店铺选址分析报告

在最终确定一个合适的店址之前，需要对店铺地址进行周密的调查，列出一份详尽的选址分析报告，从而逐一分析店铺选址的利与弊，最后确定该地址是否适合店铺的运营。店铺选址分析报告的主要内容应包括以下8个方面。

（1）选址位置及周围地理位置特征表达；

（2）周围商业环境和竞争状况分析；

（3）新店址周围居民及流动人口消费结构、消费层次分析；

（4）预计能辐射的商圈范围；

（5）店铺营业面积和商业结构分析；

（6）店铺的市场定位和经营特色分析；

（7）经营风险和经营效益评估；

（8）店铺未来的前景分析。

店铺选址分析报告不仅要分析店址的基本情况、商圈特征和投资效益，还要对日后经营的风险进行分析，并对经营策略提出建议。选址过程中收集的大量信息应保存下来，除了供选址之外，至少还有两种用途：一是为店铺日后的经营活动作参考，二是为连锁经营的下一次选址作参考。

5.3 商业网点规划

现代的商业是城市存在的经济基础,直接关系到城市的生活环境和形象,是城市竞争力的重要表现。发达国家已经完成了从工业城市向商业城市的转变,工业园区、高新技术区的出现、大型工厂的外移标志着以第三产业为主体的现代商业城市的形成。城市商业网点规划是指根据城市总体规划和商业发展的内在要求,在充分反映城市商业发展规律的基础上,对城市未来商业网点的商业功能、结构、空间布局和建设规模等进行宏观指导和引导,以达到促进城市社会和经济协调发展的目的。

5.3.1 商业网点规划的原则

零售商业网点的设置是为了满足市民生活需求,但其布局并不是简单的供需关系所能决定的。在城市零售商业配置结构中,既要有大型营业网点,也需要小型网点,既要有专业性商店,也需要综合性商店,既要有经营高档商品的市场,也要有中小型商店经营日常生活用品。

1. 与城市规划相结合

以城建市、以市兴城,必须依据城市特点和城市发展规划,与人口分布、道路交通、住宅发展、文化景观、环境保护协调配套、同步发展,商业网点规划要以城市发展规划为依据,城市发展规划要以商业网点规划为重点,完善城市功能,营造宜居环境。

2. 与当地经济发展水平相结合

商业的规模和总量、商业形态和各种业态的选择,取决于经济的发展水平。商业网点规划要以本地区和周边地区的经济发展、消费水平、市场需求为依据,确定其数量、规模、结构和档次。

3. 与结构调整和布局优化相结合

规划不等于推倒重来,不等于新建。规划是调整、完善、创新和提高,要对不合理的商业网点结构进行充实、调整,使其更加完善。随着城市发展的需要,适度的改建、扩建和新建使其布局更加合理、更加优化。

4. 与大型商业设施建设和中小商店的生存发展相结合

以大型商业设施为主导,以中小商店为基础,以构建商业街为特色,形成多元化的城市商业网点结构。要贯彻抓大放小、搞活市场的原则,控制大型商业网点的数量和规模,保护中小商业、放开中小商业,为其创造更加广阔的生存和发展空间。

5. 与规划的调控功能和市场机制的基础作用相结合

规划作为政府商业职能的调控手段,只解决商业的发展总量、规模和发展方向。具体的网点建设、业态选择、投资规模,主要是企业的行为,是市场机制发挥作用的结果。要以市场需求为导向,企业行为为主体,以政府的必要调控为条件,促进城市商业网点有序、稳步地发展。

5.3.2　影响商业网点布局的因素

零售商业网点的选址需要考虑很多因素,其中相对较重要的因素是人口因素、交通因素以及市场竞争因素。

1．人口因素

人口因素主要包括人口密度、人口比例构成、人口收入水平等。地区的人口密度越大,收入水平越高,第三产业越发达,其地面零售商业网点分布就越密集。零售商业网点的布局与地区人口的规模密切相关,一定规模的人口集聚是零售商业网点布置的必要条件。

2．交通因素

城市零售商业网点布局的交通因素主要体现在该地区道路交通是否通畅,可达性是否强,以及是否具有较密集、发达的公共交通线路和站点。一般而言,城市中某一地区的交通可达性越强,相应的聚集效应也越明显,在城市中尤为明显的是轨道交通沿线和站点周围。

3．市场竞争因素

当某区域打算建立零售商业网点时,该区域内现有的市场竞争状况会直接影响到其将来可能的销售业绩。这就是市场竞争状况对零售商业网点选址的重要影响,市场饱和程度越低,零售潜力越大;饱和程度越高,则零售潜力就越小。

5.3.3　商业网点规划的内容

商业网点规划应当在城市总体规划和发展规划的指导下,在充分了解城市商业网点发展现状的基础上,结合城市商业网点发展的趋势,站在城市可持续发展的角度,以商业网点的空间布局为核心构建城市商业网点体系,其主要内容包括商业网点空间布局及商业业态的规划。

1．商业网点空间布局规划

商业网点空间布局是指在综合分析城市商业网点分布现状、客流规律、交通状况、商业环境、历史传承、城市规划等因素的基础上,对城市商业资源在空间上做出的统筹安排与配置。具体来说,它包括宏观(面)、中观(线)、微观(点)三个层面。

(1)宏观层面——确定城市商业中心等级体系

根据中心地理论,城市商业中心按照主要商业功能、规模和辐射能力可以分为市级商业中心(一级商业中心)、区域商业中心(二级商业中心)、居住区(社区)商业中心(三级商业中心)三个等级,这也是我国目前大多数城市基本的商业结构体系。

　　一般城市可以发展 1～3 个市级商业中心(一些特大城市例外),若干个区域商业中心,而居住区(社区)商业中心的发展则不受数量的限制。进行商业网点规划时,必须对三级商业中心的功能做出明确的定位,实现差异化发展,避免出现计划经济时代"大而全"、"小而全"的商业布局。一般而言,在自由竞争条件下,根据级差地租理论,由于不同业态的商业网点对地价的承受能力不同,会相应选择与其承受能力相适应的商业中心,从而形成功能各异的商业中心。

　　市级商业中心的主要功能是满足全市居民及外来人口(包括游客)高档次、特殊类型商品的需要,人们在此更多地追求休闲,娱乐与享受。因此,市级商业中心在业态发展上应该强调高档化、精品化、时尚化,重点发展名店、特色店、老字店、百货店及餐饮娱乐网点等。由于地价较高,一般限制设置占地面积较大的大超市与仓储式商店。

　　居住区(社区)商业中心属于属地商业,其主要功能是满足当地居民日常生活用品及与一般消费品及服务的需要。因此,其商业网点发展应该强调便民化、大众化,重点发展日用品店、便利店、食杂店、水果店、书报刊亭以及理发店、维修店等商业网点。

　　区域商业中心在规模等级和功能定位上介于市级商业中心和居住区(社区)商业中心之间,可结合区域的特色以及商业发展的基础条件,突出购物、交易、餐饮、娱乐、文化休闲、服务等功能。

　　(2) 中观层面——商业街区的空间布局

　　现代商业街是城市商业网点的一种空间形态,是一个城市商业的缩影和窗口。商业街的规划、建设是发展现代商业的重要组成部分,也是城市商业网点规划的重点之一。进行商业街的规划时,应在现有商业街现状(包括空间布局、数量结构、发展特征等)分析的基础上,对未来商业街的发展方向、总体布局、发展重点以及对商业街的建设、改造、提升与完善等方面给予引导,尤其对如何突出商业街特色、营造美观的商业景观、丰富文化和传统内涵以及发挥旅游功能等提出相应对策,以促进商业街有序稳定地发展。同时,还要注重商业街配套设施的建设(包括交通设施、公用设施、绿化设施、卫生设施、信息设施、景观设施等)和购物环境的改善(配备相应的旅游休闲、餐饮、娱乐等设施)。

　　(3) 微观层面——大型商业网点布局

　　大型商业网点一般是指营业面积在 5 000 平方米以上的商业网点,主要包括大型百货商店、大型综合超市、购物中心、仓储式商场和大型专业店等业态。大型商业网点在促进城市繁荣、改善购物环境、满足居民消费需求、提升商贸流通业竞争力和增强中心城市商贸功能等方面具有重要的作用。但大型商业网点的发展也会带来诸多问题,如加大城市交通压力、威胁中小商业网点生存发展等,因此需慎重设置,不可盲目发展。

　　大型商业网点布局规划必须坚持统筹兼顾、重点突出、特色明显、以人为本等原则,在综合考虑城市中已有大型商业网点空间分布、人口分布及变化、集聚效应、交通条件和消费者行为的基础上,根据大型商业网点与人口的对应关系进行商业网点空间布局导引和分区、分业态的数量调控导引,提出重点提升和新建大型商业网点的发展规划(包括选址、营业面积、功能定位、相关配套设施等方面)与建设时序。

2. 商业业态发展规划

城市商业网点规划兼具空间布局规划和产业调控双重职能,因此对商业主要业态(批发业与零售业)进行规划也是商业网点规划的主要内容之一。

(1) 批发业发展规划

① 专业批发市场发展规划。专业批发市场是指一种或若干种商品经营者和商品购买者,集中、公开、独立地进行交易的固定场所。在城市商业网点规划中,专业批发市场规划主要包括农副产品市场和工业消费品市场。

顺应现代流通发展趋势,农副产品市场体系规划应以布局调整、资源整合、功能创新为发展思路,加强农副产品市场的软、硬件建设(包括农产品质量标准体系、物流基础设施、农产品准入制度等的建设),创新交易方式,引进拍卖、期货等新型交易方式等。

工业消费品市场建设规划应以调整、改造、提高商品档次和服务质量为发展思路,结合各区域产业特点,培育一批规模大、功能全、辐射广的基地型、区域型工业消费品市场。

此外,进行城市商业网点规划时,必须对各专业批发市场(包括新建、整合、改扩建等)的功能定位、建设规模、建设地点、建设年限与时序等有相应的界定,以增加规划的可操作性。

② 批发企业发展规划。批发企业是批发业发展的主体力量。批发企业发展规划应以批发企业现代化改造、龙头批发企业的培育为方向。随着流通产业结构及商品供求关系的变化,传统批发企业已逐渐不能适应,批发商业需要具备新的、相应的功能。规划应引导批发企业尽快从单纯的商品供给调整中解脱出来,成为生产企业的"销售代理者"和零售业的"购买代理者",引导总分销、总代理等新型批发企业发展,鼓励发展以农产品为主的食品专业配送企业。

(2) 零售业发展规划

城市商业网点规划一般是对有形店铺零售业态的网点进行规划,主要包括食杂店、便利店、折扣店、超市、大型超市、仓储会员店、百货店、专业店、专卖店、家居建材商店、购物中心、厂家直销中心等业态。

零售业作为城市商业网点的主要构成部分,其数量多、分布广、差异性大、灵活性高,如果从空间与数量上对其发展作规划显然是不现实的,而且在商业网点空间布局规划中,无论是商业中心还是商业街,其本质都是对于商业业态的动态组合的反映,而大型商业网点规划已经对一些大型的零售业态的空间布局(规模、数量、选址等)做出了明确规划。

因此,对于零售业态的规划不宜过细,应从大处入手,只需对各商业业态的布置原则、设置导向作出相应的界定即可,这样既可增加规划的灵活性,又能为商务主管部门管理商业网点提供参考,使规划不失可操作性。

5.3.4　商业网点规划中要处理的关系

城市商业网点规划是一项系统工程,问题复杂,涉及面广,不仅关系到商业的生存和发展,也是城市的基础和形象工程。因此,必须处理好以下关系。

1. 城区之间商业网点规划的关系

一个城市一般有老城区、新城区、开发区之分,从功能定位角度划分则有商业区、居住区、工业区、文化教育区、文化娱乐区、商务区、旅游区、高科技园区等。各城区承担着不同的服务功能,具有不同的辐射范围。现代城市发展的基本趋势是城市空间结构的郊区化和“逆中心化”,这就使新城区商业功能定位和网点规划日趋重要。发挥各个城区的功能优势,做好各城区的商业网点规划有利于实现城市整体功能、满足不同消费者的需求。城市建设中可能出现的问题是网点规划的不协调,不仅表现在网点的功能定位上,也表现在网点规划的结构和布局上,特别是商业设施的重复建设。因此,处理好城区间的商业功能定位,实现优势互补,错位竞争,是做好商业网点规划必须考虑的问题。

2. 商业网点规划与配套规划的关系

商业网点规划与产业规划、社会经济发展规划、城市交通规划、公共设施规划、环境保护规划等密切相关。因此,商业网点规划首先要处理好与产业规划的关系,避免商业功能片面化倾向。处理好商业网点规划与配套规划的关系应使商业网点规划与基础设施规划之间协调发展。我国目前很多城市商业网点规划时城市建设方面的专家参与较多,而商业规划、交通运输规划的专家参与较少,致使城市商业网点规划中商业内在规律反映不充分、与商业设施配套的交通规划不配套,不仅影响了城市商业网点功能的实现,也给广大消费者带来诸多不便。因此,做好商业网点规划,需要在政府有关部门的协调下,配套做好相关城市功能的规划与协调,并使规划制定和论证能有多部门的参与监督,以提高城市商业网点规划的科学性和合理性。

3. 政府宏观调控与市场调节的关系

城市商业网点规划一经政府批复就应具有政策效应,如美国商业规划具有很强的政策效力,商业网点只允许在符合规定用途的区域内设置;日本政府1998年颁布的《大店立地法》,对大型店的选址就做了明确的规定,只能开在政府规划确定的特别区域。我国由于缺乏对有关商业网点规划编制和执行的相关法律依据,使商业网点规划在实施中具有很大的弹性。不可否认,城市商业网点规划要与城市社会经济发展形势的变化相适应,有必要做适当地调整。但如果大型商业设施建设“弹性”过大,再加上缺少相关的听证或权威部门的论证,势必加大商业网点规划建设的风险。因此,无论从规划本身的客观要求考虑,还是为避免商业资源的浪费,都需要政府对商业网点进行宏观调控。

4．商业规划与文化传承的关系

城市的发展离不开商业,商业的兴盛决定城市的繁荣。城市商业网点规划的一个重要任务就是依据城市的过去、现在,对城市未来的经济和文化予以谋划。文化是城市之根,商业发展离不开文化的支撑。各城市大多有非常厚重的传统文化资源,这些都是商业网点规划建设的重要支撑。不仅如此,城市商业网点规划最终的落脚点是适应城市居民不断增长的物质和文化消费需要,包括居民文化消费和休闲娱乐消费需要。因此,在商业网点规划中既要强调商业网点的商业功能、方便消费,又要传承传统文化,将传统文化与现代文化有机融合到商业网点规划中。

【相关术语】

商圈(trading area);	主要商圈(primary trading area);
次要商圈(secondary trading area);	边缘商圈(fringe trading area);
市场饱和度（marketing saturation）;	零售引力理论（retail gravity theory）;
赫夫模型(huff model);	中心地理论(central place theory)

【思考与讨论题】

1．对不同零售业态的选址进行比较分析,并列表说明。

2．一些专业店更愿意把新店开在知名的百货商店旁边,而希望远离超市,这是为什么?

3．如果你计划开一家五金商店,针对中等收入的居民,在选址时主要会考虑哪些因素?

4．选择附近的一家超市或百货商店进行商圈的构成分析,提出主要分析要素。

5．传统的实体店铺选址为什么那么重要,举例进行说明。

6．快餐店、服装店、家具店在选址和网点扩张时考虑的因素有什么不同?

7．有人说,当某个商业区中需求超过供给时,零售商应尽可能快的在这个区域选址,你同意这种观点吗? 为什么?

【零售创业实践】

选择本市某一商圈,分析该商圈所处层次,并从中选择一家店铺进行选址分析,分析该店铺的选址是否合理。如果合理,针对其业态类型,说明其选址要素是什么;如若不甚合理,是否能够在该商圈找到更适合于该店铺的地址,并说明理由。将如上调研撰写成报告形式,并与其他同学讨论。

案例分析

家乐福成功的重要因素——正确的选址

在国际商界里,家乐福不仅是一个举世闻名的国际零售业巨头,而且是一个响亮的品牌。这个来自法国的连锁零售企业,在短短50年间就发展成为年销售额突破800亿欧元的全球第二大零售商。目前,家乐福在世界30多个国家和地区已拥有11 000多家零售店,以三种主要经营业态来引领市场:大型超市、超市以及折扣店。此外,家乐福还在一些国家发展了便利店和会员制量贩店。其中在中国的近70个城市就开设有上百家超市大卖场,年销售额接近600亿元人民币。

家乐福的成功取决于许多方面,而正确的选址可以说是其成功的最重要因素。家乐福的选址一般在城市边缘的城乡接合部,以便靠近中心城区和大型居住区,通常都在十字路口位置。家乐福(Carrefour)在法语中的意思是"十字路口",起因就是它的第一家店于1963年开在巴黎南郊一个小镇的十字路口,家乐福一火爆,大家都说去十字路口,反而把店名给省了。因此,十字路口就成为家乐福选址的第一准则。

当然,随着市场环境的变化,家乐福选址的具体地点在变化,但不变的是其选址过程中耐心的调研和慎重的决策。家乐福每开一家分店,首先会对当地商圈进行详细而严格的调查与论证,历时都在一年以上,涉及的调查范围包括文化、居民素质、生活习惯及购买力水平、交通、竞争情况等诸多方面。

首先,家乐福对商圈内人口的消费能力进行调研。例如在中国,由于缺乏现有资料,家乐福不得不借助于市场调研公司的力量来收集各方面数据。具体做法是以某个原点出发,分别测算5分钟、10分钟、15分钟步行到达的地方;根据中国的特色,还要测算自行车出发的小片、中片和大片半径,最后以车速来计算小片、中片、大片覆盖的地区。在此基础上,再对这些区域进一步细化,展示这片区域内各居住小区的人口规模和特征等详尽资料,包括人口规模、人口密度、年龄分布、文化水平、职业分布、人均可支配收入等多项指标。

其次,家乐福会对商圈内的城市交通情况进行研究。家乐福认为,如果一个未来的店址周围有许多公交车,或是道路宽敞、交通方便,那么销售的半径就可以放大。家乐福上海古北路店周围的公交线路不多,家乐福干脆自己开设购物班车在一些固定小区间穿行,方便那些离得较远的小区居民上门一次性购齐一周的生活用品。

再次,由于未来潜在销售区域会受到很多竞争对手的挤压,所以家乐福也将未来的竞争对手计算进去。家乐福将开店前周边的其他商店情况摸得很透,分析其优势和不足,并针对其不足进行出击。

资料来源:京华网.http://epaper.jinghua.cn/html/.

思考讨论题:

1. 家乐福的选址决策中主要考虑了哪些因素?
2. 家乐福的选址工作给中国的零售企业带来哪些启示?

第 六 章

零售采购与物流

【学习目标】

- 了解商品采购的模式；
- 掌握商品采购的程序和主要内容；
- 认识商品采购中的道德问题；
- 了解零售企业物流配送的特点及模式；
- 掌握改善物流管理的途径；
- 掌握库存方法及减少库存损失的途径。

导入案例

家乐福采购权力下放的漏洞

家乐福在世界各地扩张过程中的"充分本土化"，一直是它经营策略中的最大法宝。家乐福进入中国后，一直坚持以门店为中心、实行单店管理的模式。单店管理模式的优点主要体现在两个方面：一方面，有利于单店形成快速的反应机制，根据市场需求、价格等因素在第一时间做出调整，增加自身的销售额；另一方面，有利于和当地政府、供应商之间形成很好的合作关系。

家乐福将权力尽可能下放到门店店长手中，各门店店长均具有较大的权力，主要体现在商品管理、人事管理、资产管理、顾客管理等方面。以商品管理权力为例，包括商品选择、定价、促销谈判、订货、商品陈列等均可以由单店灵活管理。但也正是这种权力下放，特别是采购权力的下放曾导致北京家乐福频频出现"毒蔬菜"、"毒水果"事件，杭州家乐福的假酒事件更是在一段时间让家乐福"名声大作"。家乐福中国总部将原来中央集权的采购系统全线下放，除部分商品由"中央"集体采购，大部分商品采购的自主权下放到各地区甚至分店。这样造成了家乐福分店店长的权力空前强大，某些分店店长由于受利益的驱使或盲目对供应商追求低价,对进店企业把关不严,放松前、中、后有关阶段的监督和管理工作,从而给劣质产品进店带来可乘之机,最终给企业信誉造成非常严重的损害。

资料来源:诺达名师网.http://edu.21cn.com/qy/Learn/41612.html.

6.1　商　品　采　购

俗话说"采购好商品等于卖出一半","只有错买,没有错卖"。以前,人们普遍认为采购是一项事务性的活动,属于低层次的管理活动,其职责仅仅是执行和处理公司其他部门所制定的订单。采购所起到的作用仅仅是从供应商那里以尽可能低的价格获得所需的资源,但这种观点在近几十年中已经被彻底颠覆了,现代化的供应链思想更加注重总体支出情况,以及如何发展买卖双方之间的关系,因此,采购活动被提升到了一个更高的战略水平之上。

> **术语链接**:商品采购(merchandise procurement),指零售企业为实现销售目标,在充分了解市场要求的情况下,根据企业的经营能力,运用适当的采购策略和方法,通过等价交换,取得适销对路的商品的经济活动过程。

商品采购包括两方面的内容:一是采购人员必须主动地对用户需求做出反应,二是保持与供应商之间的互利关系。零售企业商品采购的指导思想是以最恰当的时机、最优惠的价格,采购到最优质、最畅销的商品,采购越来越成为零售企业利润的重要源泉。

6.1.1　采购形式

1.按执行采购职能的组织分类

按制定采购决策的组织不同,零售企业的采购形式可以分为集中采购、分散采购、集中和分散相结合采购三种。

(1)集中采购

集中采购是指零售商设置专门的部门或人员统一采购,营业部门专门负责销售,与采购脱离。在这种采购方式下,商品的引入与淘汰、价格制定与促销等完全由公司总部统一规划,各分部或分店只负责商品陈列以及内部仓库的管理和销售,对商品采购无决定权,只有建议权。目前,大多数连锁经营的超市都采取这种营采分离并以采购为主导的方式,强调的是中央集权。

(2)分散采购

分散采购是指零售商将采购权完全下放到各商品部门或各分店,由他们根据自身情况自行组织采购。这些部门或分店不仅负责本部的商品采购,还直接负责商品的销售,其特征是采购与销售合一,一些大型百货商店常采用这种方式。家乐福是实行分散采购的代表企业之一。

（3）集中与分散结合采购

集中与分散相结合采购是将一部分商品的采购权集中,由专门的部门或人员负责,另一部分商品的采购权交由各经营部门自己负责。如大批量的商品或外地商品实行集中采购,而小批量的商品或本地商品实行分散采购;再如对各分店的区域性较强的商品（如地区特产等）以及一些需要勤进快销的生鲜品实行分散采购,而对其他的商品进行集中采购。

以上三种采购方式各有优缺点,如表 6-1 所示。

表 6-1　三种采购方式的优缺点

采购方式	优　　点	缺　　点
集中采购	① 专业化水平高,便于指挥、调度; ② 提高议价能力,降低采购成本; ③ 保持企业形象,提高采购效率; ④ 便于规范采购行为	① 购销容易脱节; ② 采购与销售人员合作困难; ③ 责任模糊,不易考核
分散采购	① 商品采购具有一定弹性; ② 对市场反应灵敏,购销迅速; ③ 利于提高一线部门积极性; ④ 便于分部的考核与绩效提升	① 易出现重复、交叉采购; ② 采购控制困难,易出现腐败; ③ 形象不统一,整体控制难; ④ 难以获得规模价格优势
集中与分散结合采购	① 方法灵活,可针对性地满足顾客需求; ② 易于调动分店的积极性和主动性	管理不当会造成各自为政和出现采购腐败现象

2. 按采购实施方式不同分类

按采购实施方式不同,零售企业采购形式有直接采购、间接采购、外部采购和合作采购几种。

（1）直接采购。指不经过任何中间商,零售企业的采购部门直接向制造商进行采购的一种方式。

（2）间接采购。指零售企业不直接向制造商采购,而是通过中间商（批发商、代理商、进口商或经纪人等）采购商品。

（3）外部采购。指由零售企业支付一笔费用委托外部的公司或人员进行采购的一种方式。

（4）合作采购。指中小零售企业为了取得规模采购优势而汇聚在一起向供应商大批量采购的一种方式,自由连锁组织多采用这种方式。

对以上几种采购形式进行比较,优缺点如表 6-2 所示。

表 6-2　几种采购方式的优缺点比较

采购方式	优　　点	缺　　点
直接采购	① 成本低,免去中间加价; ② 质量好,减少运输等破损; ③ 交货期确定,延迟交货现象少; ④ 售后服务好; ⑤ 可建立长期合作关系	① 制造商可能只接受大额订单,如采购数量有限则无法进行采购; ② 由于采购数额较大,制造商会要求预付定金或担保人担保等手续,交易过程复杂
间接采购	① 许多国外产品进入他国市场需要靠代理商进行推销; ② 中小型制造商多选择一个总代理销售其产品	① 中间环节多,增加管理成本; ② 易造成商品损耗或质量不统一等问题
外部采购	① 由专业机构完成,更经济,更有效率; ② 集中起来采购可以形成量大优势	管理和监管方面可能不力
合作采购	① 共同采购,可扩大采购数量,获得采购资格和价格折扣; ② 同业联合采购,建立合作基础,可提高采购绩效	① 参与商家较多,容易产生争端,合作采购; ② 同业者进行"联合垄断",操纵供应数量及市场价格

3. 按确定采购价格的方式分类

按确定采购价格的方式不同,零售业采购有招标采购、询价现购、比价采购、议价采购、公开采购。

(1)招标采购。指通过公开招标的方式进行商品采购的一种方式。

(2)询价现购。指零售企业采购人员选取信用可靠的供应商,向其讲明采购条件,并询问价格或寄以询价单,促请对方报价,比较后现价采购。这种方式较适合于采购小金额的现货或标准规格的商品。

(3)比价采购。指零售企业采购人员请多家供应商提供价格,对其比较后,选择报价最低的供应商进行交易。实质是一种供应商有限条件下的招标采购。

(4)议价采购。指零售企业采购人员与供应商经过洽谈后,议定价格进行采购,是一种由买卖双方直接讨价还价实现交易的采购行为。一般来说,询价、比价和议价是结合使用的,较少单独使用。

(5)公开采购。指采购人员在公开交易或拍卖时,随机进行采购。大宗进货或价格变动频繁的商品常采用这种形式。

4. 按与供应商交易的方式分类

按与供应商交易的方式不同,零售企业采购的形式有买断采购、代销采购和联营采购。

(1)买断采购。指在结账时,准时按当初双方进货时认可的商品进价及收货数量付款给供应商。

（2）代销采购。指零售企业在每月的付款日准时按"当期"的销售数量及当初双方进货时所认可的商品进价付款给供应商。

（3）联营采购。指零售企业在结账时，零售企业在"当期"商品销售总金额中扣除当初双方认可的"提成比例"金额后，准时付款给供应商。

此外，还有一些分类方法，按签订采购合约方式不同，有订约采购、口头电话采购、书信采购和试探性订单采购等。在实际采购中，零售企业应根据自身的条件、资源状况、市场需要，灵活地选择采购方式，并积极创新采购方式和内容，使企业在市场竞争中处于有利的地位。

6.1.2　采购流程

零售企业采购流程会因采购组织、采购模式、商品来源、采购方法、采购时间等不同而有所区别，但基本的采购流程却大同小异。一般而言，采购流程可以分为准备、决策、供需衔接和进货作业四个阶段。

1. 准备阶段

商品采购的准备阶段主要完成的工作有信息资料的收集和实施条件的准备。

（1）信息资料的收集

在进行商品采购决策之前，零售企业要加强内部和外部各种信息资料的收集，还要对收集的信息资料进行整理、汇总和分析，为商品采购决策打好基础。企业收集内部和外部的信息资料如表 6-3 所示。

表 6-3　企业收集内外部资料内容

内部信息资料	外部信息资料
① 查明计划期所要完成的任务量，弄清楚计划期任务量的特点及增减变化情况； ② 查明本企业经营的各种商品的销售（或消耗）、进货、库存的历史统计资料，以从中探索规律，总结经验； ③ 查明经营的各种商品的性能和特点，了解它们对运输、装卸、保管条件的要求，以及采用替代商品的可能性	① 市场环境资料，如国家宏观环境、行业情况、技术条件、竞争对手情况等； ② 各种商品的市场供求状况，供过于求还是供不应求，畅销还是滞销，价格变动与供求关系的变化等； ③ 供应商的情况，能为本企业提供商品的供应商的商品品种、质量、价格、运费、服务水平、供货能力等情况

（2）实施条件的准备

指零售企业为组织商品采购而进行的人力、物力和资金的组织安排。

① 人力的组织。人力组织就是要建立采购组织机构，在该组织机构中有得力的专业采购人员，还要有严密的采购工作制度，采购组织结构如图 6-1 所示。

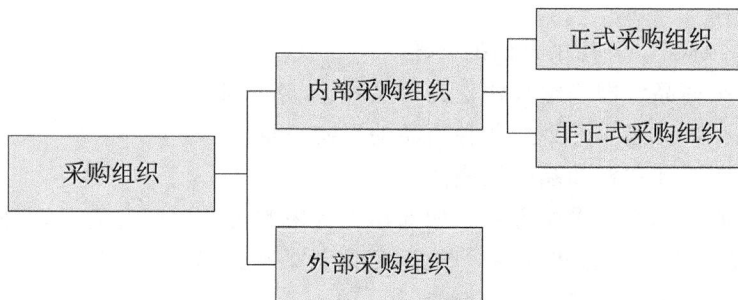

图 6-1　采购组织结构

内部采购有正式的或非正式的采购组织。正式采购组织是零售商建立的专门采购机构,负责整个商场或整个连锁商店的采购任务。在正式的采购组织里,往往拥有专门的采购人员,这些采购人员分别负责某一类商品的采购,有明确的采购责任和授权,公司也对其实施严格的考核指标。非正式采购组织不是一个独立的部门,它是由一群兼职采购人员负责,这些人既负责商品经营,又负责商品采购,有时也处理其他零售业务,责任和授权往往并不明确,但却具有充分的灵活性,这种形式常见于小型零售商或实施分散采购方式的零售商。

外部采购组织通常被中小型零售商或远离货源的零售商所采用,由零售商支付一笔费用雇佣外部的公司或人员,费用比自建采购组织相对要低,且效率较高,具有与供应商谈判的优势,有时还提供营销咨询及自有品牌商品。

② 物力的组织。采购的商品要经过运输、装卸、检验等环节才能最终到达企业,这就需要企业配备必要的运输工具、装卸设备、检测仪器等。商品到达企业后,要有存放商品的地方,如仓库、货架、冷柜等,这些环节都涉及物力的组织和安排。

③ 资金组织。采购资金是实现商品采购的根本条件,资金组织包括资金的筹集、投入、周转及增值等。

【专题链接】

未来的采购——职业买手

中国目前真正的买手多集中在零售商全球采购的部门——global sourcing,比如沃尔玛在中国的全球采购中心,宜家在中国的七大采购中心等,他们甚至采购一支铅笔都有自己严格的质量标准与价格区间定位,超过这个价格,低于这个质量,他们将拒绝采购!

随着中国零售业的发展,零售商要持续增长,抓住中国经济发展的"大消费"概念,在不久的将来,大部分零售商仅仅靠谈判是很难建立自身核心竞争力的。中国商业的未来,真正意义上的专业采购——职业买手将是众多零售商竞相争夺的"香饽饽"!

2．决策阶段

决策阶段要解决以下几个方面的问题。

① 采购什么商品？即确定采购商品的品种、规格和质量。

② 采购多少？即确定计划期各种商品的采购总量。

③ 向谁采购？即选择商品的供应商。

④ 如何采购？即选择采购方式。如选择现货采购还是远期合同采购，同种商品是向一家供应商采购还是向多家供应商采购，采用定量采购还是定期采购，等等。

⑤ 一次采购多少？即确定采购批量。

⑥ 什么时间提出采购？即确定提出采购的时间和商品进货的时间。

（1）商品采购品种的确定

① 确定商品采购目录

当确定了商品经营范围以后，也就确定了商品采购范围。为了在实践中更好操作，零售商还必须将各商品品种详细地列出来，形成商品采购目录。商品采购目录是商品经营范围的具体化，也是企业进行采购的依据，是商品采购管理的一项重要内容。

商品采购目录包括全部商品目录和必备商品目录两种。全部商品目录是商店制定的应该经营的全部商品种类目录；必备商品目录是商店制定的经常必备的最低限度商品品种目录，只包括其中的主要部分，按照商品大类、中类、小类顺序排列，每一类商品都必须明确标出商品的品名和具体特征。必备商品目录确定以后，再根据顾客的特殊需要和临时需要加以补充与完善，便成了商店全部的商品目录。商品采购目录制定以后，应随着环境的变化定期进行调整，以适应消费者需要。

② 重点商品管理

在商品采购管理中，必须坚持重点商品管理原则，对经营商品的品种进行优选，把销售量大、利润高、顾客必需的商品进行重点管理。目前零售商流行的做法是采用 ABC 分类管理法。ABC 分类管理法的操作步骤是将各种商品按金额大小顺序排列，计算出各类商品的金额比重和品种比重（单项比重和累计比重），再将商品划分为 A、B、C 三种类别，再根据分类结果实施分类管理。对 ABC 分类法的描述和管理如表 6-4 所示。

表 6-4　ABC 分类法

类别	占全部商品品种比重	占全部商品金额比重	特征和控制方法
A 类	5%～10%	70%～75%	获利高、品种少，骨干商品，重点控制，按品种计算进货和存货数量，防止脱销，经常检查，及时调整
B 类	10%～15%	15%～20%	处于 A、C 商品之间，次重点控制，分大类进行管理
C 类	70%～75%	5%～10%	获利低，占销售比重小，品种多，一般控制，减少采购次数，对每种商品的库存量控制在最小限度内

（2）商品采购数量的确定

① 大量采购

大量采购是商店为了节省采购费用，降低采购成本而一次性把一种商品大批量地采购进来。这种采购方式的优点是可以降低一次性采购成本，获得进货优惠；缺点是需要占用大量资金和仓储设施。大量采购的商品数量一般很难找出规律性，主要依靠零售商的经营需要、仓储条件和采购优惠条件等情况而定。一般适合以下几种情况：一是该商品在市场中的需求量巨大，可以大量进货，如一些价格比较敏感而大量销售的商品。二是在共同采购方式下，可以大量采购。许多独立中小商店联合后聚少成多，可以增大采购数量。三是对供货不稳定的商品，可以采用大量采购的方法。

【案例链接】

物美集团的网上竞标

物美集团早在 2005 年年初就引进了网上竞标的业务工具，它是将传统的拍卖与先进的电子商务相结合，对一定量和一定品质并在特定交易条件下的商品进行网上公开招标的过程，具体步骤如下。

① 采购员搜集不同供应商的信息和该供应商提供的商品报价以及样品，然后由专门的品控人员对样品和供应商资质进行审核；

② 通过资质审核的供应商利用网上竞拍交易系统，从而最终实现与物美之间的业务往来。

网上竞拍的前提保障是供应商资质的审核和产品质量的把关，网上竞标系统只是提供一种快捷简便的竞标平台。物美集团在 2005 年上半年通过网上备品、包装物等商品的竞标，采购成本节省了 10%～25%，这种新的采购方式也正逐步被广大供应商接受和习惯。通过网上竞标，物美不仅节省了采购成本，简化了供应链流程，提高了库存流转率，同时也提高了同供应商之间的信息沟通效率。

思考：物美集团网上竞标活动的关键是什么？

资料来源：中国商报网站.http：//www.cb-h.com.

讨论专题：新兴的大量采购：采购招标制。这种采购法一般用于政府和某项大型工程的大宗商品采购。但现在在零售采购中也被普遍运用，如国美电器就曾经用该方法进行过大规模数额的家电采购，采购招标渐渐成为人们关注的热点话题。从零售商和供应商的角度看，为什么大家都能接受这种方法呢？

② 适量采购

对商店而言，采购中常常出现这种问题：如果采购商品过多，会造成商品的保管费用增多,资金长期被占用,从而影响资金的周转和利用率;但如果采购过少,不能满足顾客的需要,商品脱销,失去销售的有利时机,而且增加采购次数和采购支出。为了避免出现商品脱销和商品积压这两种经营失控的现象,零售企业需要适量采购。

> **术语链接**:适量采购是对市场销售均衡的商品,在商店保有适当商品库存的条件下,确定适当的数量来采购商品。适量采购的关键是确定适当的采购数量,这一适当的采购数量即为经济采购批量。

经济采购批量尽管是一个理论上的数字,但商店还是需要测算出来,从而为实际的采购工作提供参考。

经济采购批量与采购费用和保管费用关系密切,在一定时期内采购总量不变的情况下:①采购批量与采购费用呈反比例关系,在一定时期内采购总量不变的情况下,如果每次采购批量大,采购次数少,采购费用就少;②采购批量与保管费用呈正比例关系,每次采购批量大,平均库存量也大,保管费用就越多。采购批量和费用之间的关系如图 6-2 所示。

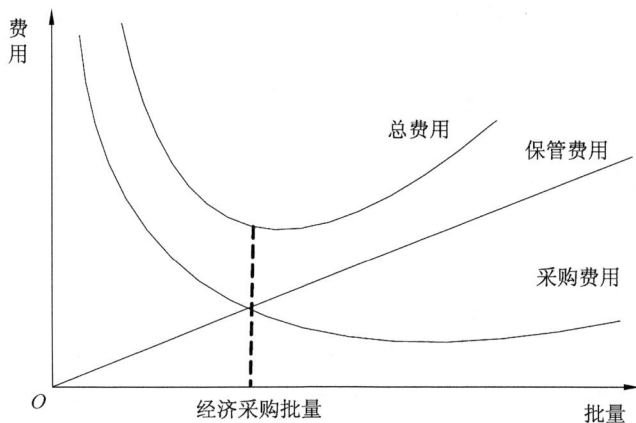

图 6-2　采购批量与费用关系图

从商店的经济效益考虑,要使这两种费用都能节省,就必须寻找一个最佳采购批量,使两类互相矛盾的费用加起来的总费用最小。所谓的经济采购批量就是使采购费用与保管费用之和减少到最小限度的采购批量,其计算方法如下:

$$Q = \sqrt{2KD/PI} \tag{6-1}$$

式中,Q 为每批采购数量;K 为商品单位平均采购费用;D 为全年采购总数;P 为采购商品的单价;I 为年保管费用率。

【例】　某商店预计全年销售某种商品 800 件,已知每件商品的采购费用是 0.5 元,单价为 20 元,年保管费用率为 2.5%,求该商品的经济采购批量是多少?

解：根据公式(6-1)，经济采购批量计算如下：

$$Q = \sqrt{2 \times 0.5 \times 800/(20 \times 2.5\%)} = 40(件)$$

通过上述计算可以得知，每次采购数量是 40 件时年度总费用最小。

(3) 商品采购时间的确定

① 定时采购

定时采购是指零售企业每隔一个固定时间采购一批商品，此时采购商品的数量不一定是经济采购批量，而是以这段时间销售掉的商品为依据计算。这种情况下，采购批量不固定，每次采购前，必须通过盘点了解企业的实际库存量，再订出采购批量，计算公式为：

采购批量＝平均日销售量×采购周期＋保险储备量－实际库存量

其中，采购周期是根据零售商采购该种商品的备运时间、平均日销售量及储备条件、供货商的供货特点等因素而定。

【例】 某商店日销售某商品 30 件，保险储备定额为 5 天需求量，订货日实际库存量为 500 件，进货周期为 30 天，则：采购批量＝30×30＋5×30－500＝550(件)。

说明：从上例中可看出，进货周期为 30 天，采购批量应为 900 件，而现在只需采购 550 件，说明实际库存严重超储，必须在采购时作适当调整。

这种确定采购时间的方法容易出现缺货现象，为了使缺货损失最低，该方法一般适用于非主力商品或非重要商品。

② 不定时采购

不定时采购是指每次采购的数量相同，而每次采购的时间根据库存量降到一定点来确定，也称为定点采购。这种方法确定采购时间的关键是确定采购点的库存量，如图 6-3 所示。

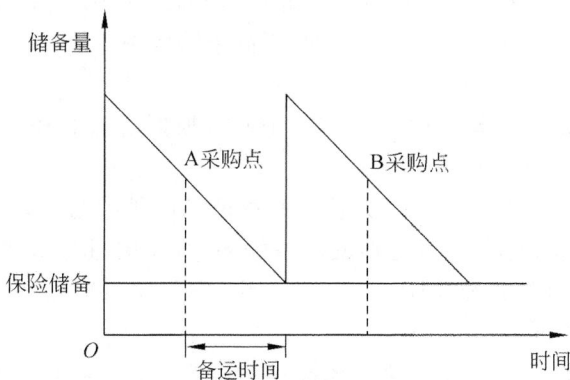

图 6-3　定点采购点及库存

由图 6-3 可以看出，从 A 采购点开始到可以销售需要一定的间隔时间，不可能随进随销，这段间隔期也称备运时间，包括：①商品在途运输时间；②商品验收入库时间；

③销售前整理加工时间;④其他时间。当库存量下降到 A 或 B 采购点时,是开始采购的最适当时间。采购点的计算公式如下:

$$采购点＝平均日销售量×平均备运时间＋保险储备量$$

【例】 某商品平均日销售量为 30 件,备运时间为 10 天,保险储备额为 150 件,则:

$$采购点＝30×10＋150＝450(件)$$

说明:当该商品库存量超过 450 件时,不考虑采购;当降到 450 件时,就及时按预定的采购数量进行采购。

以上两种确定采购时间的方法各有优缺点,如表 6-5 所示。

表 6-5　定时和不定时采购优缺点

方　法	特　征	优　点	缺　点
定时采购	采购周期固定,采购批量不固定	采购时间固定,可以制订周密采购计划,便于采购管理;能得到多种商品合并采购的好处	不能随时掌握库存动态,易出现缺货现象,盘点工作较复杂
不定时采购	采购批量固定,采购时间不固定	能随时掌握商品变动情况,采购及时,不易出现缺货现象	各种商品采购时间不一致,难制订周密采购计划,不便于采购管理;不能享受集中采购的价格优惠

（4）供应商的选择

供应商的选择是采购决策阶段的重要一环,供应商的好坏直接影响到商品质量以及商品供应能否及时满足经营的需要。特别是大型零售商对商品的需求量大,供应商往往高达千家,如美国西尔斯百货店的供应商就超过 10 000 家,而且还有更多的供应商要求加入,这就给选择工作带来了很大难度。因此,在采购工作中对供应商的选择要掌握一定的方法和评价标准,以节约后续的谈判时间,提高采购效率。

① 供应商选择依据

依据一:按价格定位选择供应商。零售企业可根据自己的经营战略,通过确定某一价位区间内的商品来选择供应商。

依据二:每种商品选择两三个供应商。每种商品的供应商不宜过多或过少。过多则分摊到每个供应商的供货量少,不能形成价格优势;太少则过分依赖单一供应商,会增加供应商的砍价能力及自身的经营风险。一般来说,在每家供应商的采购量应占到采购总量的三成以上、七成以下。

依据三:把供应商组合起来。把采购品种和供应商交叉组合起来,即 ABC 不同的几个品种同时从甲乙丙三个供应商进货,促使供应商相互竞争,避免依靠单一供应商,降低经营成本和风险。

依据四:零售企业应与供应商建立长期合作关系,但随着企业发展也需调整和更换供应商。

② 供应商选择标准

不同的零售企业经营商品的种类不同,发展战略不同,对供应商的要求也有所不同,但常用的供应商选择标准如表 6-6 所示。

表 6-6 供应商选择的标准

衡量标准	说 明
信用情况	了解供应商以前是否准时收款发货,遵守交货期限,以及履行采购合同情况,以便同诚实、信用好的供应商建立长期合作关系,稳定货源
价格水平	包括数量折扣、延期付款、特别补贴等,价格是零售商进货的主要依据之一,在保证商品质量的前提上,价格低廉的供应商是首选
品质保证	要明确了解对方商品质量如何,比较不同供应商的商品性能、寿命、经济指标、花色品种、规格等,择优进货
交货能力	能否保证持续供应、交货的及时性,增减订货的反应能力及结算资金占用情况等
费用	通过比较不同供应商、不同地区的进货费用和进货成本来进行选择
服务情况	把服务项目的多少和服务质量的高低作为选择标准。如送货上门、退换商品、维修服务、介绍商品性能、负责广告宣传等
企业实力	考虑市场地位、品牌知名度、资金实力、管理制度、工作指导规范、技术及研发能力等
合作历史	合作年限、合作融洽关系、合同履约率等

采购管理人员应主动开发、收集具有合作潜力的供应商资料,并记录在供应商资料卡上,以此评定哪个供应商可以列为开发对象或合作对象。同时应专门成立一个由采购部、审计部、会计部等部门组成的供应商评选小组,形成针对自身经营的供应商评价体系,如表 6-7 是某企业常用的供应商评估项目。

表 6-7 供应商选择的评估表示例

评估项目	评 价 等 级				
	5	4	3	2	1
信誉度	最高	较高	一般	较低	最低
商品价格	最低	略低于竞争对手	与竞争对手持平	略高于竞争对手	最高
销售额(万元)	>5 000	1 000~5 000	500~1 000	100~500	<100
退换货	无条件退换	接受合理退换	只换不退	不退换,协助解决	不退不换
结算速度	即结	结算较快	平均水平	结算较慢	无即结
促销计划	强有力	完整的年度计划	有年度计划	有月度计划	计划不到位
配送方式	直送	直送多于自提	直送与自提相等	自提多于直送	自提
售后服务	高于标准	略高于标准	符合标准	略低于标准	无售后

评价时根据企业的具体情况为上述标准赋予不同的权重,再对备选供应商的各方面情况进行打分,求出加权值后按高低对备选供应商排序,优先选择加权值最大的供应商。

③ 供应商开发流程

零售商如果新开一家店铺,或者由于业务扩展,原有的供应商不能充分满足现有发展需要,就需要开发新的供应商来为企业提供产品。开发新供应商时应遵循以下流程,如图 6-4 所示。

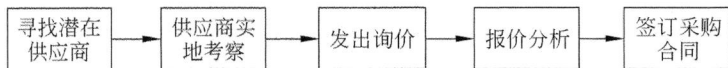

```
┌────────┐   ┌────────┐   ┌────────┐   ┌────────┐   ┌────────┐
│寻找潜在│ → │供应商实│ → │发出询价│ → │报价分析│ → │签订采购│
│ 供应商 │   │地考察  │   │        │   │        │   │  合同  │
└────────┘   └────────┘   └────────┘   └────────┘   └────────┘
```

图 6-4　开发新供应商的流程

3．供需衔接阶段

该阶段是零售企业的采购管理部门根据采购决策和采购计划与供应商洽谈,办理采购手续,签订购销合同的过程。

(1) 谈判的策略

现代零售企业在进行采购谈判时,主要运用以下两个谈判策略。

① 双赢策略

采购人员在追求低采购成本的同时,要考虑供应商的合理利润,供应商的销售人员在追求利润的同时,要考虑需求单位的采购成本。供需双方必须保持一种双赢的态度,把谈判重点放在具有共同利益的方面,因为共性是所有谈判的基础。越具有共性,谈判越容易成功。

② 长期合作策略

目前,零售商和供应商已经进入了相互实现战略联盟和长期合作的时代,这对供需双方都有利。因此,在谈判时供需双方要着眼于长期合作,而不要只注重眼前的"蝇头小利"。

(2) 谈判的内容

① 采购商品。包括商品品种、规格、包装等。

② 商品品质。采购时,采购员应了解商品的成分及品质是否符合国家安全标准和环保标准或商标等规定,以确保在商品销售中不会出现问题。

③ 采购数量。包括采购总量、采购批量、单次采购的最低订货量和最高订货量等。

④ 价格变动问题。零售商与供应商签订采购合约后,建立的是一种长期的供货关系,在这期间,价格变动在所难免,价格问题则需在谈判中进行约定。

⑤ 配送问题。零售企业主要经营的是消费品,尤其是超级市场业态,这些商品的周转率相当高。要保持充分的商品供应,商品配送成为重要的谈判内容。因此,应在配送的

方式及配送的时间、地点、配送次数、配送责任等方面与供应商达成协议。

⑥ 缺货问题。供应商的供货若出现缺货现象,必然会影响销售。因此,在谈判中要制定一个比例,明确供应商缺货时应负的责任,以约束供应商准时供货。

⑦ 付款问题。采购时,支付货款的时间和支付方式是一个很重要的采购条件,必须有所规范。

⑧ 退换货和售后服务保证。包括退货条件、时间、地点、方式、费用及售后服务的相关保证等。

在谈判中,采购员要找出分歧点,明确重点谈判项目,在对采购合同的内容协商一致的情况下,本着平等互利、遵纪守法的原则,双方办理采购手续,签订购销合同。

4．进货作业阶段

商品采购的进货作业阶段是采购流程的最后阶段,其主要工作包括以下几项内容。

① 购销合同管理。将已经签订的购销合同进行分类整理,建立台账,及时掌握购销合同的执行情况。

② 商品的接运或提运。按照到货通知组织接运或提运,将采购的商品从供应商或车站、码头等地方接收并运到本企业。

③ 商品的验收入库。对到货的商品进行数量和质量检验,验收合格后办理入库手续。

④ 付款结算。到货的商品验收入库后,通知财务部门与供应商办理结算手续。

⑤ 问题处理。在进货作业阶段发现到货的商品有短缺和破损,按购销合同规定及时提出索赔和拒付货款。

⑥ 通知销售部门到货。使销售部门了解商品库存情况,积极组织销售。

5．跟踪管理

引入的商品在店铺正式销售后,采购人员仍要追踪管理,不能放任自流。跟踪评估主要包括两个方面:商品的评估和供应商的评估。对于商品的评估,最重要的是看它是否畅销。因此,采购员要定期分析商品的销售量,看是否销售稳定,并及时淘汰滞销品,引入新商品。对于供应商,也需要定期考核,汇同采购评估小组进行"价格"、"品质"、"交货时间"、"配合度"等指标的考核,确定评定等级。

讨论专题:供应商为进卖场向采购人员行贿;采购人员要供应商的回扣,素质不高,以权谋私;采购人员对供应商的涨价要求积极反应,导致企业利益受损;采购中的腐败导致商品价格提高,损害消费者利益。

这种现象在各个企业的采购部门中时有发生,也是管理中的一大难题,大家如何看待这些问题?怎样避免采购环节的腐败问题,能想到哪些解决办法?

6.1.3 供应商关系

随着市场竞争的加剧,越来越多的零售商认识到,要想得到很好的发展,满足客户需求,积极应对国际竞争,都离不开供应商的支持。合作是零售商和供应商的必然选择,双方建立战略合作伙伴关系是保持可持续竞争力的重要途径。

1. 什么是合作伙伴关系

术语链接:合作伙伴关系(partnership),是企业与企业之间达成的最高层次的合作关系,指在相互信任的基础上,双方为了实现共同的目标而采取的共享信息、共担风险、共享利益的长期合作关系。这种关系会创造竞争优势,产生比单个公司所能达到的绩效更大的绩效。

(1) 合作伙伴关系的类型

合作伙伴关系有以下三种类型。

① 合作各方将对方看作自己的合作伙伴,并在有限的范围内协调活动和计划。这种关系通常是短期的,一般只在各组织的一个部门或一个职能领域内合作。

② 组织间的合作不局限于协调活动,而是进行各活动的整合。尽管这种合作伙伴关系并非长久不变,但至少双方有长期合作的意愿。一般组织内部会有多个部门和职能领域介入这种合作关系。

③ 组织之间一体化程度很高,每个合作方都将对方看成是自己的延伸。一般这种合作关系会无限期地存续下去。

20 世纪 80 年代,合作伙伴关系被认为是达到质优、快速交付、持续改进等目标的关键因素。向合作伙伴模式的演变使采供关系逐渐摆脱了传统模式,两种模式的区别如表 6-8 所示。

表 6-8　采购方—供应方关系图:范式转换

传 统 模 式	合作伙伴关系
最低价格	采购的总成本
产品规格导向	最终用户导向
短期,市场反应	长期、战略、机会最大化
避免麻烦	职能交叉小组,高层管理者参与
采购方责任	双方互通长、短期计划 共担风险与机遇,双赢
战术	标准化
双方没有或较少信息沟通	共享数据

（2）合作伙伴关系模型

通常促成合作伙伴关系的建立有三个因素：驱动因素、促进因素和组成因素。驱动因素（drive）是推动双方合作的直接动因，促进因素（facilitator）是促使合作伙伴关系产生和发展的环境支撑因素，组成因素（component）则是建立和维持合作伙伴关系的活动和过程。结果反映了合作伙伴关系的效果，如图 6-5 所示。

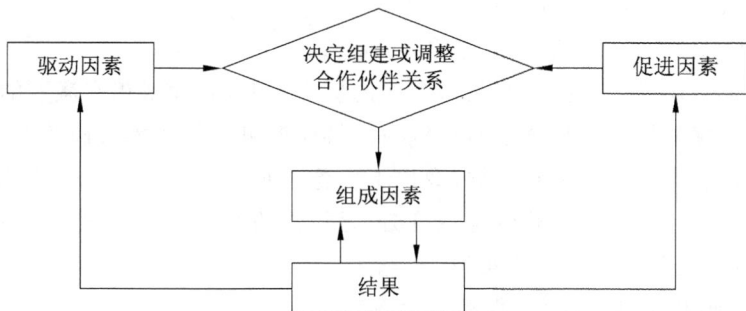

图 6-5　合作伙伴关系模型

① 驱动因素。是推动双方合作的直接动因，即双方通过合作必将在一个或多个领域获得显著的收益，如果没有合作伙伴关系，这些收益是不存在的。驱使合作的潜在收益主要包括资产/成本效益、顾客服务、营销、利润的稳定/增长等。合作双方必须单独评价各自驱动因素的强烈程度。

② 促进因素。指促使合作关系发展和强化的环境条件，它是良好合作关系的基础，一般包括双方的兼容性、相似的管理理念和技术等。促进因素存在于两个潜在的合作伙伴的共同经营环境中，不像驱动因素要由双方管理人员各自进行评估，促进因素需要由双方共同评估，对公司价值、理念以及目标进行研讨。即使以后不能真正建立起合作伙伴关系，也会改善双方的关系，促进因素越积极，合作成功的机会就越大。

③ 组成因素。是指管理层在整个合作过程中建立和控制的各项活动和过程。组成因素使得整个合作关系具有可操作性，并为双方创造效益。每一个合作关系都有基本的组成因素，但是真正的实施及管理过程却不相同。组成因素一般包括规划、共同的运作控制、信息沟通、风险共担/利益共享、信任和承诺、合同类型、范围及投资状况等。

④ 结果和反馈。不管是哪一种类型的合作伙伴关系，都必须对合作的结果进行必要的评估和调整。进行有效的评估和反馈，关键的一点就是合作的驱动因素中的利益实现程度。以此为起点，就能弄清楚与每个驱动因素有关的评估方案和指标，这些方案和指标就成为评估合作伙伴关系结果的标准。反馈过程可以跳到模型中的任何一步，一般采取

定期更新驱动因素、促进因素和组成因素的方式。

2. 建立合作伙伴关系

以往零售商和供应商双方都只关心自己的利益，双方的关系是一种"你争我夺"的关系，为了建立促成竞争优势的战略合作伙伴关系，双方须本着长期合作的关系行事，双方都做出大量投资以提高共同的获利能力，这是一种"双赢"关系。零售商与供应商若要搭建稳定的合作伙伴关系，需从以下几点出发。

(1) 培养核心竞争力，明确自身定位

无论是零售商还是供应商都不具备全面的核心资源，企业要想在激烈的竞争中立足，必须依靠合作伙伴整体力量与竞争对手抗衡。供应商可以依赖零售商的发展迅速开拓市场，抢占市场份额，规避市场风险；零售商也不应像以前那样坐在办公室里等待供应商上门谈业务，要学会考察市场，参观各种展览会，寻找新的商品，发现适合自己企业的商品要主动联系供应商，提升自身的竞争实力。

(2) 再造企业内部业务流程，提高运营效率

零供双方的合作不但是业务部与采购部的合作，还包括物流部、财务部等部门的合作。零供双方在合作的过程中，只有各部门协调运作，才能发挥它们的优势，任何一个环节出了问题都可能影响到其他部门的工作效率，这就讲究协调与配合，强调的是整体运作。

(3) 广泛采用信息技术，实现信息共享

各零售商更加注重对数据的分析，开通了商务网，为供应商提供了销售、库存、对账、扣费、订单等数据，供应商只要上网就能知道每天的销售情况，零售商各门店的库存情况，财务上对账、结款情况，都一目了然。信息共享，使零供双方无缝链接，最大限度地增加企业间信息的透明度，大大增加了企业决策的可靠性，降低经营风险和成本。

(4) 建立相互信任的机制和组织架构

零供合作要想形成合作伙伴关系，从各个层面上都要有所动作，甚至零供双方的高层都要定期或不定期的组织碰面会，将一些新的想法与思路拿出来交流探讨。建立互信机制很重要，没有一个良好的机制与组织关系，信息系统再卓越，也往往发挥不了良好的作用。因此，确立零供双方的信任关系是决定合作成败的首要问题。

3. 维持战略合作伙伴关系

零售商和供应商建立战略伙伴关系后，只有很好地维持这种关系才能实现双方的目标，达到共赢。战略合作伙伴关系的维持需要四块基石，那就是相互信任、公开交流、共同目标和可靠承诺，如图 6-6 所示。

相互信任	公开交流
相互信任，双方更愿意分享相关计划、澄清目标和问题，进行有效交流，共享信息更全面、准确和及时。同时相信双方合作可以获得长期优势，愿意共同创新	公开、坦诚的交流是维持良好关系的关键。零售商和供应商要公开地交流和沟通，了解驱动双方业务的动力、各自的职责、双方的战略目标以及在合作过程中可能出现的任何问题
共同目标	可靠的承诺
共同目标给予双方集中各自优势及能力的动力，发掘他们之间潜在的机会，而且还能保证各自不会做出任何有碍目标实现的事情。当期望的利益未能实现时，共同目标能帮助维持伙伴关系	可靠的承诺在关系中是有形的投资，不仅是口头声明，更要包括实际的投入，更好地为顾客提供产品和服务。如供应商开发与零售商信息系统的对接系统，表明了对合作伙伴关系的长期承诺

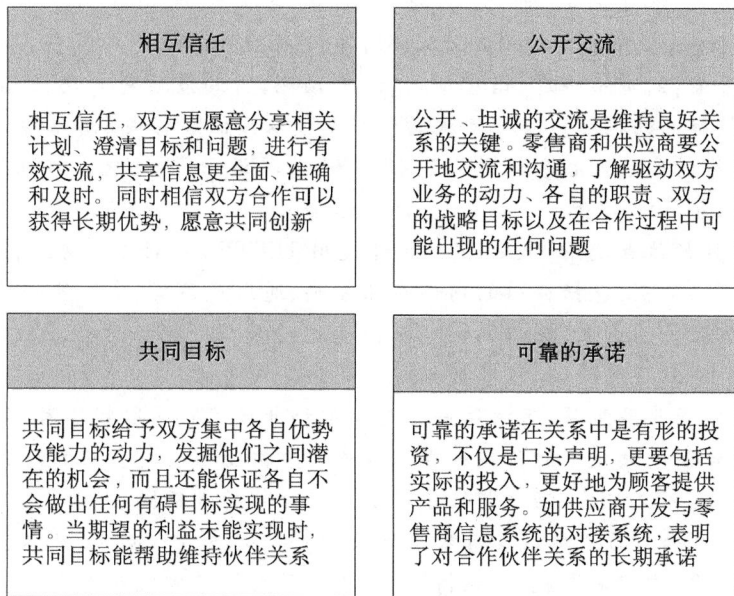

图 6-6　维持战略伙伴关系的四块基石

【案例链接】

"宝玛"战略合作实现双赢

沃尔玛与宝洁最初的沟通只停留在宝洁的销售与沃尔玛的采购之间的买卖关系上，双方都只关注自己内部的业务。沃尔玛的创始人山姆·沃尔顿与宝洁的副总裁路·普立特切特多年前在辛辛那提小河上一起泛舟时共同提出：从源头到终端分析供应链，建立合作伙伴关系，双方发展简单而高效的由工厂至消费者的物流储运体系。由此，双方展开了深入合作。

首先，为降低营销成本，沃尔玛和宝洁公司建立合作联盟，由两个公司不同职能部门的 12 人小组一起开发出一套电子数据交换连接系统。通过该系统，宝洁公司可以源源不断地收集沃尔玛各店中其产品的销售数据，并据此将适量的宝洁产品及时地从工厂送到商店。

其次，宝洁大胆地取消了销售部，设立了客户生意发展部，将财务、IT、物流、市场等多个部门从后方支持部门改变为一线部门，与零售战略伙伴结成多部门的合作。原先宝洁和沃尔玛只在销售环节对接，财务、IT 等均作为后台隐于其后；而信息共享之后，双方实现了全方位对接。

再次，在持续补货的基础上，宝洁和沃尔玛联合启动了 CPFR（collaborative planning、forecasting and replenishment，协同的计划、预测与补货）流程。它让双方从共同的商业计划开始，到市场推广、销售预测、订单预测，再到最后对市场活动的评估总结，构成一个可持续提高的循环。流程实施的结果是使双方的经营成本和库存水平都大大降低，沃尔玛分店中的宝洁产品利润增长了 48%，存货接近于零；而宝洁在沃尔玛的销售收入和利润也增长了 50% 以上。

接着，双方开始试点使用 UCCnet。通过使用 HTTP 和 AS2 等网络协议共享信息，宝洁将自己的产品数据，包括公司的内部产品号码、通用产品码、零件号码目录、量度单位等数据都发布到 UCCnet 上，沃尔玛就可以接受这些数据并根据驻留在他们内部系统的数据进行验证。一旦通过验证，这些数据就被认为是同步的。

最后，通过电子产品编码，宝洁第一个与沃尔玛开始了它的射频技术标签测试。对于宝洁来说，提议使用射频技术的价值是在零售商的货架上摆有更多它的产品，同时减少劳动力和存货费用。不久之后，宝洁与沃尔玛实现了全球的数据同步。

宝洁与沃尔玛合作方式的改变导致两家公司的关系发生了改变，两家建立了长期稳定的合作伙伴关系，由非输即赢的"赌博"关系变成了力促双方成本下降、收益增加的双赢关系。

思考：从传输销售数据到共建协同的计划、预测与补货流程，再到全球数据同步，宝洁与沃尔玛的合作对中国的零售企业与供应商有怎样的借鉴？

6.1.4 采购中的道德问题

商品采购过程中会涉及道德问题，即该做什么和不该做什么的行为准则。有些零售商有一个明示道德公约，明确指出什么是道德行为、什么是不道德行为。然而，现实中存在的主要是隐示道德公约，指非文字形式的但又被充分理解的一套道德责任的规则或标准。对隐示道德公约的了解就是员工逐渐融入这个零售商的组织和企业文化的过程。

无论道德公约是明示的还是暗示的，它们都是零售商制定零售决策时要考虑的重要指导方针。应当指出的是，合乎法律的行为和合乎道德的行为并不一定是相同的。非道德的行为也许是合法的。零售商的行为必须遵守法律规定，也应合乎道德。

零售商在采购商品时一般会面对以下几种道德困境。

1. 产品质量和来源

零售商应当为产品质量去检查商品，还是把这件事留给顾客去做？大多数的零售商都在努力确保他们的商品能够满足顾客的期望，因此，有些零售商已经制定了实验室检测程序，坚持按照规定的道德标准和环境标准，核实它们的自有品牌及制造商牌商品的质量。

零售商应当检查生产所售商品那些工厂的工作环境吗？如生产商品的过程中使用了童工或者没有给个人支付合理的工资等。零售商能够确定它们没有采购违法商品的唯一办法就是检查所有的供应商，甚至包括最小的供应商，但制订一个防范此类活动的计划可能是非常昂贵的。因此，许多零售商困惑应该采取什么方法以确保它们不会从声誉欠佳的厂商那里采购商品。

2．货位津贴

零售商如果同意把一个新产品添加到他的存货清单上，应当要求生产商为此支付费用吗？货位津贴从供应商的角度来讲也叫上架费，是供应商为获得零售商店空间而支付的费用。目前尽管货位津贴不是非法的，但可以认为是不道德的。一些零售商认为上架费是保证它们的珍贵的空间得到有效利用的合理方法，而供应商则认为是零售商对供应商的一种盘剥。作为建立合作伙伴关系计划的一部分，应该如何对待和避免上架费？

3．回购

与货位津贴一样，回购也叫买回，是供应商使零售商接受其产品的一种策略。具体而言，回购在以下两种情况下发生：一是零售商允许供应商买走店内供应商竞争对手的存货；二是零售商要求供应商买回滞销的商品。从技术上来说，如果一个公司经常回购其他竞争对手的产品而使其事实上失去了一个市场，则违反了反托拉斯法，但这种情况是很难举证的。

4．商业贿赂

当供应商或其代理人给予或支付零售采购员"一些有价值的东西"以影响采购决策时，就产生了商业贿赂。零售商或者它的员工应该被允许接受行贿吗？尽管对此行为的合法与违法的认定各国有所区别，但从公司的角度看，大多数都在尽可能地杜绝。例如，沃尔玛规定员工不允许接受供应商的任何礼品（包括样品），当走访供应商的产品陈列室时，甚至连一杯咖啡或饮料都不能喝。即使公司有相关的政策和规定，一些不道德的员工仍在接受甚至索要礼物，国外一种经验性的做法是接受有限数量的招待或象征性的礼物，如鲜花或一瓶酒，且是在合适的时机和场所。当礼物或招待被视为足够能影响采购员的采购行为时，就被看作是商业贿赂，是非法的。

> **讨论专题**：进场费是指大型零售商利用自身的销售网络优势，采取多种多样的方式，主动向生产厂家或供货商收取的商品销售返利、返点、广告宣传费、促销费、治理费、展台制作费、店庆费、节日促销费及其他大型促销费用等。目前，进场费名目繁多，有人认为零售商收取这部分费用是合理的，有人认为进场费扰乱了市场秩序，有人认为进场费就是商业贿赂，你的看法呢？

6.2 物流与配送

6.2.1 零售企业物流及其特点

术语链接：零售企业物流是零售企业围绕所经营的商品而展开的进、销、调、存、退等环节，包括商品采购物流、企业内部物流、销售物流以及商品退货物流等。

零售企业物流各环节内容如下。

① 采购物流是指零售企业将其经营和销售的商品从生产厂家运回公司而发生的一系列物流活动。

② 内部物流是指将商品从仓库运输到销售现场或运到各分店及连锁店进行销售的过程，主要是保证商品的正常销售。

③ 销售物流是指通过批发、零售以及配送将商品发送到消费者或购货单位手中的一系列物流活动。

④ 退货物流是指对采购的商品进货验收时发现的不合格品，以及在商品销售后客户发现有质量问题的商品进行退货的一系列物流活动。

物流通过下述方法支持供应链作为一个整体竞争，即在需要的时间，以具有竞争力的成本，按规定的形式提供产品来满足最终客户的需求。物流的任务是管理两个关键的流。

- 商品流：从供应商处经配送中心到商店的实体货物的流动。
- 信息流：需求数据在最终客户和供应商之间的传递。

1. 零售企业物流的特点

不同于生产企业的物流配送活动，由于经营商品种类众多及门店分散（连锁企业）的特点，零售企业物流配送管理是所有物流管理中最复杂的一种，其主要特点表现为以下几个。

① 商品种类繁多，配送和仓储要求多样化。

② 物流配送作业复杂，时间要求严格。零售企业处于供应链末端，直接面对多样化的消费需求，商品理货、配货工作繁重；销售受市场、促销、节日等因素影响，容易出现波动，门店配送量变化大；同时销售门店为在有限的空间陈列更多品种的商品，要求高频率配送，时间要求严格。

③ 如果是连锁企业，则门店分散，配装、配车要求高。

④ 经营商品超过85%以上有销售条码，但只有约50%的商品有外包装箱条码，减缓物流作业速度。

⑤ 超过90%的商品有严格的保质期，商品周转时间要求短。如快速消费品、生鲜食

品等,对流通的准时性和及时性的要求高。

⑥ 商品销售有明显的周期特征,淡旺季明显。对物流资源配置、物流计划安排均带来不利影响,物流管理难以做到平衡供给。

2. 零售企业物流配送流程

一般的零售企业物流作业流程按照商品流动路径可分为标准型、通过型、直送型。标准型一般是由供应商送货至零售企业物流中心,物流中心对商品验收入库、经存储、再根据分店要求分拣出库,配送至门店;通过型是指供应商将事先已经指定门店的商品送至零售企业物流中心,物流中心对商品验收后不经储存而与发往该门店的其他商品混合配装后,直接出库,配送至门店;直送型是指商品不经零售企业物流中心,而由供应商直接送货到门店的方式。图 6-7 是零售企业的标准型物流配送流程。

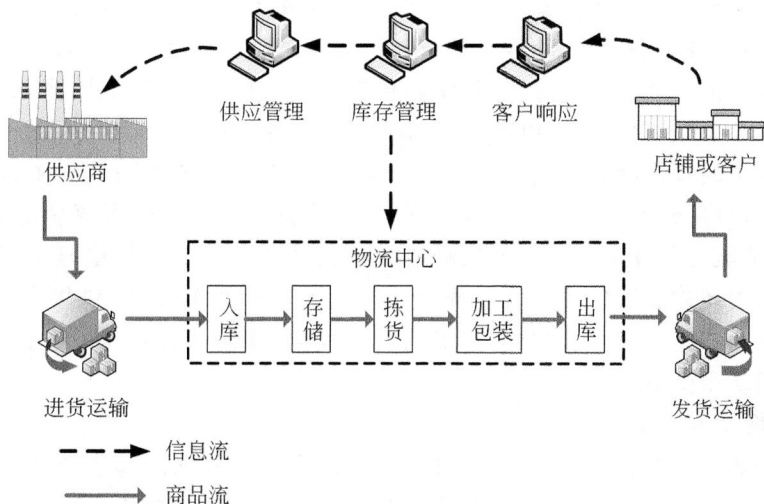

图 6-7 零售企业标准物流配送流程

标准型物流作业流程主要适用于各门店普遍需求,销售量比较大的畅销性商品,对这类商品,为防止缺货损失,一般由配送中心进行一定数量的库存准备,保证对门店要货需求及时供应。

采用通过型作业流程,主要是基于降低库存、减少库存资金占用,加速商品周转,提高集中配送,降低运输费用等原因。对所需商品不采取事先大量订货储备的方式,而根据门店订单进行订货,将供应商送达物流中心的商品与物流中心储备的其他门店所需商品配装到一辆运货车上向门店进行配送,减少供应商单独送货可能产生的高运输成本。一般情况下,通过型作业流程主要适用于非普遍需求性物资,销售需求量较小的物资。但由于这一运作流程能有效地提高库存周转水平,减少库存量,在物流管理运作水平较高的企业,通过型作业方式是主要的物流作业方式。

直送型物流作业流程主要适用于对保鲜性要求较高的生鲜商品及供应商在当地有供应、经销点的商品。由供应商直接将商品送往各门店，以减少环节，节省时间和费用。

无论哪一种作业方式，商品的采购订货有关信息都应由物流中心统一处理，订货决策都应由物流中心做出，以保证物流活动一体化利益的实现。

6.2.2　零售企业物流模式

零售物流是构成消费品供应链的终端环节，也是形成商品使用价值最重要的环节，涵盖从商品采购到商品销售给消费者的全过程。一般根据提供物流服务的主体，将其运作模式分为以下四类。

1. 供应商配送模式

供应商配送模式简单来说就是由生产企业直接将零售企业采购的商品，在指定的时间范围内送到各个商店甚至送到货架的物流活动。目前，一些大型连锁零售企业与供应商之间的关系已由竞争走向了协作，逐步朝供应链整合的方向发展，以降低交易成本，提高利润。一些大型生产企业，如电器厂商（海尔、海信等）、食品生产企业（统一、康师傅等）以及国外有实力的日化产品厂家（联合利华、宝洁等）在全国范围内建立了自己的分销体系，将分销渠道直接介入零售企业的分销物流活动当中。并且根据商品的属性、运输距离、自己的运输能力以及季节等条件安排有关物流的活动。华联超市与上海捷强集团公司以及宝洁公司还建立了自动补货系统，将"连锁超市补货"转变为"供货商补货"，这样可以使零售企业削减整体成本、库存与有形的资产投资，并使消费者得以选择高品质、高新鲜度的食品而从中受益。

2. 自建物流中心配送模式

从提高企业的绩效和便于管理的目的出发，许多能力较强的零售企业采取自建物流系统的发展战略，特别是在常温仓储和冷冻品及生鲜产品仓储方面，这一现象更加普遍。现代化物流的实现必须依靠配送中心来实现商品的集中储存和配送，便于在企业内部形成一个稳定运行、完全受控的物流系统，满足零售企业对商品多品种、多批次、低数量的及时配送要求。零售企业选择自营物流既有利于保证和保持良好的服务水平，又便于企业对物流各个环节的管理和监控。

3. 第三方物流配送模式

自营物流虽然可以提高企业的绩效，也便于管理，但并不是每个企业都必须采用自营物流的模式。如果物流业务不是企业的核心业务，企业根据自身情况，合理运用外包战略，也能够达到提高物流能力，加强企业绩效表现的目的。尤其是一些中小型零售企业，由于物流业务量相对较少，资金实力方面的欠缺，不适合自己建设如配送中心等一些投资大、回收期长的服务性工程。因此，这些企业通常会采用与社会性专业物流企业结成战略联盟的方式，将业务外包，有效利用第三方物流配送来完成仓储和配送任务，以完全实现或近似实现本企业零库存的目的。

4．共同配送模式

共同配送是指多家零售企业联合起来，组成物流联盟，为实现整体的物流配送合理化，在互惠互利原则指导下，共同出资建设或租用配送中心，制订共同的计划，共同对某一地区的用户进行配送，共同使用配送车辆的配送模式，联盟各方通过契约形成优势互补、要素双向或多向流动、相互信任、共担风险、共享收益的物流伙伴关系。那些经营规模较小或门店数量较少的连锁超市常采用这种模式。此模式最大的优点是能解决运输车辆跑空车和运费上升的问题，特别是当数个产地和销地相距较远且又有交叉运输时，其优点尤为突出。采用共同化配送，既能减少企业的物流设施投资，又便于将分散于各中小型连锁企业的物流设施集中起来并形成合力，从而能高效率、低成本地为有关企业提供满意的物流服务。

此外，根据物流的环节数、信息流的类型以及配送的时间和数量，零售物流模式还有不同的分类，如表 6-9 所示。

表 6-9　物流配送模式类型

划分标准	类　　　型
配送主体	1.供应商配送；2.自建物流配送中心配送；3.第三方物流配送；4.共同配送
物流的环节数	1.供应商→顾客；2.供应商→店铺→顾客；3.供应商→配送中心→店铺→顾客
信息流标准	1.信函；2.电话；3.互联网；4.传真
配送时间及数量	1.定时配送；2.定量配送；3.定时定量配送；4.定时定量定点配送；5.即时配送

【阅读链接】

国内著名网络零售商的物流配送模式

亚马逊的物流模式——在大型城市建立了自己独立的配送中心，以自身为主，同时相应的在物流高峰期借助一部分第三方的力量；小型城市及偏远地区以邮政方式为主。

京东商城的物流模式——自建物流体系与自建体系＋第三方物流相结合。除了与第三方的物流公司合作，京东商城还在各地招募一些高校代理。

淘宝网的物流模式——与第三方物流公司合作，所谓第三方物流是指生产经营企业为集中精力搞好主业，把原来属于自己处理的物流活动，以合同方式委托给专业物流服务企业，同时通过信息系统与物流企业保持密切联系，以达到对物流全程管理的控制的一种物流运作与管理方式。目前为淘宝网提供第三方物流的主要有申通速递、圆通速递、中通速递、韵达快递、中邮 EMS 等公司。

1 号店的物流模式——目前，1 号店 70％的订单由自建配送系统配送。1 号店拥有北京、上海、广州、武汉、成都五个仓储中心，并在 34 个城市设立了 130 多个自配送中心。在布局仓储中心的同时,1号店也自建了配送系统。

6.2.3 改善物流管理的途径

改善物流管理可以从两个主要途径实现:一是要建立及时的物流信息系统,二是要建立高效的物流运作系统。

1. 及时的物流信息系统

一个组织将物流作为其竞争的能力,就意味着要有能力监测客户需求及库存水平,及时防止缺货,并与客户沟通潜在的问题,这都需要卓越的、综合的物流信息系统(logistics information system)。物流信息系统影响所有先前提到的物流活动,必须将它们整合在一起,并考虑到营销及生产活动。此外,信息系统还必须考虑供应链中的其他成员,提供从第一供应者到最终消费者这一渠道的准确信息。

【阅读链接】

电子商务和采购

科学技术和信息系统突飞猛进的发展对企业的采购活动产生了巨大的影响。在采购领域应用科学技术,对加快运作处理速度、减少失误、降低采购成本具有重大意义。

在采购中最为常见的技术可能就是电子数据交换(electronic data interchange,EDI)。EDI是在企业和供应商之间进行的电子化的数据交换,这使两家或两家以上的企业能够得到及时、准确的信息。使用EDI,企业之间可以直接传输多种类型的数据,包括采购需求、采购订单、订单确认、订单状态、提前交货通知以及信息的跟踪和查询等。EDI在全球商业领域的广泛应用,如沃尔玛用EDI与供应商联系,供应商利用这些数据决定对沃尔玛的供货量,这样,供应商可以准确安排生产需求、零售商可以更好地控制库存等。

电子商务在采购中的另一种应用方式是开发电子目录。电子目录可以使买方迅速获得产品信息、规格说明和采购价格。许多企业都建立自己的在线电子目录,并且不遗余力地为许多供应商建立各自的电子目录,这样,买方就可以方便快捷地对多种产品的特性、规格和价格进行比较了。

购买交换是另一种借助技术实现的采购活动。购买交换的用户能够查询到某一商品或服务的卖家和买家。这样就有利于买方提出具体建议、询问报价以及参与某一商品或服务的竞价。所有交易手续都能在互联网上完成。购买交换有助于大幅提高采购数量,但如果买方通过互联网提出自己的需求,然后对所有供应商进行招标,或借助于技术手段使供应商参与拍卖竞价,有可能损害供应商一体化和价值管理带来的收益。

2. 高效的物流运作系统

高效的物流运作系统应具有如下特征。

（1）规模恰当

对物流系统进行投资建设时,首先要确定其规模的大小。对其所处的地理位置,周围环境、服务对象,特别是物流量的多少,包活货物品名、数量、流向等,都要进行详细调查和预测,综合分析研究,以确定物流系统化规模。否则,物流系统规模设计大了,必然使一部分物流设施、技术装备闲置起来,浪费投资,影响物流的经济效益。反之,物流系统规模设计小了,与其业务活动不相适应,满足不了顾客的需要,同样也是不可取的。

（2）运送及时

这是物流系统的主要功能之一,也是衡量物流服务质量的一个重要标志,即根据货主的要求,及时运输和配送,按顾客提出的时间和地点,把商品迅速运送到收货地或用户,以赢得信誉。因此,必须很好地考虑运输、配送的功能等问题。

（3）库存适度

从销售物流来看,批发企业或物流中心必须保持一定的合理库存量。商品储存过多,会造成积压,占压资金;而储存过少,又要脱销,并失去销售机会,影响企业的经济效益。因此,物流系统必须强化这一功能,及时反馈,调整库存,多则停止进货,少则补充库存,充分发挥其调节功能的作用。

（4）费用合理

在物流活动中,在运输、储存、包装、流通加工、装卸搬运、物流信息的搜集、传递和反馈等环节之间都存在着一种相互矛盾,相互制约的关系。进货或送货间隔时间短,运输次数频繁,则运输费用会增加,但相应的保管费用支出却会减少;包装费用高,相应地用于日常的维护保养费用会减少,对储存条件的要求也会降低;物流信息搜集得越全面,对物流的协调和控制能力就越强,但用于信息的搜集、加工处理的费用支出就会相应增加。因此,合理控制这些费用,达到总成本最低是物流运作的目标。

【案例链接】

京东商城：看得见的包裹

在如今电商的竞争中,用户体验逐渐成为大家关注的焦点,配送的速度是用户体验的关键点之一。电子商务企业供应链的完善是一个系统工程。前台网站搭建起来非常迅速,但是要与后台的库存管理、物流配送关联起来,这就是一个巨大的工程。解读京东商城供应链,可以看到,供货、系统、数据、仓储、配送是一个综合的相互作用、不断升级的体系,而累积数据的时间和经验也直接决定着系统对于整个供应链的管理效率。京东商城将物联网应用融入其配送环节,也是其优化供应链的一个尝试。京东的经验主要表现在以下几个方面。

1. 历史数据决定仓储位置

整个订单生产的过程在京东商城内部,库房相当于工厂,即生产订单的地方。用户下单的前台,也就是京东商城的网站对接的是全国仓储系统。前台的订单下单后,系统会根据用户的送货位置计算最快的送货路径,以自动匹配仓库。

这实际上是兼顾了效率和用户体验的,如订单中其中一个商品缺货,那么订单自动分成两个子订单。另外,还有库房限制上的客观原因。目前,在北京,由于大面积的单体库房很难租到,为了兼顾效率,系统会将订单拆分分别配送。

根据用户下单的数据,同一个库商品库存的位置也不是一成不变的。系统会对历史数据计算,一些购买关联度比较高的商品摆放的位置会比较近,以节约库房组合完成订单的时间。另外,前台在进行搭配促销时,库存位置也会跟着改变,季节性强的产品在季节改变时会改变入库位置,以节约取货时间。

2.可视的包裹运输

通过地理信息系统(geographic information system,GIS),物流管理者在后台可以实时看到物流运行情况,同时,车辆位置信息,车辆的停留时间,包裹的分拨时间,配送员与客户的交接时间等都会形成原始的数据。这些数据经过分析之后,可以给管理者提供更多、更有价值的参考。用户在自己的页面上也可以观察到这个订单在每个时间分别到达什么位置。

京东商城在电子商务企业中第一个使用 GIS 系统,这使用户感到很新奇,是一种可视化物流的实现。传统的线下店,用户可以看到、摸到商品,眼见为实的体验是电子商务无法代替的,而这种可视化物流可以消除用户线上线下的心理差距,用户可以适时感知到自己的订单,是一种提升了的用户体验。

3.销售预测的关键

涉足电子商务京东累积了大量的数据,通过对这些数据的计算,京东能够预测每个地区某个产品的销售表现。根据历史数据的预测来针对每个库房进行备货,而这些数据则是来源于商品的点击率、浏览量、搜索率等。对于电商企业来讲,采购进来的商品,既不能库存时间太长,也不能很快断货,库存时间长会占用资金,而用户下单后缺货则会影响用户体验。预测销售,根据销售量来备库,是电子商务企业供应链核心的能力。

资料来源:中国电子商务研究中心网站.http://www.100ec.cn/.

6.2.4　配送中心及管理

1.了解配送中心

> **术语链接**:配送中心(distribution center),是接受生产厂家等供货商多品种大量的货物,然后按照多家需求者的订货要求,迅速、准确、低成本、高效率地将商品配送到需求场所的物流节点设施。

作为从事配送业务的物流场所或组织,应符合下列要求。

- 为特定的用户服务;
- 配送功能健全;
- 完善的信息网络;
- 多品种、小批量;
- 以配送为主,储存为辅。

物流涉及两个"中心",配送中心与物流中心,既有区别又有联系。两者都是物流作业集中的场所,区别主要是范围、规模、功能有所不同。物流中心主要处理大范围、长距离、大批量的物流输送问题,配送中心则主要处理局部范围、短距离、小批量的物流配送问题。

配送中心的选址极其重要,位置恰当与否关系到配送效率、物流成本以及服务水平,对企业的销售战略会产生重要影响。配送中心的选址首先要能够保证在一定的物流服务水平下满足顾客的订货要求,必须在充分考虑配送距离、配送时间和配送成本的基础上,确定配送圈,根据经销范围,设置合理数量的配送中心。一般地说,配送圈大的话,配送中心的配置数量就会少,距离客户的距离长,配送成本相对高,这些费用彼此之间存在着效益背反关系。因此,需要在充分考虑各种因素对物流总成本影响的基础上,确定一个合理的配送圈以及配送中心的最佳数量。

2．配送中心的功能

（1）存储与集散功能

配送中心的服务对象是为数众多的生产企业和商业网点(如连锁店和超级市场),配送中心需要按照用户的要求及时将各种配装好的货物送交到用户手中,满足生产和消费需要。配送中心通常要兴建现代化的仓库,并配备一定数量的仓储设备,存储一定数量的商品。

此外,配送中心凭借其特殊的地位以及拥有的各种先进的设施和设备,能够将分散在各个企业的产品集中到一起,然后经过分拣、配装向多家用户发运。

（2）组配功能

由于每个用户企业对商品的品种、规格、型号、数量、质量、送达时间和地点等的要求不同,配送中心就必须按用户的要求对商品进行分拣和组配。配送中心的这一功能是其与传统仓储企业的明显区别之一,也是其最重要的特征之一。没有组配功能,就不能称之为配送中心。

（3）分拣功能

分拣功能指物流配送中心根据客户订单要求不同,将货物进行分拣、拣选、配齐、集中堆放于指定配货场地待运。

（4）分装功能

从配送中心的角度来看,它希望采用大批量的进货来降低进货价格和进货费用。但是用户为了降低库存、加快资金周转、减少资金占用,则往往要采用小批量、多批次进货的方法,配送中心就必须进行分装。

(5) 加工功能

配送中心能够按照用户提出的要求和根据合理配送商品的原则,将组织进来的货物加工成一定的规格、尺寸和形状。这些加工功能是现代配送中心服务职能的具体体现。配送中心具备加工功能,积极开展加工业务,既省却了用户烦琐劳动,又提高了物质资源的利用率和配送效率。此外,对配送活动本身来说,客观上则起着强化其整体功能的作用。

3. 配送中心的类型

按不同的分类标准,配送中心可以分为不同的类型。如果按照配送中心的功能,可划分为以下类型。

(1) 通过型配送中心

通过型(分拣型)配送中心的特点是商品在这里停留的时间非常短,一般只有几个小时或半天,商品途经配送中心的目的是为了将大批量的商品分解为小批量的商品,将不同种类的商品组合在一起,满足店铺多品种小批量订货的要求;通过集中与分散的结合,减少运输次数,提高运输效率以及理货作业效率等。通过型配送中心具备高效率的商品检验、拣选以及订单处理等理货和信息处理能力,作业的自动化程度比较高,信息系统也比较发达。

(2) 集中库存型配送中心

集中库存型配送中心(商品中心)具有商品储存功能,大量采购的商品储存在这里,各个工厂或店铺不再保有库存,根据生产和销售需要由配送中心及时组织配送。这种将分散库存变为集中库存的作法,有利于降低库存水平,提高库存周转率。

(3) 流通加工型配送中心

流通加工型配送中心除了开展配送服务外,还根据用户的需要在配送前对商品进行流通加工。例如,面向连锁超市的配送中心从事诸如分装、贴标签、食品清洗等流通加工作业,之后再配送到各个店铺。这样,可以减轻店铺作业的压力,集中加工也有助于提高流通加工效率。还有一种情况是出于提高运输保管效率的考虑,在运输保管过程中保持散件状态,向用户配送前进行组装加工。

此外,配送中心按照经营主体、服务对象、配送货物的性质、社会化程度等又可划分为不同的类型,如表 6-10 所示。

表 6-10   配送中心不同的分类

分类标准	配送中心类型
经营主体	厂商主导型;批发商主导型;零售商主导型;物流企业主导型;共同型配送中心
服务对象	面向最终消费者;面向制造企业;面向零售商
货物的性质	商业货物配送中心;非商业货物配送中心
社会化程度	个别企业的配送中心;公共配送中心

4．配送中心的作业管理

配送作业是按照用户的要求，把货物分拣出来，按时按量发送到指定地点的过程。

（1）配送作业的基本环节

配送是由备货、理货和送货三个基本环节组成的，其中每个环节又包含若干项具体的、枝节性的活动。

① 备货。备货是指准备货物的系列活动，是配送的基础环节。严格说，备货包括筹集货物和存储货物。

② 理货。理货是配送区别于一般送货的重要标志，包括货物分拣、配货和包装等经济活动。

③ 送货。送货是配送活动的核心，也是备货和理货工序的延伸。有三项内容：运输方式、运输线路和运输工具。

（2）配送作业流程

配送中心的作业流程一般包括进货、搬运、储存、盘点、订单处理、拣货、补货、出货等，其流程如图 6-8 所示。

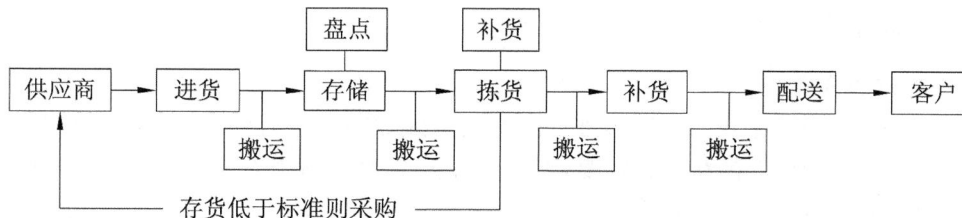

图 6-8　配送作业流程

① 进货。包括商品从货车上卸下、点数、分类、验收，并搬运到配送中心的储存地点。其主要作业包括卸货、货物分类、收货检验。

② 搬运。从运输系统装上和卸下货物，从卸货点至配送中心，配送中心内部的搬运和从配送中心内取出货物等的作业均属于这个范畴。搬运作业的策划和设计是否合理，在很大程度上影响物流成本的多少和货物破损率的高低。

③ 储存。配送中心设置库存的目的是为了暂存货物，以便迅速满足客户的要货要求。为了提高储存系统的经济性和运行效率，储存作业应做到：a. 分区分类、合理存放；b. 按规则存放货物；c. 研究和组织合理储藏量、商品的合理库存结构、合理储存时间和合理储存网络，以减少储存环节的资金积压，缩短商品在流通领域的停留时间，加快商品流通速度，降低保管费用等；d. 做好商品的动销情况分析。

④ 盘点。为了有效地控制货物数量，对各库存货物进行数量清点的作业，称为盘点作业。包括事先的准备工作、确定盘点时间、方法、培训盘点人员、清理储存区、盘点、差异

因素追查、盘盈盘亏处理。

⑤ 订单处理。从接收到客户订货单开始,到准备着手拣货为止的作业阶段称为订单处理。订单处理需要对订单的各项内容进行确定,包括:需求货品数量及日期的确定、订单价格的确认、设定订单号码、建立客户资料档案、存货查询、出货单据处理等。

⑥ 拣货。拣货作业是配送中心根据客户的订货单所规定的商品品名、数量和储存仓位地址,将商品从货架或货垛上取出,搬运到理货场所。一般,拣货成本在配送中是装卸、运输等成本总和的 9 倍,占配送搬运成本的绝大部分。

⑦ 补货。补货作业通常是以托盘为单位,从货物保管区将货物移送到动管拣货区,然后将此移库作业作库存信息处理。补货作业的筹划必须满足"确保有货可取"和"将待配商品放置在存取都方便的位置"两个前提。通常情况下,可以采取随机补货、批次补货和定时补货三种方式。

⑧ 出货。出货作业的内容包括将拣取分类好的货品做好出货检查,装入妥当的容器,做好标记,然后根据车辆调度安排的趟次等,将物品搬运到出货待运区,最后装车配送到客户手中。

6.2.5 库存管理

1. 库存的分类

库存(inventory)是指为达到多种目的而维持的货物和物料的存货,它主要用于满足正常的需求。了解库存的分类很重要,因为库存的分类影响着库存管理的方式。满足需要的库存经常被分为以下几种类型。

① 周转库存(cycle stock)或基本库存(base stock)是指在一个订货周期中满足正常需求的库存。

② 安全库存(safety stock)或缓冲库存(buffer stock)是指除周期库存以外,为防范需求的不确定性或时间延误而持有的库存。

③ 管道库存(pipeline stock)或在途库存(in-transit stock)是指处于物流系统不同节点(nodes,即固定设施,如工厂、仓库或商店)之间途中的库存。

④ 投机性库存(speculative stock)是指因为诸如季节性需求、预计价格上涨和潜在产品短缺等而持有的库存。

2. 库存管理的方法

(1) 确定库存据点的数量、场所

这是为了适应需求而提供服务的问题,如在一个地区设置一个还是多个储存点;当设有多个储存点时,应当在何处设置;规模多大为宜等问题。这些问题的解决,不仅要考虑它们本身的经济性,而且还必须考虑到解决实际业务中物流的效率如何。

关于库存数量,要根据服务水平决定。如果重视服务水平,库存据点相应增多就是必要的,随之而来的库存量也相应增长。

关于库存点的建立地点问题,应根据配送中心数量、配送服务水平以及物流费用三者之间的关系做出决定。比如现在有若干个建立库存点的方案,在这些方案中,最好选择能满足配送服务率,且物流费用最小的方案。

(2) 库存分配

解决了建立库存地点的问题后,接着就是确定在哪一个库存点库存哪一种商品的问题,这就是通常所说的库存分配。为了保持高水平的服务质量,对于那些获利较高需要重点管理的 A 类商品,要分散到各个据点分别保管;对于那些种类很多,而获利较少的 C 类商品,仅仅在主要据点设有库存就可以了,以便降低整个库存量。同时,对于据点的服务水平,要确定相应的物流管理对策,力求使库存管理效率化。

(3) **库存控制方法**

库存控制方法的核心是订货的方法问题,虽然订货有多种方法,但具有代表性的有定量订货控制法和定期订货控制法两种。

① 定量订货控制法

这种方法以库存费用与采购费用总和最低为原则,事先确定一个相对固定的经济订货批量和订货点,每当库存量降至订货点时,即按预定的经济订货批量组织订货。就是说库存量达到订货点时即为采购时机,采购批量为经济订货批量。这种方法是通过"经济订货量"和"订货点"两个量来控制的。

订货点＝日平均需求量×订货期(订货期为发出订单到商品入库的时间)

定量订货控制法事先确定了经济订货批量和订货点,适用于常年销售、销售量比较稳定的商品。对于销售不稳定的商品,由于很难预测一年内的需求量,而且每天的需求差异又比较大,所以经济订货批量和订货点都很难确定,不适合用定量订货法控制库存。

② 定期订货控制法

这种方法同样以订货费用和采购费用总量最低为原则,与定量订货控制法不同的是,事先确定一个相对固定的订货周期和库存数量,再根据当时的实际库存量来确定每次具体订货数量。就是说采购为定期采购,采购批量为订货水准与盘存量之差。这种方法是通过"订货周期"、"订货水准"和"每次订货量"来控制库存的。

定期订货控制法适用于零星销售、销售量不稳定的商品。这种商品无法准确预测长期需求量,采用定期订货控制法,只预测订货周期这个较短时期内的需求量,再根据盘存量来确定订货数量,可以保持经营的灵活性,降低采购风险。

【相关术语】

集中采购(centralized purchasing)；　商品采购(merchandise procurement)；

合作伙伴关系(partnership)；　　　　分散采购(decentralized purchasing)；

上架费(slotting fees)；　　　　　　协同计划(collaborative planning)；

基本库存(base stock)；　　　　　　隐示道德公约(implicit code of ethics)；

货位津贴(slotting allowance)；　　　回购(buyback)；

投机性库存(speculative stock)；　　预测与补货(forecasting and replenishment)；

商业贿赂(commercial bribery)；　　物流信息系统(logistics information system)；

配送中心(distribution center)；　　电子数据交换(electronic data interchange)；

周转库存(cycle stock)；　　　　　　明示道德公约(explicit code of ethics)；

安全库存(safety stock)；　　　　　缓冲库存(buffer stock)；

管道库存(pipeline stock)；　　　　在途库存(in-transit stock)

【思考与讨论题】

1. 零售企业商品采购时,如何选择合适的商品源?

2. 你认为采购是一种职业吗? 如果是,需要具备哪些素质,这个行业以及这个行业的从业人员在未来会发生什么改变?

3. 为什么当代商业理论认为采购是一种战略活动,而不是传统意义上的"购买"?

4. 在采购过程中,与供应商之间为什么要创建合作伙伴关系?

5. 请谈一谈你对采购过程中的"回扣"、"灰色收入""采购腐败"等问题的看法。

6. 请阐述订货量、安全库存、服务水平和不确定性之间的关系,并解释如何对这些要素进行权衡取舍。

7. 假如你受雇于一家大型超市负责生鲜采购,当决定寻找商品来源时你需要做哪些方面的决策?

8. 零售企业物流配送的流程和特点是什么?

9. 请阐述物流的价值,请对如何有效的降低物流成本发表一下见解。

【零售创业实践】

江海源超市是大学城里一家以服务校园师生为主的超市,经过一段时间的运营,有学生反映超市价格过高,商品种类也不够齐全。经调查发现,这是由于超市的采购环节存在问题。假如你是这家超市的采购主管,请和你的采购团队一起讨论解决该问题。

(1) 针对该超市特点,对采购流程进行重新设计,列出其中的关键环节并画出采购流程图。

(2) 编制采购计划和方案,要求明确采购品种、名称、数量和时间。

（3）寻找合适的供应商，说明你们选择供应商时考虑的主要因素。

（4）提出对该超市采购整改的总体意见。（3~5条）

案例分析

百安居：成功源于高效供应链管理

欧洲装饰建材超市第一品牌——来自英国的百安居，以一流的产品品质、周到的全程服务、超低的市场价格，赢得了中国广大消费者的认同，在同行业市场占有率名列前茅。百安居在中国成功的原因众多，但不容忽视的是其高效的采购体系和物流体系在其中起着举足轻重的作用。

1. 优化供应链管理

百安居意识到，针对中国家居建材行业的特点，要想在日益激烈的市场竞争中取胜，必须从供应链的角度切入，提高经营管理水平。

第一，百安居与供货商建立合作伙伴关系。成为百安居的供货商后，不仅意味着产品销售可以稳定增长，更为重要的是，通过与百安居合作，供货商的产品能逐步进入翠丰集团亚洲中心的采购体系，有机会进入欧洲市场和全球其他建材连锁超市。

第二，百安居在达到一定规模、运行逐渐平稳后，开始对供应链进行优化，一些区域型、中小型供应商逐渐被百安居淘汰。这样可以减少交易复杂性，并加快信息的交流与传递，从而大幅降低采购成本，保障采购质量，提高采购效率。

第三，为了进一步规范自身的物流服务，百安居大力推行厂商直供模式，即由百安居总部统一向供货商采购，供货商直接送货到百安居的门店或物流中心。厂商直供省掉了许多中间环节，整合了社会物流资源，提高了物流效率，使供应链管理更加优化。

第四，为了满足企业发展的需要，百安居积极开发面向供应商的B2B采购平台。采用该系统后，供应商可以直接上网查询自己商品的销售情况，其最终目的是变百安居的被动采购为供应商的自动补货。

2. 先进的信息系统

作为一家经营品种超过50 000种的零售企业，百安居每天要管理众多的商品，涉及繁复的商品采购、记账、库存与销售管理。这些都迫使百安居考虑改进业务流程，理顺进销存的关系，掌握良好的物流状态，为在中国的进一步发展打好坚实的基础。

百安居斥巨资引入世界领先的SAP零售业管理信息系统，将其业务水平提升到新的高度。系统上线后，百安居的员工马上体验到了信息管理系统为企业和个人带来的快捷与方便。首先，实现了实时、可视化管理，总部可以随时了解任何门店在任何时间的销售与库存情况，便于评估整个公司的经营情况，以加强统一管理，减少库存，降低成本；其次，大幅度缩短了结账时间,对赊账和应收账款的管理也有了很大改善,原来每日结账需要干到凌晨的情况一去不复返了,如今只需 3 个人 3 个小时就可以完成结账;再次,借助于该系统,百安居的开店成本下降了 30%。这些数据不仅说明了利用先进的信息技术手段改善管理、优化商业流程的重要意义,更为百安居带来了实实在在的效益。

3. 高效的物流系统

从公司组织架构来看,百安居设立了商品部对采购、物流、销售、自有品牌商品等实行集中管理,公司还专门设有供应链副总裁负责供应链优化与物流运作管理。

百安居的商品配送交给第三方物流公司完成,由于物流公司直接代表百安居为客户服务,因此对物流服务商的考核与管理丝毫一点也不马虎。先要考察众多物流公司并公开招标,对中标企业再进行全面考核,只有最终通过考核才能成为百安居的物流服务商。之后,百安居对物流公司的人员进行专门培训,提出具体的服务要求,如必须有足够的车辆满足百安居不同销售时期的配送需要;准时送货上门,协助顾客签收、验货;送货后的客户回访率不得低于 20%等。

在物流成本控制方面,百安居的主要管理手段为:一是要求供货商交货及时准确,按质按量完成订单,这也是对供货商考核的重要指标;二是供货商要在事先规定的交货时间准时到达,以避免大批供货商排队等待交货;三是确保供货商同收货部人员快速、及时地完成货物清点并做相应处理,如进入卖场、配送中心或者收货部的临时仓库;四是采取仓储式销售,专门设立了空间管理部,每种商品都有固定的存放位置,货物直接存放在卖场的货架上部,节省了仓储面积;五是掌握送货装车与装箱技巧,保证满载率,减少运输车辆数量;六是事先与客户确定送货时间,商品尽快一次送达客户家中,避免因多次送货增加成本。

百安居在物流体系建设方面加大投入力度,建立全国以及华东、华南、华北地区物流中心,同时建立起完全由电脑系统管理的订货和产品流,为优化库存、完善服务以及产品的全国采购和供应提供强大的后盾支撑。

百安居通过建立订单中心和配送中心,整合商店补货订单,减少供应商的配送频次,降低供应商的物流成本,最终达到双赢的局面。同时,通过建立中心库存管理,减少门店库存量,提高商品库存周转率,从而减少商品的库存成本,提高资金利用率。

资料来源:必联采购网.http://www.ebnew.com/club/.

思考讨论题:

1. 百安居是如何实现供应链优化管理的?
2. 先进的信息管理系统对大型零售企业有哪些重要作用?
3. 百安居在采购与物流方面有哪些值得借鉴的经验?

第七章

商品管理

【学习目标】

- 掌握商品的主要分类方法、组合优化;
- 了解品类管理及其作业流程;
- 了解商品品牌管理及自有品牌的开发;
- 理解影响商品定价的因素;
- 掌握商品定价和价格调整的策略和方法。

导 入 案 例

日本 7-11 便利店改造夏威夷店

日本 7-11 集团当年接收美国南陆公司的夏威夷 7-11 店铺时,发现那里的店铺存在两大问题:库存和价格折扣。当时日本 7-11 店铺在财政期末的库存量只有 500 万日元,而夏威夷店铺每天的销售额只有 40 万元,但库存却有 1 400 万日元,经营的品种却比日本的店铺少 1 500～1 800 种,无论在顾客服务,还是商品竞争力上都与日本店铺相距甚远。之所以出现库存增加、商品品种减少的状况,是由折扣销售所引起的。便利店追求价格折扣,就改变了零售经营的业态特征,导致原有顾客群体流失,从而导致对应这部分顾客的商品无法销售,最终只能减少商品品种。价格折扣问题则来源于南陆公司的组织机构,由于夏威夷店铺没有自己的商品部,商品进货统一由两个事业部管理人员负责,而这两个人却主要管理冷饮和啤酒,食品、杂货则委托批发商代为管理,这就不可避免地产生了积压。商品卖不出去,店铺除了减少进货品种外,只有降价销售。

针对夏威夷店铺的问题,日本 7-11 公司立刻对其进行大刀阔斧的改革。首先扩充了进货品种,增加了日用品、服装等商品,同时废止了折扣销售;随后完成了 POS(point of sale)系统的导入,使店铺可以进行销售数据的收集和分析;同时在订货方式上从原来的电话订货转为计算机订货,在商品陈列、安排等各种制度上做到标准化。此外,公司还加强了食品的鲜度管理,实行一天两次的配送制度,店址选择更注重考虑一定商圈内的购买力、潜力等因素。经过日本 7-11 公司的治理,夏威夷的 7-11 店迅速恢复了销售额和竞争力。

资料来源:博锐管理在线.http://www.boraid.com/article/html/1/1858.asp.

零售企业的经营活动大都是围绕商品和服务展开的,商品管理水平的好坏直接影响零售企业的经营业绩。商品管理内容丰富,主要包括商品规划、品牌管理、价格管理等。

7.1　商　品　规　划

7.1.1　零售商品分类

面对琳琅满目、种类繁多的商品,如果不进行分类,零售商就很难规划商品的具体经营范围和品种,而且采购人员也无法进行采购分工活动。因此,对商品进行科学有效的分类是零售企业了解商品特性、实行现代化商品管理的前提。

1. 商品分类标准

根据商品自身的特点以及顾客群和顾客对商品选择程度的不同,可以有不同的商品分类标准。

(1) 按商品特点和顾客群划分

商品本身的特点是零售商经营过程中对商品分类的主要依据,按照商品不同的特性和使用目的可以细分为不同的种类;同时,商品最终是满足顾客需要的,也可以根据顾客的性别、年龄、职业、个性特征等进行分类,如表 7-1 所示。

表 7-1　按商品特点划分的商品分类

分 类 依 据		类　　　型
商品特点	耐久性	快速消费品、耐用消费品
	使用季节	夏季商品、春秋季商品、冬季商品
	使用目的	礼品、自用品、集团消费品等
	品质和档次	高档商品、中档商品和低档商品
顾客群	性别	男士用品、女士用品
	职业	学生用品、军人用品、白领用品
	年龄	老年用品、中青年用品、儿童用品
	个性特征	时尚用品、大众用品

术语链接：

快速消费品：易消耗，价格较低，消费者购买频繁，如食品和日用消费品；

耐用消费品：一般使用周期长，价格较高，消费者购买时比较慎重，如家具、家用电器等。

不同业态经营的商品范围和结构也不一样，既有各自的主营商品范围，又存在相互交叉经营，交叉的程度因不同区段、不同消费者构成而不同，表7-2为不同业态的消费品交叉和重叠。如耐用和快速消费品，不同业态都有经营，但经营的范围不同，如表7-2所示。

表7-2 不同业态的消费品经营范围

业态	耐用消费品	快速消费品
百货商店	△△△	△
专业店	△△	
超市	△△	△△△△
便利店		△△△
仓储式商店	△	△△△

注：△越多表示经营的范围越广。

（2）按顾客对商品选择程度划分

按顾客对商品的选择程度，可分为便利商品、选购商品、特殊商品和未寻求商品。

① 便利商品是指消费者经常购买，比较熟悉且不必花过多时间选择的商品，主要有日常生活用品、易耗品、应急品等。便利商品的价值一般较低，需求弹性不大，顾客经常购买，随意性强，消费者购买的突出要求是随时可以买到，不愿长时间比较挑选，常常选择自己熟悉的牌子。

② 选购商品是指消费者在购买过程中愿意花较多时间观察、询问、比较的商品，如家电、家具、高档服装等。选购商品的价格相对较高，需求弹性较大，挑选性强，使用周期长，多属于中高档商品，顾客对商品信息掌握不够，愿意到专业零售商店或大型百货商店进行购买。

③ 特殊商品是指具有特定功能、特殊用途的商品或名贵商品，如字画、古董、奢侈品等。特殊商品有特殊的消费对象，消费者购买此类商品往往经过了周密考虑，购买性较强，品牌忠诚度较高，不会反复挑选。这类商品一般适合开设专卖店或专柜销售，并集中经营。

④ 未寻求商品指的是消费者尚不知道或尚未有兴趣购买的商品，如刚上市的新产品。随着科技的快速发展，电子产品等层出不穷，使得未寻求商品的种类越来越多。未寻求商品的特点决定了零售企业要加强对商品的宣传和推广工作，使消费者尽可能了解商

品的性能及相关知识,并最终乐意购买。

2.商品层级划分标准

商品层级划分便于零售商对商品进行归类管理,一般分成大分类、中分类、小分类和单品四个层次。由于业态和商品的多样性,不同国家和地区会根据实际情况对商品层级有所调整。

(1)美国商品层级划分

美国全国零售联合会(National Retailing Federation,NRF)制订了一份标准的商品层级分类方案,该方案详细界定了各类商品的范围以及它们的组合方式,如表7-3所示。目前美国许多大型百货商店和低价位竞争的折扣商店都采用了这一分类方法。

表 7-3　NRF 商品层级划分及依据

商品层级	划 分 依 据
商品组(一级)	经营商品的大类,如百货商店可能会经营服装、家电、食品、日用品、体育用品等几大类
商品部(二级)	将某一大类商品按细分的消费市场进行再一次分类,如服装类商品可分成女装、男装、童装等
商品类别(三级)	根据商品用途或细分市场顾客群而进一步划分商品分类,一般大型零售企业每一类商品由一位采购员负责管理
同类商品(四级)	指顾客认为可以相互替代的一组商品,如同型号不同品牌的彩电
存货单位(SKU)	根据商品的尺寸、颜色、价格、规格、式样等区分,称为单品

(2)我国商品层级划分

我国零售企业主要把商品按大分类、中分类、小分类和单品四个层级划分,如表7-4所示。

表 7-4　我国商品层级划分及依据

商品层级	划 分 依 据	注 意 事 项
大分类	按照商品的特性来划分,如生产来源、生产方式、处理方式、保存方式等	划分时要考虑商圈的人口或购买频率等;不宜将商品大类分得太多,如百货商店的大类最好不要超过十类
中分类	按消费者在使用商品时的功能或用途分类,如食品大类可再分出早餐、中餐、晚餐相关的中分类	为加强管理或突出由地理位置产生的商品特性,还常以商品的产地来源作为分类依据
小分类	根据商品的尺寸、规格、口味、容量、包装、成分等分类	是采购人员在构建商品结构时的重要依据,商品小分类都是完全可以互相替代的商品
单品	商品分类中的最小单位	用价格标签或条码区分

商品分类的原则及具体的分类标准还要根据企业面临的具体情况和目标顾客的消费习惯而制定。在分类时要逐级分解,首先确定大分类,然后在大分类中逐步分解成中分类,进而是小分类。表 7-5 是某超市对清洁用品的层级分类。

表 7-5　某超市清洁用品的层级分类

大类描述	中类描述	小类描述	大类描述	中类描述	小类描述
洗护	洗护发用品	洗发用品	洗护	洗衣用品	柔顺剂
		护发用品			衣领净
		焗发油			浆衣剂
		定形剂			其他洗衣用品
		染发剂		家用纸制品	卫生纸
		其他洗护发用品			面纸
	洗护肤用品	沐浴露			餐巾纸
		洗面乳			湿纸巾
		护肤用品			卫生巾
		剃须用品			纸尿裤
		香皂			其他纸制品
		洗手剂	家化	家用清洁剂	厨房清洁剂
		其他洗护肤用品			地板清洁剂
	个人清洁用品	牙膏			卫浴清洁剂
		口腔清洁用品			皮革保护剂
		牙刷			其他化学洗涤剂
		鞋用附件		环境卫生用品	芳香剂
		家庭护理用品			杀虫剂
		其他个人清洁用品			电蚊香
	洗衣用品	洗衣皂			樟脑丸
		洗衣粉/洗衣精			除湿用品
		漂白剂			其他环境卫生品

(3) 日本式商品层级划分

日本零售业对商品的层级划分方法有些不同,是根据商品概念来划分的。如日本将商品分为食品相关和居住相关商品,食品相关又分成生鲜食品、加工食品和一般食品,生鲜食品进一步分为果蔬、水产、畜产,加工食品又分为日配品及各类加工品,一般食品又分为各类加工品和糖果饼干。居住相关商品可分成家庭杂货和居住文化品,家庭杂货进一步又分成日用品、家庭用品、化妆品、医药品,居住文化品又分为家具相关、寝具相关和电器相关。

商品分类是一个随市场和消费者需求变化的动态过程,并非一成不变,企业在经营管理过程中需要不断调整完善,组成与众不同的商品群,逐渐形成较为系统的商品分类。

7.1.2 商品经营范围的确定

1. 影响商品经营范围的因素

零售企业确定经营何种具体的商品是其商品规划的关键内容。商品经营范围一般是在过去采购实绩和销售实绩的基础上,根据市场预测得出的消费需求及变化趋势进行综合分析后确定的。商品经营范围受以下因素的影响。

(1) 业态特征及其规模

确定商品的经营范围,首先必须考虑店铺的业态类型、经营规模及经营特点。一个零售店铺的业态确定下来,就已经大致框定了其经营范围。专业性商店以经营本行业某一大类或几大类商品为界限,其专业分工越细,经营范围越狭窄;综合性商店除了经营某几类主要商品外,还兼营其他有关行业的商品。店铺经营规模越大,经营范围就越广,反之则越窄。此外,零售店铺的经营对象是以附近顾客为主,还是面向更广泛的市场空间;店铺是以高质量商品、高服务水平为经营特色,还是以价格低廉为经营特色等都将对商品经营范围有着重大影响。

(2) 企业的目标市场

零售店铺目标顾客的职业构成、收入状况、消费特点、购买习惯都影响着店铺商品经营范围的选择。处在人口密度大的城市中心的店铺,由于目标顾客的流动性强、供应范围广、消费阶层复杂,因而经营的品种、花色式样应比较齐全;处在居民区附近的商店,消费对象比较稳定,应主要经营人们日常生活必需品,种类比较单一;处在城市郊区、工矿区、农业区或学校集中区的商店,由于这些地区消费者的职业特殊性决定了其特殊的需要,在确定商品经营范围时,也要充分考虑这些地区消费者需求的共性及个性。

(3) 商品的生命周期

任何商品从进入到退出市场,都要经历导入期、成长期、成熟期、衰退期这四个阶段。随着时间的推移,商品的销售额在开始时较低,随后增长并达到最高后又逐步下降。对于不同商品,销售额的这种变化方式有很大的差别。这方面的信息能够帮助零售商更好地理解顾客的需求、顾客期望购买的商品种类、竞争的本质以及选择恰当的促销方式和价格水平。表7-6是处于不同生命周期阶段的商品经营战略。

表 7-6　不同生命周期阶段的商品经营战略

战略变量	生命周期的不同阶段			
	导入期	成长期	成熟期	衰退期
目标市场	高收入革新者	中等收入者	大众市场	低收入滞后者
商品种类	一种基本的供给	有些种类	更多的种类	更少的种类
分销强度	有限或广泛的	更多的零售商	更多的零售商	更少的零售商
商品定价	渗透价或撇脂价	广泛定价	低价位	低价位
商品促销	通知式促销	说服式促销	竞争式促销	有限促销

随着科技的发展,商品的生命周期不断缩短,零售企业必须跟上这种不断变化的时代步伐,随时注意调整自己的经营范围。一方面,必须跟踪掌握商品在市场流通中所处的生命周期阶段,一旦商品到达衰退期,应立即加以淘汰;另一方面,应随时掌握新商品动向,对于有可能成为畅销商品的新商品,在上市前就列入采购计划。

（4）竞争对手情况

同行竞争对手的状况也影响着零售企业商品经营范围的确定。在同一地段内,相同业态商店之间,经营特点的差别主要体现在主营商品的种类上。特点多反而显不出特点来,每家店铺为突出自己的特色,都会选择一个最适合自己形象的主营商品大类。因此,零售企业只有弄清楚周围竞争对手的经营对策、商品齐全程度及价格和服务等状况,才能更好地确定自己的商品经营范围。

（5）商品的相关性和替代性

许多商品的销售是相关的,如女装可以带动化妆品的销售,小食品可以带动儿童玩具的销售等都是广为人知的。根据商品消费连带性的要求,把不同种类但在消费上有互补性,或在购买习惯上有连带性的商品一起纳入经营范围,既方便顾客挑选购买,也利于扩大销售。因此,在确定商品经营范围时,主力商品类别确定之后,还要充分分析商品的相关性,考虑辅助商品和连带商品的范围,既不能只经营某种高利润的商品,也不能"大而全"而影响了特色。良好的搭配可以相得益彰,互相促进。由于不同地区消费者的心理千差万别,对商品相关性分析还没有成熟的理论,零售企业可以通过信息管理系统对顾客购买信息进行分析,观察几种商品被同时购买的概率,提供一些量化的参考依据。

另外,也要充分考虑替代商品的经营。零售商经营互补商品和连带商品一方面可以增加基本商品的销售,另一方面也可以增加辅助商品的销售,从而提高总销售额。但经营的替代商品（如各种竞争品牌的洗衣粉）太多,只会使销售额从一个品牌转移到另一个品牌,而零售商的总销售额却几乎不会增加。因此,对同一种类的商品,如何既为消费者提供足够的选择机会,又不至于浪费太多的投资和营业空间是零售企业需要解决的问题。

2．商品政策

零售商商品经营范围取决于其具体的商品政策，不同的商品政策能为零售企业商品经营范围的确定提供指导方向，也是树立店铺独特风格的基础。主要的商品政策有以下几项。

（1）单一商品政策

单一商品政策是指商店经营为数不多、变化不大的商品品种来满足大众的普遍需要，如专卖店、快餐店、加油站、自动售货机等均采取这一商品政策。采取这一商品政策的商店一般在竞争中不宜取得优势，因而它的使用主要局限于以下商品范围。

① 消费者大量需求的商品，如加油站、粮店、烟酒专卖等；

② 享有较高盛誉的商品，如麦当劳的汉堡包、可口可乐等；

③ 有较高知名度的专卖商店；

④ 有专利保护的垄断性商品。

（2）市场细分化商品政策

市场细分化就是把消费市场按各种分类标准进行细分，以确定商店的目标市场。如按消费者的性别、年龄、收入、职业等标准进行划分，各类顾客群的购买习惯、特点以及对各类商品的购买量是不同的，商店可以根据不同细分市场的特点来确定适合某一类消费者的商品政策。例如，商店选择的目标市场是儿童市场，则商品经营范围将以儿童服装、儿童玩具、儿童食品、儿童用品为主，借此形成自己独特的个性化商品系列，以满足细分市场的顾客需要。

（3）丰满的商品政策

这是在满足目标市场的基础上，兼营其他关联的商品，既保证主营商品的品种、规格档次齐全，数量充足，又保证相关商品有一定的吸引力，以便目标顾客购买主营商品时能兼买其他相关物品，或吸引非目标顾客前来购物。要使商店经营的商品让人感到丰满，必须重视下列几类商品。

① 名牌商品，一般是企业长期经营，在消费者中取得良好信誉的商品。这类商品品种全，数量足，能提高商店的声望，并给人以丰盛感，对促进销售起到重要作用。

② 诱饵商品，这类商品品种齐全、数量足可以吸引更多消费者到商店来购物，同时也可以连带销售其他商品。

③ 试销商品，包括新商品和本行业刚刚经营的老商品，这类商品能销售多少很难预测。但是，将这类商品保持一定的品种和数量，也会增强商店经营商品的丰盛感，促进商品销售额的扩大。

（4）齐全的商品政策

指商店经营的商品种类齐全，无所不包，基本上满足消费者"一站式购物"的愿望，一般大型百货商店、购物中心以及大型综合超市均采用这一商品政策。采用这一政策的商店,其采购范围包括食品、日用品、纺织品、服装、鞋帽、皮革制品、电器、钟表、家具等若干项目,并且不同类型商品分成许多商品柜台或商品区。当然,任何一个规模庞大的商店要做到经营商品非常齐全是不可能的。因此,目前国内外一些老牌百货商店纷纷改组,选择重点经营商品,以此为核心建立自己的商品品种政策,突出经营特色,与越来越广泛的专业商店相竞争。

3．商品的结构策略

商品结构由商品的广度和深度来体现。商品广度是指经营的商品系列的数量,即具有相似的物理性质、相同用途的商品种类的数量,如化妆品类、食品类、服装类等;商品深度是指商品品种的数量,即同一类商品中,不同质量、不同尺寸、不同花色商品品种的数量。零售商根据业态特点,把商品的广度和深度进行不同组合,就形成不同的商品结构策略,如表 7-7 所示。

表 7-7　商品结构策略优缺点比较

商品结构	优　点	缺　点	适合业态
广而深的商品结构	目标市场广;商品种类多;商圈范围大;选择性强;顾客流量大;易于稳定老顾客	占用资金多;商品周转率低;经营特色不突出;需耗费大量人力在商品采购;商品易老化,需大量精力用于商品研发	大型综合百货商店、大型超市
广而浅的商品结构	目标市场广;商圈范围较大;便于商品管理和控制资金占用;便于顾客购齐基本所需商品	商品花色品种少;顾客挑选性有限,不易稳定长期客源;商店如不注重商品特色,很难持续发展	廉价商店、杂货店、折扣店、普通超市
窄而深的商品结构	专业商品种类、品种齐全;能稳定顾客,增加重复购买;易形成商店经营特色,突出商店形象;便于商店专业化管理	不能一站式购物,不利于满足消费者的多种需要;很少经营相关商品,市场有限、风险大;商圈范围小	专业商店、专卖店
窄而浅的商品结构	投资少、成本低、见效快;商品占用资金少;方便顾客就近购买	商品种类有限,花色品种少,挑选性不强;商圈较小;难以形成商店经营特色	自动售货机、人员销售、便利店

事实上,零售商的商品结构是在商品的广度和深度两个轴线上寻找一个合适的交点,这一交点是零售商的商品政策、市场定位、经营实力、竞争优势与商店形象等多方面的综合反映。

7.1.3　商品结构调整

零售商在确定了商品经营范围后,并非可以一劳永逸。科学技术在不断发展,人们收入水平在不断提高,消费者的偏好不断变化,竞争对手的商品策略在变化,企业本身的经营目标也在不断变化。要适应这些变化,零售商需要经常审视商品规划,引入新产品,淘汰滞销品,对商品结构进行及时调整和优化。

1. 商品结构调整依据

零售商对商品结构的调整应该是经常性和规范化的,可以借助商品销售排行、商品贡献率、损耗率、周转率和商品更新率等指标对商品结构进行调整。

（1）商品销售排行

按销售情况对商品进行排名,排在前面的商品属于畅销商品,应予保留;排在后面的商品属于滞销品,应列为淘汰考察对象。分析商品滞销原因后,如果无法改变其滞销的情况,应予以撤柜处理。利用商品销售排行数据作为参考时,应注意以下特殊情况:①新上柜的商品有一定的熟悉期和成长期,短期内的销售额可能不会太高;②某些日常的生活必需品虽然销售额很低,但此类商品的作用不是盈利,而是要拉动主力商品的销售;③还有一些商品,可能仅仅由于陈列不当而导致销售受损。因此,在参考商品销售数据进行结构调整时,必须分析其中的具体原因。

（2）商品贡献率

仅从销售额的角度调整商品结构是不全面的,还应注意商品的贡献率。商品贡献率是商品毛利率与商品周转率的函数。销售额高、周转率快的商品,不一定毛利高,而周转率低的商品未必利润低。没有毛利的商品,即使销售额很高,也不能给企业带来利润。没有利润的商品短期内可以存在,但不应长期占据货架。零售商应通过商品贡献率指标找出商品贡献率高的商品,并使之销售得更好。

（3）商品损耗排行

商品损坏将直接影响商品的贡献毛利。如超市经营的某些生鲜商品,毛利虽然较高,但是损耗也多,相应风险也大。对于损耗大的商品,零售商可以少订货,并让供货商承担一定的合理损耗。对于由于外包装问题引起的商品损耗,应及时予以改进。

（4）商品周转率

商品周转率即是指商品从入库到售出所经过的时间和效率,也是优化商品结构的重要指标之一。衡量商品周转水平的最主要指标是周转次数和周转天数。周转次数指一年中库存(配送中心和店铺)能够周转几次;周转天数表示库存周转一次所需的天数。周转加快直接关系到资金使用效率的提高,同时使库存减少、费用降低。通过周转率指标剔除滞销品,并运用品类管理技术来改善商品结构,加强库存管理等。

（5）商品的更新率

零售商应周期性的增加商品品种,补充新鲜血液,以稳定自己的固定顾客群体。商品的更新率一般应控制在 10％以下,最好在 5％左右,过多或过频的商品调整反而会使顾客失去对商店的商品印象。另外,导入的新商品应符合门店的商品定位,不应超出其固有的价格带,对于高价无销量的商品和低价无利润的商品应及时淘汰。

除利用上述指标进行商品结构调整外,零售商也应随一些特殊节日的到来对商品进行补充和调整。如端午节和中秋节,就应增加粽子和月饼的品种配比及陈列。此外,在优化商品结构的同时,也应该对商品陈列进行优化。

2．新产品的引进

随着零售业竞争的不断加剧,如何调整经营方式、形成自己的经营特色成为商家普遍面临的问题。改善现有商品结构,不断引入新产品,是商家赢得竞争的手段之一。这里的新产品并不是指市场上新开发出来的产品,而是指商家未曾经营过的产品。商家在引入新产品时应遵循流程如图 7-1 所示。

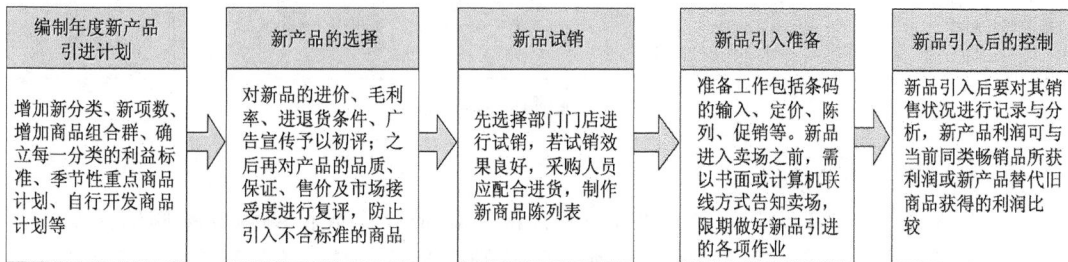

编制年度新产品引进计划	新产品的选择	新品试销	新品引入准备	新品引入后的控制
增加新分类、新项数、增加商品组合群、确立每一分类的利益标准、季节性重点商品计划、自行开发商品计划等	对新品的进价、毛利率、进退货条件、广告宣传予以初评;之后再对产品的品质、保证、售价及市场接受度进行复评,防止引入不合标准的商品	先选择部门门店进行试销,若试销效果良好,采购人员应配合进货,制作新商品陈列表	准备工作包括条码的输入、定价、陈列、促销等。新品进入卖场之前,需以书面或计算机联线方式告知卖场,限期做好新品引进的各项作业	新品引入后要对其销售状况进行记录与分析,新产品利润可与当前同类畅销品所获利润或新产品替代旧商品获得的利润比较

图 7-1　新产品引进流程

3．滞销商品的淘汰

由于市场变化、管理不当以及进货方面的原因,零售企业不可避免地会产生滞销商品。作为企业经营者,一定要认真分析商品滞销的原因,及时淘汰滞销商品,并在采购、促销、库存上加强管理,优化商品结构。

（1）滞销商品的淘汰标准

① 以一定时期内销售额排在最后的一定数量或百分比作为淘汰标准。如以三个月销售排行为参考,把排在最后的 100 种商品或排行榜最后 3％的商品作为淘汰对象。以此为标准淘汰商品时需注意两点:这些商品是否为了使卖场的商品结构更为丰满齐全,而不仅仅为了销售;这些商品是否因为季节性原因导致滞销。如果是以上两种情况,则不应淘汰。

② 以一定时期规定的最低销售量或销售额为淘汰标准。如预先规定某一商品品类应达到的销售标准,如果该商品连续几个月未达到该标准,即可考虑是否淘汰。特别是那些单价低、体积大的商品,销售数量太少,而占用的货架过多,会影响整个商店的经营效率。因此,应规定一定货架空间的销售标准作为商品淘汰的参考。

③ 出现质量问题的商品应列为淘汰对象。如被技术监督部门或卫生部门宣布为不合格的商品必须列入淘汰范围;消费者退货达一定程度或反映意见比较大的商品,也应考虑列入淘汰名单中。

（2）滞销商品淘汰程序

滞销商品的淘汰程序主要有列出清单、查明原因、确定淘汰日期、滞销品处理和淘汰记录几个主要步骤组成,如图 7-2 所示。

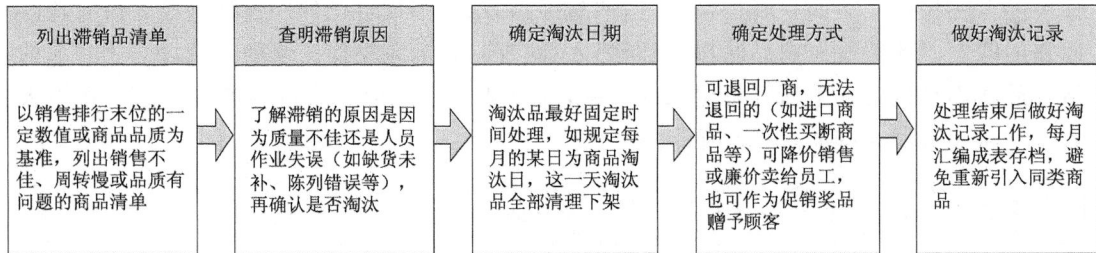

列出滞销品清单	查明滞销原因	确定淘汰日期	确定处理方式	做好淘汰记录
以销售排行末位的一定数值或商品品质为基准,列出销售不佳、周转慢或品质有问题的商品清单	了解滞销的原因是因为质量不佳还是人员作业失误（如缺货未补、陈列错误等）,再确认是否淘汰	淘汰品最好固定时间处理,如规定每月的某日为商品淘汰日,这一天淘汰品全部清理下架	可退回厂家,无法退回的（如进口商品、一次性买断商品等）可降价销售或廉价卖给员工,也可作为促销奖品赠予顾客	处理结束后做好淘汰记录工作,每月汇编成表存档,避免重新引入同类商品

图 7-2 滞销品淘汰程序

4. 畅销商品的选择

从商品生命周期的分析可以看出,畅销商品应该是处于成长期和成熟期的商品。其实任何受到消费者欢迎、销路好的商品都可称作畅销商品。对于零售商来说,其经营的商品是否在市场上畅销,直接关系着企业的生存和发展。因此,零售商应掌握商品的发展规律,不断挖掘和培养自己的畅销商品。

零售商培养和开发畅销商品与生产厂家明显不同,它不直接涉及商品的设计与生产,其主要任务是在畅销商品的选择和市场促销上。畅销商品的选择可以从以下几个方面进行。

（1）按畅销因素选择畅销商品

当一种新产品出现在市场上时,考察其市场销售潜力,可以从其功能、质量、价格、包装、广告、商标、售后服务等方面进行综合评估。将多种因素按不同程度折成数字来评估某一新上市商品,高于某一水平即可列入选择的对象。当然,对于一些不能量化的因素,零售商可以一种畅销品作为参考,通过比较进行评估。

（2）按销售记录选择畅销商品

以往的销售统计资料也是选择畅销商品的一个主要依据。零售商可以将一定时期排列在前几位的商品作为畅销商品来培养,同时建立商品淘汰制度,将每一时期排列在后几位的商品定期清除出场,并补充以新品。

（3）参照竞争对手选择畅销商品

零售商的竞争对手不仅包括同一业态的零售企业,也包括争夺同一类市场的其他零售业态,它们同样也面临着开发畅销商品的问题。因此,参照竞争对手选择畅销商品不失为一条捷径。通过到竞争对手的卖场中观察,可以了解何种商品流行和畅销。

（4）按流行起源地选择畅销商品

要选择畅销商品,必须了解市场上的流行趋势,到流行最前沿的地区去考察。一般来说,流行从欧美发达国家传到亚洲的日本、中国港台地区,再到中国内地;国内则是从沿海传到内地,从大城市传到小城市,从都市传到乡村。当然,照搬国外流行的商品在国内并不一定适用,零售商可以考察国内流行发源地如广州、上海、深圳等城市的各种业态卖场,为畅销商品的选择提供参考。

7.1.4　品类管理

1. 品类管理的内涵

品类(category)是指消费者认为相关且可相互替代的一组特殊商品或服务。

> **术语链接**:品类管理(category management,CM)是分销商和供应商合作,把所经营的商品分成不同类型,并把每类商品作为企业经营战略的基本活动单位进行管理的一系列相关活动。

品类管理是现代零售企业商品管理的重要工具之一,它不是由某一企业单独完成的,而是由一系列分销商和供应商以及支持因素组成的。因此,品类管理的结果既能提高经营效果,又能改进合作伙伴之间的关系,其目的就是更有效地向消费者提供他们所需要的商品和服务,如图 7-3 所示。

对品类管理的概念应从以下几点进行理解。

① 品类管理是把所经营的商品分为不同的类别,并把每一类商品作为企业经营战略的基本活动单位进行管理的一系列相关活动,它通过强调向消费者提供超值的产品或服务来提高企业的营运效果。

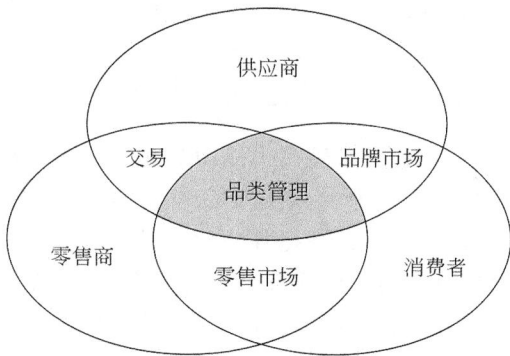

图 7-3　品类管理概念

② 品类管理是指零售商以品类为业务单元的管理流程,通过消费者研究,以数据为基础,对一个品类做出以消费者为中心的决策思维。

③ 品类管理是有效客户反应(efficient customer responses,ECR)的重要策略之一,是扩大需求,最大化店内资源的主要手段。品类管理可以简单的理解为核心的零售管理。它涵盖了采购部和运作部的主要工作内容,有些时候,还涉及人事管理,如品类经理的设置。从实施的角度来讲,品类管理就是充分地利用数据进行更好的决策。

④ 实施品类管理的效益,可以从两方面考查:一是从零售商方面来看,可以减少管理货架的人力,降低缺货率,减少库存成本,提高销售量,提高商品周转率,提供较佳的采购及商品组合建议;二是从供应商方面来看,减少存货成本,增加销售量,提高市场占有率,提高毛利率,提高净利率,提高投资报酬率。

2．品类管理与传统商品管理的比较

在传统的商业活动中,供应商的所有经营活动都是以品牌营销为主;零售商的经营则是以其店铺的销售情况来决定商品组合及陈列的调整。供应商及零售商都以品牌及店铺为中心来决定其经营策略,在收集产品信息时难免会有所遗漏。品类管理则为零售商和供应商提供另一个经营方向,通过品类管理来主导经营活动,必须要求零售商和供应商密切合作,打破以往各自为政甚至互相对立的情况,以追求更高利益的双赢局面。

在品类管理的经营模式下,零售商通过 POS 系统掌握消费者的购物情况,而由供应商收集消费者对于商品的需求,并加以分析消费者对品类的需求后,再共同制定品类目标,如商品组合、存货管理、新商品开发及促销活动等。表 7-8 列出传统超市管理与实施品类管理超市的差异。

表 7-8　传统超市与实施品类管理超市的比较

传 统 超 市	品类管理超市	传 统 超 市	品类管理超市
销售所采购的品项	采购应销售的品项	将产品推入超市	消费者将产品买出
以产品为主	以消费者为主	厂商提供利润	消费者产生利润
战略性	策略性	以进货数量为报表依据	以实际销售为依据
零售商与供应商协商	双方成为合作伙伴		

目前,品类管理多半是由具领导能力的供应商辅导零售商共同执行品类管理,初步规划以货架管理为主,通过 POS 信息及计算机分析每个货架上摆设产品的销售数量及成本分析,由分析所得数据判断此产品是否需要增加或减少货架空间。同时通过货架管理确定每家商店适当的库存量及安全存量,且在一定时间之后即可获得成长率及固定销售量等信息,再将卖场销售数据回传给供应商,有效反应到制造商,适量控制生产与制造,以减少库存量及库存天数等。

3．品类管理的作业流程

品类管理的流程主要包括六个主要步骤,即品类定义、品类角色、品类评估、品类策略、品类战术、品类计划实施。

(1)品类定义

品类的定义是确定构成品类及其各组成部分的产品。界定品类界限,即要确定所要管理的具体品类以及该品类中的相关品牌。零售商要管理哪些品类及该品类中的相关品牌,一方面是根据企业自身的能力而定;另一方面是根据消费者的收入、年龄、性别、职业或其组合确定的目标市场而定。在此基础上,零售商对不同品类的资金、货架分配做出安排。

(2)品类角色

定义品类角色时,需考虑品类对商店的重要性,对目标购物群的重要性以及对品类发

展的重要性。一般品类角色有以下几种分类：①目标性角色：指能代表卖场特色和形象，销售业绩最好的品类及相关品牌，最能满足消费者需要；②一般性角色：指次重要的品类可令消费者联想起卖场，能满足消费者大部分需要的商品；③季节性或偶然性角色：指随季节或时间变化而变化是商品；④方便性角色：指消费者能随时方便购买到的商品。不同的品类因为其品类角色的不同，应采取不同的品类战术。

（3）品类评估

品类管理实施之前，需要对卖场和品类现状进行评估；品类管理实施后，需要对效果进行评估。评估不能只局限于销量、利润等财务指标，还需考虑库存、脱销、单位产出、人力投入等，品类管理提供了 ABC 成本分析、库存天数、缺货率、库存周转率及消费者满意度等几个方面的指标，这些都丰富了评估的内容，增加了评估的准确性。

（4）品类策略

通过上述步骤，可以明确找出哪些品类最受消费者喜爱，接着可进一步决定要采用何种策略来提升该品类竞争力，例如：增加顾客来店次数、吸引更多的顾客前来消费、增加消费者在店内时间、增加顾客在店内的消费、销售高毛利品类等。此外，若供货商及零售商能依消费者行为共同拟定品类策略，更可增进品类管理效果。

（5）品类战术

品类战术是为了实现品类策略和目标而采取的行动，内容主要包括产品组合，货架管理，定价与促销，补货，新品引进等几个方面。品类战术可针对局部区域实现高效的产品组合、最佳的商品陈列、竞争力强的定价和促销，以及低投入的物流计划和及时的新品引进。

（6）品类计划实施

按上述步骤进行规划后，便要实际导入上线运作。虽然一切都已确实规划完毕，但因品类管理涉及层面十分复杂，故现场执行上仍可能有许多问题需要各层级共同克服，因此公司高层主管的支持及参与尤为重要。公司导入品类管理可先从单一品类开始着手品类管理，一方面可先行发现有哪些问题亟需解决；另一方面更可以熟悉品类管理的经营模式，累积问题解决经验，除可提升问题解决能力，更可增进成员向心力，对公司成长也具有相当程度的贡献。

4. 品类管理的建议

品类管理的主要目的是为消费者创造优质的购物环境，提供更多样化的产品选择，并能在有效管理下增加销售业绩、维持零缺货，创造供货商、零售商与消费者三赢的局面。

从零售管理的实践发现，低成本且能够提供多种类的商品对零售商的发展十分重要。根据不同品类产品对企业利润贡献度或策略重要性，可将商品分类为最优选、满意选、较佳选与一般选四种，这四类商品的管理建议如表 7-9 所示。

表 7-9　不同品类商品的管理建议

类别	备货	上架	定　价	采购
最优选	全方位	主架位/空间	领导价位	最频繁
满意选	多方位	一般架位/空间	具竞争力之价位	高频次
较佳选	依时机点备货	顾客必经的地点	具竞争力/考虑季节性之价位	依时机采购
一般选	重点备货	如果还有空间	接近低价竞争	低频次

① 最优选品类：该商品能持续令顾客有物超所值的感觉，企业的经营策略是要让顾客对该类商品产生需求时，一定会想到自己。

② 满意选品类：该商品能持续令顾客有满意的感觉，企业的经营策略是要让顾客对该类商品产生需求时，会优先考虑到自己。

③ 较佳选品类：该商品能经常令顾客有不吃亏的感觉，企业的经营策略是要让顾客对该类商品产生需求时，会想到自己。

④ 一般选品类：该商品令顾客感觉还算差强人意，企业的经营策略是要让顾客对该类商品产生需求时，会考虑到自己。

【案例链接】

J 超市的品类管理

A 城 J 超市是当地最大的连锁零售企业，在该城开店 9 家，无人可比。但是由于长期对单品没有进行严格的管理，造成了门店单品过盛，货架资源严重匮乏，使店面和采购都感受到压力。同时，大量的单品由于滞销，占用大量流动资金，资金链稳定性随时面临着考验。

针对此情况，公司开始逐步推进品类管理，优化卖场资源，加强商品管理，对各个品类的单品数量实行严格的限额，每月进行末位淘汰，对新品进店实行一进一出制度。

一年的时间下来，卖场商品的陈列面大了，采购员手里的滞销品少了。可是大家突然发现进店客流有所下降，虽然客单价提升了，营业额变动不大。但是毛利率降了很多，也就是说没有原来赚钱多了。

有位资深采购员对这种情况的分析是：都是品类管理惹的祸！因为在进行品类管理的过程中，为完成品类单品指标，删减了很多低交易额的二三线品牌商品，这些商品均是高毛利的，而保留下的高交易额的一线品牌商品，毛利少得可怜，甚至平进平出，仅仅依靠年终返利维持。品类管理这套洋东西在国内目前的市场状况下有些水土不服，要么不用，用的话也需要来点中国特色。

思考：这位资深采购员的理解对吗？J 超市应该何去何从？

7.2　商品品牌管理

品牌是指消费者对产品及产品系列的认知程度。零售企业在经营中必须充分考虑自身的业态形式、目标市场、店铺形象以及所面临的复杂的零售环境,慎重进行品牌决策。

7.2.1　品牌策略

品牌策略是零售企业营销策略的重要组成部分。品牌策略运用是否得当直接影响企业的整体绩效。零售商品牌策略一般可分为无品牌策略、许可使用品牌策略、全国品牌策略和自有品牌策略四种。

1．无品牌策略

无品牌策略是指大中型商场为强化商品的实用功能而降低某些商品的零售价格及次要因素的投入或消耗,并且以自己的信誉为保证,与生产者合作推出的特定产品策略。这些商品基本不做广告宣传,销售此类无品牌商品的主要目的是节省原材料、包装和广告费用,从而降低价格,增加客流量,扩大销售。创品牌是一项耗费大量人力、物力和财力的长期艰苦劳动。任何企业,如果不管其自身状况与条件如何,一味去争创名牌很可能适得其反、得不偿失。对一些实力较差的中小零售企业,如果采取无品牌化策略,以退为进,不失为其立足市场以求生存和发展的良策。

2．许可使用品牌策略

零售企业可以通过与品牌所有人(包括制造商、设计者和其他中间商)签订品牌使用许可合同取得该品牌一定条件下的使用权,同时向品牌所有人支付一定的特许使用费。被许可使用的不仅是品牌,还可以是个人或公司的名字或名称、称号、标识语、口号或虚构的人物(如"迪士尼"、喜羊羊的卡通形象)等,这些都是可以经过许可使用后在零售商店出售的。

3．全国品牌策略

全国品牌是指由制造商或设计者创立、拥有、控制和分销的品牌,包括制造商品牌和设计者品牌。我们平常非常熟悉的一些品牌,如可口可乐、惠普、戴尔等都是制造商品牌。虽然许多公司将产品的零部件生产甚至所有的制造活动外包,但这些公司仍是该品牌的所有者,并且负责对该品牌进行管理。设计者品牌体现在许多服装和化妆品品牌中,如皮尔·卡丹,雅诗·兰黛等。零售商选择全国品牌策略就是决定在某些产品线内直接销售由制造商或设计者提供的品牌化商品,这是零售商店采用的最普遍和最简单的一种策略。

4．自有品牌策略

自有品牌策略是指零售企业通过搜集、整理、分析消费者对某类商品的需求特征信息,提出新的产品功能、价格、造型等方面的开发设计要求,进一步选择合适的生产企业进行生产,最终由零售企业使用自己的商标对新产品注册并在本企业内销售的战略。由于自有品牌能够给零售商带来更多的利润,赢得顾客的忠诚,因而受到越来越多零售商的欢迎,开发、销售自有品牌商品已成为世界各大零售企业广泛采用的营销策略。

【阅读链接】

品牌理论的发展

1. 品牌规范理论:主要对品牌的内涵和外延(品牌定义、命名、标识等)作出规范,使品牌研究成为热点。

2. 品牌战略理论:将品牌经营提到战略高度,消费品企业开始实施品牌管理系统,重塑品牌忠诚。品牌管理和品牌营销的地位体现出来。

3. 品牌管理理论:为保证品牌资产的长期发展,品牌必须设有专门的组织和规范的指南进行管理,如奥美提出的"品牌管家"(brand stewardship)等。

4. 品牌关系理论:研究品牌与消费者的关系,如 Blackston 的品牌关系模型等。

5. 品牌生态理论:David A. Aaker 首先提出给予单个企业品牌系统的"品牌群"概念,将生态学的种群概念引入品牌理论研究。

7.2.2 关注自有品牌

术语链接:自有品牌(private brand,PB),也称中间商品牌商品,即零售企业搜集、整理、分析消费者对某类商品的需求特性的信息,开发出新产品功能、价格、造型等方面的设计要求,自设生产基地或选择合适的生产企业进行加工生产,最终由零售企业使用自己的商标对该新产品注册并在本企业销售的商品。与 PB 商品对应的是面向全国市场销售的制造商品牌(national brand,NB)商品。

1. 自有品牌的发展演变

自有品牌商品在近几十年来取得了长足发展,成为零售市场营销的一个重要里程碑。品牌大师 Peter J. McGoldrick 认为自有品牌作为一个比较近代的现象,表明了市场营销形势的复杂化和零售商整体能力素质的增强。实际上,20 世纪 60 年代后期,自有品牌商品曾被视为生产商品牌商品的巨大威胁,特别是在有包装的日用消费品市场尤为明显。随后这一势头很快向其他市场扩散,到了 20 世纪 70 年代,几乎任何产品市场都难逃自有品牌商品的入侵。

零售商开发自有品牌的初衷是为了提高自己的边际利润,自有品牌商品最初是以"价低质次"的形象出现。随着零售商开发自有品牌实践的深入,他们逐渐认识到自有品牌可以传达企业的特征和定位信息,对实现差异化战略具有重要意义。因此,自有品牌的开发日趋复杂化,并同企业的整体战略结合在一起。表7-10列出了自有品牌的演变过程。

表7-10 自有品牌演变阶段

	第一阶段	第二阶段	第三阶段	第四阶段
品牌类型	无品牌	"准品牌"	自有品牌	细分的自有品牌
战略	一般性	最低的价格	趋同性	增加附加值
产品类型	基本生活必需品	众多的单个商品	产品大类	企业形象产品
技术	简单的流程技术	落后于市场领先者	接近市场领先者	创新技术
质量形象	低质量	中等质量	与领先品牌齐平	好于领先品牌
购买动机	价格	价格为主	性价比	更好的产品
制造厂商	全国,非专业	全国,部分专业	全国,大部分专业	国际,大部分专业

资料来源:黄国雄.现代零售概论[M].北京:中国物资出版社,2007.

随着向多元化和多层次化方向的发展,自有品牌已经从简单的提升利润的工具,逐渐变成零售企业实现竞争战略的关键因素。自有品牌在品种、质量、受众等方面的多元化,使得它同制造商品牌的差距在逐渐缩小。随着零售商经验的积累和品牌价值的提升,自有品牌的竞争力也会不断提升,给零售商带来的利润不断增加,受到越来越多的零售商的青睐。

目前,几乎所有大型零售企业都在使用自有品牌,如英国马狮(Marks & Spencer)百货集团所有的商品都是自己的自有品牌——圣米高;美国西尔斯百货90%以上的商品都是自有品牌;沃尔玛30%的销售额、50%以上的利润来自它的自有品牌。表7-11为一些著名大型零售企业的自有品牌及覆盖类别。

表7-11 大型零售商的自有品牌举例

零售商	自有品牌	覆盖类别
沃尔玛	宜洁(Equate)、惠宜(Great Value)、Simply Basic、Select Edition、Penmans、Kid Connection、Mainstays、Athletic Works、725 Originals、劲量	食品、家居类、日用品、服装、鞋类
家乐福	家乐福品质体系、家乐福、福斯莱家电(First Line)、欧蕴纺织	生鲜、杂货、纺织
乐购	乐购系列、超值系列(Value)	食品、家居用品、服装、鞋类
华润万家	简约组合(Simple Life)、Individual Fit(I. F.)、润之家、惠买	食品、生活日用品、服装类
物美	东纺西织、给你省、那时候、良食记、优宜(UNID)、自然集萃	食品、日用品、纺织品、笔记本

我国零售企业历来也有生产自有品牌的传统。如北京的同仁堂药店、内联升鞋店等

都是自产自销,本质就是自有品牌。此外,一些大型超市也在不断开发自有品牌。但总体来看,由于起步较晚和自身经营能力的限制,我国许多零售企业仍以销售制造商品牌为主,自有品牌开发率还不高,无法形成企业的核心业务。

讨论专题:国外大型零售商对开发自有品牌趋之若鹜,我国零售商近年来也纷纷涉足自有品牌,他们开发自有品牌的动机有哪些呢?零售商开发自有品牌有什么优势?此外,开发自有品牌会不会使零售商陷入"多元化的陷阱"?

2．自有品牌战略的实施

(1)自有品牌战略实施条件

① 一定的规模和网络优势。零售企业自有品牌战略的成功实施必须以大规模经营和广大的销售网络为基础,通过以大订单吸引生产企业合作,从而降低单位产品的生产成本和经营费用,并利用自身强大的销售网络加以推广。

② 商誉条件。较高的商誉是零售企业实施自有品牌战略的前提和内在优势。自有品牌必须建立在零售企业本身的商誉上,反之,物美价廉的自有品牌商品又对企业的商誉起到提高和增强的作用,二者相辅相成,互相促进。敢于使用自有品牌的零售企业往往有良好的声誉和企业形象,因为企业在长期的经营实践中,以一种或几种经营特色形成了良好的信誉,树立了一定的品牌形象,使创立的自有品牌从一开始就具备了名牌的许多特征,极易被顾客接受与认可。

③ 市场把握和产品研发。自有品牌商品是以零售企业为主体开发的商品,最终是为了满足消费者的需求。因此,零售企业首先要对其品牌进行准确的市场定位,根据自身的实力状况、竞争者的市场地位、目标市场的需求特点来确定自有品牌商品在市场中的地位,了解顾客的需求变化,及时反馈信息,才能开发出深受消费者喜爱的商品。

④ 良好合作的生产企业。零售企业实施自有品牌战略,除了企业自身的商誉和实力,其选择的生产企业的合作态度也相当重要。共同的利益是零售商和生产商的合作基础,生产企业足够的加工能力、物流能力和较高的质量管理体系为零售企业自有品牌战略实施提供了技术和质量保障。

(2)自有品牌战略实施方式

在自有品牌的具体开发方式上,有两种主要的途径:第一种是零售商委托生产商制造;第二种是零售商自设生产基地进行生产。

① 委托生产商制造。零售企业根据市场环境变化,在及时捕捉、收集、分析消费者需求的基础上,组织研究人员或与高校、咨询研究机构合作,提出最可能满足消费者不同需求的新产品设计方案或要求,包括特性、质量和包装等方面的要求和标准,积极开发设计自有品牌产品,然后委托生产企业按照设计要求制造,并按订购数量收购,在销售时使用自有品牌。一些中小型生产企业,可能无力开展耗资巨大的创品牌攻势,但具有较强的生

产制造能力和水平,大型零售商可以与这类企业联合,就能获得双赢的结果。这种联合并不仅限于大型零售商与中小生产企业之间,在国外,甚至一些大的生产制造企业为了保证开工率,也加入到为零售商生产零售商自有品牌产品的行列,例如,加拿大颇有名气的科特(Cott)食品饮料公司就为英国连锁超市 Sainsburys 生产,这种联合也是竞争与生存的需要使然。

②　自设生产基地制造。即零售商自己投资办厂生产设计开发的商品。当零售企业发展到适当的规模并具有一定的经济实力后,出于多元化经营的考虑,通过自行投资设厂或收购、兼并进入生产领域,创造出具有自身特色的品牌,并使用自己的品牌进行销售。这种情况下,生产企业和零售企业不是交易关系而是协作关系,有共同利益,稳定性较强,可以省去交易费用。

采用这种方式开发自有品牌的零售企业必须有充足的人力资源和合理的人才结构,使得策划、设计、生产和销售都有相应的专业人才支持;零售企业必须有充足的财力建厂、购买设备用以生产;作为自有品牌的商品应具有一定的规模效应。

(3)　自有品牌战略的商品选择

选择恰当的商品项目是自有品牌成功的前提,应考虑两个主要因素:一是被选择商品价格较制造商品牌商品价格有可能降低;二是被选择商品有一定的吸引力,能影响消费者的品牌忠诚,具体选择的商品类型如下。

①　品牌意识不强的商品。对某些商品而言,如服装、化妆品等,消费者对这些商品的品牌意识较强,趋于购买指定商品,因此零售企业开发自有品牌的难度就很大,即使开发出来也很难得到消费者认可。而有一些商品,消费者的品牌意识相对较弱,如洗衣粉、香皂、卷纸等日常用品或食品,卖场可以采用一些促销手段很容易影响消费者的购买行为,因而这些商品可以作为自有品牌商品考虑。

②　销售量大和购买频率高的商品。只有销售量大的商品,企业才可以实行大量开发订货,从而降低开发生产成本,保证自有商品低价格的实现。购买频率高的商品使得商店和消费者接触频繁,商品的品牌忠诚度较低,顾客很有可能在其他条件的影响下改变购买品牌,这有利于卖场开发新顾客,使他们购买新品牌的商品。

③　单价较低和技术含量低的商品。单价较低的商品,消费者可在第一次购买后通过使用决定是否再次购买,其风险性较小,特别是对一些价格敏感度较高的日用品。在同等质量的条件下,消费者更容易接受价格较低的自有商品。而单价高的商品,消费者的购买决策是比较谨慎的,不可能在购买后如感觉不如意就简单地再买一个。另外,技术含量高的商品不宜作为自有商品的开发对象,原因有三:一是大多数零售企业不具备这些商品的开发实力;二是这类商品的品牌忠诚度一般较高,不宜改变消费者的购买态度;三是这类商品往往需要强大的售后服务力量,这是有些零售企业力不能及的弱项。

④　保鲜、保质要求程度高的商品。食品、蔬菜、水产及其他保质类商品,零售企业以

良好的商誉作保证,利用渠道短的优势,可以及时地把货真价实的商品提供给广大的消费者。如家乐福的"家乐福质量体系"是其生鲜自有品牌,具有最好的质量和安全保障生鲜。该产品本着长期合作的关系以确保在整个产品生命周期中符合特定的质量水准,产地和类型及可追溯性是供应链的质量保障体系。应用质量体系的定牌产品有猪肉、三文鱼(鲑鱼)、柚子、荔枝、苹果、橙子等。

（4）自有品牌的价格策略

价格低廉是自有品牌商品的一大优势。因此,在自有品牌商品的定价上,零售企业一定要采取低价定位,以薄利多销的手法吸引对价格敏感的消费者。自有品牌商品的价格一般是同品类商品中最低的,要比主流品牌商品优惠 10%～20%,部分自有品牌商品价格甚至能便宜约 30%。如家乐福曾出售过一款自有品牌咖啡,其价格仅为其他畅销品牌的 1/4。

大型零售企业自有品牌商品的之所以具有价格优势,是因为以下几个主要原因：第一,零售企业自己组织生产自有品牌商品,使商品进货省去许多中间环节,节约了交易费用和流通成本;第二,使用自有品牌商品不必支付巨额的广告费,由于自有品牌商品仅在开发该商品的零售企业内销售,因此其广告宣传主要是借助其在卖场内的广告单、闭路电视、广播等方式进行。与普遍采用电视、报纸等大众媒体进行广告宣传的制造商品牌商品相比,其广告成本大幅度降低;第三,大型连锁零售企业拥有众多的连锁店,可以大批量销售,可以取得规模效益,从而降低了产品成本。

7.3　商品价格管理

7.3.1　影响零售业态定价的因素

1. 零售商店本身的特征

零售商关于商品价格的决定,不是一个独立的决策过程,而是企业市场营销组合的一部分,一定要与企业目标市场和其他条件相匹配。具体地说,零售商将商品价格定在一定的价格水平上的决定,应当与零售商的经营品种、开设地点、促销活动、服务水平以及希望传播的关于商店的印象等因素互相配合。有以下几点需要注意：①零售商的市场定位越明确,价格的确定就越容易。②与业态相近的竞争对手相距越近,价格受竞争对手的影响越多。③与目标顾客距离越远,价格必须定得低一些;④商品越有特色,价格相对越高;⑤提供的服务项目越多,服务水准越高,商品价格越高。总之,价格可以帮助顾客确定对商店的印象。

2. 消费者价格心理

零售商的价格水平既受消费者收入水平的制约,也受消费者价格心理的影响。研究发现,消费者收入水平与价格心理其实是互相联系的,同一收入层次的消费群体往往具有类似的价格心理。消费者价格心理也就是消费者对商品价格水平的心理感知,它是消费者在长期的购买活动中,对商品价格认识的体验过程,反映消费者对价格的知觉程度及情绪感受。一般而言,消费者价格心理常见形式如表 7-12 所示。

表 7-12　消费者价格心理表现形式

价格心理	主 要 特 征
习惯性心理	反复的购买活动会使消费者对某种商品的价格形成大致的概念,高于或低于习惯价格则产生怀疑
敏感性心理	消费者对商品价格的心理反应程度的强弱与该商品价格变动幅度的大小有关,一般对价格低的商品价格波动更敏感
感受性心理	对价格的判断受商品包装、色彩、陈列、卖场气氛等的影响
倾向性心理	消费者对商品价格的选择倾向或为高价或为低价,表现出求名或求实的不同消费动机

消费者对商品零售价格心理感知的速度快慢、清晰度强弱、准确度高低以及感知价格内容的充实程度,融入了消费者个人知识、经验、需要、兴趣、爱好、情感和个性倾向等因素,直接影响着消费者对价格水平的接受程度。因此,研究消费者价格心理,对正确制定零售价格很有帮助。

3. 竞争对手的价格策略

竞争者的定价影响着顾客对相同商品价格的选择。市场需求和商品的成本分别为零售商的商品价格确定了上限和下限,而竞争对手的成本、价格和可能的反应则有助于零售商确定合适的价格。零售商需要将自己的成本和竞争对手的成本进行比较,来分析自己是处于成本优势还是劣势。同时,零售商也需要了解竞争对手的价格和质量。可以派出比较购物人员也可以询问顾客对自己和竞争对手商品价格的看法。一个零售商,如果与竞争者比较,缺乏非价格方面的差别,那么就可能直接参照竞争者的定价;如果它在地点、商品组合、商店形象等方面比竞争者有优势,则可以不同于竞争者定价。

4. 商品进货成本

商品的进货成本是商品定价的基础和最低界限。商店只有使价格高于商品进货成本,才能收回总耗费并获得一定利润,保证商店正常运营。若商店以低于进货成本的价格出售商品,则不可避免地产生亏损,时间一长,商店的经营必然难以为继。因此,商品的进货成本直接影响到商店定价策略的选择。商品进货成本包括商品批发价格、采购费用、仓储运输费用等,商店通常按商品的进货成本加上若干百分比的加成定价,即用成本加成法定价。

5. 国家法规政策

零售商对价格的制定既要受到国家有关法规的限制,也要受到当地政府制定的政策影响。国家和地方政府对零售价格有相关的法律和政策,如我国的《价格法》《消费者权益法》和《反不正当竞争法》等以及有关的价格政策对企业定价都有一定的约束。

7.3.2 商品定价政策及策略

1. 商品定价政策

定价政策是定价行为的原则或指导方针,它可以保证零售企业内部定价决策的一致性。零售商的定价政策应当反映目标市场的期望,如低收入消费者更愿意去低价的折扣商店购物;中等收入消费者通常在中等价格的日用品连锁店购物;高收入消费者往往选择能提供额外服务的高级商店。常见的定价政策主要有以下几种。

（1）高（低）价格政策

高（低）价格政策是指零售商制定的商品价格有时高于竞争对手,有时低于竞争对手,同一种商品价格经常变动,零售商会经常使用降价来进行促销。高（低）价格政策目前在国内变得越来越流行,过去,零售商仅仅只是在季末降价销售;现在,一些商店几乎每天都有特价商品。一些新近成长起来的国内零售商已能熟练地运用该价格政策同强大的外资零售商展开竞争。高/低价格政策主要有以下几方面的好处。

① 刺激消费,加速商品周转。一般情况下,消费者的需求往往与商品价格的高低成反比,价格提高,需求量减少,价格下降,需求量上升。采用此政策的零售商善于利用降价来促销,并提醒顾客"过时不候"。在一种打折的氛围下,常常可以见到商店人头攒动,消费激增,这无疑加速了商品周转,尽快回笼资金。

② 同一种商品价格变化可以使其在不同市场上具有吸引力。尤其是对于时尚商品而言,当时尚商品刚刚进入市场时,零售商制定最高价格,吸引那些对价格不太敏感的时尚领导者抢先购买。而随着时间的推移和降价的实行,更多的顾客进入市场,最后是善于讨价还价的搜寻者进入购买市场。这样,同一种商品的价格变化迎合了不同顾客的需要。

③ 以一带十,达到连带消费的目的。实行这种价格政策的零售商往往会选择一些特价商品作为招徕品,以牺牲该商品的利润吸引顾客前来购买。顾客进入商场一般不会只购买特价品,在卖场气氛的影响下往往会购买许多原先无计划的其他商品,于是,零售商的降价促销目的便达到了。通过特价商品吸引顾客,通过高价商品或正常价商品实现利润是零售商常用的促销手段。

对于以价格作为竞争武器的零售商而言,稳定的低价政策很难长期保持。每日低价确实是对零售商经营管理的一个考验,它需要更低的进货成本、更严格的作业规范、更快捷的物流配送体系等作支撑。如果没有这种低成本运作为基础,每日低价只是意味着每日低利润或无利润,这种情况是不可能长期维持企业运转的。

【案例链接】

地铁商场的招徕定价

北京地铁有家每日商场，每逢节假日都要举办"一元拍卖活动"，所有拍卖商品均以1元起价，报价每次增加5元，直至最后定夺。这种由每日商场举办的拍卖活动由于基价定得过低，最后的成交价就比市场价低得多，因此会给人们产生一种"卖得越多，赔得越多"的错觉。岂不知，该商场用的是招徕定价术，以低廉的拍卖品活跃商场气氛，增大客流量，带动了整个商场的销售额上升。需要说明的是，应用此术所选的降价商品，必须是顾客都需要、而且市场价为人们所熟知的才行。

(2) 稳定价格政策

稳定价格政策是指零售商基本上保持稳定的价格，不在价格促销上过分做文章，主要形式有每日低价（everyday low pricing，EDLP）和每日公平价（everyday fair pricing，EDFP）政策。

每日低价政策的零售商总是希望尽量保持商品低价，尽管有些商品价格也许不是市场上最低的，但给顾客的印象是所有商品价格均比较低廉。美国四个最成功的零售商——沃尔玛、家得宝、欧迪办公、玩具反斗城便是这一价格政策的实施者，它们始终如一地采用这一价格政策，这需要零售商具备不同寻常的成本控制能力。

【案例链接】

沃尔玛的"天天低价"

沃尔玛能够迅速发展，除了正确的战略定位以外，也得益于其首创的"折价销售"策略。几乎每家沃尔玛超市都贴有"天天低价"的大标语，同一种商品在沃尔玛买比其他商店要便宜。沃尔玛提倡的是低成本、低费用结构、低价格的经营思想，主张把更多的利益让给消费者，"为顾客节省每一元"是他们的目标。沃尔玛的利润通常在30%左右，而其他零售商，如凯马特的利润率都在45%左右。公司每星期六早上举行经理人员会议，如果有分店报告某商品在其他商店比沃尔玛低，会立即决定降价。低廉的价格、可靠的质量是沃尔玛的一大竞争优势，吸引了一批又一批的顾客。

每日公平价政策的零售商是在商品进货成本上附加一个合理的加价，它并不刻意寻求价格方面的竞争优势，而是寻求丰富的花色品种、销售服务、卖场环境及其他方面的优势，给顾客的印象是零售商赚取合理的毛利，以弥补必要的经营费用和保持稳定的经营。尽管每日公平价政策的零售商可以在商品进货成本上附加一个他们认为合理的毛利，但如果忽视了控制进货成本和管理费用，而使价格过高，同样不能被顾客所接受。

稳定价格政策主要有以下几方面好处。

① 可以稳定商品销售,从而有利于库存管理和防止脱销。频繁的、大打折扣的减价销售造成顾客需求上的大起大落,而稳定的价格可以使顾客的需求趋于稳定。平衡的需求可以减少需求预测上的失误,因而产品脱销的现象很少发生,顾客不满意的现象减少了。减少需求预测上的失误,也可以使安全库存量减少,这意味着库存周转加快,从而能更有效地利用商店的贮货室和仓库空间。较为准确的需求预测和货物周转稳定还可以提高配送效率,从而降低物流费用。

② 可以减少人员开支和其他费用。减价销售渐渐少后,重新为商品标价的人员也随之减少,尽管由于条码计价代替了每个产品的单独标价而节省下来的人力很有限。在减价促销期间,需要有人处理顾客需求方面的问题,也需要有人安装、拆卸临时性的货物展台。由于实行稳定价格的策略,这其中的一些人力费用支出都可以节省下来。由于价格稳定,零售商可以减少做广告的次数,商品的广告册更新也不快。沃尔玛在媒介广告上花的钱不到销售额的 1%,而凯玛特商店的这项费用则为销售额的 2.5%。

③ 能为顾客提供更优质的服务。稳定的顾客人流与减价刺激顾客一哄而上是不同的,前者可以使销售人员有更多的时间和顾客在一起。从理论上讲,价格忽高忽低的零售商投入销售人员的数量同价格稳定的零售商是一样的,但是前者在销售高峰期间要额外更多的雇佣销售人员,到了非促销时期又要解雇他们。雇佣临时销售人员既花钱又不划算。这就足以说明在销售服务方面,价格忽高忽低的零售商要想达到与价格稳定的零售商相同的质量水平是非常困难的。

④ 可以改进日常的管理工作。因为管理人员将工作重点从管理减价销售活动转移到管理整个商店的日常工作上来,可以完善销售计划,增加产品的花色品种,组织更能吸引顾客、更井然有序的商品展示活动等。

⑤ 可以保持顾客的忠诚。目前许多顾客尤其是年轻顾客,对经常大降价的商店里其他商品的标价持怀疑态度,他们甚至养成了一种习惯——只在减价销售时才买东西,如果一种商品在顾客购买之后商店不久即降价,顾客会产生一种被欺骗或吃亏的感觉,并由此对商店的标价更不信任。而稳定价格政策会让顾客感觉标价诚实可信,不必延迟购买,不会产生被欺骗的感觉,因而会对商店更忠诚。

【阅读链接】

零售定价中的法律问题

零售定价的法律环境非常复杂,影响顾客的法律问题主要包括横向定价、掠夺性定价、比较价格广告以及诱惑法。

横向定价(horizontal price fixing)指的是直接竞争的零售商之间达成制定相同价格

的协定。该定价策略在增加了消费者成本的同时抑制了竞争,通常是非法的。

掠夺性定价(predatory pricing)指的是零售商设立商品的价格的目的是把竞争对手挤出市场的行为。零售商销售或运送成本有差异,可以在不同地区以不同的价格出售相同商品,但如果是出于把竞争对手挤出市场为目的的低价,就是非法的。

比较价格广告(comparative price advertising)是用"廉价"出售的商品价格与更高的"一般价"或制造商目录价做比较,该方法误导消费者用这种更高的"一般价格"作为他们认为商品应有的"真正"价格的基准。

诱惑法(bait and switch)是一种非法的欺骗性行为,通过宣传价格低于正常水平的产品(诱饵)来吸引消费者进入商店,接着诱使消费者转而购买更高价格的商品(转换)。

2. 商品定价策略

零售商为了实现具体的定价目标,会认真选择自己的市场定位,然后在定价政策的指导下采用不同的定价策略,满足目标市场的需求。由于消费需求是不断变化的,再加上经营的商品种类众多,竞争对手的存在以及商品生命周期等因素的影响,零售商在制定价格策略时,必须把这些因素考虑进去。表 7-13 是零售商常用的一些定价策略。

表 7-13　零售商定价策略

定价策略	解释说明	业态、商品或对象
习惯定价	零售商为产品和服务设定价格并试图在一段较长时间维持该价格	糖果、报纸、电影、自动售货机
可变定价	需求和成本波动时,零售商以可预测的方式改变产品和服务的价格	季节性商品,特殊节日商品
弹性定价	以不同的价格向不同的顾客提供相同的产品和数量	大部分珠宝店、汽车销售店,针对特殊人群(如老人,学生,会员等)
系列定价	为每一类产品限定了一系列具体的价格线或价格定	
尾数定价	将价格尾数定位 5、8、9 等数字	与低价有关,适于低于或等于市场水平价格销售商品的零售商
多单元定价	多单元商品组合中每件商品的价格都比单独购买时便宜	杂货店用于香烟、糖果、饮料的定价;服装店用于内衣、针织品的定价
捆绑定价	将两种以上的商品配在一起特价销售,节省销售成本和时间	捆绑商品或服务
特价	将高需求的商品以低价格出售并广为宣传,吸引顾客进店	消费者熟悉并经常购买的商品
自有品牌定价	出售自有品牌商品,价格低于全国性品牌	

7.3.3　商品价格调整策略

1. 降价策略

（1）有计划降价

零售商经常会对商品实行降价出售。尽管降价有多种原因，目的只有两个——清仓（处理商品）和促销（贱卖）。当商品销售缓慢、过时、在销售季末或者价格高于其竞争对手的价格时，商家通常会采取降价的方式加速商品周转。运用降价策略进行促销，通常会增加现金流量，从而可以购买新商品；同时，降价也可以增加顾客流量，顾客到商店后还可以购买其他正常价格的商品，有计划的降价促销实际上能提高商店总的营业额。

然而降价必须有计划的进行，商店首先应制订一个完善的促销计划，每期促销应选择什么商品作为促销商品，采购员要事先与供应商接触，争取他们的促销配合。此外，商店还要对过去的销售记录保存完好，并对现时的销售情况及时分析。这意味着跟踪过去降价的商品类型，现在的季节有什么商品销不动了。例如，如果一种商品的某些尺寸过去常大量降价，则商店就应在本季减少对这些商品尺寸的进货。

实施降价控制时必须能够对降价做出估计，并修改最近各期的进货计划，以反映这种降价。事实上，降价范围太大可能说明采购员在进货时对风险的估计不足。评价降价理由的一种良好方法，是让采购员记录他所采购的商品每次降价的理由，并定期检查这些理由。例如，季节终了，如何与竞争者的价格相抗衡，陈旧的商品，过时的样式等等都可以作为采购员的记录事项。

（2）降价时机的选择

许多商店很早就开始降价，而那时的需求还相当活跃，通过及早降价销售，商店不必像在销售季节的晚期那样急剧降价。一些商店也采取后期降价政策。尽管商店对安排降价的最佳时间顺序有不同的看法，但必须在保本期内把商品卖掉却是共识。在保本期内，可以选择早降价，迟降价或交错降价。

但是，频繁降价会使顾客产生不良的心理反应。如果商店频繁地搞商品降价处理，顾客就会认为"降价处理的商品价格就是该商品本身的价格"。如果顾客形成这样的印象，降价就失去了对顾客的吸引力。

（3）控制适当的降价幅度

降价的幅度对降价的促销效果会产生重要影响。一次降价幅度过小，不易引起顾客的注意，往往不能起到促销的作用；而一次降价幅度过大，顾客会对商品的使用价值，商品质量等产生怀疑，同样会阻碍商品销售。

出售商品所需要的降价幅度很难确定，易变质的商品（如鲜肉和农产品）以及时尚商品需要比纺织品有更大的降价幅度。因为商品不同，打折的幅度就要有所不同。例如，对10万元的汽车降价10%可能比对2元的冰淇淋进行10%的降价更具有刺激性。

2．提价策略

（1）将实情告诉顾客

某些涨价的原因是可以被消费者接受的，例如，当商店采购成本上涨时，维持原价销售无法经营，商店不得不提高售价。因此，为减轻顾客的抵触心理，商店若是出于第一种情况考虑涨价，不妨将商品采购成本真实情况向顾客公布，取得顾客的谅解，说服顾客接受涨价的事实，建议顾客如何减轻涨价的负担（如选购代用品），则顾客会在理解的心态下接受涨价。商店需要注意的是，当你使用这一理由涨价时，必须在采购成本降下来之后立即将商品价格降下来，否则只有升，没有降，几次事件之后顾客会有受愚弄的感觉。

（2）分步骤提价

不是所有商品的采购成本都在同时上涨，因此商店全部提价时，会遭到顾客的强烈抵制，为了减少顾客对商店涨价的抵触心理，商店采用部分提价为好。对于涨价的部分商品，随着时间的推移，顾客对于涨价之事会逐渐淡化，对原来无法接受的价格会逐渐适应，商店的销售量也会稳步回升。因此，商店即使需要对所有商品涨价，明智的做法是分阶段分步骤涨价，先选出一部分商品或不敏感商品涨价，然后再逐一提高其他商品价格。

（3）选择适当涨价时机

涨价时机非常重要，不能平白无故地涨价，除非商品采购成本突然大涨，不得不即刻涨价，否则涨价需要考虑时机。涨价一般是有恰当时机的，错过了机会，价格就难以提高了。商店通常选择的涨价时机有以下几个。

① 当商品采购成本上升，商店已经出告示通知顾客一段时间，而顾客皆知采购成本上涨时；

② 季节性商品换季时，如冬季商品换成春季商品时，对新上市的春季商品可以考虑高于上年价格的幅度销售；

③ 年度交替时，如新年或春节期间消费比较热，顾客手中要花费的钱比较多，此时对商品价格敏感度减弱，在这一时期涨价会容易被顾客接受；

④ 应节商品。传统节日和传统习俗时期，因为顾客这时对价格关心程度较低，对商品本身的关心程度较高，这时提高价格往往不会遭到顾客的拒绝。

（4）控制涨价幅度

尽管商品的采购成本可能短时间内上涨过快，商店已经将采购成本实情公之于众，但大多数顾客一般并不关心商店出于什么原因涨价，而只是关心自己能否接受这一新价格，即涨价后的价格与心目中价格标准是否接近。如果涨价幅度过高，不论任何原因，都会导致顾客弃买，或转投其他商店。因此，商品的一次涨价幅度不能过大，尤其是顾客价格敏感度较高的商品，涨价幅度更要谨慎，也许这些商品正是招徕顾客的诱饵，涨价之后，不仅失去了这一部分顾客购买力，还将连带失去其他商品的营业额。从经济数据看，一次上调幅度，不宜超过 10%。商店如果需要调整的价格幅度较大，最好采取分段调整的办法。

当然,顾客对不同商品的敏感度是不同的,一般对成本很高和经常购买的商品价格非常敏感,而对低成本的、不经常购买的商品则不太注意其价格是否上涨。

(5)附加馈赠

涨价时,以不损害商店正常收益为前提,搭配附属商品或赠送一些小礼物,提供某些特别优惠。这样给顾客一种商品价格提高是由于搭配了附属商品的感觉,过一段时间,再重新恢复到原有水平上去,这样做要注意时间的配合。例如,12 月 1 日开始采用搭配附属商品进行提价,到 1 月 1 日取消附属商品,这样顾客就很少反对。

【相关术语】

商品组(merchandise group);　　　　同类商品(classification);
存货单位(stock keeping unit);　　　品类管理(category management);
单品管理(SKU control);　　　　　商品组合(grouping of commodities);
自有品牌(private brand);　　　　　制造商品牌(national brand);
每日低价政策(everyday low pricing);　灵活定价(flexible pricing);
每日公平价政策(everyday fair pricing);高低价(high-low pricing);
渗透(penetration);　　　　　　　涨价(markup);
降价(markdown)

【思考与练习题】

1. 作为零售店的商品规划员,你如何区分流行商品、时尚商品、大宗商品,并分别如何管理?

2. 对于不同的零售业态,商品种类和分类是不同的,请列表对超市、百货商店和专卖店、便利店进行比较。

3. 商品结构组合策略有哪些?销售中如何对商品组合进行优化?

4. 品类管理的流程包括哪几个步骤?零售企业为什么要进行品类管理?

5. 选择你身边的几家大型零售商,比较一下各企业的畅销商品类型,分析并解释其原因。

6. 如果要开发自有品牌,你更关注哪些类型的商品,采取什么样的开发方式?

7. 商品价格调整往往比较敏感,对于降价我们往往会联想到商品品质不佳或滞销等问题,你认为降价还有哪些原因。

8. 你在现实生活中看到了哪些价格欺诈行为,你如何看待这些现象?

【零售创业实践】

组建一个 5～8 人的团队,选择本市内一家大型超市或大型零售店,进行商品分类、自有品牌及商品价格方面的调查。

(1) 做好调研前准备,拟出一份简单的调研计划。

(2) 列出该超市或零售店的商品分类,并分析此分类的依据及优缺点,了解商品分类编码规则。

(3) 列出该超市或零售店的自有品牌,并对每种自有品牌的销售情况进行分析。

(4) 选择该超市或零售店中一类商品,如食品类,了解经营中是如何确定商品的售价的,总结商品加价的规则,思考影响商品定价的因素。

案例分析

从沃尔玛看自有品牌的修炼之道

当你逛沃尔玛的时候,看到一桶"惠宜"5 升装食用花生油的价格大大低于国内同类品牌的食用花生油,并且它的展示位置相当突出,你会不会心动呢? 你原本打算购买某品牌的食用花生油,会不会因为价格的原因而临时改变购买计划,转而购买价格更便宜的沃尔玛自有品牌呢? 答案是:"很有可能!"很多消费者在沃尔玛都有购买过"惠宜"商品的经历,他们看重的不单是"惠宜"商品的价格比同类品牌更便宜,而且看重"惠宜"是沃尔玛的自有品牌,对沃尔玛这样的大企业表示信任。 自有品牌的开发对零售商来说是把"双刃剑",我们可以从沃尔玛在自有品牌领域所取得的成功悟出一些修炼之道。

(1) 扩大经营规模

零售商要发展自有品牌首先要具备一定的经营规模,只有具备充足的门店数量、较高的销售水平和较强的资金实力才能保证自有品牌的良性发展,这也是零售商发展自有品牌的首要条件。

沃尔玛自有品牌发展得好,首先应归因于其经营规模。 沃尔玛是全球最大的零售商,发展自有品牌具有庞大的规模效应,它不仅能在与生产企业的谈判中占据主导权,压低自有品牌商品的价格;更能通过庞大的销售网络让自有品牌商品迅速销售,以减少自有品牌商品的库存和对资金链的挤压。

沃尔玛自有品牌具有风格独特,价格低廉,并遵循"统一设计,统一货源,统一价格"的优势,形成系列产品,尤其适合特定消费者的需求。 而且沃尔玛这样的大企业更能让消费者对其自有品牌的商品产生信任感,大企业生产的商品质量往往要比小企业更有保障。

因此,零售商要发展自有品牌首先需要量力而行,只有达到一定的经营规模,才有发展自有品牌的资本。否则,盲目把大量资金投入到自有品牌的发展中,反而会导致自有品牌陷入困境,甚至还有可能使企业出现经营危机。

（2）严控"质量关"

自有品牌商品要以"质"字优先,严控商品质量,不能因为"价低"就"质次",而是要做到"质优价廉"。质量是自有品牌的最重要保障,质量不仅关系到自有品牌的未来发展,更会影响到零售商的整体销量和品牌形象。

降低商品成本、获取利润是零售商进行贴牌生产的最大驱动力,但如果过度追求降低成本,势必会造成商品质量低下。沃尔玛在中国销售自有品牌的纸巾,尽管纸巾的利润很薄,但沃尔玛并没有为了降低成本而降低生产标准,找一般企业生产。相反,沃尔玛的合作企业是中国纸业的老大,并荣获过中国驰名商标的"维达"纸业。沃尔玛对"维达"纸业的考察是非常严格的,从各项商品质量指标到包装设计,考察人员都需要项项把关。如果在国外,沃尔玛对生产企业的考察更为细致严格,还会考察企业环境、人员素质,甚至劳工保障是否完善,这也是签约的决定因素。

（3）采用"子品牌"

零售商直接将"母品牌"延伸到自有品牌的商品,固然可以借助"母品牌"的强大影响力为自有品牌迅速打开市场;但这样也存在着巨大的风险,万一商品质量出现问题,倒霉的不仅仅是自有品牌,更会连零售商的"母品牌"也跟着一起遭殃。

沃尔玛的自有品牌很少直接以沃尔玛这个"母品牌"进行推广,而是打出不同的子品牌组合。沃尔玛在中国市场拥有达3 000种的自有品牌商品,而这些商品绝大多数是以"惠宜"、"宜洁"、"Simply Basic"、"Mainstays"、"Penmans"等子品牌名称出现,沃尔玛的自有品牌商品几乎很少采用"沃尔玛"这个"母品牌"作为商标标识和商品品牌。因为沃尔玛深知,只有自有品牌商品的质量和消费者认知度完全稳定后,才能与自身"母品牌"进行完全挂钩,实现双赢。

（4）搞好零供关系

对于越来越庞大的自有品牌计划,也有业内人士认为沃尔玛是利用其相对垄断的零售、采购优势来谋取更大的利益,这在未来将对中国一些品牌生产企业产生严重的冲击。这种说法有一定的道理,自有品牌销售的确会影响到品牌生产企业的销售。沃尔玛作为一个零售商,发展自有品牌只是为了更好地谋求"天天平价"的理念,给消费者带来更多实惠,而不是纯粹为了打压品牌生产企业。沃尔玛不可能对所有商品都开发自有品牌,这是不现实的,其大多数商品还是来自于供应商的品牌。

因此,自有品牌的成功与否,与搞好品牌生产企业的关系是密切相关的。零售商不能为了突出自有品牌的商品而过分挤压品牌生产企业,而是应当采取合作共生的方式,充分重视品牌生产企业的利益,在商品陈列、促销配合、订货付款等方面都应当保留品牌生产企业应有的地位与权益,同时,自有品牌数量也不宜过多。

资料来源:烟草在线.http://www.tobaccochina.com/.

思考讨论题:

1. 结合案例材料,查找相关资料,请对沃尔玛开发自有品牌中的问题及经验发表自己的意见。

2. 请谈一谈零售商未来开发自有品牌的趋势。

第 八 章

卖场管理与商品陈列

【学习目标】

- 熟悉零售卖场布局设计的原则;
- 了解如何通过颜色、声音、灯光、气味等营造卖场氛围;
- 掌握商品陈列的原则和具体陈列方法;
- 培养卖场布局和商品陈列的能力;
- 掌握基本的促销原理和方法,深入认识促销组合并能初步应用。

导入案例

"阳光海岸"书店成功的奥秘

　　"阳光海岸"是一家位于某大学附近的书店,很受周围大学生和小区居民欢迎。与大学周边其他书店相比,"阳光海岸"书店的店面并不是最大的,书的品种也不是最齐全的,装饰也算不上是最华丽的,然而却始终顾客盈门。书友们对书店的评价是:"去'阳光海岸'书店,听着和谐的曲子,本身就是一种享受。"书店的老板也承认,他们非常重视背景音乐的效果。看似无关紧要的背景音乐,实际上却是他们成功的奥秘。书店根据不同的季节、时间设计了不同的背景音乐。

　　春季篇:淡妆浓抹总相宜;背景音乐风格:Pop、Rock、R&B 等;营造氛围:简单活跃流行。

　　夏季篇:天涯何处无芳草;背景音乐风格:吉他、New Age 等;营造氛围:清新凉爽。

　　秋季篇:秋水共长天一色;背景音乐风格:钢琴、电子、Jazz 等;营造氛围:浪漫奔放。

　　冬季篇:她在丛中笑;背景音乐风格:长笛加手风琴;营造氛围:减压温暖。

　　书店每一季的音乐方案都由店老板结合自己多年来在音乐方面的品位,汇总各方信息的基础上亲自敲定,一经确定便不再轻易变更。所以,无论"阳光海岸"书店的工作人员如何更换,书店的背景音乐都是按照设计方案播放的,不会因为工作人员变了就改变背景音乐的风格。"阳光海岸"书店在背景音乐上下了很大的工夫,也因此为书店吸引了源源不断的客流。

资料来源:聚家具.http://www.jujiaju.cn/jiajuzhishi/20120412/455.html.

8.1　卖场布局及气氛营造

术语链接:卖场管理,指零售企业为了刺激顾客需求,根据明确的计划对包括商品、设备、用具、通道等在内的卖场整体空间进行合理配置,营造舒适的购物环境,使顾客感觉新颖、方便、舒适,愿意久留,从而有效促进商品的销售。

零售店铺的卖场指的是店铺出入口以里的"消费通道"。零售企业的卖场直接面对顾客,因此需要不断根据顾客需求进行变化和调整,才能充满活力。卖场管理的内容主要包括卖场的布局设计、卖场氛围的营造以及卖场经营情况的跟踪等。

8.1.1　卖场布局设计

1. 卖场布局设计的原则

一个精心设计的卖场布局会对销售产生很大影响,结合对商品和通道的有效利用,可以吸引顾客在整个卖场范围内活动,使顾客方便地穿梭于购物空间,充分浏览商品,以最大限度的满足顾客需求,最小限度地减少企业的费用支出,有效地利用好卖场的每一寸空间。因此,在进行卖场设计时,应遵循以下几个原则:

(1) 以人为本原则

消费者是卖场空间环境的中心,以人为本原则要求卖场布局要充分考虑到消费者与空间环境的协调融洽关系,在柜台组织、通道安排等方面必须以消费者为出发点和归宿,便于消费者的识别和理解,达到空间约束条件下消费者体验的最优化。

(2) 方便灵活的原则

卖场的布局应该让顾客能方便地接触到所有商品,卖场内所有商品的摆放都能让顾客看得见、摸得着,高处或低处的商品不用服务人员的帮忙就可以自如取放。此外,消费者购物行为、行走路线偏好有时不能完全准确预测,他们不一定会按照零售商卖场布局设计中期望的方式活动,需要对于顾客视线以外的区域、表现不佳的区域进行深入思考和设计。

(3) 促进消费原则

到超市、便利店购买商品的消费者,即时性购买的比例占 70%～80%。促进消费的第一步是要引导消费者进入卖场,因此卖场设计首先要给消费者视觉上的冲击,使消费者产生进入卖场的冲动。卖场设计应尽可能做到照明(灯光)、音响(声音)、装潢布置(视觉)、温度(体觉)的有机配合,创造一个良好的购物环境,使进入卖场的顾客感到舒适和愉悦,从而延长其在店内的停留时间并尽可能多地消费。

(4) 安全的原则

零售卖场是人员聚集的地方,也是货物、资金、设备集中的地方,一旦出现安全事故(主要包括倒塌、火灾、毒气、疾病、地震等),损失是严重的。因此,卖场布局设计还应侧重于安全事故的防范和人员的安全撤离。

【专题链接】

磁石点理论

"磁石点理论"是指在卖场中最能吸引顾客注意力的地方,配置合适的商品以促进销售,并能引导顾客逛完整个卖场,以提高顾客冲动性购买比重。以超级市场为例,卖场中的磁石点主要有以下几个地点。

第一磁石点位于主通路的两侧,是消费者必经之地,能拉引顾客至内部卖场的商品,也是商品销售最主要的地方。此处应配置的商品为:①消费量多的商品;②消费频度高的商品;③主力商品。

第二磁石点位于通路的末端,通常是在超市的最里面。第二磁石商品负有诱导消费者走到卖场最里面的任务。由于第二磁石的位置都较暗,所以配置较华丽的商品来提升亮度,如:①最新的商品;②具有季节感的商品;③明亮、华丽的商品。

第三磁石点指的是端架的位置。端架通常面对着出口或主通路货架端头,端架商品的基本作用就是要刺激消费者、留住消费者。端架需经常变化(一周最少两次),变化的速度可刺激顾客来店采购的次数。通常情况可配置如下的商品:①特价品;②高利润的商品;③季节商品;④购买频率较高的商品;⑤促销商品。

第四磁石点指卖场副通道的两侧。这个位置的配置不能以商品群来规划,而必须以单品的方法对消费者表达强烈诉求,包括:①热门商品;②特意大量陈列商品;③广告宣传商品。

第五磁石点位于结算区域(收银区)前面的中间卖场,可根据各种节日组织大型展销、特卖的非固定性卖场,以堆头为主。

2. 卖场布局店内设计的形式

根据卖场向顾客销售商品的方式不同,卖场布局可分为隔绝式和敞开式两种基本的布局形式。

(1) 隔绝式布局

即柜台式销售,是指用柜台把顾客与营业员和商品分开,顾客不能进入营业员工作场地,挑选商品需要靠营业员的传递,其形式主要有附墙式、岛屿式和斜角式,这类布局形式一般在百货商店、专业店等业态中比较常见。

① 附墙式布局。顾名思义,即货架、柜台等陈列设施顺应墙面排列,货架与货柜的布置通常为直线型,沿卖场四周顺序排列。这种布局形式的优点是能够创造清晰明朗、高效的卖场形象;陈列的商品数量较多,便于顾客发现和挑选,也利于商家补货和安全管理。不足在于卖场中间部位易出现闲置。

② 岛屿式布局。是在营业场所中间布置成各不相连的岛屿形式,在岛屿中设置货架陈列商品,如图 8-1 所示。这种形式一般用于百货商店或专卖店,主要陈列体积较小的商品,有时也作为格子式布局的补充。

图 8-1　岛屿式布局基本形式

现在许多百货商店引入各种品牌的专卖店,形成"店中店"形式,于是岛屿式布局被改造成专业店形式被广泛使用,这也符合现代顾客的要求。该布局的优缺点如表 8-1 所示。

表 8-1　岛屿式布局优缺点

优　　点	缺　　点
不同形状岛屿设计可以装饰和美化空间; 商场气氛活跃,易增加顾客的购物兴趣并延长逗留时间,引起冲动性购买; 满足消费者对某一品牌商品的全方位需求,对供应商具有较强的吸引力	布局过于变化会造成顾客迷失,因无耐心而放弃一些计划内购物; 不利于最大限度利用营业面积; 现场用人较多,不便于柜组间互相协作; 货架不规范使经营成本较高

③ 斜角式布局。将货架和柜台等与门店的建筑格局成斜角布置,是一种辅助卖场布局形式。这种布局多位于卖场的角落,因此具有节省占地,充分利用营业面积,富于变化等特点。

（2）敞开式布局

敞开式布局是将商品展示在货架上，允许顾客直接挑选商品，顾客活动空间与营业员的工作场所交织在一起，其形式主要有格子式、自由流动式等，这类布局形式一般在超市、便利店、专卖店等业态中比较常见。

① 格子式布局。这是传统的卖场布局形式，商品陈列货架与顾客通道都呈长方形状分段安排，而且主通道与副通道宽度各保持一致，所有货架相互成并行或直角排列，如图 8-2 所示。

图 8-2　格子式布局形式

格子式布局在超级市场业态中常可以看到，这种布局的优缺点如表 8-2 所示。

表 8-2　格子式布局的优缺点

优　　点	缺　　点
卖场气氛严肃而有效率； 走道的设计可充分利用销售空间； 货架的规范化布置便于顾客识别商品； 可采用标准化货架，节省成本； 简化商品管理及安保工作	商场气氛比较单调，室内装修方面创造力有限； 当较拥挤时，易使顾客产生被催促的不良感觉

② 自由流动式布局。以方便顾客为出发点，力求最大限度地把商品展示在顾客面前。根据商场具体地形和商品特点，使顾客通道呈现一种不规则路线分布，如图 8-3 所示。

自由流动式布局综合了格子式布局和岛屿式布局的优点，但也存在一定的缺点，如表 8-3 所示。

图 8-3　自由流动式布局

表 8-3　自由流动式布局的优缺点

优　点	缺　点
布局灵活多变，卖场气氛融洽； 顾客可以随意穿行各个货架或柜台； 可引起顾客冲动性购买； 便于顾客自由浏览，增加顾客的滞留时间和购物机会	容易使顾客拥挤在某一柜台，不利于分散客流； 不利于充分利用卖场面积； 对商店的管理要求却很高，特别是商品安全问题

3．卖场的出入口设计

卖场的入口一般要设在顾客流量大、交通方便的一边，通常入口较宽，出口相对窄一些，入口比出口大约宽三分之一。卖场的入口与内部配置关系密切，在布局时，应以入口设计为先，然后根据入口的位置来设计卖场通道和顾客流动方向。在卖场入口处为顾客购物配置提篮和手推车，一般按 1 至 3 个（辆）/10 人的标准配置；入口的地方最好陈列对顾客具有较强吸引力的商品，不仅可以招徕顾客，而且还能增强卖场对顾客的吸引力。

卖场的出口必须与入口分开，出口通道宽度应大于 1.5 米。出口处设置收款台，按每小时通过 500～600 人为标准来设置一台收款台。出口附近可以设置一些单位价格不高的商品，如口香糖、图书报刊、饼干、饮料等，供排队付款的顾客选购。

4．卖场的通道设计

零售卖场的通道是指顾客在卖场内购物行走的路线，一般分为主通道与副通道。主通道是诱导顾客行动的主线，而副通道是指顾客在店内移动的支流。主、副通道的设置不是根据顾客的随意走动来设计的，而是根据卖场内商品的配置位置与陈列来设计的。良好的通道设置，可以引导顾客按设计走向经过卖场的每一个角落，接触所有商品，使卖场空间得到最有效的利用。

（1）卖场通道设计的原则

① 足够的宽度。所谓足够的宽度，是要保证顾客提着购物筐或推着购物车，能与同样的顾客并肩而行或顺利地擦肩而过。不同规模的卖场，通道宽度基本设计值如表 8-4 所示。

表 8-4　卖场通道宽度设计值参考表

卖场面积（平方米）	300	1 000	1 500	2 500	6 000
主通道宽度（米）	1.8	2.1	2.7	3.0	4.0
副通道宽度（米）	1.3	1.4	1.5	1.6	3.0

对大型综合连锁店和仓储式超市来说，为了方便更大容量顾客的流动，其主通道和副通道的宽度可以基本保持一致。同时，也应适当放宽收银台周围通道的宽度，以免拥挤，造成混乱。

② 笔直平坦。通道要尽可能地进行笔直的单向通道设计，避免迷宫式通道。通道地面应保持平坦，尽量处于同一层面上。有些卖场由两个建筑物改造连接而成，通道途中要上或下几个楼梯，出现"中二层"或"加三层"之类的情况，令顾客不知何去何从，显然不利于商品的销售。

③ 少拐角和障碍物。由于人们一般习惯走短距离且无障碍的路线，卖场中的拐角应尽可能少，即通道途中可拐弯的地方和拐的方向要少。实际中从一侧直线进入，沿同一直线从另一侧出来的卖场并不多见。卖场通道设计时，交叉处尽可能采用曲线角度，有时也可以借助于连续展开不间断的商品陈列线来调节。此外，在通道内不能陈设、摆放一些与陈列商品或特别促销无关的器具或设备，以免阻断卖场的通道，损害购物环境的形象。

④ 保证照明。应保证通道上的照度比卖场明亮。通常通道上的照度起码要达到 500～1 000 勒克斯；尤其是主通道，相对空间比较大，是客流量最大、利用率最高的地方，要保证足够的照明，充分考虑到顾客走动的舒适性和非拥挤感。

（2）卖场通道的类型

① 直线式通道，也称为单向通道，这种通道的起点是卖场的入口，终点是卖场的收银台。顾客依照货架排列的方向单向购物，以商品陈列不重复、顾客不回头为设计特点，它使顾客在最短的线路内完成商品购买行为。

② 回形式通道，又称环形通道，通道以流畅的圆形或椭圆形按从右到左的方向环绕整个卖场，使顾客依次浏览和购买商品。在实际运用中，回形通道又分为大回形和小回形两种线路模式。大回形通道适合于营业面积在 1 600 平方米以上的卖场。顾客进入卖场后，从一边沿四周回形浏览后再进入中间的货架，要求卖场内部一侧的货位一通到底，中间没有穿行的路口。小回形通道适用于营业面积在 1 600 平方米以下的卖场。顾客进入卖场后沿一侧前行，不必走到头就能很容易地到达中间货位。

【案例链接】

超市通道设计能否更人性化?

顾客李小姐在一家仓储式超市遇上了一件尴尬事。本来李小姐当时准备在超市数码小卖场看一下数码相机后就准备离开超市,结果发现不能从二楼直接下到一楼。卖场售货员告诉她,要下到一楼必须先上到三楼再下到一楼。无奈,李小姐只得再乘电梯上到超市三楼,在里面绕了一大圈后才下到一楼出口。在超市卖场多绕的这一圈花了近10分钟。

超市的这种设计已使不少到二楼购物的顾客抱怨,其中包括很多赶时间的顾客。他们觉得,作为顾客有权利选择去往卖场的哪个部分购物,但现在却被强迫着非要逛完超市的所有楼层,这种设计实在太不合理了,也不人性化。在通往二楼卖场的电梯处,并排设有两部电梯。不少顾客认为,该电梯应该对外开放满足顾客要求,而不要圈着顾客走。

思考:你认为超市这样的设计合理吗?现代超市的通道设计如何才能更好地体现人性化?

资料来源:林小兰.零售管理实务——基于超市视角[M].北京:电子工业出版社,2012.

8.1.2　卖场气氛营造

卖场气氛是指顾客所在卖场的环境氛围和情调。正是这种氛围,可以让顾客自发地产生或放弃一系列购买欲望和行为。如何使顾客购物既方便,又感到轻松和愉悦,卖场气氛的营造起着决定性作用。常规的卖场氛围理论认为,装饰卖场最好的道具是商品,优秀的商品陈列、合理的过渡往往是卖场氛围营造的主要手段。但卖场不是单纯的商品陈列场所,非商品气氛的营造,特别是从视觉、听觉、嗅觉、触觉等多个方面刺激消费者的知觉和情感反应,最终影响他们的购买行为显得更为重要。

1. 色彩的运用

卖场色彩运用是否得当,会令消费者的购物心情或舒畅或沉闷。不同的环境色彩能使顾客产生不同的联想和心理感受,也能产生即时的视觉震撼。此外,色彩能把商品的质感、量感等表现得极近真实,因而也就增强了顾客对商品的信任感。商家如果能恰到好处地运用卖场色彩并调整好色彩关系,可以创造一个亲切、和谐、鲜明、舒适的购物环境,对促进消费具有积极作用。色彩的运用应把握好色彩的类别、深度、亮度以及运用好商品形象色。

2. 灯光照明的运用

灯光照明是营造卖场气氛的一种经济有效的装饰手段。不同业态的卖场为了提升展示效果和提高整体空间形象,都对卖场环境的光照效果进行了精心设计和安排。灯光照明的运用主要从选择合适的照度和光源,以及合适的照明形式入手。表 8-5 对不同照明的形式位置、光源和作用进行了比较。

表 8-5　不同照明形式的比较

照明形式	位　置	光　源	作　用
基本照明	顶棚和上部空间	自然光、白炽灯、卤素灯、荧光灯,汞灯	获得一定能见度,展示商品本色和原貌
重点照明	柜台、展示台、展示架	金卤灯、冷光射灯,LED灯	配合颜色重点展示,增强商品诱惑力
装饰照明	背景、地面、墙面	霓虹灯、弧形灯、吊灯、闪烁灯	营造特殊的灯光气氛,完善购物环境

不同业态的卖场都有各自不同的照明方式。在百货商店的店中店或专卖店中,以隐蔽的镶嵌灯、槽灯、射灯居多;超级市场以吊灯为多;大型购物中心、高端品牌店除基本照明外,还安装装饰性和艺术性很强的灯具,同时与隐蔽嵌入式投光射灯相配合,以增加局部重点照明效果。不管是何种业态的卖场,照明一定要清晰,保证让顾客看清楚卖场内的商品和通道。切勿一味追求个性,把卖场的光线搞得昏昏暗暗,影响顾客购物,反而适得其反。

3. 声音的运用

声音是卖场气氛的重要组成部分,好的声音会给店铺带来好的气氛,而噪音则会破坏卖场营造的购物气氛。一方面,要合理使用背景音乐,特别是背景音乐一定要结合店铺的特点和顾客特征,注意合理搭配音乐的种类与时间,并控制音乐的强度和音量。另一方面,还要防止毁坏卖场购物气氛的噪音。外部噪音可以用隔音设备来控制,内部噪音一般通过合理的布局加以控制和消除。

4. 气味的运用

卖场中的气味对商品促销至关重要,"闻香下马"的典故就说明了香味的吸引力。好的味道能产生积极的影响,不良的气味会使人反感,有驱除顾客的副作用。一方面,卖场的气味应与所售商品协调,使顾客由气味联想到商品,从而产生购买欲望。另一方面,应清除和控制令人不快的气味。不好的气味可以用空气过滤设备或清新剂降低它的强度,正常的气味要避免气味强度过大,否则也会使顾客厌恶。

【案例链接】

SPAR 中国的卖场气氛营造

总部位于荷兰阿姆斯特丹的 SPAR 国际,是世界最大的自愿零售连锁组织和食品分销企业。2004 年正式进入中国,以省区为基本单位接纳成员。2005 年 4 月,SPAR 与山东家家悦集团合作的第一家"SPAR超市"在威海开业。通过与家家悦携手合作,利用半年时间制定了一套密切结合中国国情的完整方案。在SPAR的经营理念中,超市是一个让顾客从视、闻、尝、听、触等多角度、全方位体验和感受的店铺,通过营造卖场气氛,达到与顾客沟通的最佳效果。

(1)视觉要素。SPAR有一套"柔性指标"体系,用具体、优美的图像来代替文字说明。如婴儿用品区用活泼可爱的婴儿照片来标识;女性内衣则安排在卖场较为私密的区域,采用亲密、略显性感照片标识,并配以温暖、柔和的灯光营造温馨、浪漫的氛围;蔬菜水果区采用舞台射灯,摆放突出和谐的农场氛围,使顾客犹如身在农场中采购。

SPAR店内和店外颜色的使用也有严格规定:如红和绿的搭配比率是8∶2。科学实验证明,这两种颜色的合理搭配不仅能使人感觉舒服,更会联想到新鲜的生鲜和熟食。

(2)嗅觉要素。这是消除距离以后的沟通,尤其在面包、水果、化妆品区,恰到好处的气味对顾客的购买行为产生极大的影响。

(3)味觉要素。食品能让顾客品尝在嘴里并心服口服,就是促销最大的成功。SPAR大多在熟食区设置专供顾客品尝的位置,类似于快餐店,但会更新鲜和健康。

(4)听觉要素。SPAR在合适的季节、时间,配上恰当的背景音乐和宣传语言,不但迅速告知顾客店内最新消息,也更使顾客有宾至如归的亲切感。

(5)触觉要素。在SPAR店,所有商品不管多么高档,一律采用敞开式摆放,顾客可以轻松触摸到这些商品,充分感受商品的质感,便于选购。

通过卖场气氛的营造,第一家"SPAR超市"在没有显著增加资金投入的情况下,营业额同比增加30%。随后,家家悦又接收一个原先营业额不到一万元的店,开出的第二家"SPAR超市",改造后日平均营业额也超过20万元。

讨论专题:传统店铺需要布局,气氛需要营造,那么网络商店呢?网络商店和传统商店采取的方式一样吗?两者有什么异同点?请结合实例谈一谈。

8.2 商品陈列

术语链接:商品陈列,指零售卖场为了最大限度地便利顾客购买,利用有限的资源,在卖场总体布局指导下,将真实的商品经过艺术性处理展示在顾客面前,创造理想购物空间的活动过程。

科学合理的商品陈列不仅可以突出企业形象,促进消费者的购买欲望;而且能改善商品库存,争取最大陈列面,尽量充分利用卖场空间,降低成本,增加销售利润。

8.2.1　商品陈列原则

商品陈列的目的是吸引消费者,使其成为实际的购买者。零售卖场的商品陈列应满足消费者全方位的心理需求,才能取得商品展示的心理效应和经济效益。因此,零售卖场在进行商品陈列时应做到以下原则。

1.醒目的原则

醒目的原则要达到两个目的:一是让顾客看清楚卖场所有商品的同时,还必须让顾客对浏览商品做出购买与否的判断;二是要让顾客购买某些预定购买计划之外的商品,即激发其冲动性购物的心理。因此,商品陈列要尽可能做到醒目,容易被顾客看到;商品摆放位置应恰当、错落有致、色彩对比要鲜明、显示特色,给人以美感,如果用模型或装饰加以陪衬和烘托,更能引起顾客的注意。

2.易于判断原则

大型卖场有几千种商品,使顾客能容易地判断出什么商品在什么地方,是任何一个卖场按商品的部门、类别而实施的商品配置工作中要解决的问题。要做到易于判断,卖场必须公布商品配置的分布图和商品指示牌。同时,所有的通道、陈列商品都必须明确标记,以便让顾客准确找到商品陈列的位置。对各个指示牌的制作可采取不同的颜色,让顾客产生强烈的感官印象。

3.易见易取原则

所谓易见,就是要使商品陈列容易让顾客看见。一般以人的眼睛水平视线为中心,上10度和下20度范围为容易看见的部分,可视宽度范围为1.5米到2米,在这个范围内的商品最容易被顾客注意到。所谓易取,就是要使商品陈列容易让顾客触摸、拿取和挑选,特别是商品陈列的高度问题。依陈列的高度,可将货架分为上、中、下三段,如表8-6所示。

表 8-6　货架高度分段

货架位置	拿取难易	男性的高度	女性的高度	陈列商品
上段	难	大于180cm	大于170cm	色彩调节、装饰陈列
次上段	较易	160~180cm	150~170cm	次主力商品
中段	易(最佳)	70~160cm	60~150cm	主力商品、推广商品
次下段	较难	40~70cm	30~60cm	次主力商品
下段	难	小于40cm	小于30cm	低毛利、补充性、量感商品

国外曾对某些商品进行测试,将商品在货架陈列中的纵向位置进行调换,结果显示从上往下调时,销售额减少;从下往上调时,销售额增多,见表8-7。可见,商品在货架位置

上的变化,会引起销售额的变化。

表 8-7　货架的分段与销售额的变化

变 化 范 围	销售额变化情况	变 化 范 围	销售额变化情况
从中段到上段	+63%左右	从上段到中段	−20%左右
从下段到中段	+34%左右	从上段到下段	−32%左右
从下段到上段	+78%左右	从中段到下段	−40%左右

4．充实陈列原则

商品陈列给顾客的第一印象很重要,合理利用货架空间资源,提高资源配置效率,丰富充实的商品陈列会刺激消费者的购买欲。因此,货架一定要摆满,尽量不要出现过多的空置,要展现出商品的丰富与充足、品种齐全、琳琅满目,给顾客充分挑选的余地。如果货架上商品摆放不满,容易给消费者的感觉是别人挑剩的,从而失去购买兴趣,也会带给消费者衰败的现象而不愿再次光顾。

5．关联性原则

商品的关联感能诱导顾客延长购物时间,经过并浏览尽可能多的商品区域,从而促进连带购买。应将关联性强的商品靠近陈列,如 DVD 机与影碟、牙膏和牙刷就属于关联性强的商品,应进行关联陈列;再如蔬菜、调味品与肉禽蛋等可陈列在相邻区域。顾客一般是依货架陈列方向行走并挑选商品,很少回头选购。因此,关联性商品应陈列在通道的两侧,或同一通道、同一方向、同一侧的不同货架上,而不应陈列在同一货架的两侧。

6．前进、梯状陈列原则

前进陈列就是要按照先进先出的原则补货。营业高峰过后,货架陈列的前层商品被买走,会使商品凹进货架的里层,卖场管理人员应及时把里层的商品往外移,从后面开始补充货源,以保持陈列丰满和商品不过期积压。

梯状陈列是要求商品的排列应前低后高,呈阶梯状,使陈列既有立体感和丰满感,又不会带给顾客压迫的感觉。一般说来,过分强调丰满陈列和连续性,商品的压迫感就增强,所以采取倾斜、阶梯、突出、凹进、悬挂等多种方法,适当破坏商品陈列的连续性,使顾客产生舒适感和亲切感。

7．安全性原则

所谓安全性原则是指商品陈列中应保证陈列的稳定性,使商品不易掉落,必要时应适当地使用器皿盛装;同时排除非安全性商品(如超过保质期的、鲜度低劣的、外观有损伤的、味道恶化的等),并进行彻底地卫生管理,给顾客一种清洁感。

8.2.2　商品陈列方法

零售卖场中,好的商品陈列能向消费者准确提供商品信息,增添卖场气氛,并发挥推销宣传商品的作用。按照商品陈列的原则,商品陈列的方法有很多,不同业态应根据自身特点合理采用以下陈列方法。

1. 专题陈列法

也称主题陈列法,即结合某一事件或节日,集中陈列有关的系列商品,营造一个特定的环境,以利于商品的销售。主题的选择有很多,各种节日、庆典活动、重大事件都可以融入商品陈列中。陈列时可以利用特定的展台、平台、陈列道具台等,并配以灯光照明,产生突出宣传和推广的效果。主题陈列的商品可以是一种商品,也可以是一类商品。

2. 情景陈列法

该陈列方法是为了再现生活中的真实情景,将相关商品组合陈列在一起的陈列方式。如把家具、床上用品、室内装饰品等布置成一间室内环境;用厨房用具布置成一个整体厨房环境,用卫浴用品布置成一套卫生间环境等。通过这种陈列方式,顾客能直观感受到商品的美感和用途,真实中又不乏生动,会产生很强的感染力,一般适合于家具专卖店,百货商店等业态。

3. 分类陈列法

根据商品的质量、性能、档次、特点或消费对象等,对商品分门别类地展示陈列,也称花色品种陈列法。如电器商品按电冰箱、洗衣机、彩电、电脑等大件商品以及电饭锅、微波炉、饮水机等小型电器分类展示;化妆品按价格和档次从高到低分类排列等。分类陈列有利于消费者在不同的花色、质量、价格之间比较挑选,是超市中最常用的陈列方法之一。

4. 整体陈列法

这种陈列方法不是将全部商品分门别类地进行编组陈列,如鞋袜部、裤子部、衬衫部等,而是将它们完整地按套陈列出来,这样既方便顾客配套购买,也能增加商品销量。如给模特穿上精心搭配的袜子、鞋子、裤子和衬衫等,使这些商品在一个部门就看容易买到。这种陈列方法一般常出现在各种专卖店,特别是服装专卖店。

5. 端头陈列法

端头即货架的两端,是销售效果极好的陈列位置。端头陈列就是在货架两端进行商品陈列,超级市场常采用这种陈列方法。端头位置一般陈列的是特价商品、高利润商品、新产品、热卖品或重点推介的商品。可以是单一品种的商品,也可以是组合商品,后者的陈列效果更好。端头陈列时应注意以下几点:①陈列的商品品种不宜过多;②组合商品之间要有关联性;③组合商品中可选择一种商品低价出售,目的是带动关联商品的销售。

6. 突出陈列法

突出陈列法是将商品超出通常的陈列线,面向通道突出陈列的方法。可以在中央陈列架上附加延伸架,或将商品直接摆放在紧靠货架的地上,但高度不能太高。突出陈列使商品的露出度提高,可增加其出现在顾客视野中的频率;另外,突出了商品的廉价性和丰富感,可实现单品的大量贩卖。突出陈列时应注意:①陈列高度要适宜,既要引起顾客注意,又不能干扰顾客购物;②陈列数量不宜太多,以免影响顾客正常的行走路线;③不宜选择在窄小的通道陈列;④冷藏、冷冻商品不宜采用。

7. 悬挂陈列法

悬挂陈列法是用固定或可以转动的有挂钩的陈列架来陈列商品的方法。此法能使顾客从不同的角度欣赏商品,通常在服装专卖店、家具店、药店等专业商店以及超市和便利店大量采用。悬挂陈列适合陈列多尺寸、多颜色、多形状的小型商品,如零食、帽子、电池等,既方便顾客挑选,又方便卖场修改陈列。

8. 量感陈列法

量感指商品数量的多少,可以从两方面理解:一是"商品实际数量很多";二是"看起来很多"。因此,实际操作中不一定只强调数量很多,更从陈列技巧上使顾客感觉商品数量很多。这种陈列方法可以借助吊篮、店内岛、售货车等工具,适用于食品杂货类。超市有时还将商品包装箱按一定深度裁剪,以底为盘,以盘为单位,将商品堆上去进行量感陈列。

9. 投入式陈列法

投入式陈列法是将商品投入到一个容器中,给人一种仿佛是将商品陈列筐中的感觉的方法。投入式陈列给顾客一种价格低廉的印象,即使陈列量较少也会给人留下深刻印象,能成为整个卖场或某类商品销售区的焦点。投入式陈列操作简单,陈列位置易于变换,商品易更换,陈列时间一般较短,主要适用于中小型商品、冲动性购买商品、低价格和低毛利商品、不易变形和损伤的商品。

10. 比较陈列法

比较陈列法是将相同商品按不同的规格、数量分类后陈列在一起的方法,利用不同规格商品之间价格上的差异调动顾客"求廉"的心理,刺激他们的购买欲望。如一瓶饮料单买要 5 元,旁边陈列的 6 瓶一组的该饮料售价为 28 元,而 12 瓶一组的售价只要 50 元。把同一商品的三种包装形式陈列在一起,可以让顾客通过比较得出买得越多越便宜,从而刺激大量购买。比较陈列应多陈列包装量大的商品,从而给顾客指出购买方向。

8.2.3 橱窗陈列及设计

橱窗既是一个店铺的窗口,也是无声的售货员。美国一项调查显示,在橱窗展示、报纸和收音机广告中,对顾客吸引力最大的就是橱窗展示。

术语链接:橱窗陈列,是以店铺为主体,通过布景、道具和装饰画面的背景衬托,并配合灯光、色彩和文字说明,进行商品介绍和宣传的综合形式。

主题鲜明、构思新颖、风格独特、装饰美观、色调和谐的橱窗陈列不仅与整个店铺建筑结构和内外环境构成立体的画面,起到美化店铺和市容的作用,还能向消费者推荐介绍店内商品。

1．橱窗陈列的基本要求

橱窗陈列的两个主要目标是展示店铺及商品和吸引消费者进店购买。因此,在深入研究商品特征、市场动态、消费习惯和审美趋势的基础上,进行橱窗陈列设计和布置,才能充分发挥橱窗对消费者的影响功能。橱窗陈列时应注意以下几个方面。

(1) 突出经营重点和商品特色

消费者最关心的是商品,橱窗陈列要向顾客传递店铺的经营特色和经营范围,让消费者识别店铺并对陈列商品产生兴趣,从而入店购物。橱窗陈列的商品应选择货源充沛、最能代表店铺经营重点和特色的商品,还可以选择一些季节性、流行性和新上市的商品(包括新品种、花色、式样)以及需要推广的连带性商品和试销商品。

(2) 橱窗构思要新颖

橱窗陈列要强烈地吸引消费者视线,设计时必须进行巧妙的构思。构思的方向有很多种:如主题型构思可以将一个富有时代感和浓厚生活气息的主题融入橱窗陈列中,使消费者在观赏之余得到精神的满足,并迅速接受和认同;现代派构思可以通过抽象的图形和线条等传达色彩感、形式感和节奏感,使消费者感受到店铺追求卓越、与众不同的风格。不管是哪种构思,只要主题明确、构思新颖,一定会起到事半功倍的效果。

(3) 满足消费者的审美需要

橱窗陈列要达到吸引消费者的目的,设计时要均衡和谐、层次鲜明、疏密有致,形成一个统一整体。一般可以运用对称与均衡、变化与统一、对比与和谐、条理与反复、节奏与韵律等艺术处理手法,将各种因素有机结合起来,从而使整个陈列达到稳定而不呆板、和谐而不单调、变化又不紊乱的效果。

(4) 具有一定的变化性

橱窗陈列一定要紧跟潮流,随着季节和节日的变化经常更新。如果一家店铺的橱窗陈列长期不变,顾客就会觉得这家店没有新意和新商品,久而久之就会影响光顾店铺的动力和兴趣。相反,如果店铺的橱窗陈列经常变换,给顾客一种常来常新的感觉,即使没有新的商品出售,也会因为橱窗陈列的变化刺激顾客进入光顾的冲动,从而带动消费。

2．橱窗陈列的制作要求

在进行橱窗陈列的具体制作时,必须借助背景装饰、道具、色彩和灯光等手段,塑造具有强烈艺术感染力的橱窗整体形象,让消费者感受橱窗陈列的内容与主题思想,留下深刻印象。

(1) 背景要求

背景是橱窗陈列的空间。在形状上,一般要求大而完整、单纯,避免小而复杂的烦琐装饰;在颜色上,尽量用明度高、纯度低的统一色调,即明快的调和色如粉、绿、天蓝等色。如果陈列商品的色彩淡而一致,也可用深颜色作背景如黑色。总之,背景装饰颜色的基本要求是突出商品,而不是喧宾夺主。

(2)道具要求

道具包括布置商品的支架等附加物和商品本身。支架的摆放越隐蔽越好;服装用道具模特,不一定追求真人效果,可以是简单的球体、灰白的色彩,这样反而比真人似的模特更能突出服装本身的特色。此外,商品的摆放要讲究大小对比和色彩对比,同时注意形式上的美感。商品、企业名称或简捷的广告用语,可以安排在台架上,亦可悬挂起来或直接粘贴在橱窗玻璃等突出的位置。

(3)色彩和灯光要求

光和色是密不可分的,对灯光的要求是光源隐蔽,色彩柔和,避免使用过于鲜艳、复杂的色光,尽可能反映商品本来的面目,给顾客以良好的印象。如食品橱窗用橙黄色的暖色光,能增强顾客的食欲;家用电器的橱窗则用蓝、白等冷色光,能给人一种科学性和贵重的心理感觉。

值得注意的是,现代橱窗陈列更加强调立体空间感和空间布置的肌理对比。例如,由于商品的摆放多集中于橱窗的中下部分,上部空间往往利用不足,此时便可以利用悬挂装饰物的办法增加其空间感。另外,装饰物、背景和橱窗底面的材料也应充分讲求肌理对比,如电器橱窗陈列应以皮、毛类材料作背景,颗粒材料作底面,更能突出电器产品的金属质感。

【专题链接】

橱窗陈列的注意事项

① 橱窗横度中心线最好能与顾客的视平线相等,那么整个橱窗内所陈列的商品都在顾客视野中。

② 要采取相关的措施做到防尘、防热、防淋、防晒、防风、防盗等。

③ 橱窗设计规模应与店铺整体规模相适应,不能影响店面外观造型。

④ 橱窗陈列的商品必须是本店出售的,而且是最畅销的。

⑤ 陈列季节性商品时,必须预先向顾客介绍才能起到应季宣传的作用。

⑥ 陈列商品时,无论是多种多类或是同种不同类的商品,均应系统地分种、分类依主题陈列,使人一目了然地看到所宣传介绍的商品内容,千万不可乱堆乱摆分散消费者视线。

⑦ 橱窗布置应尽量少用商品作衬托、装潢或铺底,商品数量不宜过多或过少,要使顾客从不同角度都能看到商品全貌。

⑧ 容易液化变质的商品(如食品糖果类)以及日光照晒下容易损坏的商品,最好用其模型代替或加以适当的包装。

⑨ 橱窗应保持清洁,特别是食品橱窗。肮脏的橱窗玻璃或布满灰尘的橱窗会给顾客不好的印象,引起对商品的怀疑或反感而失去购买的兴趣。

⑩ 橱窗陈列需勤加更换,尤其是有时间性的宣传以及陈列容易变质的商品尤应特别注意。橱窗的更换或布置一般需在当天内完成。

8.3 卖场促销管理

术语链接:零售促销(retailing promotion),是零售企业为告知、劝说或提醒目标市场顾客关注有关企业任何方面的信息,使其接受并采取购买行为而进行的一切沟通和联系活动。

在竞争日趋激烈的零售市场环境中,零售商逐渐认识到与现有及潜在顾客的沟通比选择适当的地点、商品、服务和价格更重要。零售商要吸引消费者、建立竞争优势,必须不断地与顾客沟通,向顾客提供有关商品和服务的各种信息,通过影响顾客的态度与偏好,说服顾客光顾商店购买商品。为了实现这一目标,只有依靠一系列有效的促销活动。

8.3.1 促销的手段

零售商的促销手段有很多种,归纳起来主要有广告、销售促进和公共关系。这几类促销手段有付费和不付费之分,每一类又包含许多具体形式,下面分别介绍每一种促销手段的具体形式及其在零售业中的运用。

1. 广告促销

术语链接:零售广告,是零售商以付费的非人员的方式,向最终消费者提供关于商店、商品、服务、观念等信息,以影响消费者对商店的态度和偏好,直接或间接地引起销售增长的沟通传达方式。

(1)零售商广告促销的特点

广告促销是一种非价格竞争的有效策略,也是应用最广泛、效果最明显的促销手段之一。与制造商广告相比,零售商广告有自身的一些特点:

① 目标市场集中。由于零售商经营受商圈范围的影响,决定了其主要商圈的顾客是主力顾客。因此,零售广告的目标市场相对比较集中,不需要使用全国性宣传工具,即使是连锁零售商也很少使用全国性宣传工具。

② 注重及时性。零售广告强调及时性,各种新商品的上市需要在短期内登出广告,力求顾客迅速前来购买,比较注重短期销售额的增加。

③ 价格和数量是重点。零售商的广告常常把价格和折扣作为促销重点,目的是以优

于竞争对手的价格吸引消费者购买。此外,零售商广告一般展示的不止一种商品,通常以商品的凝聚力吸引人。

④ 宣传费用较低。零售商在媒体的宣传费用一般比制造商要低。并且,有些广告是由制造商和零售商分摊费用,即纵向合作广告(cooperative advertising)。纵向合作广告能减少零售商广告费用,市场覆盖面更广,但也会削弱零售商对广告的控制权。

(2) 零售广告的媒体类型

广告媒体是承载广告信息的载体,随着时代的进步,广告媒体也从最初的口头叫卖和实物陈列,发展到现在的电视媒体、网络媒体等,主要分为印刷媒体、电子媒体和其他媒体类。零售广告的媒体类型分类及特点如表8-8所示。

表8-8　零售广告媒体类型及特点

广告媒体类型		特　　点
印刷媒体	报纸广告	市场覆盖面大,反应迅速,限制较少
	杂志广告	专业针对性强,生命周期长,有一定的保留价值,费用较高
	传单广告	制作简单,费用低廉,方式灵活,有效范围小
	包装广告	无时间、空间限制,极具粘性,引人注意,制作成本低,适用范围广
	直接邮寄广告	针对性强,目标群明确,不受其他广告影响,成本低
	户外广告	曝光率高,生命周期长,但有效范围小
电子媒体	电视广告	覆盖面广,传播效果好,形式多样;成本高,受众选择性差
	广播广告	传播面广,时效性强,收听效果强,成本低,但目标顾客所占比例小
	电影广告	植入式广告在电影中的运用使观众不知不觉中接受商品信息
	互联网广告	传播速度快,受众面广,时效性强,更新速度快,形式多样
其他	交通工具	广告被读率高,覆盖面较广,但广告杂乱,观众注意力易分散
	POP广告	针对性强,适用面广,费用较低

零售商在进行广告媒体决策时,应根据具体媒体的送达率、宣传频率、效果影响力、媒体使用时机等选择适合自身的媒体类型。

(3) 零售广告策略

零售广告策略大体分以下五个阶段实施。

① 确定广告目标。指决定以提高销售额或收益等经济指标为目标,还是以改善企业形象、提高知名度和美誉度等非经济指标为目标。

② 广告预算的制定。即确定在广告上投入的资金量及其使用规划,以实现企业特定的销售目标。几乎没有一种科学的量化计算方法来确定广告预算,习惯上是参考当年的

广告费用做下一年的预算,或按计划销售额乘以某个百分数确定广告预算。

③ 广告信息确定和媒体选择。首先,广告信息的内容和形式要让受众易于接受;其次,要根据广告信息的紧急程度和重要性选择不同的广告手段或媒体;最后,要决定委托那些机构来刊登或播出广告,即媒体选择。

④ 广告时间的确定。即确定广告的播出(或刊登)时机,时间的长短和周期。长期方面,企业应根据季节变化和预期的经济发展来安排一年或更长时间的广告;短期方面,企业应在一个短时期内部署好一系列的广告展露,从而达到最大影响。

⑤ 广告效果的检查。广告效果的控制方式取决于广告目标。如果零售商将实现某些经济指标(如销售额或毛利等)作为目标,可以用这些目标的实现情况检查广告效果;如果目标是非经济指标(如改善企业形象,提高知名度和美誉度),则可以通过调查问询法和企业形象对比法检查广告效果。

2. 销售促进

> **术语链接**:销售促进(sales promotion),又称营业推广,是指企业运用各种短期诱因,鼓励购买或销售企业的产品或服务的促销活动,是一种短期的刺激消费者购买或提升中间商和零售商效率的促销活动。

销售促进的主要目的是诱导消费者试用或直接购买新产品,刺激现有产品销量增加或库存减少,鼓励零售商采取多种措施扩大产品销售,配合与增强广告与人员推销的作用等。

(1) 销售促进的特点

① 直接性。销售促进是一种短期的促销行为,追求的是一种立竿见影的效果。因此,销售促进的策划和设计往往针对有限的时间和空间,其行动导向是立即的销售。销售促进见效快,可以在短期内刺激目标市场需求,使之大幅度增长,尤其对于一些质优名牌和具有民族风格的产品效果更佳。

② 灵活多样和非连续性。销售促进的方式灵活多样,规模可大可小,企业往往可以根据销售的实际情况而采取促销的新方法。销售促进多是企业短期、暂时性的行为,一般不会对企业的长期营销政策产生实质性的影响。

相对于制造商,零售商更乐意使用销售促进策略,因为他们更喜欢直接针对目标顾客,并希望在短期内看到效果。

(2) 销售促进的类型

① 店头促销。是零售企业的形象促销活动,主要表现形式有三种:特别展示区,货架两端(端头)和堆头陈列。这三者都是消费者行走时反复通过和视觉最易接触到的地方,陈列在这里的商品通常属于促销商品,特别推荐商品、特价商品和新产品,比较适合超市业态等的大卖场促销。

② 现场促销。是零售企业针对多数预期顾客促销的主要类型,通过热烈的促销活动,使顾客在促销现场面对丰富的商品,不但可以任意浏览和触摸,还有专人说明和示范,购买的可能性会大幅提高。

③ 展示促销。多用于新产品的促销,不仅仅是宣传新产品,更重要的是发掘新产品的预期顾客。通过商品展示,使顾客更直接、充分地了解新产品特性和优点,大量招徕买主,促进购买,一般食品类多使用展示促销。

(3) 销售促进的形式

① 无偿销售促进。是针对目标顾客不收取任何费用的一种促销手段,主要有两种形式:无偿附赠(以"酬谢包装"为主)和无偿试用(以"免费样品"为主)。

② 惠赠销售促进。是对目标顾客在购买产品时所给予的一种优惠待遇,主要包括:买赠,即购买获赠;换赠,即购买补偿获赠;退赠,即购买达标退利获赠。

③ 折价销售促进。指的是目标顾客购买产品时,所给予不同形式的价格折扣,主要形式有:优惠券、优惠卡、现价折扣、减价特卖、大拍卖及大甩卖等。

④ 竞赛销售促进。是利用人们的好胜和好奇心理,通过举办趣味性和智力性竞赛,吸引目标顾客参与的一种促销手段,主要形式有:征集与答奖竞赛、促销竞赛、竞猜比赛、优胜选拔比赛、印花积点竞赛等。

【案例链接】

沃尔玛山姆会员卡促销

山姆会员店(Sam's Club)是美国沃尔玛百货公司(Wal-Mart Stores, Inc.)的会员制连锁店,其店名取自沃尔玛百货的创始人山姆·沃尔顿(Sam Walton)的名字。第一家山姆会员店于1983年在美国俄克拉何马州(Oklahoma)的中西部诞生,成为继沃尔玛社区店(Wal-Mart Store)之后的第二种业务类型。山姆会员店实行仓储自助式会员制经营,店内装修整洁,商品多以大包装出售,尽量降低营运成本,确保向会员提供最合理的价格。它的主要做法有以下几种。

1. 申请山姆会员店个人会员资格时,必须出示居民身份证作为资格证明;会员可提供2个附属会员;主卡年费为150元,附属卡年费为每张50元,消费者凭借会员卡可以享受到商店所提供的各项优待。

2. 山姆会员店以优质优价的各种商品来服务会员。商品种类从餐厅用品、家用电器、化妆用品、休闲食品、海鲜、肉类、蔬菜等应有尽有,充分地满足了会员的各种需要。

3. 山姆会员店为会员提供多种服务。主要项目有复印、快速收银、商品展示、购物休闲廊、免费停车场等,确保顾客方便、满意地购物。

会员制的形式深受消费者的欢迎,沃尔玛集团的山姆会员店迅速在世界各地兴办起来。1996年,中国深圳市开设了第一家山姆会员店,营业面积在2万平方米左右,取得了较好的效益。

> **讨论专题**:会员制已经成为各零售业态的营销利器,现在几乎每个零售企业都在发放会员卡。会员制有效吗?对零售商和消费者各有什么吸引力?我国目前在会员制方面还存在哪些问题?

3. 公共关系

> **术语链接**:公共关系(public relationship,PR),是指企业为获得公众信赖、加深顾客印象而用非付费方式进行的一系列促销活动的总称,简称"公关"。塑造形象是公共关系的最终目标,也是公共关系的重要职能。

公共关系是社会关系的一种表现形态,科学形态的公共关系与其他任何关系都不同,有其独特的性质,了解这些特征有助于我们加深对公共关系概念的理解。

(1) 公共关系的特征

① 情感性。公共关系是一种创造美好形象的艺术,它强调的是和谐的人事气氛、最佳的社会舆论,赢得社会各界的了解、信任、好感与合作。公共关系追求的是"人和"的境界,为企业的生存、发展创造最佳的软环境。

② 双向性。公共关系是以真实为基础的双向沟通,而不是单向的公众传达或对公众舆论进行调查、监控,它是主体与公众之间的双向信息系统。

③ 广泛性。包含两层意思:一是公共关系存在于主体的任何行为和过程中,即公共关系无处不在,无时不在,贯穿于主体的整个生存和发展过程中;二是其公众的广泛性,既可以是已经与主体发生关系的任何公众,也可以是将要或有可能发生关系的任何暂时无关的人们。

④ 整体性。公共关系的宗旨是使公众全面地了解企业,从而建立起声誉和知名度。它侧重于一个企业在社会中的竞争地位和整体形象,以使人们对其产生整体性的认识,而并不是要单纯地传递信息,宣传自己的地位和社会威望。

⑤ 长期性。实践告诉我们,不能把公共关系人员当作"救火队",而应把他们当作"常备军"。公共关系的管理职能应该是经常性与计划性的,是一项长期性的工作。

(2) 公共关系的形式

① 出版物。零售商在很大程度上依赖沟通材料来接触和影响目标市场,这些材料包括年度报告、小册子、文章、视听材料和商店的业务通讯和杂志。

② 特定事件。零售企业可以策划一些有较强新闻价值、带有新的信息和情报的特定事件来吸引消费者的注意,包括召开新闻发布会、组织行业研讨会、举办公益活动、举办周

年庆,以及对体育和文化事业提供赞助等形式。

③ 新闻。新闻报道是由新闻媒介对零售企业发生的事实进行观点的陈述,要求真实,内容应有人物、事件、时间、地点、方式等。零售企业要做好公关宣传,应与新闻机构建立良好的关系,以取得更多有关企业的报道。

④ 演说。零售商通过宣传媒体圆满地回答各种提问,并在行业协会销售会议上演说,这些表现都会对商店的形象产生影响。成功的演说会树立良好的店铺形象,否则会损害商店形象,所以发言人的水平至关重要。

⑤ 电话服务。通过打电话,使目标顾客获得有关商店方面的信息。高质量的电话服务能使潜在的顾客成为现实的顾客,也能使他们成为商店信息的传播者。

⑥ 媒体识别。在同质化日趋严重的今天,能够如何被人识别出来是提升品牌认知的一个关键。零售商应努力设计一个公众能够立刻认知的视觉识别标志,可用在店铺的招牌、商店的营业场所、制服以及包装袋、商业表格、商业名片、发票、建筑物等,如麦当劳醒目的黄色大"M"就是它的识别标志。

(3) 危机公关及应对

危机是一种使企业遭受或面临严重损失威胁的突发事件。传媒业的日益发达和互联网带来信息的高流动性,使得突发事件会在短时间内波及很广的社会层面,对企业或品牌产生恶劣影响。面对危机,有的企业积极应对;有的则遮遮掩掩,欲盖弥彰。实际上,危机既包含"危险",也包含"机遇"。任何一个企业面临危机时,处理时机的把握及处理策略至关重要。

> **术语链接**:危机公关(crisis public relation),指企业针对危机采取的一系列自救行动,包括消除影响、恢复形象等,广义上指从公共关系角度对危机的预防、控制和处理。危机公关属于危机管理(crisis management)中的危机处理部分。

① 危机公关的 5S 原则:承担责任(shoulder the matter)是企业应该站在受害者的立场上表示同情和安慰,并通过新闻媒介向公众致歉,解决深层次的心理、情感关系问题,从而赢得公众的理解和信任;真诚沟通(sincerity)指的是诚意、诚恳、诚实,应主动与新闻媒介联系,尽快与公众沟通,说明事实真相,促使双方互相理解,消除疑虑与不安;速度第一(speed)是企业必须当机立断,快速反应,积极与媒体和公众进行沟通,从而迅速控制事态;系统运行(system)是指在逃避一种危险时,不要忽视另一种危险,注意系统运作,绝不可顾此失彼;权威证实(standard)是指在危机发生后不要一味为自己辩解,最好请权威机构或专业的危机公关公司为企业解释和证实,使社会公众解除对企业的警戒心理,重获他们的信任。

② 危机公关的处理流程。包括:问题管理,即对可能对组织产生影响的问题进行系统化监控和评估;危机规划与预防,即针对可能发生的危机情景进行预案研究与处理,建

立危机管理机构;危机应对,即面对爆发的危机实施全面管理方案,掌握危机管理的主动权;善后事宜,即判断危机的损害程度、评估危机预案的效果,做出调整和修订。

此外,危机公关的效果直接取决于是否得到企业高管层的重视和支持,是否有制度化、系统化的问题管理与危机公关项目,以及危机沟通系统是否高效通畅。

8.3.2 促销策划

促销策略的选择是一个复杂的过程,零售商在实施促销活动过程中,需要进行一系列的策划活动,主要包括促销目标的确定、制定总体促销预算、促销组合的选择、执行促销策划、评估促销效果等几个步骤。

1. 确定目标

从战术和战略的角度,零售促销目标可分为短期目标和长期目标。一般而言,短期目标是提高销售量,刺激顾客的购买欲望,增加客流量等;长期目标则立足长远,不仅要在短期内提高产品销量,更重要的是要提高企业竞争力,增进企业忠诚度,而且要保持与竞争对手的相对竞争力优势。总的来说,促销目标与企业经营目标是一致的,是为了提高长期和短期的经营效果。

零售商的促销目标要尽可能明确地阐述,最好是定量的、可衡量的,如"增加销售额"就不是一个明确的目标,"销售额增加 20%"则是一个明确的、有指导意义的、可测的目标。只有确立这样的目标,企业才能设计精确的促销计划,并评估以后各步骤是否成功。

2. 制定促销预算

促销是一项庞大复杂的活动,需要大量的经费支持,如果没有足够的经费,一切都只是空谈。因此,在进行促销活动之前必须编制促销总预算和各项活动的预算。编制促销预算总的原则是因促销而增加的利润应大于促销费用的支出,常用的促销预算方法主要有以下几种。

(1) 销售百分比法

销售百分比法(percentage-of-sales method)是以年度销售额为基础,按一定的百分比来确定一年总的促销预算,然后再根据一年中计划举办多少次促销活动进行分摊。其中年度销售额可以是过去的销售额,也可以是预期的销售额;比率可以是过去使用的数值,也可以能是参考了同行业中其他零售商的预算比率,或者根据经验确定。

(2) 量入为出法

量入为出法(affordability method)是指零售商在自身财力允许的范围内确定预算。零售商用这种方法确定促销预算,首先要预测周期内的销售额,计算各种支出和利润,然后确定支持资金的额度。

(3) 目标任务法

目标任务法(objective-task method)是零售商目前比较普遍采用的预算方法。首先确定促销目标,再据此确定一年所计划举办的促销活动和每一次促销活动需要的具体金额,将所有促销活动的费用加起来便得出全年的促销预算。目标任务法使用的前提是促销方面的努力都被视为实现零售商既定目标的一种手段。

（4）竞争均势法

竞争均势法(competitive parity method)是指零售商根据竞争者的行动来增加或减少预算额度,即通过确定促销预算取得与竞争对手对等的发言权。若某一区域的领先企业将其促销费用增加 10%,则该区域的竞争者也做出相应的调整。这个方法的出发点是假定竞争对手的集体智慧代表最优的支出额度,认为只要促销花费占销售量的百分比与竞争对手相等,就会保持原有的市场份额。

以上几种促销预算方法的优缺点如表 8-9 所示。

表 8-9　促销预算方法优缺点比较

预算方法	优　点	缺　点
销售百分比法	简单易行,唯一需要确定的是比率数值	将促销与销售因果倒置;没有考虑每次促销活动的实际需要;比率数值的确定有很大的主观性
量入为出法	能够确保企业的最低利润水平,不会因促销费用开支过大而影响营业利润的最低水平	未考虑促销作为一种投资及促销对销量的直接影响;年度预算的不确定性导致长期的促销目标难以实现;适合小型零售商
目标任务法	支出费用与完成目标密切相关,适应性好,便于评价成功或失败;可充分表现促销诉求重点	难以控制促销费用;确定目标和具体任务较为复杂,对小型零售商不太适合
竞争均势法	利用对照点面向市场,较稳健	跟随别人,难以获得数据,较被动

3．促销组合的选择

零售商根据商品、市场的不同性质,将直接和间接促销手段加以灵活选择、巧妙组合和综合运用,从而达到最佳的促销目的就是促销组合。由于各种促销手段各有其特点和适用范围,在选择时需要主要考虑如下因素。

（1）促销的目标

特定的促销目标对促销手段的选择有较为明确的条件和约束,不同的促销手段具备不同的优势和劣势,对实现不同的促销目标也有不同的作用。例如,若以提高商品销售量为主要目标,则公共关系是基础,广告是重点,人员推销是前提,销售促进是关键;若以提高知名度和塑造店铺形象为主要目标,则应主要采取公共关系和广告促销。

（2）零售商类型及竞争环境

不同业态的零售商满足不同层次消费者或同一层次消费者不同方面的需要,因此消费者进入不同类型商店的购买心理也不同,零售商的促销方式也应有所区别。如超市主要销售食品和日用品,最常用的促销手段是免费试吃和试用、降价促销、奖券及连续性购买计划等;而百货商店多使用形象广告、公关宣传和人员促销等。

竞争条件和环境也影响促销手段的使用,包括店铺本身在竞争中具有的实力和条件、优势、劣势以及外部环境中竞争者的数量、实力、竞争策略等。零售商应充分了解竞争对手的情况,做出针对性促销组合策略。此外,零售商还应注意与供应商合作促销,特别是获得广告津贴、展示津贴和价格折扣等。

（3）商品生命周期

商品所处的生命周期阶段对于促销组合决策会产生影响。因此,对处于生命周期不同阶段的商品,促销侧重的目标不同,所采用的促销方式也不同。表 8-10 为生命周期不同阶段商品的促销策略。

表 8-10　生命周期不同阶段商品的促销

生命周期阶段	促 销 重 点	促 销 策 略
投入期	提高商品知名度	利用各种广告充分宣传新产品的品牌,让顾客认知并产生好感
成长期	商品特色,树立品牌形象和巩固市场地位	广告为主要促销方式,同时配合人员推销和公共关系等
成熟期	建立几个优势,必须增加促销的费用	销售促进要比广告更有效,再辅以提醒式广告即可
衰退期	保证足够的利润,把促销规模降到最低	维持少量广告给顾客留下印象,人员推销减少到最小,公共关系全面停止

（4）时机因素

每种商品都有其销售旺季和淡季,零售商针对不同的时机选择不同的促销组合。例如,在节假日和销售旺季,顾客的购买欲望最强烈,此时应大力进行促销,一般以广告和销售促进为重点;在销售淡季,可以考虑公共关系和人员促销手段。

4．执行促销策划

执行促销策划一般需要从确定促销时间、促销的商品、促销主题、宣传媒体以及促销人员的分工等几个方面着手。

（1）促销时间的确定

促销活动按时间可分为长期促销和短期促销。长期促销活动一般是指持续一个月以上的促销,主要目的是塑造差异优势,增加顾客忠诚度,确保顾客长期购买,如延长营业时间、提供免费停车、向顾客赠送促销广告等;短期促销一般跨度在 3～7 天,主要目的是为了完成预期销售目标,如周末大减价、假日促销等。零售商为了树立稳定良好的形象,应坚持长期促销,短期促销则尽量简练高效,使顾客保持新鲜感。

（2）促销商品的安排

在促销商品的安排方面,应注意：①要准确预测促销商品的销售量并提前进货,保证促销商品货源充足，以免由于缺货造成顾客抱怨和失去促销机会；②对促销商品的价格应及时调整，以免使顾客产生被欺骗的感觉及影响收银工作的正常进行；③新商品的促销应配合试用、试吃、展示等方式吸引消费者，以免顾客因为缺乏对商品的了解而不愿购买；④商品的陈列必须正确且吸引人，除了促销活动必须做的端架陈列和堆头陈列外，还可以结合其他陈列方式获得最佳效果。如对促销商品和高毛利非促销商品有效组合、关联陈列，提高顾客对非促销品的关注。

（3）促销主题的确定

零售商在举办促销活动时一般都应确定促销主题，如可以和季节、节日、假日联系起来。多数零售商店最多使用的主题就是节日，如圣诞节、中秋节等。也有一些商家别出心裁，选择一些其他商家没有使用的主题，很快就能吸引顾客的眼球。促销主题往往具有画龙点睛的效果，因此必须针对整个促销内容拟定具有吸引力的促销主题。

（4）宣传媒体的确定

在进行宣传媒体的确定时，应根据总成本、效率、准备时间等因素进行选择。其中总成本是一个主要因素，因为过多使用一种成本高的宣传工具就会妨碍均衡运用各种促销的综合措施。不同宣传媒体要求不同的准备时间，如报纸广告可以在出版前几天预约，而杂志广告可能必须提前数月预约。大型零售企业的促销活动如果缺乏媒体的配合，促销效果一定不理想。因此，媒体的选择一般分成两大类：一是公共媒体，如广播、电视、报纸、杂志等；二是POP广告，如销售地点的广告牌、价目牌和商品展示图等。

（5）人员分工安排

由于促销活动内容繁杂，要使工作有条不紊开展，必须对每一项工作进行分工，并安排具体人员负责。如安排不同人员在规定时间内完成广告内容的撰写、广告媒体的联系、卖场的布置、价格的调整、与供应商的联系、促销商品的陈列等。另外，还应有专人负责对营业人员的培训，使每一个人员都能清楚促销的内容和要求，从而为顾客提供更好的服务。

（6）法律、法规因素

零售商在执行促销策划时，除了考虑上面几个因素，还不能采用违反国家法规的促销手段，如不实标价。如有些商家喜欢给商品标上"全市最低价"等字样，这是一种不正当竞争的行为；在有奖销售活动中，奖品的价值不能超过5 000元，否则也属于不正当竞争等。

5. 促销效果评估

促销活动结束后，零售商应及时对促销效果进行评估，一方面是为了控制促销并及时采取相应的措施对不良促销进行纠正；另一方面也有利于总结经验，指导以后的促销活动。

（1）评估的主要内容

① 销售额。对促销效果的评估，销售额是重要指标之一。对于销售额的评估应注

意：销售额必须有具体的、可量化的依据，并利用前后数据对比做出结论；销售额的计算必须扣除销货退回和折扣。

② 铺货率。铺货率指的是自身品牌在同类商品铺货渠道所占的比例。铺货点开发的越多，铺货率越高，顾客接触到商品的概率也越大，产品的销售渠道越广泛，销售机会也越多。

③ 参加促销的人数。这里的人数不仅仅是顾客，还有经销商。顾客人数与销售额具有正相关关系，人数越多，购买商品的概率越大，销售量自然会增加。如果能够说服更多的经销商参与促销，则能够取得更优惠的促销价格。单次参加促销活动的人数多少直接关系到促销活动的效果。

单一的评价指标都不能全面反映促销效果，因此，对零售活动效果的评估需要从多方面综合考虑，如根据零售商的性质、促销地点等增加其他评估项目。

(2) 促销效果评估方法

① 目标评估法。是将促销实际销售额与预期目标进行比较，找出差距所在，并寻找原因及改正的方法。一般而言，实际业绩如果在促销目标的 95%～105%，是正常表现；若在 105% 以上，则是高标准表现；若在 95% 以下，则需要对促销活动进行反思，究竟是目标定位不准确还是促销方法不得当。

有些促销目标比较抽象，主观性很强，难以用销售额来直接表示，需要研究一套专用的评估体系和办法。例如促销目标是树立企业良好形象、增进顾客忠诚等，商家通常在促销前后要进行一系列调查，研究企业的形象问题以及老顾客的来店频率等情况。一般来说，促销目标越具体明确，评估工作越容易进行。

② 前后比较法。通过对开展促销活动之前、中间与进行促销时的营业业绩进行比较，一般会出现十分成功、得不偿失和适得其反等几种效果。促销十分成功说明此次促销活动使顾客对商店的印象有所加强，对商店的知名度和美誉度均有所提高，增长了销售量，在活动结束后，该影响持续存在；促销得不偿失是指促销活动的开展对商店的经营、营业额的提升没有任何帮助，反而浪费了促销费用；促销适得其反是指促销活动结束后，商店销售额不升反降，可能是由于促销活动过程中管理混乱、设计不当，某些事情处理不当，或是出现了一些意外情况等原因，导致促销活动结束后商店的销售额不升反降，损伤了商店自身的美誉度。

③ 消费者调查法。这是在促销活动结束后，通过对部分参与的消费者进行抽样调查，目的是向其了解促销活动对他们的影响，从而为以后促销活动提供好的意见指导。例如，调查有多少消费者记得商店的促销活动，他们对该促销活动有何评价，是否从中得到了利益，对他们今后的购物场所的选择是否会有影响等，从而评估促销活动的效果。

8.3.3　体验营销

体验营销以满足消费者的体验需求为目标，以服务产品为平台，以有形产品为载体，生产、经营高质量产品，拉近企业和消费者之间的距离。

1. 体验营销的特征

体验营销与其他类型的营销相比，既有共性，也有其特殊性。相同点就是它们都是为了满足顾客的需求，区别主要在于提供物、提供方式等不同。体验营销的主要特征有以下几个方面。

（1）无形性

服务营销中服务的无形性是以商品为依托的，制造商们通常的做法是将商品和服务捆绑式销售，以达到更完善的服务为消费者服务，当然许多服务本身也是一种体验。但在体验营销中的无形性更强调顾客所能感受到的一种难忘的、身临其境的体验，它是一种被感知的效果。

（2）个性化

产品营销中强调提供标准化的产品，服务营销强调产品和服务的定制，而在体验营销中，由于个体存在巨大差异性，要吸引个体参与达到互动，在营销活动设计中就必须体现较强的个性化。当然顾客也乐意为所获得的体验价值承受相对高的价格水平。

（3）互动性

在产品营销中，消费者是企业的"用户"；在服务营销中，消费者被称为"客户"；而在体验营销中，消费者是企业的"客人"，也是体验活动的"主人"。因为体验活动必须要有顾客的参与，进而在顾客和企业之间发生一种互动行为。体验营销效果是顾客在互动活动中的感知效果。

（4）主观性

在产品营销中，企业用价格或其他差异化手段区别于其他企业，在服务营销中企业通过服务价值等让渡使顾客获得更大的利益，而体验营销活动的最终效果是建立在个人主体印象（主要包含时间、空间、技术、真实性、质地、规格等方面的特征）的基础上的，它包含个体差异的影响，对不同的印象、不同的个体有不同的感受，表现为一种个体的主观性。

（5）延续性

顾客对与产品的营销所获得的感受并不会因一次体验的完成而马上消失，具有一定的延续性，如发生的顾客对体验的各种回忆等，有时顾客事后甚至会对这种体验重新评价，产生新的感受。因此体验营销的效果是长期性的，一旦顾客对体验满意，他们对公司往往产生高度忠诚感。

2．体验营销的实施模式

体验营销的目的在于促进产品销售，通过研究消费者状况，利用传统文化、现代科技、艺术和大自然等手段来增加产品的体验内涵，在给消费者心灵带来强烈的震撼时促成销售。体验营销主要有以下八种实施模式，如表 8-11 所示。

表 8-11　体验营销的八种实施模式

实施模式	解　释
节日模式	传统的节日观念对人们的消费行为起着无形的影响。这些节日在丰富人们精神生活的同时，也深刻影响着消费行为的变化。企业如能把握好"假日消费"的商机，便可大大增加产品的销售量
感情模式	感情模式通过寻找消费活动中导致消费者情感变化的因素，掌握消费态度形成规律以及有效的营销心理方法，以激发消费者积极的情感，促进营销活动顺利进行
文化模式	利用一种传统文化或一种现代文化，使企业的商品及服务与消费者的消费心理形成一种社会文化气氛，从而有效地影响消费者的消费观念，进而促使消费者自觉地接近与文化相关的商品或服务，促进消费行为的发生，甚至形成一种消费习惯和传统
美化模式	消费者对美的不同要求反映在消费行为中。人们在消费行为中求美的动机主要有两种表现：一是商品能为消费者创造出美和美感；二是商品本身存在客观美的价值
服务模式	对企业来说，优越的服务模式，可以征服广大消费者的心，取得他们的信任，同样也可以使产品的销售量大增
环境模式	消费者在感觉良好的听、看、嗅、用过程中，容易产生喜欢的特殊感觉。良好的购物环境，不但迎合了现代人文化消费的需求，也提高了商品与服务的外在质量和主观质量，使商品与服务的形象更加完美
个性模式	为了满足消费者个性化需求，企业开辟出一条富有创意的双向沟通的销售渠道。在掌握消费者忠诚度之余，满足了消费大众参与的成就感，同时也增进了产品的销售
多元化经营模式	现代销售场所不仅装饰豪华，环境舒适典雅，设有现代化设备，而且集购物、娱乐、休闲为一体，使消费者在购物过程中也可娱乐休息。同时也使消费者自然而然地进行了心理调节，从而还能创造更多的销售机会

3．体验营销的操作步骤

（1）识别目标客户

识别目标客户就是要针对目标顾客提供购前体验，明确顾客范围，降低成本。同时还要对目标顾客进行细分,对不同类型的顾客提供不同方式、不同水平的体验。在运作方法上要注意信息由内向外传递的拓展性。

（2）认识目标顾客

认识目标顾客就要深入了解目标顾客的特点、需求,明确顾客的内心想法。企业必须通过市场调查来获取有关信息,并对信息进行筛选、分析,真正了解顾客的需求与顾虑,以便有针对性地提供相应的体验手段,来满足他们的需求,打消他们的顾虑。

（3）从目标顾客的角度出发

要清楚顾客的利益点和顾虑点,根据其利益点和顾虑点决定在体验销售过程中重点展示内容。

（4）确定体验的具体参数

要确定产品的卖点在哪里,顾客从中体验并进行评价。譬如理发,可以把后面的头发修得是否整齐,发型与脸型是否相符等作为体验的参数,这样在顾客体验后,就容易从这几个方面对产品（或服务）的好坏形成一个判断。

（5）让目标对象进行体验

在这个阶段,企业应该预先准备好让顾客体验的产品,或设计好让顾客体验的服务,并确定好便于达到目标对象的渠道,以便目标对象进行体验活动。

（6）进行评价与控制

企业在实行体验式营销后,还要对前期的运作进行评估。评估总结要从以下几方面入手：效果如何；顾客是否满意；是否让顾客的风险得到了提前释放；风险释放后是否转移到了企业自身,转移了多少；企业能否承受。通过这些方面的审查和判断,企业可以了解前期的执行情况,并可重新修正运作的方式与流程,以便进入下一轮的运作。

【阅读链接】

体验营销新类别——生活方式体验

在体验营销模式中,企业的角色就是搭建舞台、编写剧本,顾客的角色是演员,而联系企业和顾客的利益纽带则为体验。新的竞争环境下,体验营销又出现了一些新类别,其中一种就是生活方式体验营销。这是以消费者所追求的生活方式为诉求点,通过将企业的产品或品牌演化成某一种生活方式的象征甚至是身份、地位的识别标志,从而达到吸引消费者、建立起稳定的消费群体的目的。

例如,宜家把家具卖场打造成消费者寻找灵感和设计思路的地方,消费者可以根据每种产品价格、材料大小、颜色、产地等,思考出搭配方式。宜家的出现,为喜欢变革的中产阶级们提供了一个温暖的支撑。在自己的私人空间里,宜家的家具是为生活中的不断变动而设计的一个新公寓,一段新恋情,一个新家……即使仅仅随意的逛逛宜家的商场都会让许多人振奋起来。宜家的许多空间都被格成小块,每一处都展现一个家庭的不同角落,而且都拥有自己的照明系统,向人充分展示那可能的未来温馨的家。几年的运作,宜家成了一个文化符号,让长久以来渴望自由消费主义的中国新兴中产阶级趋之若鹜。

当消费者将自己的人生主张、价值观、生活态度借由某种商品传达时,就表明他对该品牌的感官享受超过了临界点,开始形成对这一品牌的价值主张,这是品牌体验的最高境界。

8.4 卖场的防损管理

"损耗"指的是零售企业经营商品的账面金额与实际盘存的差值。据美国一家调查公司的资料显示:世界零售业平均损耗为1.82%,每年损失(折合人民币)近一万个亿。业内人士普遍认为,如果卖场经营利润为1%,若能够将卖场2%以上的商品损耗率降低到1%,则其经营利润就可以增长100%,可见防损管理对卖场的经营利润影响巨大。

8.4.1 卖场损耗的原因

零售卖场的商品损耗主要是由盗窃、工作失误、灾害、供应商欺诈等多种原因综合构成的,其大致比例如表8-12所示。

表8-12 卖场商品损失原因及比例

损耗原因	他人盗窃	店员内盗	工作失误	供应商欺诈
所占比例	35%	39%	20%	6%

1. 他人盗窃

他人盗窃主要是指顾客盗窃,主要表现为:随机盗窃(顺手牵羊)、有计划的盗窃、偷换包装、包装内夹带、商品内空间层夹带、商场内现吃及现穿、偷换条码、自制捆绑销售、自配组合销售和利用商场不完善的退换货制度等。

2. 店员内盗

店员内盗指商场内部员工和供货商派驻的促销员、送货人员盗窃,主要表现为:随机偷盗、偷盗待报损处理商品及赠品、内外勾结有计划偷盗、换码、换包装、多种形式的夹带、现吃、现用、现穿、假借维修及换货进行掉包、退货时冒数、收货时充数、挪用等。

3. 工作失误

工作失误主要是指卖场工作人员(采购员、收货员、卖场管理人员等)工作管理无序,或是经验偏差、判断不准等,对各种灾害性问题防范不力造成的商品损失。表8-13为一些常见的卖场工作失误。

表 8-13 常见的卖场工作失误类型

失误类型	具体表现
收货错误	验单、验证错误;单货不符处理不当;未按规范验货;录入错误;交接不当;运输、保管不当;退货不当;商品知识缺乏等
管理人员失职	交接不当;有效期、保质期控制不当;库存量过大;库存情况不明;生鲜食品处理不当;破包装、破损商品处理不当;变价不当;退换货处理不当等
收银失误	读码错误;点数错误;录入错误;未看购物车、购物篮;未看购物人随身携带物;结账错误;退货、退款处理错误;POS 系统出错等
意外事故	自然事件;人为事件;店内事件等

4．供应商欺诈

供应商欺诈是指供应商在合同谈判、送货、接收退换货时带有欺诈的行为所造成的商品损失,主要体现在虚假合同、供价过高、不当结款方式、以次充好、短斤缺两、故意增加商品附加保护物、扩大毛重与净重差、内包装系数不符、未按订单送货、退换货作假等。

8.4.2 卖场防损措施

针对卖场损耗的主要原因,卖场防损措施主要应从以下几个方面进行管理。

1．加强内部员工管理

从卖场损耗的构成比例来看,内部盗窃占的比重最大,因此培养忠诚的员工,提高员工的责任感是防损管理的重中之重。

首先,要针对员工偷窃行为制定专门的处罚办法,并公之于众,严格执行;其次,要严格要求员工上下班时从规定的员工通道出入,并自觉接受卖场保安人员的检查,员工所携带的皮包不得带入卖场或作业现场;最后,对员工在上下班期间购物情况要严格规定,禁止员工在上班时间去购物或预留商品。

2．强化员工作业管理

加强对员工作业的管理,规范员工作业的流程,尽可能把员工在作业过程中造成的损耗降到最低。

首先,卖场各部门主管应给员工明确分工,每天开店之前把准备工作全部完成,如检查 POP 与价格卡是否相符;检查商品变价情况,并及时调换;检查商品的保质期等。

其次,由于卖场的特殊性,在经营过程中的零库存是不可能的,仓库管理的好与坏会直接影响到损耗的多少。卖场应安排专门人员进行监督,负责管理零散商品的堆放,使仓库管理规范化,减少仓库里的损耗。另外,卖场营业过程中由于顾客不小心或商品堆放不合理而造成的损坏或破包,应在仓库留出特定堆放区,并由专门的员工负责管理,把损耗降到最低。

再次,卖场的收银员作为现金作业的管理者,其行为不当也会造成很大的损耗。因此,要严明收银员的作业纪律,并制定相关的处罚条例,严格执行。收银主管要严格按程序组织并监督收银员的交接班工作,要认真做好记录,以备日后查证。

最后,生鲜食品的损耗也是卖场损耗的主要来源。加强对生鲜食品的防损管理可从以下三方面考虑:①冷冻、冷藏设备要定期检查,发现故障及时排除;②生鲜商品必须严格控制库存,订货一定要由部门主管或资深员工亲自参与;③生鲜商品有些需当日售完,如鱼片、绞肉、活虾等,可在销售高峰期就开始打折出售,以免成为坏品;④生鲜商品的管理人员应彻底执行"翻堆"工作,防止新旧生鲜商品混淆,使鲜度下降。

3. 他人盗窃的防范

针对顾客的不当行为或偷窃造成的损耗,卖场工作人员必须做到:禁止顾客携带大型背包或手提袋购物,顾客携带小型背包入内时,应留意其购买行为。同时,定期对员工进行防盗教育和训练;要派专门人员加强对卖场的巡视,尤其留意死角和多人聚集处;对贵重物品或小商品要设柜销售。尽管顾客偷窃是全球性的难题,但如果采用一定的措施还是会收到一定成效的。

4. 对供应商欺诈行为的防范

针对供应商行为不当造成的损耗,应从以下几方面管理:首先,供应商进入退货区域时,必须先登记,领到出入证方能进入,离开时经保安人员检查后,交回出入证方可放行;其次,供应商在卖场或后场更换坏品时,需要有退货单或先在后场取得提货单,且经部门主管批准后方可退;最后,供应商送货后的空箱必须打开,纸袋则要折平,以免偷带商品出店,厂商的车辆离开时,需经门店保安检查后方可离开。

卖场防损耗管理并不容易,它牵涉了太多人为的疏忽,而商品损耗的发生会对卖场的经营发展产生不良影响。卖场应根据损耗发生的原因有针对性地采取措施,加强管理,堵塞漏洞,使各类损耗尽量减少到最小。

【相关术语】

卖场布局(store layout);　　　　　卖场氛围(store atmosphere);

商品陈列(commodity display);　　　橱窗陈列(window display);

促销策划(promotion plan);　　　　广告促销(advertising promotion);

公共关系(public relation);　　　　危机管理(crisis management);

销售促进(sales promotion);　　　　体验营销(experiential marketing)

【思考与练习题】

1. 在人口结构中,60岁以上的老年群体越来越庞大,但这些顾客可能在视觉、听力及行动上有所不便,应该如何进行卖场布局以满足老年人的需求?

2. 在一个超市的布局中,你认为最能吸引消费者的位置有哪里?一般这些地方如何摆放商品?

3. 零售商为什么要充分运用灯光、色彩、音乐等手段进行气氛的烘托?运用这些手段时应注意什么?

4. 如果你计划在大学城附近新开一家店,主要经营 T 恤、男生/女生羊毛衫、服装配饰,你将选择怎样的促销手段来占领大学市场?

5. 对于零售商店来说,广告、人员推销、销售促进等方法如何在店面营销中互为补充?

6. 一家百货商店正在扩建,童装部、家具部、小家电部几位经理都想得到这个新空间,那么这几位经理应该如何向总裁陈述自己的观点?

7. 对超市商品损耗的原因进行列表,并提出你认为比较系统的解决方案。

【零售创业实践】

组建一个 5～6 人的团队,进行零售创业过程中的卖场及促销策划,指定该活动的负责人。选择一种零售业态的相关企业进行调查研究(最好能进行沟通和交谈),或者针对某一主题(如春节、元旦、情人节、店庆等)活动进行分析,撰写《某业态卖场布局及促销市场调研报告》。在此基础上,制定新创立企业的布局陈列及促销方案,并在全班进行宣讲和评选。

案例分析

空间管理如何辅助商品销售

王辉是一家连锁药店的经理,为了促进公司商品销售,可谓想尽一切办法。但是,在同业竞争环境日益激烈的市场环境中,要通过加强管理取得更有优势的销售业绩,谈何容易。

在国内各大连锁药店中,对药店的空间管理属于比较落后的管理领域,这主要是因为市场环境所致。传统的药店对空间管理的需求并不强烈,就算是信息化程度很高的医药零售企业,也没有实现为门店的空间管理提供全面信息系统的决策支持。王辉的药店在空间管理上还存在一些缺失,主要体现在以下几个方面。

一、顾客空间

顾客在药店的空间是相对动态的,通常我们把顾客在卖场行走的脚步轨迹,经过图示分析抽象出来,就形成所谓的"动线"。虽然"动线"是建筑学的名词术语,但是在零售业却有着极为广泛和成熟的运用。

相对超市、百货商店这些业态,国内药店的营业面积相对较小,所以对动线的研究运用并无太大建树。加上药品作为比较特殊的商品,目的性购买比例较大,许多管理者并不认为顾客空间对销售有着多大的促进作用。这一点在王辉的药店体现比较明显,有时虽然药店门口门庭若市,但是进去后却发现许多通道柜台冷冷清清,成为被遗忘的区域。

二、商品货位

虽然药店都能按照药监规定,把处方药放置在柜台,非处方药和非药品采用开架,并且也是按照法规要求分类陈列,但还没有把商品货位管理提高到日常管理高度。药店很少把每一个商品,都量身定做一个指定货位进行规划。最常见的做法就是按照店员的经验,把药品模糊地陈列在货架上,一些商品长期不合理霸占大面积货架的现象比比皆是。对于公司高层管理者来说,当然也就没有数据来说明商品因为摆放的货位不一样而对销售产生不同影响。

事实上,国外一些成功的零售企业,其货位管理技术都是非常成熟的。商品货位的通用准则就是将毛利率和存货周转同时考虑,即贡献大的商品往往陈列于最好的位置;反之,则是最差的位置。对于新商品和促销活动商品,则有特定的货位陈列。货位管理,需要科学精确到每一个单元的商品,在不违反法规的情况下不断加以调整。

三、可销售资源

可销售资源是指连锁药店的各分店可以用来为商品厂商宣传品牌、促销等用途的特定空间。可销售资源的科学利用,不仅可以美化药店环境,促进销售,而且通常使用者均需要支付相关费用。此费用,为医药零售企业营业外收入的重要组成部分。

不过,王辉的药店普遍存在的现状是可销售资源的综合管理很混乱。在信息化管理日益完善的今天,他的药店还是使用最为原始的手工化作业。这样的状况很令人担心,因为资源涉及利益重大,依赖特定人员的落后管理模式,很容易滋生腐败。而且,最为关键的是,这种现状必然导致管理效率低下,资源利用率低下,从而间接导致门店因为资源使用不当而影响公司形象。

四、后勤服务空间

药店的后勤服务主要与店员以及促销人员有关。一般情况下,后勤服务空间是不会对商品销售产生很大的促进作用,但是,一些管理的漏洞,却可能对销售产生负面影响。比如,药店员工就餐区域设置不当,一些员工为了图方便直接在柜台里就餐,有时不良的气味会导致顾客望而却步;员工卖场站位不当,不仅影响顾客选购,也导致商品被偷窃置换;员工收货、验货占用购物通道,导致顾客掉头就走等。

王辉觉得公司在门店空间管理方面还存在很大的缺憾。尽管这方面的经验有待摸索,但这方面的管理如果能有所提升,无疑会给公司带来更大的竞争力,因为这才是真正的精细化管理。

资料来源:21 世纪药店,2009 年第 12 期 B23 版.

思考讨论题:

1. 不同业态的零售店铺如何通过空间管理促进商品的销售?

2. 王辉的药店在空间管理方面还有哪些值得提升的地方?

第九章

零售服务管理

【学习目标】

- 认识什么是服务？理解服务的重要性，了解服务的特征及类型；
- 掌握服务设计的内容和思路，加深对服务容忍区域的理解；
- 了解服务质量要素；
- 掌握服务质量差距模型及提升途径；
- 分析服务失败类型和原因，掌握服务补救方法；
- 理解服务沟通的重要性及主要方法。

导入案例

麦德龙：服务专业顾客

对于麦德龙来说，之所以能够获得 2.8 亿元的平均单店销售额，主要取决于"专注"二字。区别于一般的服务大众的零售商，麦德龙将目标锁定在部分专业客户身上，从商品结构，营销模式以及顾客服务三个方面为专业客户提供度身定制的解决方案。

餐饮类客户是麦德龙定位的一大类目标群体，于是在麦德龙的货架上可以看到一系列的餐饮业专用食品、炊具、器皿、洗涤用品等，该类别的商品无论是品种(规格)还是包装，都是完全按照餐饮业客户需求进行选择和组合的。

在营销模式方面，麦德龙一改传统的零售商等待顾客上门的方式，组建了专门的销售团队，走出门店，主动上门向餐饮行业客户介绍商场专门为他们选择采购的商品。其次，为配合销售，麦德龙定期发行餐饮类 DM 专刊，及时地向行业客户提供商品信息。另外，麦德龙考虑到餐饮客户的日常运营的特点，在每天正常营业时间之前，专门为餐饮客户提早开店时间，以满足他们的购买需求。

为了向餐饮客户提供更加专业的服务，麦德龙组建了一支具备餐饮行业从业背景的专业人员团队,研究客户需求,研发商品,为客户提供专业的培训,通过配套的专业服务提高顾客满意度与忠诚度,维系了一批长期合作的顾客群体。麦德龙约 70% 的销售额来自专业客户,这也成就了麦德龙获得外资零售企业平均单店销售第一的成绩。

资料来源:商业评论网.http://www.ebusinessreview.cn/article-3295.html.

9.1　领　悟　服　务

9.1.1　服务与重要性

1. 什么是服务?

> **术语链接**:零售服务(retail service)是零售商为顾客提供的、与其基本商品相连的、旨在增加顾客购物价值并从中获益的一系列无形的活动。

对服务的定义不同学者从不同角度提出了自己的理解,主要存有以下几种。

① 服务是一方能够向另一方提供的基本上是无形的任何活动或利益,服务不导致任何所有权的产生。它的产生可能与某种有形产品密切联系在一起,也可能毫无联系(菲利普·科特勒)。

② 用于出售或者是与产品连带出售的活动,利益或满足感[美国市场学会(AMA)]。

③ 服务是一种不能自产自用,只能买卖交易的东西(格朗鲁斯)。

④ 服务是一种顾客作为共同生产者、随时间消逝、无形的经历(James Fitzsimmons)。

服务管理中包含以下四个方面内容。

① 服务运营——服务交付的方式。

② 服务体验——顾客的直接服务体验。

③ 服务结果——顾客从服务中得到的利益与成果。

④服务价值——顾客从服务中所感知的利益与服务成本的对比。

2. 服务的重要性

有句话说"零售祛百病,服务定天下",说明服务在零售经营中的重要性。国际权威机构调查显示:对客户服务不好,造成 94% 客户离去;因为没有解决客户的问题,造成 89% 客户离去;每个不满意的客户,平均会向 9 个亲友叙述不愉快的经历;在不满意的用户中,有 67% 的用户要投诉。较好地解决用户投诉,可以挽回 75% 的客户;吸引一个新客户是保持一个老客户所要花费费用的 6 倍!

一般来说,服务的重要性表现在以下几个方面。

(1) 服务是实现差异化的重要手段

零售商可以通过丰富商品结构、提供折扣等方式提高顾客满意度,也可以通过为顾客提供愉快的购物经历,带来新奇和娱乐提高顾客满意。但前者似乎变得越来越困难,各种业态之间融合增强,同业种商品雷同,价格战日益火爆,差异性越来越小。因此,服务成为零售商竞争中新的撒手锏。

(2) 良好的顾客服务对零售商活动有积极影响

良好的顾客服务对零售活动的积极影响体现在:①能够帮助企业赢得积极的声誉,并通过声誉赢得更高的市场份额,从而有能力比竞争者索取更高的服务价格;②完善的服务过程影响潜在顾客购物,更容易了解零售商提供的商品情况;③能有效帮助顾客做出购买决策,完成整个购物过程;④提高顾客对整个购物过程的满意程度,促成重复购买。

(3) 优质的顾客服务建立持续竞争优势

顾客背离或顾客动摇多是因为服务的原因,优质的服务能起到帮助零售商留住现有顾客,培养顾客忠诚的作用。忠诚顾客往往提供给零售店 3 倍的回报,还会带动口头传播,吸引新顾客。而开发新顾客需要很高的成本代价,除了启动运营费用外,还有广告、促销和销售成本。另外,通过额外服务、定制化和个性化服务可为零售商带来更高的利润收入。

9.1.2 服务特征和类型

1. 服务特征

与提供的商品相比,零售商为顾客提供的服务具有以下特点,如图 9-1 所示。

无形性	不可分割性
无形性使服务变得十分复杂,难以考核。表现出不可储存、不容易展示、难以定价等特点,因此,要尽可能将无形服务有形化,更多描述服务效果,树立服务品牌	服务的生产过程与消费过程是同步的,不可分割的;服务质量与顾客满意取决于真实瞬间发生的情况;员工的服务水平、工作态度与顾客的感受密切相关
不稳定性	易消失性
服务效果更多表现为一种心理满足感,由人提供和表现,因此,不同的人服务水平不同,不同的人对服务的感受体验也不一样,因此,零售商提供稳定不变的优质服务是困难的,必须分析顾客需求	服务的易消失性使之不能集中生产来获得显著的规模效益,服务出现差错将造成顾客流失,零售商在服务提供前须设立一套服务标准和控制方法防止服务出现差错,同时还须制定有力补救措施以减少差错造成的损失

图 9-1 服务的特征

对服务的特征的认识是为了与商品区分开来。商品是有形的实物对象,能够创造和传递,超越时间存在;而服务具有无形性、易逝性,顾客不能在服务产出以后保留实际服务,但服务的结果是可以保持的。

2.服务类型

按照不同的标准可以把零售服务分为不同的类型,每一类服务都有不同的内涵与特点。

(1)按服务流程不同划分

按服务流程或者说按售货的过程对服务进行划分,主要分为售前、售中和售后三种服务类型,如表 9-1 所示。

表 9-1　按照售货流程划分的服务类型

类型	解　释	服 务 内 容
售前服务	即在商品出售以前所进行的各种准备工作,目的是向消费者传递商品信息引起其购买欲	提供商品信息、商品整理编配、商品陈列、货位布局、购物气氛创造等
售中服务	在人员服务的商店中,售中服务表现为售货人员在与顾客交易的过程中提供的各种服务	如接待顾客、商品介绍、礼品卡、代客购物、帮助选购、预约购物、办理成交手续、包装商品等服务。在自我服务商店中,售中服务则表现为提供咨询、结算、包装等服务
售后服务	即商品售出后继续为顾客提供的服务,目的是使顾客对商店感到满意,成为商店的回头客	对于一般的大件商品和高技术产品,消费者在购买后对商品运送、使用时发生的一些问题,需要商店提供进一步的服务。包括:退换商品、送货、维修、安装,解决抱怨及赔偿等

(2)按投入资源划分

按在服务中投入的资源不同,可以分为硬服务和软服务,具体又分为四类,如表 9-2 所示。

表 9-2　按照投入资源划分的服务类型

类型		解　释	举　例
硬服务	物质性服务	即通过提供一定的物质设备、设施为顾客服务,使顾客使用这些物质设备感到方便	如向顾客提供的休息室、电梯、试衣室、试鞋椅、寄存处、购物车、停车场等
	资金信用服务	即提供消费者信贷。注意:零售商应考虑自身的承受能力及消费者的偿还能力,避免审查手续过于复杂,以免影响消费者的热情,损害商店的形象	如提供赊销商品、分期付款、信用卡付款等

续表

类型		解　释	举　例
软服务	人员性服务	即售货、送货、导购、咨询等人员等提供的服务。零售业的服务人员要与顾客进行面对面接触,他们的形象和素质对商店形象具有最直接的影响	如服务人员的形象、语言沟通、商品知识、业务水平及提供的及时服务、劳务等
	信息服务	即向消费者传递商店与所提供的商品等方面的信息,使顾客了解商家和商品,帮助顾客做出适当的购买决策	如 POP 广告、媒体广告、新闻宣传、商品目录、商品货位、人员介绍等

（3）按顾客需求或服务用途分

按服务所带来的功能或效果,即按顾客需求或服务用途对零售商服务的具体项目进行归类,可分为以下几类,如表 9-3 所示。

表 9-3　按需求或服务功能的服务项目类型

服务类型	解　释	举　例
营销相关类	即在商品销售的同时或之后进行的与营销相关的服务项目	如商品售后艺术礼品包装、裤子扦边、购买布料代裁剪等。大型百货商场大多设有这类服务
辅助促销类	为促进商品销售,使消费者购买欲望增加,可以设立免费或少量优惠收费的服务活动	如大型零售商场大件商品送货上门、快速冲扩胶片、电话订货、邮寄商品等
便利类	即通过商业企业的服务活动帮助消费者方便购买和使用的服务项目	购物手推车,托儿站,吸烟、休息室,自动式物品存放箱,公用电话间,银行代理处等
维修类	即商品销售后出现质量问题和故障,商店帮助检查与修理的服务	如家用电器类商品修理,个人珍藏品清洗,皮衣清洗与保管等
文化情感类	通过企业文化和公共关系进行营销服务,以经营、服务感情为主线,以文经商的服务	如现场促销演出、名人签售、文化艺术节、消费者品尝等
培训类	对经营范围的产品或相关类事物举办消费者培训班,有助于消费者掌握其使用及保管知识的服务	如电脑操作培训、运动技巧讲座、书画讲座、居室布置讲座、美发美容讲座、摄影讲座等
质量保证类	为消费者提供商品质量保证、财产保险等服务,可以提高企业信誉	如金银饰品检验、手表灵敏度检测、商品财产保险,自行车试骑等

（4）按购买商品的密切程度划分

服务往往和购买过程联系在一起,按与购买商品的密切程度可划分为方便性、伴随性和补充性三种类型,如表 9-4 所示。

表 9-4　按与购买商品的密切程度划分的服务类型

类型	解　　释	举　　例
方便性服务 （基本服务）	即对顾客浏览选购商品提供便利。这类服务是任何业态的商家都应该提供，也是商店的基本服务，满足顾客购物的基本需要	如提供方便的营业时间、商品货位指示明确，商品陈列有序、色彩搭配协调，售货员有较好的业务素质、宽敞的停车场等
伴随性服务 （连带服务）	即针对顾客在获得商品的过程中的要求提供服务，与购买的商品直接联系，也是商店提供的促销性质的服务	如提供导购人员、现场演示、现场制作、送货、安装、包装等服务
补充性服务 （附带服务）	即对顾客期望得到的非购买商品的需求提供服务，或称推销性服务。提高了顾客停留时间的购买机会，有助于体现商店的服务特色，树立良好形象	如休息室、餐饮室、自动取款机、寄存物品、电话咨询、订货、照看婴儿、停车等

（5）按零售商提供服务的多少分

① 自助服务。即零售商服务于那些愿意自己进行寻找比较选择过程的顾客，以便使其节约资金。自助服务是折扣业务的基础，主要用于出售方便商品、民族品牌商品、快速消费品等。

② 有限服务。即零售商提供较多的销售帮助，因为他们经营的选购品较多，顾客需要较多的信息，其不断增长的运营成本导致高价格。

③ 全方位服务。即零售商在每一个购买环节上都为消费者提供帮助。此类零售商通常经营那些消费者愿意等待的特殊商品，提供较多的服务导致高运营成本，最终导致高价格。专卖店和一流的百货商店常采用此类服务。

【阅读链接】

网络服务新规则

网络时代，顾客服务的传统思维已经发生变化，这迫使企业不得不认真考虑顾客服务中新的游戏规则。目光敏锐的互联网领先企业开始把这些游戏规则融入它们的产品之中。

（1）实时沟通。互联网最突出的特点就是"快"。现在的顾客早已对传统商业模式中以"天"为单位的回应速度难以忍受，他们要求的是在几分钟甚至几秒钟内对其要求作出反馈。

（2）整体协作。网络化顾客服务并不意味着建立一个网页就足够了，整合整个公司的管理协作才是根本。网络时代，顾客服务的一个重要游戏规则是系统化，这一点在甲骨文公司提供的客户关系管理系统中表现得尤为突出，他们的客户关系管理系统集成了销售、市场营销、服务、电子商务和电话中心等应用组件，做到了内部管理系统与外部顾客服务系统相一致。

（3）个性化服务。互联网时代使获取详细信息成为可能，这也造就了提高顾客忠诚度的另一个法宝——个性化服务。互联网电子商务的蓬勃发展促进了顾客与企业的动态交流。通过电子邮件和网络，顾客的所有信息一目了然，这是企业宝贵的资源。

（4）简单方便。互联网带来的一个后果就是把顾客淹没在无限的信息和技术之中，内联网、外联网、前台、后台、个人应用等不一而足，用户把大量时间浪费在重复输入密码、整理大量无用数据和文件上。网上建立的自动化顾客服务体系，既能提高顾客满意度，又可降低服务成本。

（5）安全可靠。伴随互联网出现的还有"黑客"，他们使顾客时时担心自身利益被侵害，如在线支付时密码泄露造成的财产损失，重要数据、商业机密和信息的暴露等。因此，企业在利用互联网为顾客提供周到服务的同时，还必须加强安全防范措施，保障顾客的数据和财产安全。

9.2 服务设计和定位

9.2.1 顾客容忍区域

1. 期望服务与容忍区域

> **术语链接**：容忍区域（zone of tolerance，ZOT）是指顾客的一种心理接受跨度，在这个接受跨度内提供的服务顾客认为是可以接受的。顾客对服务持有两种不同层次的期望，一种是理想服务（desired service），是顾客渴望得到的服务水平或希望商店提供的服务；一种是适当服务（adequate service），指顾客可以接受的服务水平。

顾客对服务的期望是零售商店设计服务的标准和参考点，在设计合理的服务水准时，了解顾客的期望是首要的也是十分关键的一步。顾客期望在顾客对服务的判断中起着关键性作用，期望与感知之间的不一致是顾客进行服务质量评估的决定性因素。顾客容忍区的不同位置会产生不同的顾客感受，位于顾客容忍区之上、之中、之下分别会产生"愉悦"、"满意"、"不满意"三种状态。如果商店提供的服务水平低于适当服务，则顾客会产生怨言，甚至会背离商店。而不同的服务要求也受不同因素的影响，如图9-2所示。

对容忍区域可从以下几点理解。

① 容忍区的位置不是一成不变的，上限和下限具有不同的变化弹性。一般而言，适当的服务水平变化的灵活性大，且可上可下，方向不定；理想的服务水平变动幅度较小，发生变化的趋势是向上变化。

② 不同的顾客有不同的容忍区，一些顾客比较挑剔，一些顾客则对零售商偶然出现的服务差错也能接受。

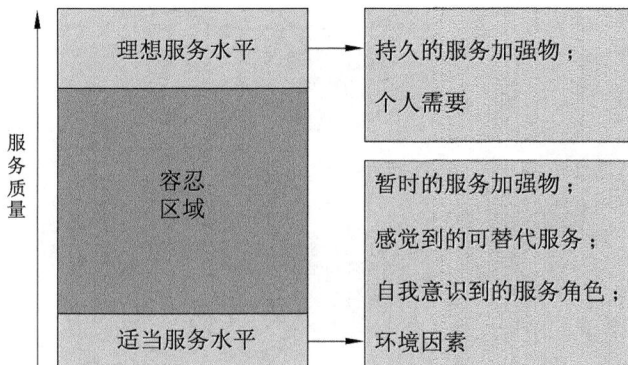

图 9-2 顾客服务期望及影响因素

③ 顾客对不同的服务项目具有不同的容忍区域,与不太重要的因素相比,顾客有可能更不放松对重要因素的期望,使最重要服务项目的容忍区域缩小,理想服务和适当服务的水平提高。

④ 顾客对不同业态的服务期望不同。如仓储式商店雇用为数不多的雇员就能使顾客感到满意;而在豪华的百货商店里,即使有许多穿着礼服、彬彬有礼的服务员也不一定能使顾客满意。

⑤ 初次服务与服务补救的容忍区不同。初次服务,顾客的容忍区可能较宽,但服务补救阶段,在原来不满意的基础上,顾客的容忍区域往往变窄。

9.2.2 服务设计的影响因素

服务设计要确定一个商店的服务项目、定价等,涉及多方面的问题,需要综合考虑服务成本、商店的定位等问题。以下几个因素需系统分析,如图 9-3 所示。

1. 业态类型及价格定位

由于企业提供的服务不一样,才产生了百货商店、超级市场、专卖店、购物中心、仓储式商店、便利店等多种零售业态之间的区别,它们以各自的服务特色满足着不同顾客的不同期望。所以,不同业态的目标顾客不同,所提供的服务水平是不相同的。对顾客而言,大型百货商店所提供的导购、送货上门、退换、售后保修等多项服务是期望之中的;对于超级市场和折扣商店,人们期望更多的是购物便利和价格划算。

价格方面,顾客期望从售价较高的商店得到的服务,要比从折扣商店得到的服务要多。当顾客看出某商店售价较高,也会希望该商店具有豪华气氛,由商店提供的服务也要相应的具有豪华的,或者上层社会的气氛;相反,折扣商店则不需要提供高级服务,仅需要提供以下基本的服务:如免费停车、分期付款、信用卡付款,以及便利顾客购买的营业时间等。

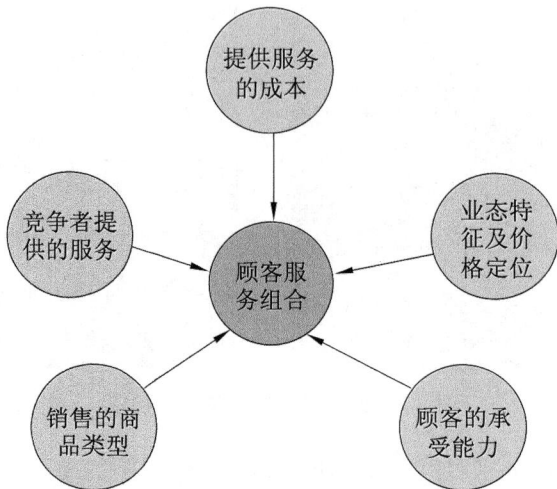

图 9-3　服务设计的影响因素

2．竞争对手的服务水平

竞争对手提供的服务,对零售商店确定服务水平有直接的影响。因此,零售商店必须考虑竞争对手提供的服务,并分析是否随竞争者一样也提供相同或类似的服务,或者是否应该比竞争对手提供更高还是更低质量的服务。试想,如果在等级、价格、质量上都没有太多差别的商店之间,服务项目多或好的商店,其竞争力自然会更强。

3．经营商品的特点

不同的商品需要伴随的服务是不同的,零售商店需要按照商品的销售特点提供相应的服务,如耐用性商品,提供保修、安装、维修服务就是必要的;对于一些技术性复杂的商品,甚至还需要提供培训服务。如美国胜家公司在推出缝纫机这一新产品时,为了普及新技术,而不得不举办相应的培训服务。

4．顾客的承受能力

目标顾客的收入水平不同,顾客愿意支付的价格也不同,零售商店可以提供的服务也不同。零售商店提供一项服务的基础是顾客需要,但顾客需要的服务往往又和付出价格成为矛盾。如收入水平低的目标顾客,往往会选择价格低廉的商品,而放弃一些相关的服务,选择提供有限服务的商店购物。

5．服务的成本和效果

一个服务项目应该直接或间接地促进销售,但服务项目与销售量的增长并非完全有关,零售企业要研究服务对销售量的贡献。当然,有些服务项目需要从较长一段时间来考察其对销售的贡献。有时候,还需考虑其他因素,如我国超市在最初经营时的自助服务却引来了商品的高失窃率;有的商店推行"无理由退货"服务,却使企业负担了太大的服务费用。因此,对于提供服务项目的数量,要视企业承担能力及对销量的影响而定。

9.2.3 服务定位和服务水平决策

1. 服务定位

零售企业在经营规模、业态、商品组合、商品档次、企业的目标和战略等方面的差异性,会造成在提供服务方面的不同。因此,不同的零售企业要结合自身情况,做好服务定位。不同业态提供的服务类型与其业态定位相适应,是有所区别的,如表 9-5 所示。

表 9-5 不同业态提供的服务类型及频率比较

提供服务	百货商店	专业商店	便利店	平价超市
接受信用卡	F	F		F
更换商品	F	F		O
支票付款	F	O		R
照顾孩童设施	O	R		R
送货上门	O	F		R
商品解释	F	F		O
商品展示	F	F		F
试衣间	F	F		R
延长售货时间	O	O		F
礼品包装	F	O		F
满足有特殊需要顾客(残疾人)的设施	O	O		O
预约购货	F	F		O
泊车	F	F		F
选商品时个别帮助	F	F		O
儿童游乐区	O	R		O
展示如何使用商品	O	F		O
满足顾客特殊需要(轮椅、翻译)	O	O		R
修理服务	O	O		R
休息室	F	R		F
退换货	F	F		F
存包室	O	R		R
特殊订货	O	O		O

注:F——频繁;O——偶尔;R——很少。

做好服务定位,主要从产品定位和市场定位两个方面入手。在产品定位中,可以通过形象化的手段直接表现产品的属性和特征,消费者可以直接感触产品外观,大致判断产品的优劣。服务的市场定位就复杂得多,服务的无形性使其定位只能依靠行为、符号、联想来进行,于是服务宣传成为市场定位的主要手段。

定位效果的无形性和促销宣传中的模糊性,使得企业在消费者心目中确立所期望的形象十分困难。因此,要经常保持与顾客的沟通,了解企业服务在顾客心目中的形象,使企业实际的服务形象与消费者的期望形象趋向一致,甚至要稍微高于顾客心目中的期望。例如,仓储式商店通常只提供简易包装或无包装,但会让商品物超所值,顾客抱怨时售货员应该耐心解释。如果顾客得到合理和满意的答复,对企业的服务有了认识,今后便减少类似的情况的发生。企业做好服务定位后,相关的服务项目设计便顺理成章。

2.服务水平决策

零售商店的顾客服务设计,就是要对本商店所提供的服务项目、服务质量、服务价格等有关问题做出决策,主要内容包括以下几个方面。

（1）服务项目的设计

每一家零售商店必须针对具体情况,确定哪些服务是目标顾客期望的适当服务,哪些服务是目标顾客期望的理想服务。适当服务是零售商店必须提供的,如果适当服务缺乏,将会导致顾客忠诚度降低,企业形象受损。需要注意的是,有些服务对一些零售商店或许是适当服务,但对另一些零售商店则可能是理想服务。例如,送货对电器专业店而言是必须提供的,而对于普通的超级市场则可能是理想服务。

（2）服务质量水平的设计

服务质量不仅关系着顾客的满意度,还关系着零售商店的服务成本。高档次的零售商店应比折扣商店提供更高质量的服务,因为这类零售商将服务差异化作为自己的竞争战略,而折扣商店则是将成本领先作为竞争战略。因此,在高档零售商店里,顾客可能期望得到精致的礼品包装、泊车服务、餐厅和有侍者的盥洗室;而在折扣商店里,顾客只可能希望得到纸板礼品盒、自主停车、午餐柜台和普通盥洗室。在这一例子中,服务项目是相同的,但服务质量是不同。

（3）服务价格的设计

由于顾客的需求各不相同,对服务项目的要求及支付方式等也不同,零售商要确定服务项目的价格水平是一项复杂的工作。如面临着向接受服务的顾客收取服务成本,还是向所有顾客收取服务成本,或是免费提供服务的选择。如果零售商店提供全部免费服务,可能会使一些服务成本增大到难以承受的程度;而提供过多的收费服务,又会使顾客感到店门难进,商品难买,费用太高,最终使服务优势变成了服务劣势。

【案例链接】

顺丰:精准定位,服务取胜

顺丰(以下简称 SF)于 1993 年在广东顺德成立,依靠其标准的作业流程服务体系和准确的战略定位,取得了迅速发展。目前 SF 速递服务网络遍布全国,成为我国快递行业的著名品牌之一。

（1）SF的服务定位：第一步：找位。确定只做快递，只做小件，不做重货的属性定位；第二步：选位。把"快速、准确、安全、经济、便利、优质服务"作为利益定位点。第三步，到位。不断提升送货速度，退出新的服务项目，为客户的产品提供快递、安全的物流渠道。

与诸多同行相比，SF按照客户细分设计了自己的产品价格体系，与四大国际快递重叠的高端不做，五六元钱的同城低端也不做，锁定剩下的中端客户。服务产品的设计上，1kg内收不超过20元的邮费，上门送货，全国联网，36小时到达。这样的清晰定位，也成为SF拉开与其他快递公司距离的重要原因。

（2）完善的服务

SF以快著称，不断推出多元化的服务产品，满足客户的不同需求。

① 航空即日达。在当日规定的截单时间前确认的收件，通过航空运输实现当日送达的门对门快递服务。2003年SF成为国内首家包机夜航的民营速递公司，截至目前仍然是国内唯一一家启用全货机运输快件包裹的民营速递公司。由于采取全国直营的模式，顺丰有统一的呼叫电话，无论在哪个城市，什么交通情况，SF的快递员均能在一个小时内上门取件，也因此被称为快递行业中的"麦当劳"。

② 标准化。采用标准定价、标准操作流程，各环节均以最快速度进行发运、中转、派送，并对客户进行相对标准承诺的快递产品。

③ 多元化服务。SF服务项目全面，且增加相关增值服务，见表9-6所示。

表9-6　SF多样化服务项目

服务项目	特　　点
特安	通过特殊营运模式、专业的包装设计，为中高端客户的高价值物品提供优质安全快递服务
等通知派送	快递到达目的后，待寄件客户通知派送后派件，是SF增值服务之一
国内快件代签回单	收派员除了将带有回单业务的快件派送给客户，还需将收件客户签收或盖章的回单返还寄件客户
MSG签收通知	快件成功签收后，主动将快件的派送签收信息发送到客户手机
夜晚收件服务	在提供跨经济板块最快速度服务基础上，为满足客户夜晚寄件需求而提供的增值服务
保价服务	快递过程中，托寄物一旦损毁或遗失，按托寄人申请价值赔偿损失
代收货款	为寄件客户开通快捷物专递，代寄件客户向收件客户收取货款的服务
配送时间	SF可以实现全天候，全年365天无节假日派送

9.3 服务质量

9.3.1 服务过程

1. 销售服务过程阶段性分解

（1）探寻

探寻是指发现那些有能力并且具有意愿购买产品的顾客的过程。当商店中有很多顾客时,细心观察变得尤为重要。销售人员应当明白,购买欲望较强的消费者会对产品表现出强烈的兴趣,而一般的消费者却只是"看看而已"。

（2）主动接近

成功接近顾客的关键是通过询问适当的问题,认真听取顾客的回答,并在最短的时间内确定顾客的需求。销售人员从顾客那里听到的问题或者需求将是这个步骤中最重要的信息。询问的问题必须经过仔细筛选,才能了解到更多顾客需要解决的难题或者需求;另外,还应当确定顾客购买产品的用途。应当注意的是,销售人员在这个过程中只能问一些有针对性的问题,并让顾客成为谈话的中心。一位知名的零售培训人士说过一句很有哲理的话,"用耳朵听比用嘴巴说能得到更多的交易",其中的关键就是认真倾听顾客的心声。

（3）销售介绍

销售人员和顾客建立起最初联系,听完顾客的问题和要求之后,接下来就要准确地介绍商品,传达商品信息。至于采取何种方式来介绍产品或服务,取决于顾客的具体情况,但关键是要让消费者愿意购买你的产品或服务。销售人员应当首先把价位合适的产品介绍给顾客,过高或过低的价格往往都会导致交易失败。如果还没有把握好顾客可接受的价格范围,销售人员应当主动询问顾客。接下来,应当挑选满足顾客需求的产品或服务。在此过程中,一定注意不要向顾客介绍过多的商品,以免造成顾客困扰。同时,应当以有趣的方式介绍商品,强调商品的质量和特色,并让顾客亲自拿到商品。最终,销售人员要帮助顾客挑选出最合适的商品或服务,倾听顾客可能提出的任何不同意见。

（4）完成销售

完成销售是指整个销售过程的自然结束。但对于大部分销售人员来说,完成销售过程是最困难的一个步骤。据估计,几乎有 3/4"泡汤的"销售发生在交易过程的这一步骤,原因是销售人员并没有"要求销售"。他们或是怕顾客拒绝才不敢要求,或是没有意识到顾客已经决定购买。销售人员的任务是帮助顾客解决问题,而不应当担心提出销售要求。实现销售的关键是要明白顾客心里在想什么,如果销售人员在这一步骤耗时太多或表现出不耐烦,那么顾客很可能在销售人员还没有反应过来时就转身离开。

（5）推荐其他商品

有效率的销售人员在销售完成之后还会继续向顾客推荐其他产品,这种额外的销售通常很有可能获得成功。销售人员应当确定顾客是否还有其他需求,或者他们是否还认识其他需要这些产品的人。很多顾客喜欢这种推荐,因为这样可以不用再次出来购物。但是,也有可能降低有些顾客对零售商的满意度,因为有些顾客会觉得推荐其他产品是件很烦人的事。

在以上销售过程中的每一个步骤,销售人员都应注重服务细节,所花的时间取决于商品类型、消费者及销售的情况,表 9-7 对这个过程进行了总结。

表 9-7　销售过程步骤

第 1 步:寻找
决定谁能够购买你的产品。
a. 寻找潜在顾客
b. 选择具备资格的潜在顾客,即确定潜在顾客是否具有购买产品的能力、购买力和愿意。
第 2 步:接近
最初的 15 秒非常关键,因为销售人员要在 15 秒中奠定整个销售过程的情绪基础。
a. 永远不要说:"我能帮您吗?"
一句简单的"你好"、"早上好"或者"我能为您介绍点什么?"会让顾客觉得他的出现令你感到非常开心。
b. 尽快确定顾客的需求。
听——你听到的内容远远比你告诉顾客的内容更重要。询问顾客一些经过仔细筛选的问题——我需要知道什么?
① 确定产品需求或者需要解决的问题。
② 确定产品的使用者。
第 3 步:销售展示
让消费者愿意购买你的产品或服务。
a. 选择合适的价格水平。
如果不确定的话,就问:"您选好价位了吗?"记住,如果价格不合适的话,你就不可能为一位不确定的顾客找到合适的产品。
b. 选择正确的产品。
选择与使用者及其需求相匹配的产品,至少为顾客展示两种产品。
c. 以一种能够吸引顾客的方式介绍商品。
① 将商品单独拿出。
② 介绍商品的优点。
③ 让顾客试用商品。
④ 强调产品的特色。
⑤ 解释这些特色的好处。
⑥ 投合顾客的情绪。
d. 帮助顾客作决定。
① 应对顾客的异议。
② 放弃不能满足顾客需要的产品。

③ 仔细观察顾客在不经意间表现出来的线索。

④ 强调"关键"产品的特色和好处。

第 4 步：实现销售

达成协议。

a. 顾客心里在想什么？

b. 四种有效的结束方式。

　①为顾客作决定。

　②接受已经作出的决定。

　③让顾客进行选择。

　④应对顾客对价格的异议。

第 5 步：建议销售

继续引导其他的销售活动。

2. 服务互动过程

销售过程也可以看作是零售商、员工、服务设施和顾客之间互动的一系列活动,这些互动活动组合在一起,就构成了顾客的整个服务经历。

(1) 顾客与零售商的互动

这是服务最直接的体现,顾客与零售商通过这种互动产生服务。顾客与零售商的互动可能是面对面的,也可能借助电话、电子邮件、传真或信函等形式进行。在服务过程中,与顾客接触的员工非常关键,系统、技术和有形资源都要依靠他们才能发挥作用,关键时刻,他们还需要及时观察、对顾客行为作出反应,从而识别顾客的愿望和需求,然后,再进一步追踪服务质量,在发现问题时及时采取应对措施。

因此,企业必须通过培训,使员工具有高超的服务沟通技巧,从而能够有效地驾驭整个互动过程。随着科学技术的发展,越来越多的服务过程已不再需要顾客与员工的直接接触。因此,当出现服务失误时,整个服务过程就显得很脆弱,甚至会出现瘫痪的局面。

(2) 顾客与顾客的互动

零售业是与顾客高接触的行业,顾客与顾客之间也存在互动关系。例如,在超市购物中,所有人都无法避免和别人的接触。有些服务的自身特性就要求顾客与顾客之间必须有互动,例如,网络购物的发展使得顾客评论成为消费者购买决策的重要影响因素,实质上是一种虚拟的顾客之间的互动行为。这种互动有时会对服务传递产生不良影响,从而破坏服务过程和效果。在多数情况下,顾客与顾客之间的互动是难以预料和控制的,因此服务人员必须对此作好充分的准备,一旦出现问题,立即作出有效的反应。

(3) 顾客与环境的互动

外部环境对消费者的行为有重要的影响作用,在零售业中,顾客与服务环境的互动过程中更是如此。这种影响会对服务经历产生直接影响,有时甚至决定了服务的成败。如在卖场气氛的渲染下,消费者不由自主地受到引导,从而影响自己的购买决策。从全球范围看,零售企业越来越重视服务环境的设计,如增加服务设施、提供便利的服务设备、更加优美的购物空间等,通过这些环境因素,对顾客服务质量感知产生正面影响。

(4)顾客与服务过程的互动

服务过程将服务传递过程中人、商品、环境和科技协调整合在一起。服务过程不仅包括顾客到现场接受服务的过程,还包括服务的预订过程。把服务预订过程纳入管理范畴,可以促使企业有效把握顾客的服务需求,对服务需求做出科学的预测。例如,酒店就可以通过顾客的预订服务,对服务资源做出合理的调整和配置。

以上述互动过程中,顾客可以通过与零售商之间建立亲密关系获取利益,达到双赢。一方面,顾客可以得到定制化的产品、优先照顾、折扣、低搜寻成本和更有针对性的沟通;同时,服务组织可以得到顾客忠诚、好的口碑、高退出成本、低市场营销成本和交叉销售机会。如果顾客难以与服务系统产生互动,就会加大服务人员的工作量和成本。

【专题链接】

服务质量度量——SERVQUAL 模型

SERVQUAL 为英文"service quality"(服务质量)的缩写,该词最早出现在 1988 年 PZB(帕拉苏拉曼、泽斯梅尔和贝里的简称)的一篇题为"SERVQUAL:一种多变量的顾客感知服务质量度量方法"的文章中。

SERVQUAL 对顾客感知服务质量的评价是建立在顾客期望的服务质量和顾客接受服务后感知的服务质量基础之上的。研究过程中,PZB 提出了服务质量五维度的观点,并根据这五个维度设计了包含 22 个问项的调查表,学者们后来将其称为 SERVQUAL 评价方法。PZB 提出了以下五个维度。

(1)有形性:指实际设施、设备以及服务人员的外表等。

(2)可靠性:指可靠、准确地履行服务承诺的能力。

(3)响应性:指帮助顾客并迅速提升服务的愿望。

(4)保证性:指员工所具有的知识、礼节以及表达出自信与可信的能力。

(5)移情性:关心并为顾客提高个性化服务。

表 9-8 列出了在具体操作中的调查问项。

表 9-8 SERVQUAL 调查表

维度	调查问项
有形性	① 有现代化的服务设施; ② 服务设施具有吸引力; ③ 员工有整洁的服装和外表; ④ 公司的设施与其提供的服务相匹配

续表

维度	调查问项
可靠性	① 公司对顾客所承诺的事情都能完成； ② 顾客遇到困难时，能表现出关心并提供帮助； ③ 公司是可靠的； ④ 能及时地提供所承诺的服务； ⑤ 正确记录相关的服务
响应性	① 不能告诉顾客提供服务的准确时间； ② 期望员工提供及时的服务是不现实的； ③ 员工不总是愿意帮助顾客； ④ 员工太忙以至于无法立即提供服务
保证性	① 员工是值得信赖的； ② 在从事交易时顾客会感到放心； ③ 员工是有礼貌的； ④ 员工可从公司得到适当的支持，以提供更好的服务
移情性	① 公司不会针对不同的顾客提供个别服务； ② 员工不会给予顾客个别的关怀； ③ 不能期望员工会了解顾客的需求； ④ 公司没有优先考虑顾客的利益； ⑤ 公司提供的服务时间不能符合所有顾客的需求

说明：调查表采用 7 分制，7 表示完全同意，1 表示完全不同意，中间分数表示不同程度，调查表中的问题随机排列。

PZB 认为，通过 SERVQUAL 量表的数据采集和分析，可以较好地测量出顾客感知服务质量的水平。SERVQUAL 评价方法完全建立在顾客感知的基础上，即以顾客的主观意识为衡量重点，首先度量顾客对服务的期望，然后度量顾客对服务的感知，由此计算出二者间的差异，并将其作为判断服务质量水平的依据。

资料来源：郭国庆.服务营销管理（第三版）[M].北京：中国人民大学出版社，2013.

9.3.2 服务质量的测量和提升

1. 服务质量差距模型

由上一节内容可见，服务质量是一种互动质量，也是一种主观质量，不同的顾客可能对同一种服务质量产生不同的感知和体验。因此，对顾客服务质量的分析是一个动态的过程，应注意以下几方面。

（1）对不同的零售业态，服务质量维度可能不同。如便利店可能更加关注便利、及时服务的需求，而百货商店则可能需要从全面的服务感受方面分析。

（2）对于不同的行业，服务维度的重要性存在差异。如分别以提供硬服务和软服务为主的服务类型,服务维度的重要性自然也会存在差异。

（3）不同的顾客,尤其是地域、文化差异较大的顾客,对服务维度的理解也会存在差异。

经过长期的实践,美国服务问题专家建立了服务质量差距模型,专门用来分析服务质量问题,即探求引起服务差距的原因,并找到提高服务质量的途径,如图9-4所示。

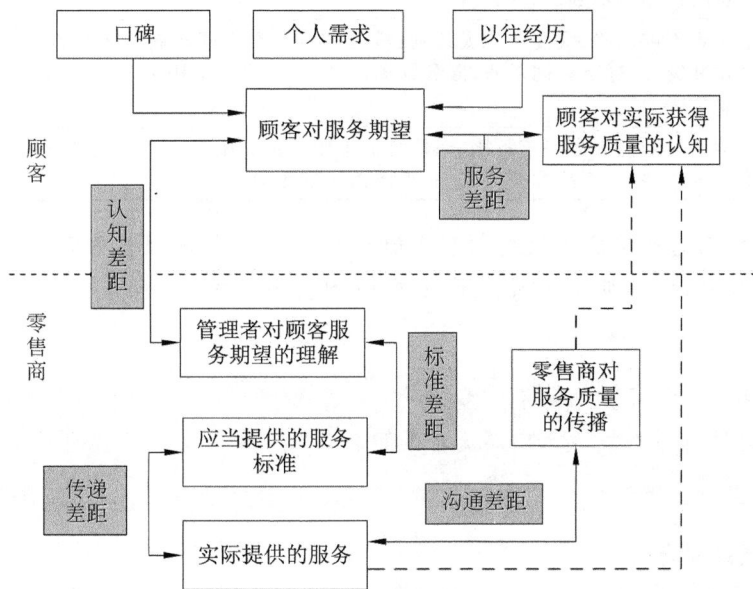

图 9-4 服务差距模型

服务差距(service gap)是指顾客预期与对实际服务的感受之间的差距,零售商需减小服务差距以提高顾客对服务的满意程度。由图 9-4 可以看出,服务质量的高低取决于服务过程中的几种差距,它们分别是以下几个方面。

认知差距(knowledge gap),指顾客预期与零售商对顾客理解的不同。如顾客关注低廉的价格,但零售商可能认为消费者关心优美的购物环境。

标准差距(standards gap),指零售商对顾客预期的理解与其设置的顾客服务标准的不同。如零售商希望快速完成服务,减少顾客等待时间,但没有明确的量化标准。

传递差距(delivery gap),指零售商的服务标准与提供给顾客的实际服务的不同。如员工培训不到位或不敬业都可能导致实际服务水平的缩水。

沟通差距(communication gap),指实际提供给顾客的服务与在零售商的促销计划中宣传许诺的服务不同。如零售商夸大宣传,大肆宣传自己商品如何齐全,但顾客可能发现缺货现象严重,导致顾客的心理落差。

导致这四种服务差距的原因是多种多样的,举例说明如表 9-9 所示。

表 9-9　四种服务差距形成原因

服务差距	原　因
认知差距	缺乏市场调查;市场研究和需求分析所使用的信息不准确;对期望的解释信息不准确;没有需求分析;从企业与顾客联系的层面管理者传递的信息失真;市场反馈机制不健全等
标准差距	企业管理机构行动迟缓;计划失误或计划过程不充分;计划管理混乱;组织无明确目标;服务质量的计划得不到高管的支持等
传递差距	标准制定不够明确、太复杂或太苛刻;员工对标准有不同理解或不同意见;标准与现有企业文化冲突,或标准之间矛盾;服务管理混乱;企业没有为服务工作提供良好环境和机会;员工素质等
沟通差距	营销沟通计划与服务要求不统一;传统的市场宣传和服务生产之间缺乏协作;宣传标准高于实际工作要求;有故意夸大其词、承诺太多的倾向

这四种差距合起来形成了最终顾客感知上的服务差距,如果各方面符合顾客预期,则对服务质量评价较高;否则会对企业产生消极的质量评价,令企业口碑不佳,甚至丧失业务。

　　讨论专题:服务质量大家说。选择一种业态或一类商品,登录企业的网站,查看其宣传或网上对这种业态或这类商品质量的评价,进行整理并分析影响其服务质量的主要因素,谈一谈你的看法。

2. 服务质量提升

零售商的目标就是通过降低每一种差距来最终降低服务差距,因此,提高服务质量的关键就是:①知道顾客希望的服务层次;②设置为顾客提供服务的标准;③执行达到服务标准的计划;④实行促销计划使顾客了解零售商提供的真实服务。

（1）知道顾客想要什么:减少认知差距

认知差距来自零售商没有真正了解顾客期望,因此,从了解顾客需求出发,提供符合顾客预期的服务项目或个性化服务,对弥补认知差距具有重要作用。从简单地询问顾客关于商店服务的问题到综合调查,零售商可以从多条途径了解顾客的真实需要。

一是用个人购物记录测量满意程度;二是小组采访,与顾客进行交谈,了解他们的购物经历,以及如何提高服务的建议;三是保持必要的顾客接触,掌握了顾客的第一手确切资料;四是重视顾客投诉,获得有关服务和产品的详细信息;五是关注来自员工的反馈,因为经常和顾客接触的销售人员通常能更好地了解顾客服务的期望及问题;六是综合研究,制定评估顾客预期和服务理念的计划,向前来购物的顾客发放调查问卷,每年进行持续的调查,以跟踪服务的执行情况,并对服务质量的走势作出判断。

（2）制定服务标准:减少标准差距

服务标准应该以顾客的感受为基础而不只是基于内部运作。

① 对服务质量的承诺。只有高级管理层进行领导并做出承诺,才会有优质的服务。高级管理层必须接受暂时的困难,甚至因改善服务质量造成的成本增加。这个承诺需要让负责提供服务的员工知道,并让服务人员通过高质量的服务获得奖励。

② 探寻解决问题的方法。通常,零售商不会制定很高的服务标准,因为他们认为提高服务质量要么太昂贵,要么是现有的员工不可能实现。这反映出他们不愿进行创造性思维,或探寻提高服务的新方法。零售商应不断探寻富有创意的新方法和技术来改善顾客服务。

③ 明确服务提供者的角色。对零售商的期望有一个明确的定义,指出什么是优质的服务,明确做事的步骤、与顾客接触的行为准则等。

④ 制定服务目标。为了提供高质量的服务,零售商要制定目标或标准来指导员工,并让员工参与到服务标准的制定中。当目标是具体的、可量化的,并使员工有一种参与感时,他们才有动机去实现服务目标。模糊的目标既不能确定员工应该做什么,也不能提供一个评价员工绩效的机会。

⑤ 评估服务绩效。零售商要持续地评估服务质量,确保目标的实现。如一些零售商定期作顾客调查,评价服务质量;一些利用秘密购物者(通过到商店购物来评价商店员工提供的服务的专业暗探)来评价服务质量。

(3) 达到并超越服务标准:减少传递差距

为了减少传递差距并提供超标准的服务,零售商必须为服务人员提供必要的知识和技能,给予设备支持和情感支持,加强内部的沟通,减少冲突,并授权员工以顾客和公司的最大利益行动。

① 提供信息和培训。员工需要了解商品信息,回答顾客提出的问题,向他们推荐相关的产品,更重要的是加强员工的自信和能力,这些都是解决服务中出现问题所必须的素质。此外,员工还需要接受在人际交往技巧方面的培训。通过培训,员工可以学会提供更好的服务,学会处理因顾客不满所带来的压力。比如,迪士尼乐园会为它的清洁工人提供四天的培训,以便他们能够自信地处理被顾客问到的各种各样的问题。

② 给予设备支持和情感支持。服务人员需要恰当的系统和设备来提供顾客所需的服务,以及来自同事和上级的情感支持。

③ 加强内部沟通并减少冲突。当提供顾客服务时,零售商必须经常处理顾客需要和公司规定之间的冲突。零售商可以通过制定明确的服务行动纲领和规定,或解释这些规定的合理性来减少这样的冲突。

④ 授权于员工。当负责提供服务的员工被授权作出重大决策时,服务质量就会提高,服务提供速度加快且不必牵扯太多的人。

⑤ 激励机制。许多零售商使用激励机制,如给予奖金、提成、荣誉、培训机会、升职等来激励员工,以有效地改善顾客服务。

（4）服务承诺的沟通：减少沟通差距

过分夸大提供的服务会提高顾客的期望。然后,如果零售商并不依此行事,使期望高于所获得的服务,顾客就会不满意。过高的期望也许起初能招来更多的顾客,但它还会产生不满意和减少重复的商业机会。首先应制定现实的承诺,在广告等营销沟通中要避免承诺过多,过高或随意承诺,要加强营销部门和运营部门的沟通,实现部门间的互动;其次要学会控制顾客的心理预期,避免形成过高的心理预期。

9.3.3　服务利润链

> **术语链接**：服务利润链提出了一系列相关因素之间的关系,如获利性、顾客忠诚度、员工满意度与忠诚度。利润和回报的增长来自忠诚的顾客,顾客忠诚又源于顾客满意,而顾客满意受感知服务价值的影响,服务价值是由那些满意的、投入的、忠诚的员工创造的。

服务利润链是表明利润、顾客、员工和企业四者之间关系并由若干链环组成的,如图 9-5 所示。这是 1994 年由詹姆斯·赫斯克特等五位哈佛商学院教授组成的服务管理课题组在"服务价值链"模型中提出的,他们追踪考察了上千家服务企业,试图从理论上揭示服务的利润是由什么决定的。

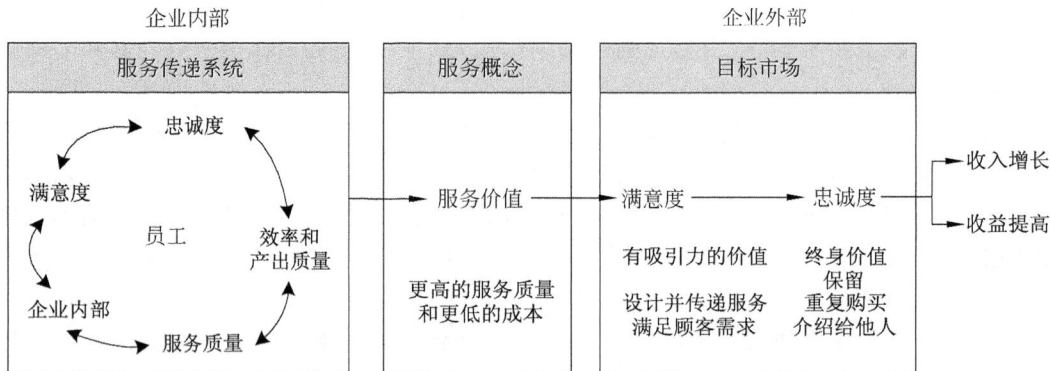

图 9-5　服务利润链

1. 内部质量驱动员工满意

满意和忠诚的员工来源于挑选和培训,但是需要提高信息技术和其他工作场所支持的投资,从而提高在服务过程中决策的自由度。内部质量描述了员工的工作环境,它包括员工的挑选和开发、奖酬和认可、对服务信息的获得、技术和工作设计等。如星巴克为要忙工作、家中又有小孩的雇员提供公司内托儿所,约 95 000 名兼职员工享受着全额健康保险福利、股票奖励以及免费的咖啡。

2．员工满意导致员工保留率及生产率的提高

在大多数服务工作中，员工跳槽的造成的代价是生产率的损失和顾客满意率的降低。在个性化的服务企业中，低员工流动率是与高顾客满意度密切相关的。例如西南航空公司一直是利润最高的航空公司，部分原因是该公司拥有较高的员工保留率，它低于 5％的员工流动率在该行业是最低的。

3．员工保留率和生产率提升服务价值

高服务价值来源于企业员工高保留率和高工作效率，即员工对企业的忠诚度。企业员工的工作是服务价值产生的必然途径，而员工的工作效率无疑决定了他们所创造的价值高低，只有高忠诚度的员工才能产生高的服务价值。对企业而言，要培养员工的忠诚度，最重要的是要让员工有归属感、事业成就感，可通过给予员工提供发展的机会，建立员工自我管理团队，提供挑战性的工作，对员工无微不至的关怀等措施来实现。对每个员工进行准确的定位，最终让职业忠诚同企业忠诚达到完美结合。

4．服务价值影响顾客满意度

顾客满意度取决于员工的服务质量和提供的服务价值高低。对于顾客来说，服务价值可以通过比较获得服务所付出的总成本与得到的总利益来衡量。顾客购买产品或服务时，总希望把资金、时间等成本降至最低，同时又希望从中获取更多的利益，因此，顾客所得的价值越大，其满意度越高。企业提高顾客满意度可以从两个方面入手：一方面可以通过改进服务，提升企业形象来提高服务的总价值；另一方面可以通过减少顾客购买服务的时间、精力与体力消耗，降低顾客的货币与非货币成本。

当员工有强烈的服务导向时，顾客就觉得其服务是一流的。而顾客对服务的反应也会使员工对服务有进一步的认识。因此，尽管员工与顾客从不同的角度看待服务，但他们对组织有效性的感知是相关的。图 9-6 以"满意镜"的形式说明了顾客和员工之间的关系，人际关系满意度的提高对参与服务的双方都有好处。

5．顾客满意度决定顾客忠诚度

施乐公司曾对其顾客进行过一次调查，结果发现，"非常满意"的顾客再次购买施乐产品的可能性是"满意"顾客的 6 倍。该公司称这些非常满意的顾客为"传道者"，因为他们会转变那些不接受公司产品的人的看法。另一极端为"恐怖分子"，这些非常不满意的顾客会产生不好的口碑，应竭力避免产生这类顾客。

6．顾客忠诚度导致企业获利与成长

市场份额的质量应得到与市场份额的数量一样的关注，市场份额考查中，应增加忠诚顾客数量的分析。一般而言，顾客忠诚度增加 5％，利润可以增长 25％到 85％，忠诚度可以通过顾客使用的服务数量以及他们与零售商之间关系的深度来衡量。

顾客   员工

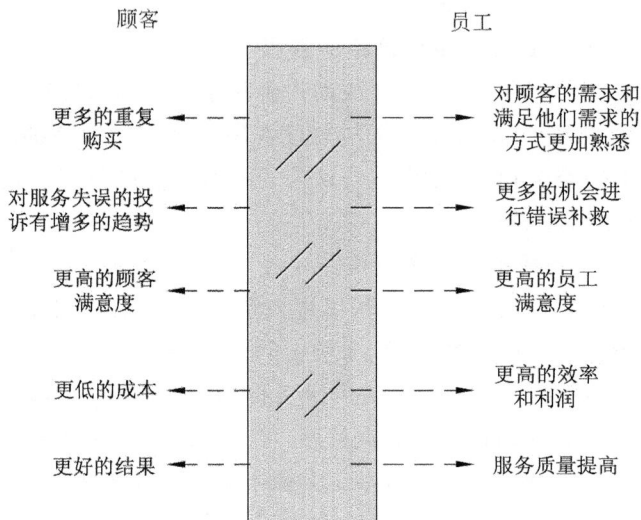

| 更多的重复购买 | ← - - - - → | 对顾客的需求和满足他们需求的方式更加熟悉 |

对服务失误的投诉有增多的趋势 ← - - - - → 更多的机会进行错误补救

更高的顾客满意度 ← - - - - → 更高的员工满意度

更低的成本 ← - - - - → 更高的效率和利润

更好的结果 ← - - - - → 服务质量提高

图 9-6　满意度

【案例链接】

海底捞：就这样被你征服

在餐饮连锁百强——海底捞无疑是一匹黑马，让顾客无可挑剔的服务使得消费者对海底捞一片赞誉。那么，它的成功秘籍在哪儿呢？海底捞董事长张勇认为：他考核店长的指标只有两个，一个是客人的满意度，一个是员工的工作积极性。换言之，他既关注顾客的满意，也关注员工的满意。

1．把员工当家人，员工把企业当家

海底捞的员工服务热情极高，所有的服务人员都有求必应，忙得团团转，表现出一种主人翁的自豪感。这源于公司首先对员工的足够尊重。如员工住的都是正规住宅，有空调和暖气，电视电话一应俱全，还可以免费上网，公司还雇人给宿舍打扫卫生，换洗被单；在四川简阳建立寄宿学校，解决员工的子女教育问题；优秀员工的一部分奖金，每月由公司直接寄给在家乡的父母；鼓励夫妻同时在海底捞工作，而且提供有公司补贴的夫妻房；提倡内部推荐，于是越来越多的老乡、同学、亲戚一起到海底捞工作等。

正是这一系列举措，解决了员工生活上一系列的后顾之忧。但这种"将心比心、以心换心"的做法换回了员工对企业的加倍付出。因此，海底捞才能够不断出现"橡皮筋、小发夹、手机套、眼镜布"等一系列创新之举。

2．对顾客的极致服务

不少网友说"只要是地球人，就无法拒绝海底捞的服务"。可见，对于一家餐饮服务企

业来说,服务的成功帮助海底捞培养了一批忠诚顾客。海底捞的服务是如何做的呢?

在排队等待用餐时,将一个极其枯燥的过程变为心甘情愿地等待。期间,服务员会时不时送上免费的饮料、水果和点心,顾客既能免费享受擦皮鞋、上网、美甲等服务,也可以随意挑选打牌、下棋之类的娱乐项目。像这样贴心的服务,已经延伸到从用餐到结账的各个环节中:上了饭桌,火锅菜可点半份,饮料可以免费续杯,水果免费……针对不同的顾客还有特殊服务,比如对女士,会赠送皮筋,用来绑起头发,避免沾到食物;顾客中有孕妇,服务员会送上柔软的靠枕;戴眼镜的客人则会得到擦镜布,以免热气模糊镜片……除此之外,"海底捞式服务"还格外大方。在卫生间准备了免费的护肤品和牙刷牙膏;糖果几乎可以随需拿取;服务员可以帮忙下菜、捞菜、剥虾皮;服务员熟悉二次客户的名字,甚至记得一些人的生日、结婚纪念日,现场还有抻面表演等。

尽管免费服务的项目种类繁多,但张勇看来,特色服务所积累的人气,可以换来更大的回报。因此,海底捞成功诠释了这样一个逻辑:把员工当家人,员工把企业当家,用心服务,顾客满意,顾客忠诚,带来源源不断的利润。

资料来源:海底捞提供"地球人拒绝不了"的服务[N].经济参考报,2011-08-19.

9.4　服务补救和创新

9.4.1　服务失误与分析

顾客往往把他们对商店服务的评价建立在他们的预期上,这些预期经常受到实际提供服务的影响。在服务过程中,影响顾客最终对服务感受的因素有很多,如表 9-10 所示,这些因素都可能成为服务失误的诱因。

表 9-10　影响顾客服务质量的因素

有形展示	途径
• 店面或网站 • 产品展示 • 员工形象	• 网站下载速度 • 结账快慢 • 便利的店址和营业时间 • 提供有关订单状况的信息
理解顾客	能力
• 给予个人关心 • 网站的个性化 • 认识常客 • 通知顾客新产品到货	• 有能力有技能的员工 • 在网上所提供信息的深度
安全	反应
• 在购物场所感到安全 • 网上购物安全 • 顾客信息的保密	• 回复顾客电话和电子邮件 • 给予及时的服务

续表

可信度	可靠性
• 有信誉 • 保证 • 退换货政策	• 结账准确 • 履行送货诺言

从表中可以看出,影响服务质量的因素众多,在某一方面或环节出现问题都可能出现服务失误或失败。一般来说,服务失败表现有顾客抱怨、顾客投诉,这些状况都可能进一步导致顾客流失。

1. 顾客抱怨

顾客抱怨(customer complaint)指顾客对零售商的产品、服务、人员或环境等方面的不满和指责,抱怨行为是不满意的具体行为反应。

(1)顾客抱怨对零售商的影响

顾客抱怨产生的影响主要表现在:①顾客购物中出现问题,产生抱怨,体现出其仍对商店持有期待,希望改善服务。零售商应意识到这一点,尽可能消除顾客抱怨,使顾客满意,保持对商店的良好印象。②顾客抱怨对店铺形象有影响。因为服务质量不好,尤其是顾客产生抱怨时又处理不当,带来了人际或媒体的社会传播,不仅会使投入到服务方面的资金浪费,而且也破坏了店铺形象。③顾客抱怨有助于改善企业经营管理。研究表明,只有1/5的顾客会把抱怨讲出来,抱怨是顾客发出的一种希望再来的信号,这给了商家一个发现问题并改正错误的机会,认真对待可以提高零售经营管理水平。

(2)顾客抱怨的类型

概括说,顾客抱怨类型有建设性抱怨、引起注意的抱怨和专业抱怨三种类型。

① 建设性抱怨(suggestive complaint)指顾客指出问题,同时也提出改进意见。这种抱怨是善意的,这类顾客多数能成为忠诚顾客。

② 引起注意的抱怨(arise attention complaint)指有的顾客通过抱怨而引起服务人员对他的重视和注意,或者由此引起上一级领导与其见面,使他感觉到自己很重要,这是一种希望得到尊重的表现。

③专业抱怨(professional complaint)指挑剔性顾客,专门挑毛病的抱怨类型,这类顾客是少数,也许只是希望从抱怨中赚些好处。

2. 顾客投诉

顾客投诉指顾客对企业产品质量或服务上的不满意,而提出的书面或口头上的异议、抗议、索赔和要求解决问题等行为,是顾客抱怨的公开化行为。即使是那些在提供服务方面做得很出色的企业,仍然不得不应付那些感到不满意的顾客。企业处理顾客投诉问题的能力如何,是决定企业能否留住顾客、能否从投诉中发现问题并改进服务质量的重要因素。

  敏锐的零售企业会从两个方面看待投诉。一方面,它是一种能够被用来帮助衡量质量、为服务设计和实施提供帮助的信息流;另一方面,它是一系列独立的顾客问题,其中每一个问题都需要解决。投诉和询问、建议一样都能被用作市场研究的信息投入。

  获取"及时"投诉的好处是在服务传送完成之前可能还有机会做出修正。当一个服务的过程很长,而服务的后果又很重大时,这样的补救可能是至关重要的。从员工的角度看,及时投诉的不利之处在于聆听顾客的不满会使其失去动力,及时处理投诉又会干扰服务传递的顺利进行。对于员工而言,真正的困难是他们常常没有解决顾客问题的权力和工具,尤其是当需要牺牲公司的利益来做出替代安排或在现场核准赔偿时。

3. 服务失误的原因

  从顾客抱怨和投诉的现象中,要分析服务失误出现的原因,主要有商品本身、服务人员方面、设施和环境方面及顾客自身原因等几个方面,如图 9-7 所示。

商品因素	服务因素	设施与环境因素	顾客因素
商品质量低劣、配件不全;商品过期、裸置或损坏;商品品种规格不全,不能充分选择;畅销商品严重缺货;商店定价均高于其他商家;商品标签不清或错误,导致出现商品价格、式样等错误	服务人员态度不好(冷漠、不友好等)或过于热情导致顾客反感;缺乏职业道德和诚信(不兑现承诺、不公平交易等);业务不熟练(商品知识少、对销售政策不了解等);服务项目不全;不适当的交易程序(结账时间过长等)	地面太滑或有障碍物;通道或楼梯狭窄拥挤;缺少休息、寄存物品的场所和设施;卖场光线太差,嘈杂;试衣间、收银台等数量不足;货架设计与摆放不合理;相关设施不清洁;不安全,顾客物品丢失等	顾客认知不足或有偏见;顾客期望过高;顾客需求或购物决策发生变化;顾客购物习惯的影响;顾客自我表现、自我保护等心理作用影响;顾客购买权限与支付能力的限制等

图 9-7 顾客抱怨原因分析

  当然也有部分顾客对服务产生不满,有抱怨但不采取投诉,这也是经营者应该关注的一类现象。不愉快的顾客为什么不投诉?分析顾客不投诉的原因也可能帮我们发现问题。一般有以下几类原因。

  ① 不值得花费时间和精力;

  ② 担心没有人会关心他们的问题或没有兴趣采取行动;

  ③ 不知道到哪里去投诉及怎样投诉;

  ④ 对以前投诉的结果不满意,问题得不到解决,以后不愿意再浪费时间;

  ⑤ 心理方面的因素,如怕被人认为是不通情理、挑剔刁蛮的人或者想让别人认为自己是不计小节等心理作用。

  一般来说,服务意识和水平较高的地区消费者投诉更多;来自高收入家庭的消费者比来自低收入家庭的消费者提出投诉的可能性更大;善于投诉者往往具有更丰富的产品知识,也更了解投诉渠道;其他增加投诉可能性的因素包括问题的严重性、产品对顾客的重要性和财务损失等。

9.4.2 服务补救及措施

通常,对不满意顾客的一些统计数据分析,我们可以得到以下结论。

① 在对产品和服务不满意的顾客中,只有4%会直接对公司讲。在96%的不抱怨顾客中,25%有严重问题;

② 4%抱怨的顾客比96%不抱怨的顾客更可能继续购买;

③ 如果问题得到解决,那些抱怨的顾客中将有60%会继续购买。如果尽快解决,这一比例将上升到95%;

④ 不满意的顾客将把他们的经历告诉10～20人;

⑤ 抱怨被解决的顾客会向5个人讲述他们的经历。

以上事实告诉我们:尽快解决服务失败是建立顾客忠诚的重要途径,可以采用服务补救技术将一个潜在的不满意顾客变为一名忠实顾客。

> **术语链接**:服务补救,指服务性企业在对顾客提供服务出现失误和错误的情况下,对顾客的不满和抱怨当即做出的补救性反应。其目的是通过这种反应,重新建立顾客满意和忠诚。

1. 服务补救过程

服务补救一般包括三个阶段:补救前阶段,体现顾客对补救的期望,包括服务保证;第二个阶段是补救过程,包括了对一线员工的训练和指导,使他们能够对服务失败做出适当响应;第三个阶段是鼓励顾客再次光临。图9-8所示,服务补救过程如图9-8所示。

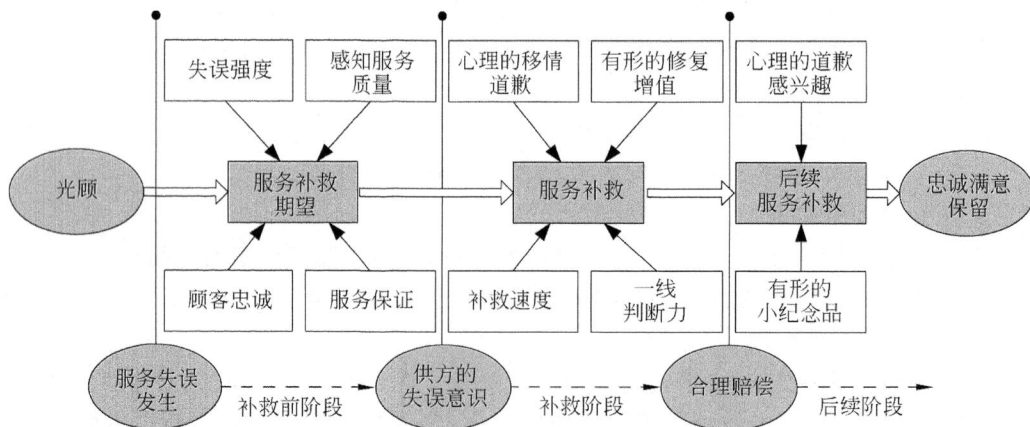

图9-8 服务补救框架

资料来源:Janis L Miller,Christopher W Craighead,Kirk R Karwan. Service recovery:a framework and empirical investigation[J]. Journal of Operations Management,2000(18):388.

2．服务补救的方法[①]

服务补救有四种基本的方法：逐件处理、系统响应，早期干预和替代服务补救法。

① 逐件处理法。针对顾客的不同投诉进行逐件处理,这种方法容易执行且成本较低,但是它也具有随意性。例如,最固执或者最好斗的投诉者经常会比通情达理的投诉者得到更令人满意的答复,它的随意性会产生不公平。

② 系统响应法。此法使用标准和规定来处理顾客投诉。由于采用了识别关键失败点和优先选择适当补救标准等制度和计划,它比逐件处理法更加可靠。只要标准和制度规定不断更新,就能提供比较及时和全面的响应。

③ 早期干预法。此法试图在影响顾客以前进行干预和解决服务流程问题。如一名销售人员发现缺货,他可以马上通知换货顾客,或帮助顾客可以采取其他方案。

④ 替代服务补救法。此法指通过提供替代服务进行服务补救,以赢得顾客。如在一个提供投诉处理的部门中,某一工作人员的服务态度或水平较差,无法及时处理顾客投诉,可以由其他优秀员工或部门经理作为替代进行补救。

3．服务补救的原则

零售商可以根据实际情况,选择不同方式来处理和解决顾客投诉,但无论选择哪一种,都有遵循以下原则。

① 承认顾客的重要性。在顾客开始解释问题之前,申明自己帮助者的身份,使顾客认识到对其的尊重。尽量安抚顾客的情绪,不可激化矛盾。

② 理解顾客的问题。向顾客询问所有问题,以便能够对情况进行全面的了解。明确双方责任,找出问题所在。在这个阶段不要归咎任何一方。

③ 向顾客重述问题。在不打断顾客的前提下,按照自己的理解解释问题。

④ 考虑到所有可能的情况。利用你的想象力,找出所有可能的补救方式。

⑤ 商定解决方式。确定一个对双方都公平的解决方式,然后与顾客达成协议。

⑥ 保证顾客离开时感到你在设身处地地为他着想。这一点最为重要,假设自己是顾客,如果一个解决方案不能令你满意,肯定会再找别的方案。损失一点眼前利益要比永远地失去一位顾客更合算。

4．服务补救措施

（1）转变观念

对于顾客抱怨投诉如何看待,决定了零售商会采取什么样的行为,进而影响到结果。如果把顾客的抱怨看作是一种麻烦,变化采取消极的态度,尽可能地回避、拖延,只能进一步加大了顾客的不满情绪;反之,如果以一种积极的态度,将顾客投诉看作是二次销售的

---

① 资料来源：T C Johnston，M A Hewa. Fixing service failures[J]. Industrial Marketing Management，1997（26）：46-77.

机会,及时反馈顾客,本着为顾客着想的方式化解顾客的不满,会极大地提高顾客满意度和忠诚度,获得"口碑营销"的效果。零售商在处理顾客投诉时的态度,基本的要求有三个:礼貌地对待顾客、公平地解决问题和迅速采取行动。

（2）礼貌对待顾客认真倾听顾客的倾诉

顾客会因为他们与零售商之间实际的或想象的问题而变得情绪化。一般的情绪反应,可以通过给顾客一个机会,让他们说出抱怨而得到缓解。商店员工应该允许顾客不间断地抒发他们的抱怨,打断他们会进一步激怒那些已经情绪不安的顾客,顾客需要的是对他们的抱怨表示同情的回馈。因此,商店员工需要清楚表明他们很乐意处理顾客的问题。若商店员工有敌对的态度,或认为顾客企图欺骗商店,他们很难会想出满意的解决方法。员工还需仔细倾听,以决定什么是顾客认为公平的解决方法。

（3）提出公平的解决方法

面对抱怨,商店员工需要聚焦在怎样拉回顾客,而不仅仅是如何才能解决问题。当顾客觉得他们得到公平的处理时,就会产生良好的印象。在评价问题的解决办法时,顾客会与遇到相似问题的其他人比较他们所受到的待遇。

① 分配公平。指顾客对于所得利益与他们的成本（即不便或损失）相比的感觉。比如一杯免费饮料或价格上的折扣等低成本补偿也许比口头道歉更能给予顾客关心。若提供有形的补偿是不可能的,那么最好的方法就是让顾客看到他们的投诉对未来产生了影响。

② 程序公平。指让顾客感觉到解决投诉的过程的公平性。在评价程序公平时,顾客常考虑以下三个问题:员工收集了有关当时情形的信息吗?这些信息被用来解决投诉了吗?顾客对于结果有影响力吗?如果商店员工按照公司的章程办事,顾客会特别感觉他们受到了公平处理,对于处理投诉程序的不满,会掩盖正确结果所带来的益处。

（4）尽快解决问题

一旦发现服务失误,服务人员必须在失误发生的同时迅速解决,否则,没有得到妥善解决的服务失误会很快扩大并升级。在某些情形下,还需要员工能在问题出现之前预见到问题即将发生而予以杜绝。例如,当某一件商品出现脱销或断货时及时通知客户,降低顾客对缺货的不满,或者及时采取其他措施。

（5）赋予员工的权力

对于一线员工,需要特别的服务补救的技巧和随机应变的能力等方面培训。有效的服务补救技巧包括认真倾听顾客抱怨、确定解决办法、灵活变通的能力。员工必须被授予使用补救技巧的权力,当然,这种权力的使用是受限制的,在一定的允许范围内用于解决各种意外情况。一线员工不应因采取补救行动而受到处罚,相反,企业应鼓舞激励员工们大胆使用服务补救的权力。

（6）掌握充分的商品和顾客知识

对于一线员工来说，掌握知识越全面，处理问题就越得心应手。对于服务人员应充分掌握两类知识。

① 商品知识。商品知识包括很多层面，例如商品的起源、制造工艺、使用方法、保养方法、与同类竞争商品的比较等。而对销售人员来说，最重要的商品知识，并不是站在销售人员的立场，而是从客户的观点而言，销售人员销售的商品能够给客户带来什么好处。

② 顾客知识。顾客知识包括了顾客心理、偏好等众多的内容，但零售企业的销售人员在与顾客接触过程中，要善于判别顾客的类型及特征，以采取针对性的销售措施。如常见的顾客类型有防御型、急躁易怒型、犹豫不决型、果断型、有明确目标型和内向软弱型等，不同类型顾客沟通及处理问题的方式也不相同。

> **讨论专题**：在零售各业态经营中，总能发现一些较难缠的顾客，主要有这样几类：①愚顽型顾客；②刁钻型顾客；③蛮横型顾客；④冷漠型顾客；⑤耍赖型顾客。对于商家来说，如何更好的服务于并取得这些顾客的满意是一个挑战性的工作，请大家结合具体例子谈一谈对难缠型顾客有效服务的好方法。

9.4.3　零售服务创新

服务创新是指新的设想、新的技术手段转变成新的或者改进的服务方式。其目的是增加顾客满意度，进而使之成为忠诚顾客，产生重复购买的行为。获得顾客满意和忠诚的核心在于顾客感知的让渡价值的增加。零售服务创新虽然有不同的类型和方式，其导向都是为了增加顾客价值。

1. 服务创新途径

（1）按创新程度划分

按创新程度对服务创新进行分类，有以下五种途径。

① 全面创新。指借助技术的重大突破和服务理念的变革，创造全新的整体服务。其比例最低，却常常是服务观念革新的动力，常表现为一种全新零售业态的出现。

② 局部革新。指利用服务技术的小发明、小创新或通过构思精巧的服务概念，而使原有的服务得到改善或具备与竞争者服务存在差异的特色。

③ 形象再造。指服务企业通过改变服务环境、伸缩服务系列、命名新品牌来重新塑造新的服务形象。

④ 改型变异。指通过市场再定位，创造出在质量、档次、价格方面有别于原有服务的新服务项目，但服务核心技术和形式不发生根本变化。

⑤ 部分引入。指通过购买服务设备、聘用专业人员或特许经营等方式将现成的标准

化的服务引入到本企业中。

根本创新和附加创新两个角度列出的服务创新的分类和举例。

表 9-11 服务创新的分类及举例

新服务分类	描 述	实 例
根 本 创 新		
主要创新	市场尚未定义的新服务,这类创新通常由信息和计算机技术驱动	1995 年 5 月建立的 Wells Fargo 网络银行
开始业务	市场上已经有企业提供的新服务	如信用卡的补充产品,为零售业务而设计和发放的智能卡
为现有市场提供的新服务	对组织现有顾客提供的新服务(尽管这些服务可能已经由其他企业提供)	如超级市场售货亭或其他零售设施(例如,星巴克咖啡店里的 Wells Forget)
附 加 创 新		
服务范围延伸	现有服务项目的增加,例如增加菜单项、新线路和新课程	如航空公司为头等舱旅客提供的特别休息室
服务进步	目前正在提供的服务的改进	Delta 航空公司用类似于 ATM 的机器分配食品
风格变化	最通常的新服务形式,是对顾客感知、情感和态度的可视化的适度变化。风格变化并未彻底改变服务、只改变了它的表现形式	如便利店提供全面服务,鲜花装饰,彩色工具,明亮的墙壁和更多的窗户和灯

（2）按创新内容分

① 产品创新。针对市场存在的潜在需求,借助于商品本身或商品的附加价值表现新的服务形式。如某鞋店针对女士皮鞋增加了皮鞋美容服务,并在此基础上进行产品样式革新。

② 市场创新。指开发新的细分市场,开辟全新市场,进入新的行业等。如某一家便利店增加美容美发项目,开发了一个新的顾客群体。

③ 技术创新。科技进步为零售企业提供了服务创新的来源,特别是网络和信息技术的应用,带来了各种增值服务。如广东某连锁便利店所采用的增值服务平台,开展支付宝、月饼代邮、深圳通、邮政车管家等增值服务项目,充分发挥了便利店业态所具有的针对生活节奏快的年轻人的便利功能。

④ 传递创新。指零售服务企业的传递系统或传递媒介的创新,包括企业与顾客交互界面的变化。如一些儿童用品专业店或大型百货的儿童专区,开辟专门场地提供玩具的自由试用,在增加儿童和陪同父母满意度的同时巧妙增加销售成功的概率。

⑤ "专门创新"。指针对某一顾客的特定问题在交互作用的社会化过程中构建并提出解决方法的创新模式。如在家居零售卖场里,可针对不同顾客对家庭装修、家居装饰的

特殊要求,提供包括设计家居装修装饰方案、提供现有商品或定制商品及后续服务等一体化的销售及服务活动。

2.零售服务创新方向

(1)服务个性化和精确化

许多零售企业正从浪费性的大众营销转变到基于建立持续顾客关系的精确营销。依托现代信息技术手段可建立个性化的顾客沟通服务体系,实现企业可度量的低成本扩张之路。通过精确服务,创造一个为顾客着想的形象,提高服务价值。如百思买公司拥有一个存储量超过 15 000GB 的顾客数据库,该数据库保存了 7 年当中 7 500 万个家庭的顾客每笔交易和互动的信息,然后公司将超过 3/4 的顾客进行组合与分类,分类后将核心顾客分别归入不同档案,如富裕的专业人士、居家男人、年轻的技术发烧友等。通过对顾客的细分,准确的定位,使得百思买能够提供更加精确的服务。

(2)关注服务体验性

消费过程中所获得的符合自己心理需要和情趣偏好的特定感受即体验。在现代人紧张的生活中,购物已成为一种放松精神的方式,零售企业还扮演着娱乐、休闲、学习等功能场所和文化交流场所的角色。舒适的购物环境,别出心裁的购物体验都会给消费者带来心理上的满足。如 IBM 提供的零售商业智能解决方案之一的 VTeen,是一种用于"80后"青少年销售服装和配饰的业务模式。为实现这一目标,VTeen 专注于在网上和商店里营造前卫的购物体验,并且是通过"80 后"常用的技术,比如手机、博客和虚拟环境、"第二人生"等来提供这样的体验站。在那里,消费者有了属于自己个人购物空间,可以通过自行确定参数或上传照片,在网站上虚拟另一个"我"。这样无论买衣服、鞋帽或配饰,都可以先试穿再购买,帮助找到最适合的搭配。

(3)服务互动性增强

新型的沟通工具包括从电子邮件、视频电话、博客,到在线点播、网络聊天、网络游戏、虚拟社区等,不胜枚举,使企业能更主动、快捷地与顾客进行双向沟通互动,为每个单独的顾客提供专门定制的广告和促销活动。例如,耐克加强型鞋的跑步网站,大概有 20 万跑步者上传他们成绩,并进行跟踪比较,其中一半以上的人每周至少访问该网站 4 次。

让顾客互动起来的关键在于能够创建一个互动平台,如开发网上社交网络或建立店家的网络社区。一方面,顾客可以通过社交网络讨论商家的产品和服务,也可以发表自己的意见、抱怨和申述,为赢得顾客满意提供有价值的市场信息。另一方面,凭借互动平台,顾客之间也可以进行谈论和交流,结交朋友,扩大交际,从而有效地达到提升口碑营销的效果。

(4)情感式服务

在情感消费时代,消费者购买商品也是为了一种感情上的满足,心理上的认同。零售企业应从消费者的情感需要出发,唤起和激起消费者的情感需求,诱导消费者心灵上的共鸣,提高服务价值,建立起与顾客间的亲密关系。情感服务,即企业通过笼络顾客感情,建立巩固的顾客关系,避免顾客流失。

情感销售首先要体现在贴心的服务上,把顾客的事当着自己的事。其次,情感服务还体现于人性化服务。如宜家意识到其目标顾客群以年轻夫妻为主,就为这些年轻夫妻提供特殊的服务:可让孩子在由专人看护的儿童乐园中玩耍,在宜家内部的餐厅及咖啡厅内,孩子可以选择专设的儿童餐,卫生间内有婴儿尿布更换设施,餐厅内有奶瓶加温设施,为青年夫妻购物解决了后顾之忧,产生一种无形的亲切感,同时也增加他们在商店的停留时间和购买机会。

(5) 技术让服务越来越便捷

如射频技术、生物识别技术、店铺模拟技术、单品排面管理技术、3G 手机客户终端等将被广泛应用于零售业,信息技术的运用可以大大方便顾客的购物。如有的超市最近开始运用"自动结账"系统,采用这一系统,顾客可以自己动手扫描购买的商品,自己进行结账,免受排队交款之苦。一些超市在货架上安装了个人购物"助理",帮助消费者准确找到需要的商品,以及发现一些特价商品。

【阅读链接】

自助服务的重要性

自助服务是一处充满竞争的战场,它不仅能推动更为灵活复杂的客户体验,并且通过与顾客的互动,使企业减少成本、降低出错率。偏爱自助服务的顾客并不认为电子服务就是冷冰冰不通人情的,反之,他们还感激这种方式让他们对服务体验有了更多的控制权。

国外研究指出,近 2/3 的顾客倾向于使用自助服务,而不是和客服咨询人员交谈,60%的人在尝试解决问题时第一步会先访问公司的网站。事实上,客户所寻求的根本不是服务,至少并非传统形式的服务,他们只是想完成某事或解决某一问题,并且希望能够快速有效地完成。

零售商在发展自助服务时,应考虑到以下几个关键的概念。

(1) 从顾客的视角去设计一切。即让顾客参与到自助服务功能中去,了解他们真正的需求和目的,并思考如何提高服务水平。

(2) 为自助服务体验创造一套平衡的指标。目的在于估量顾客自助服务体验的操作、成本和质量等各个方面,并通过努力不断完善。

(3) 提高用户界面的交互性。在所有交互中,坚持用户体验的卓越性,其目标是增加使用自助服务的人数,同时减少来自外部的干预。

(4) 分析数据以创造新的顾客洞察力。即尽可能多地收集客户自助服务交互的数据,利用这些数据了解顾客是如何与系统进行互动的,并为顾客和零售商都提供反馈信息。

虽然零售商可以利用自助服务来提升效率和导向性,但要发挥其真正的力量,还应将它作为一种战略任务来完成,以响应不断变化的客户行为。

资料来源:数字标牌网.http://www.ds-360.com/news/2013_1_10543.htm.

【相关术语】

售后服务(after-sale service);　　　　售前服务(pre-sale service);

服务设计(service design);　　　　　　服务定位(service position);

服务沟通(service communication);　　服务补救(service recovery);

顾客满意度(customer satisfaction);　　顾客忠诚度(customer loyalty);

顾客抱怨(customer complaint)　　　　服务失误(service failure);

服务差距(service gap);　　　　　　　沟通差距(communication gap);

认知差距(cognitive gap);　　　　　　标准差距(standards gap);

传递差距(delivery gap);

【思考与练习题】

1. 零售商应该如何看待和处理顾客投诉?

2. 服务差距模型为分析服务失效原因和检验服务质量提供了一个系统方法。如我国超市中经常出现排队结账等待而抱怨不休的现象,试运用差距模型来分析该问题并提出解决办法。

3. 服务的形式多种多样,如购物顾问、送货、信用卡、退换货等,举例说明对不同的零售业态哪些服务重要,哪些不重要。

4. 服务意识和服务形象对一个零售商来说,有哪些方面的重要性。

5. 经过有效的服务补救,不但能重获顾客满意,甚至能培养出一名忠实顾客,应该怎么做才能达到这样的效果。

6. 网上顾客希望得到与实体商店中购买类似商品相同的服务吗? 请谈一谈你的看法。

7. 零售商应如何针对不同类型的顾客提供不同的服务水平,是否一定要超过竞争对手提供的顾客服务水平。

8. 有效的服务沟通在零售服务中起到了什么作用? 应该如何进行沟通。

【零售创业实践】

你和你的创业团队准备在一个新开发的居住区内开一家便利店,周围小区以年轻人居多且商业配套设施尚不齐全,你们想通过差异化战略树立服务方面的特色。最终经过讨论,请完成一份"关于某便利店服务创新和设计报告",解决并包含以下几方面问题。

(1) 对周围居民进行调查,确定居民对服务的需求并进行罗列。

(2) 对便利店的经营及问题进行分析,尤其要了解竞争对手的经营状况,明确该店的市场定位和服务定位。

(3) 提出该店的服务创新思路,要充分说明理由。

(4) 设计你们新创便利店的服务项目,并提出实施方案,同时提出对服务质量的监控措施。

案例分析

诺德斯特龙的"英雄式"服务

诺德斯特龙(Nordstrom)是美国著名的高档连锁百货店,其经营的产品包括服装、饰品、箱包、珠宝、化妆品、香水、家居用品等。诺德斯特龙 1901 年创立于美国的西雅图,最初以销售鞋子为主要业务,并为顾客提供修鞋服务。1963 年,诺德斯特龙购买了西雅图的贝斯特服装店,就此开始经营女士服装和饰品。这一举措使诺德斯特龙从原本经营单一品类(鞋)的专业店零售商转变为多品类经营的零售商,并由此开始了向品类更丰富、更宽泛的百货商店转型。到现在,诺德斯特龙已发展成为遍布美国的时尚百货店,并且发展劲头迅猛,店数不断增加,并不断推出新的服务,是美国零售业中受瞩目的企业之一。

诺德斯特龙以其优质的客户服务、完美的购物空间设计、能够一站式买到质量最好的所有家庭成员的服装而闻名,反映这家公司顾客满意的例子不胜枚举。

(1) 通常退货都需要收据或合适的理由,使用过的东西更不大可能退换。然而,诺德斯特龙的服务态度是不问任何理由,提供对方退款或者是交换的服务。如曾经有一位女士拿了一对已经购买了一个月,价钱 20 美元的坏了的耳环到店里,结果这位女士当场又拿到一对新的耳环;一位顾客在一年前买了一双皮鞋,后因为穿着太紧要求商店修理,结果他拿到的是一双新的皮鞋。

(2) 对于准备马上穿着去参加重要会议的顾客,店员们会主动将新衬衫熨好;对于忙着试穿衣服的顾客提供餐饮服务;对于找不到合适商品的顾客,除了向其他商店调货之外,另以七折优惠出售;对于无法亲自上门的顾客,或者是转机空隙只能在机场试穿的顾客,店员会把西服、皮鞋等产品直接送到顾客面前试穿;寒冬期间,主动帮顾客发动引擎暖车,替停车在其他停车场的顾客支付停车费。诸如此类英雄式的服务行为,在诺德斯特龙被视为是理所当然的事。所以他们的店员被视为是随时寻找服务机会的"超人"。

(3)曾有一名顾客对诺德斯特龙的名气感到怀疑,因为他所购买的两套旅行用西服一直到出发前还没有送达,于是他认为诺德斯特龙也并不如传说中的那样完美无缺。但是当他抵达旅馆之后,发现他所订购的两套西服随同一封道歉函和价值25美元的三条领带已经由货运公司送达旅馆。

还有一位顾客写信给诺德斯特龙负责人约翰,要求修改西服。约翰立刻亲自带了一套新的西服以及一名裁缝抵达这位顾客的办公室,而且修改之后的那套西服也一起免费送给这位客人。

有一名老年妇女要买一条不会被轮椅钩住的披巾,可店员找遍店里的商品,还利用假日到其他店里去询问,结果还是找不到合适的商品。最终,这位店员自己用毛线打了一件披巾给那位顾客。

(4)诺德斯特龙的每一名店员手边都备有常客的个人资料,包括姓名、住址、电话号码、西服尺寸、款式、喜欢的颜色、生日以及其他纪念日等。店员根据这些信息,通知顾客感兴趣商品的进货时间,或者赠送纪念品等。此外,还可以利用顾客选购商品的时间,参考手边资料,建议顾客搭配一些其他商品。顾客购买之后的感谢函上还会附上商品的适用程度说明。

(5)顾客对价格最为敏感。诺德斯特龙不但店员人数比其他商店多,库存量也比其他商店大。在价格方面,维持与其他商店相抗衡的水平,但是也随时注意避免造成价格竞争,绝没有顾客以200美元购买的一条裙子,突然降价为120美元的现象发生。

(6)顾客通过有形的事物来评价无形的服务,所以诺德斯特龙的店面非常讲究气氛,许多店里一楼都特地安排演奏者弹奏背景音乐。

(7)在诺德斯特龙,干劲、财务、企业家精神外加亲切感,被视为是优秀员工的标准。如果在营业额、外表态度、顾客服务、目标价格等各种行动准则上接受一次以上警告的售货员,最好是另谋高就。

思考讨论题:

1. 谈谈你对诺德斯特龙店员"英雄式"服务的看法。

2. 你认为我国连锁零售企业实施英雄式服务的主要障碍是什么,你如何看待服务的效益和成本问题?

参 考 文 献

[1] 肖怡.零售学[M].北京：高等教育出版社,2011.

[2] 孙晓红,闫涛,冷泳林.零售学[M].大连：东北财经大学出版社,2010.

[3] 吴佩勋.零售管理[M].上海：上海人民出版社,2007.

[4] 黄国雄,王强.现代零售学[M].北京：中国人民大学出版社,2008.

[5] 李骏阳.零售学[M].北京：科学出版社,2009.

[6] 张国民,冯萍,周向农.零售物流规划与设计[M].上海：上海大学出版社,2010.

[7] 肖怡.现代零售实务[M].北京：中国物资出版社,2007.

[8] 赵涛.零售企业管理制度表格流程规范大全[M].北京：电子工业出版社,2012.

[9] 林小兰.零售管理实务——基于超市视角[M].北京：电子工业出版社,2012.

[10] 帕特里克·M.邓恩,罗伯特·M.勒斯克.零售管理[M].第5版.北京：清华大学出版社,2007.

[11] 林耿,周锐波.大城市商业业态空间研究[M].北京：商务印书馆,2008.

[12] 杨穗萍.商业业态知识[M].北京：高等教育出版社,2006.

[13] 范磊.商业业态知识[M].北京：机械工业出版社,2007.

[14] 伯曼.零售管理[M].第11版.北京：中国人民大学出版社,2011.

[15] 王琍,周勇.零售学[M].上海：立信会计出版社,2010.

[16] 柴小青.论城市商业网点规划的六项原则[J].商业时代,2005(23)：14-15.

[17] 张永,邹平媛,傅磊.中国批发业态研究：划分标准与类型[J].北京工商大学学报,2011,6(26)：11-13.

[18] 刘星原.城市商业网点规划布局的若干问题探讨[J].北京工商大学学报(社会科学版),2007(7)：7.

[19] 袁向博.浅析大型超市的卖场布局及陈列设计[J].时代金融,2010(6)：193-194.

[20] 李松,王思涵,刘义龙.我国大型连锁超市市场营销问题与对策——以保定市为例[J].改革与战略,2011(2)：41-44.

[21] 周越.浅析大型超市的卖场布局和商品陈列设计科学化——以福建某大型本土超市为例[J].物流工程与管理,2011(3)：127-129.

[22] 傅强.超市商品陈列对消费心理的影响——以新华百货宁阳店为例[J].中国商贸,2011(15)：7-8.

[23] 朱远红.基于消费者行为的营销策略分析[J].现代商贸工业,2009(16)：124-125.

[24] 郭佳.浅析直营连锁和特许连锁[J].湘潮(下半月),2012(1)：93-95.

[25] 王向梅.连锁业竞争战略的研究[D].北京：中国石油大学,2007.

[26] 任锡源.零售管理[M].北京：首都经济贸易大学出版社,2007.

[27] 郑毅,陈宁宁.零售管理[M].北京：科学出版社,2005.

[28] 兰苓.现代市场营销学[M].北京：首都经济贸易大学出版社,2008.

[29] 赵镭屹.商业企业物流模式发展现状及其优化选择[J].商业时代,2012(9)：20-21.

[30] 郭国庆.服务营销管理[M].第3版.北京：中国人民大学出版社,2013.

[31] 郭国庆.体验营销新论[M].北京：中国工商出版社,2008.

[32] 克里斯廷·格罗鲁斯.服务管理与营销：服务竞争中的顾客管理[M].第3版.北京：电子工业出版社,2008.

[33] 马慧敏,王启万.市场营销学[M].北京：北京大学出版社,2012.

[34] 马进军.市场营销学[M].北京：机械工业出版社,2011.

[35] 沈红兵.网络零售学[M].重庆：重庆大学出版社,2010.

[36] 陈飞,彭文芳.网上开店与创业[M].北京：清华大学出版社,2010.

[37] 周勇.商业运营管理[M].第2版.上海：立信会计出版社,2010.

[38] 陈己寰.零售学[M].第2版.广州：暨南大学出版社,2008.

[39] 周筱莲,庄贵军.零售学[M].北京：北京大学出版社,2009.

[40] 刘超.卖场选址与布局[M].北京：中国发展出版社,2008.

[41] 彭纯宪.商品及品类管理[M].北京：机械工业出版社,2011.

[42] 詹姆斯·A.菲茨西蒙斯,莫娜·J.菲茨西蒙斯,等.服务管理：运作、战略和信息技术[M].北京：机械工业出版社,2007.

[43] 亚历山大·奥斯特瓦德,伊夫·皮尼厄.商业模式新生代[M].北京：机械工业出版社,2011.

[44] A Parasuraman, V A Zeithamal, L L Berry. SERVQUAL：A multiple-item scale for measuring consumer perceptions of service quality[J]. Journal of Retailing,1998,64(1)：12-40.

[45] Janis L Miller, Christopher W Craighead, Kirk R Karwan. Service recovery：a framework and empirical investigation[J]. Journal of Operations Management,2000(18)：388.

[46] T C Johnston, M A Hewa. Fixing service failures[J]. Industrial Marketing Management,1997(26)：46-77.